亨利六世是红玫瑰兰开斯特王朝最后一位国王，他以仁慈、懦弱和朴素著名，他的宽容性格使他深受大贵族们拥戴，但他却有一位争强好胜的王后和最不佳的时运，王国最终在这位善良君主统治下走向内战。

白玫瑰约克王朝开国君主爱德华四世，第三代约克公爵的长子，他与父亲刻板的性格迥异，热爱“美女、美酒、美食、美服”，青年时代继承父业成为约克军统帅。他既要江山又要美人，捍卫王座骁勇善战，为娶美妇不惜历尽艰险。

约克末君理查德三世，爱德华四世的幼弟，沉默少言，城府甚深，因为忠诚与才能深获王兄信任，委托其统治北方，几乎相当于“北境之王”。背负着谋杀侄儿爱德华五世与小约克公爵的罪名，他长达数个世纪被丑化为“驼背魔王”。理查德三世的篡位导致约克王朝内讧，王冠易手。

都铎王朝开国君主亨利七世，名为亨利·都铎，父系是威尔士乡绅，母系为兰开斯特家族旁支博福特家族，少小即经历战乱和家人离散之痛。谁也想不到，红白玫瑰两大家族厮杀几十年，王冠最后落入威尔士小子之手，他采纳和解政策，迎娶白玫瑰长公主，将红白玫瑰合二为一。

“红王后”安茹的玛格丽特，她争强好胜的性格与丈夫亨利六世的宽容仁慈形成鲜明对比。将王国推进内战的火坑，王后难辞其咎。为捍卫夫君的王座和儿子的继承权，她绝不向命运屈服，担当起兰开斯特军最高统帅，向约克家族发起一波又一波挑战。

“白王后”伊丽莎白·伍德维尔，与她母亲卢森堡的杰奎塔、亨利五世王后瓦卢瓦的凯瑟琳，同为缔造了那个时代惊世爱情传奇的三位女性，所不同的是后两者以大贵族寡妇和国王遗孀身份下嫁平民，而她以平民寡妇带“拖油瓶”的身份将白玫瑰国王爱德华四世诱入情网，成为英格兰首个平民王后。

博福特夫人，出身于显赫的兰开斯特旁支博福特家族，不幸遭逢乱世，还未发育成熟即充当政治牺牲品。她13岁守寡却坚强诞下独子亨利·都铎，长期承受骨肉离散之痛。兰开斯特家族男性死亡殆尽，博福特夫人作为女性且身形过于瘦小无缘王位，但她忍辱负重，为流亡海外的儿子以母系家族身份问鼎王冠展开精心谋划。

约克长公主伊丽莎白，爱德华四世长女。叔叔篡夺王位，两位弟弟遇害后，她在继承序列中的地位可使争夺王位者获得更多合法性。叔叔与亨利·都铎都想娶其为妻，传说无论谁胜出她都将成为王后，但她却只能在深宫等待角逐。

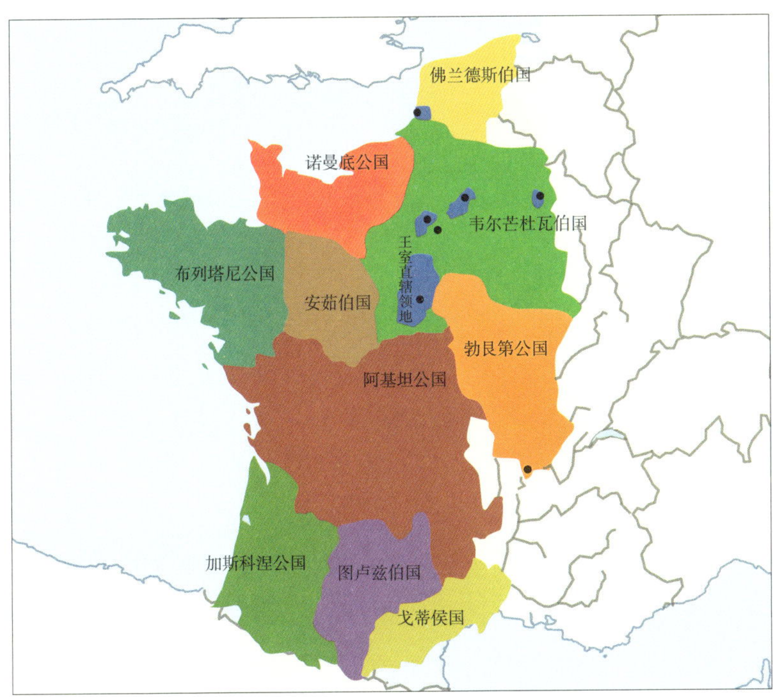

中世纪中期法兰西形势图。历代法王利用宗教和传统上的“国王”身份优势，通过联姻、赎买、战争等方式逐渐扩充王室领地，加强中央集权，完成统一，整个过程贯穿11～16世纪。

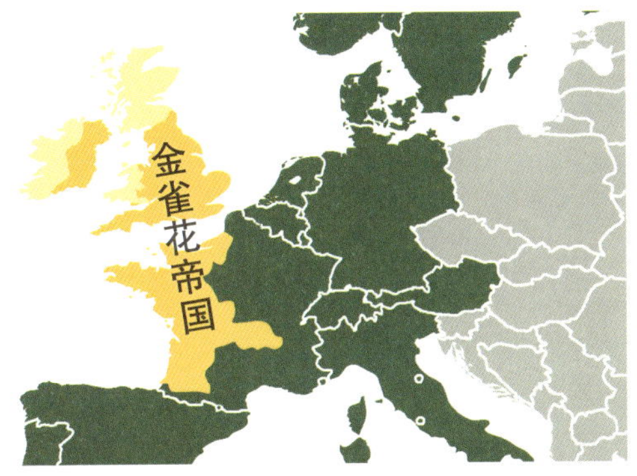

金雀花全盛期形势图。亨利二世（金雀花·亨利）与王后阿基坦的埃莉诺，借助父母辈奠定的根基，创建金雀花帝国，英格兰只是他最大的一块领地，同时埋下了英法百年战争的种子。

玫瑰战争十六场战役分布图

①第一次圣奥尔本斯战役　⑤韦克斯菲尔德战役　⑨陶顿战役　⑬弃衫原野战役

②布洛尔希斯战役　⑥莫蒂默十字战役　⑩黑爵里荒原战役　⑭巴内特战役

③鲁德福桥战役　⑦第二次圣奥尔本斯战役　⑪赫克瑟姆战役　⑮图克斯伯里战役

④北安普敦战役　⑧弗雷桥战役　⑫艾吉柯特荒原战役　⑯博斯沃思战役

玫瑰战争重要家族和个人盾徽

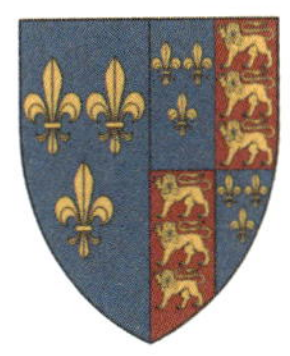

兰开斯特家族亨利六世

兰开斯特“红王后”安茹的玛格丽特

兰开斯特旁支博福特家族

第三代约克公爵理查德·金雀花

约克家族爱德华四世盾徽，这一盾徽也被兰开斯特亨利四世、都铎亨利七世所用

约克“白王后”伊丽莎白·伍德维尔

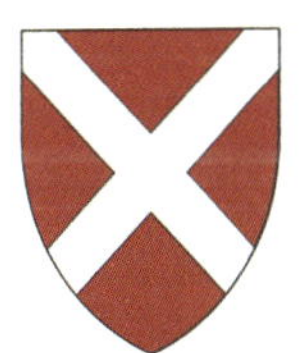

北境守护之一的威斯特摩兰伯爵内维尔家族

北境守护之一的诺森伯兰伯爵珀西家族

牛津伯爵德·维尔家族

德文伯爵库特尼家族

第一代白金汉公爵汉弗莱·斯塔福德

第二代舒兹伯利伯爵约翰·塔尔波特

“造王者”第十六代沃里克伯爵理查德·内维尔

第五代索尔兹伯里伯爵理查德·内维尔

蒙塔古侯爵约翰·内维尔

第三代诺福克公爵约翰·莫布雷

第二代萨福克公爵

第八次授封第一代彭布罗克伯爵威廉·赫伯特

第七次授封第一代彭布罗克伯爵贾斯珀·都铎

第三次授封第一代威尔特伯爵詹姆斯·巴特勒

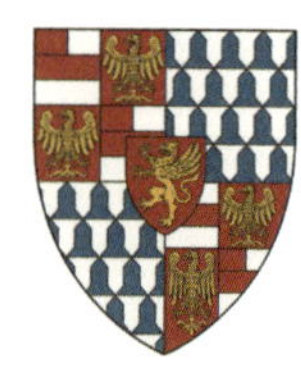

第一代里弗斯伯爵理查德·伍德维尔

威廉·黑斯廷斯男爵

马恩岛国王托马斯·斯坦利男爵

约翰·文洛克男爵

THE WARS OF THE ROSES

血王冠：玫瑰战争

段宇宏◎著

中国人民大学出版社
·北 京·

THE WARS OF THE ROSES

前言

认识不少“英粉”朋友，可比“美粉”有意思，他们并不特别推崇世界第一强国美国，而是更喜爱英国的一切，包括它的政治、文化、历史、影视剧。“世无不列颠，漫漫如长夜”，此话是超级英粉对英国的评价，听起来貌似有点夸张，细究起来其实并不离谱。

近现代英国曾有“大英帝国”和“日不落帝国”的别称，它在全盛期拥有疆域3 370万平方公里，占地球陆地面积的22.63%，统领着约5亿人，占当时世界人口的四分之一，为有史以来最辽阔的帝国，英语因而成为全球最通用的语言。

根据传统说法，英国是世界首个工业国家，把人类带入了现代世界，它对全球的影响不仅是经济和科技，还有政治与文化。那里是牛顿、法拉第、达尔文、瓦特、莎士比亚、培根、罗素、亚当·斯密的故乡，也是马克思流亡时曾经读书和写作的地方；英国的议会是万国议会之母，其理念与模式几乎不同程度影响了每个国家；就连美国这个世界头号强国身上也打着“英国制造”的标签。

人类历史上有过众多帝国，它们有的武功强盛，有的文化辉煌，也有的两者兼具。若说对近世的综合影响，确实没有任何国家能与“大英帝国”相提并论，当今实践于全球的诸多政治思想、经济理论、科学观念，大多都可追溯到英国，“英国元素”是现代社会的最重要成分，了解英国的历史与文化可以加深对近现代世界的认知。

曾有热爱西方历史的朋友告诉我，他们对英国历史很感兴趣，不过光荣革命之前的英国史在心中也是一团乱麻，光是亨利某世、爱德华某世、理查德某世等国王名号就令人眼花缭乱，这个王朝与那个王朝之间的顺序和关系亦让大家一头雾水。对“玫瑰战争”心驰神往已久，有了解欲望的读者可能数不胜数，它的名字听起来相当浪漫，凡历史爱好者皆早闻其名，但恐怕就连很多英粉也未必知其详情。

简而言之，作为英国史上持续时间最久的内战，玫瑰战争就是金雀花王室两大旁支兰开斯特家族与约克家族争夺王位的战争，周边国家和地区也被卷入这场巨大的政治漩涡，当战争结束时英国走入近代社会黎明阶段。关于这场战争的历史，西方世界爱好者众多，相关的学术型、普及型和文学类书籍汗牛充栋，就连美国作家乔治·马丁的长篇小说《冰与火之歌》也从玫瑰战争中汲取大量灵感。

可叹的是至今尚无一本较全面地介绍玫瑰战争的中文作品，为数不多的英国通史类中文（译）著作对此战争通常只有简短介绍。

迈克尔·亚历山大的《英国早期历史中的三次危机》在中国出版后，可能属于花费最多笔墨描写玫瑰战争的译著，虽然是学术著作但文笔相当生动有趣，不过玫瑰战争仅占其书的三分之一篇幅，仍然只是概述，不熟悉英国中古历史的读者还是会满腹疑团。

玫瑰战争题材的西方作品，学术型的过于专业和枯燥，就连以英语为母语的普通读者也会读得头皮发麻。普及型读物数量不少，其中不乏优秀作品，可即便翻译成中文也并不适合普通中国读者阅读，因为它们针对西方文化背景下成长的受众而写，错综复杂的人物、家族、事件关系，作者要么一笔带过，要么忽略不述，加之古代英国重名现象严重，会令中文读者完全晕头转向，失去赏阅兴趣。

写作此书时，如何向读者通俗地讲清楚玫瑰战争的来龙去脉，耗费了我最多时间和精力。曾经构想过用这种或那种写作技术，但我发现对于对英国中世纪历史背景普遍陌生的中文读者来说，各种花哨的写作技法都可能适得其反，还不如老老实实按照时间顺序把人物与事件娓娓道来，同时适时在文内补充一些“背景贴士”加深大家对背景的了解。

残酷无情的军事斗争背后，是权力的诱惑，金钱的较量。每个家族都尽量追求利益之最大化，决定着军政博弈中的合纵与连横、忠诚与背叛、热爱与憎恶。战争与金钱，亦无意中成为推动宪政和议会发展的重要因素。

最有意思的是，在女性地位低下的中世纪，活跃着多位个性鲜明的传奇贵妇，无怪乎很多文艺作品喜欢从玫瑰战争中寻找素材。本书定位为历史科普作品，与学术作品相较，它的取材标准略宽，行文更为自由，顾及到可读性；但真实历史毕竟不同于文学作品，读起来太过跌宕起伏，给人惊心动魄的感觉，就会失真，而成了小说。

既然是“战争史”，军事与战斗就是重要元素，相关介绍不可或缺。通常认为从第一次圣奥尔本斯战役开始，至博斯沃思战役结束，玫瑰战争总共发生了16场战役，可并非每场战役都值得花费笔墨，有些战役的雷同性较强，或重要性不足。专门的战役类读物实际上非常小众，在多数读者看来枯燥无趣。除了最重要战役，本书仍然把重点放在介绍政治和经济背景、家族与人物关系方面。

欧洲中世纪没有精致的现代统计与管理体系，原始资料所反映的军事数据缺乏可信度，作者多为文人或教士，无军事经验，夸大兵力以及吹嘘战果是常见现象（而且喜欢用道德与宗教评价兴衰成败）。现代学者根据战争常识，结合当时的人口概数、动员水平、财政账册等资料，能挤掉大量水分，得出更接近真实的数字，所以本书往往采用他们研究后折中的数据。

玫瑰战争涉及的有政治、经济、社会、文化、军事等各方面元素，本书作为普及型读物，仅能根据中国读者的阅读习惯和知识背景，将战争的来龙去脉尽量通俗地呈现，不可能面面俱到，亦无法做更深入的研究。花费一年多写作此书，很多时候查证某个人物与事件时穷尽资料，对自己近乎苛严，例如某个人物什么时间担任何职，获得什么爵位，与另一个涉事人物有何种家族关系，只要有可能都必须弄清楚（也许最后落笔时根本用不着）。由于时间和水平有限，错谬在所难免，还望各路高人指点以及读者朋友海涵。

段宇宏

目录

第二章
玫瑰前传／／091

第三章
兰开斯特与约克／／159

开篇曲

穿越至玫瑰战争的世纪

THE
WARS
OF THE
ROSES

圣女贞德1429年创造“奥尔良解围战”奇迹，英军指挥官索尔兹伯里伯爵托马斯·蒙塔古阵亡，著名战将舒兹伯利伯爵约翰·塔尔波塔被俘，英格兰一片哗然，大贵族们吵闹不休。

伦敦的议会花园里，约克公爵理查德·金雀花与亨利六世的心腹宠臣萨默塞特公爵埃德蒙·博福特正唇枪舌剑地对峙。

约克公爵对众人说：“既然诸位都缄默不语，那就请用一种无言的符号，表达你们的意见吧。凡是出身高贵的上等人，愿意维持门第尊严，如果认为我的主张合乎真理，就请他随我从这花丛中摘下一朵白色玫瑰花。”

“谁要不是一个懦夫，不是一个阿谀奉承的人，敢于坚持真理，就请他随我摘下一朵红色玫瑰花。”

萨默塞特公爵接过话头。

沃里克伯爵说：“我不喜欢五颜六色的东西，我也不愿沾上阿谀奉承的色彩，我随理查德·金雀花摘下这朵白玫瑰。”

“那我随年轻的萨默塞特摘下这朵红玫瑰，我还要说一句，我认为他所持的理由是正确的。”萨福克公爵说。

这幅名画描述了莎士比亚戏剧中虚构的关于玫瑰战争起源的场景，约克公爵与萨默塞特公爵发生争执，他们分别选择了白玫瑰与红玫瑰让支持者站队表态。作者：Henry Payne

接下来贵族们纷纷摘下白玫瑰或红玫瑰表达自己的政治立场，随约克公爵摘下白玫瑰的称为约克党，随萨默塞特公爵摘下红玫瑰的叫作兰开斯特党，各自支持以红白玫瑰为族徽的两大家族。

贵族们站好队后，约克公爵与萨默塞特公爵继续互相讥讽。

约克公爵："现在，萨默塞特，你还有什么话说？"

萨默塞特公爵："我的话在我的刀鞘里，盘算着怎样将白玫瑰染成血红色。"

约克公爵："你的脸却在假冒我们的玫瑰，看到真理在我这边，吓得苍白了。"

萨默塞特公爵："不，不是因为害怕，而是由于愤怒。你的双颊因为羞愧而发红，假冒我们的玫瑰，可你的舌头却不承认。"

英国大文豪莎士比亚的《亨利六世》第一部第二幕中，文采飞扬地描述了红白玫瑰两大党的起源。18世纪英国文学家沃尔特·司各特男爵根据这个场景，正式把约克家族和兰开斯特家族争夺王座的战争称为"玫瑰战争"。

莎翁作品中有大量涉及玫瑰战争时代的情节，但他的戏剧只是文学作品，并不符合历史事实，贵族们摘玫瑰站队的场景纯属虚构。约克家族的族徽的确是白玫瑰，红玫瑰虽是兰开斯特家族族徽之一，却很少使用。沃尔特·司各特男爵创造的名称在19世纪被普遍认可，人们习惯性地称呼这场内战为"玫瑰战争"，这个美丽而浪漫的误称就此流传于世。

玫瑰战争发生在中古（公元500—公元1500年）后期，即1455—1485年，也有史学家认为截止于1471或1487年。战争爆发于兰开斯特王朝亨利六世时代，它是与百年战争结局关联的内政和外交矛盾之产物。贵族社会勾心斗角，宫廷频生弑君谋逆，政府从来没有如此软弱，王权从来没有这般无力，卷入战争的骑士、贵族、国王，没人敢保证自己的财产与生命安全。

金雀花王朝对苏格兰、威尔士和法兰西连年战争，使得英格兰的国际名声不佳，英法百年战争之后接踵而来的内战，加剧了外国人对英格兰好战野蛮的负面评价。

意大利诗人彼特拉克说："在我的青年时代，英格兰人曾被看成是最温顺的野蛮人，但今天他们却是一个残忍的好战民族，他们已通过无数次的胜利推翻了法兰西人军事上获得的荣耀，这个民族曾经比可怜的苏格兰人更低劣，但他们却用火和剑把整个法兰西王国毁坏到了那样一种程度，以致我最近因生意上的事情横穿法兰西时，不得不强迫自己相信：它确实是我以前见过的那个国家，但它再也不是过去的样子，城墙之外没有一座建筑仍旧站在原地。"

1442年苏格兰人评价：英格兰人的专横和残暴在全世界臭名昭著，这明显地表现在他们侵占法兰西、苏格兰、威尔士、爱尔兰和邻国的土地上。15世纪末，法兰西贵族们则认为，英格兰人废黜国王，谋杀国王和太子，频繁程度超过欧洲其他地区。

莎士比亚刻画了一个血腥动荡的玫瑰战争时代，早期的诸多文人和史家也留下了类似的看法，曾长期在人们心中打下深刻烙印。现在我们应该知道，莎翁一生大部分时间生活在都铎王朝（1485—

1603年），都铎王朝为了强化合法性，给自己蒙上诸多神话色彩，对前一个时代进行相当多的不堪描述，近代历史学成型之前，神话叙史长期影响人们的观念。

玫瑰战争期间地方豪族恶斗，大贵族争夺王位的搏杀，并不意味着社会秩序全面崩溃，除了战役发生地点，英格兰大部分地区未受到战火摧残，大多数平民也没有卷入贵族战乱，流血事件不比13世纪中叶更多。当然，在还是贵族绝对主导的社会中，王权脆弱无力，社会骚乱不断，算是动荡的年代。

玫瑰战争先后串起兰开斯特、约克、都铎三个王朝，兰开斯特与约克可算作金雀花王朝的分支，其实称为“兰开斯特王廷”与“约克王廷”更为妥帖。那个时代欧洲文明的重心仍在地中海一带，英格兰当然不能与后来的辉煌相提并论，但罗马不是一天建成的，人类首个宪政国家的孕育有个漫长过程，若穿越至15世纪察考，也许可听到首个近代国家胎动的声音。

1466年，神圣罗马帝国的波希米亚贵族加柏莱尔·特兹尔参访之后，感叹英格兰是“一座被海水包围的小花园”。意大利学者和外交官波利多尔·维吉尔在英格兰生活多年，他如此盛赞：“那里有壮美的山谷、宜人的森林、宽广的牧场，充沛的雨水滋养着每个地方，还有两千多只天鹅畅游泰晤士河这样的美景。英格兰的富人们比欧洲其他国家的更会享受生活，游走英格兰不难发现，一个小旅店的主人，哪怕可能贫穷和卑贱，他也会在自家餐桌上摆放一套银制餐具。”

15世纪英格兰的气候比现在寒冷和潮湿，走在乡间随处可见成群羊儿，羊毛与呢料是行销海外的拳头产品，为王国注入经济血液，有着“软黄金”的美称。九成的英格兰人还得靠土地为生，对生活更有经济野心的人们，喜欢移居到毛纺业发达的约克郡、东盎格利亚或西南地区生活。

黑死病曾在14世纪数次肆虐英格兰，导致其近三分之一的人口死亡。15世纪时，200多万人口分布在1万多个村镇，大多数村庄已经与近代村庄规模相近，第一大城市伦敦生活着约6万人口，第二大城市约克有1.5万居民，再次一级的城镇人口最多不过6 000余人。有些地方还有被废弃的村庄和教堂，那是黑死病肆虐留下的遗迹。

城市和乡镇的区分多由城墙来界定，它们都被田园包围，连接着城镇与乡村的道路，一多半还是罗马时代留下的，很少有支路，日常养护工作通常由乡绅们负责，但他们也不会太过热心。道路经常被雨水和烂泥毁坏，作为旅行者，很多地方得雇一个本地向导才能顺利抵达。

英国人比其他欧洲国家更加“保守”，没有哪个国家像它一样在政治、文化、生活中留下众多传统习俗，当欧洲国家一次次卷入激进主义大潮时，它似乎总能置身事外。同样一种思潮，这里总比欧陆国家更偏向温和与保守，15世纪英格兰人就具备了这样的气质，国王劝告大家改变某些传统惯例时，人们总会感到偏离了生活轨道。他们普遍自恋，总觉得这世界上没有什么地方比家乡更好，欧陆游客发现英格兰人讨厌“外国人”，外国人倾向于生活在伦敦，因为它更具国际化气质，或者旅居东盎格利亚，那里经贸发达，有很多来自欧洲大陆的毛纺工人定居。

“他们是脾气骄躁的守旧土鳖，但同时是勇敢的优秀士兵”，法国勃艮第的编年史家菲利普·德·科米纳如此评价英格兰人。“由于英格兰人具备好战的气质，当他们不再跟法国人打仗时，他们就会内战”，科米纳甚至认为这是玫瑰战争爆发的原因。

“南方人享受生活，北方人维持生计”，英格兰南北差异已为不少外国游客注意。南方地区跟欧陆国家贸易频繁，经济较为发达，人们生活比北方富裕，所以南方人更加温文尔雅，但也相对“狡猾”，性格上还有点“怯懦”；北方地区民风剽悍，人们粗暴无礼，热衷好勇斗狠，经常抢劫商旅。南方人视北方人为“北蛮子”，北方人认为南方人是“奸猾者”。

外国游客常盛赞英格兰女子肌肤雪白，魅力无穷，有些人对她们的奔放感到吃惊。波希米亚贵族尼古拉·冯·帕柏劳说：“一旦她们的欲望被激发，就像魔鬼一样”，他跟其他人陶醉其中，英格兰人有吻嘴致意的风俗，以至于“在那里获得一个吻，就好比在其他地方得到一次握手”。

最令东方人头皮发麻的事情恐怕是记住英格兰人的名字，并通过名字辨识人物。假如来到一处贵族庄园，正好他全家人齐聚一堂，主人会向客人引荐家人：“我是某某伯爵理查德，这是我的妻子伊丽莎白；这是我的长子理查德、次子爱德华、三子约翰，这分别是他们的妻子伊丽莎白、玛格丽特、玛丽；这是我的长女伊丽莎白、次女玛丽、三女玛格丽特，这分别是他们的丈夫爱德华、理查德、约翰；那些小家伙，分别是我的长孙爱德华、次孙理查德……”同名现象非常严重，祖孙四代都叫一个名字实在普遍，有时候家中三个儿子都同名，只能以约翰第一、约翰第二和约翰第三的方法来区分；同名的贵族可以通过姓氏来辨识，同姓又同名，还得加上爵位和世系加以分辨。

今天大伦敦有800多万人口，是繁荣的国际大都市。15世纪伦敦的规模相当于现在的一个中等城镇，黑死病使伦敦比13世纪少了2万人口。不过麻雀虽小，五脏俱全，富丽的教堂和宫室，大贵族的豪华宅邸，中产阶层的气派别墅，穷人的简居陋室，伦敦应有尽有。曾有威尼斯商人夸赞，威斯敏斯特的河岸街，出售金银器皿和首饰的金铺有52家，米兰、罗马、威尼斯和佛罗伦萨的所有店铺都没有如此富丽堂皇。

尽管不能与现代普选相提并论，伦敦城选举“市长阁下”（与当代的大伦敦市长不是同一职务）早非新鲜事儿，12世纪末，伦敦从国王那里获得“自治特许状”，从1216年至今，几乎每年都选举市长阁下，2014年第687任市长阁下名叫阿兰·雅罗。中世纪的选举由商业行会操纵，并非每个市民都有选举权，每位市长在选举产生的24名市议员的协助下实施治理。新王登基时，伦敦需要交纳一笔钱重新续约，国王为增加财政收入，收买首都人心，也乐于颁发特许状。

西欧当时还未发生宗教改革，很像一个由基督教联合起来的小世界。宗教和传统形成的世界观还未遭到有力挑战，包括英格兰人在内都相信这样一个等级森严的社会秩序：上帝是最高权威，处于金字塔最顶端，国王在他之下，是上帝在人间的代表，排在国王之后的是教俗两界贵族。鲜少有人质疑王权和等级世界，大家皆认为，每个人自出生起就进入自己的等级序列里，一个真正幸福的人绝不会质疑自己的位置，社会安宁依赖于等级秩序的稳定，出现异端邪说和等级僭越就会造成混乱，国王有责任确保等级秩序的和谐与规范。

拥有“公、侯、伯、子、男”世袭爵位的一小撮贵族，也称为领主，构成英格兰贵族阶层，与大教士处于等级社会顶部；骑士、乡绅、士绅、普通教士和商人构成中层社会，那个时代说到“平民”主要指这个阶层，排在他们后面的是下层的自耕农和自由民，租佃农和农奴居于社会最底层。

贵族社会的阶层流动相对固化，而其他阶层等级秩序已呈逐渐瓦解趋势，中层与下层崛起是15世纪英格兰社会的重要特征，这主要归功于黑死病的冲击和工商业的发展。领主们为了吸纳劳动力，竞相减少地租，提升薪资，给予农奴更多人身自由。雇佣性质的劳动力在城乡日益普遍，社会流动加速，冲击封建秩序，促成农奴制崩溃。

1066年诺曼征服后，威廉一世把欧陆的封建制度移植到英格兰，随着封建军役制废弛，很多骑士可以用盾牌钱代替兵役，不再经常追随领主出征，致力于农场经营，逐渐与富裕乡绅别无二样；某些乡绅、士绅因功可获封骑士，国王为了扩大具有“骑士义务”的阶层，广泛筹集战争费用，也乐于册封经济上崛起的中产成为骑士。富裕骑士、乡绅的经济实力超过某些中小贵族，他们有少数人因功获得爵位跻身贵族阶层。

骑士、乡绅、士绅、富商之间的身份界限越来越模糊，他们内部以及与邻近阶层之间的流动逐渐频繁；富裕的“约曼（自耕农）”和自由民不断跻身中层社会，越来越多的农奴早就演变成了自耕农、租佃农和市民，其中的成功者也在往上一序列晋升。

市场经济的发展和等级秩序的松动推动社会进步，国王没有任意征税的权力，税收少且低，如果不用现代标准苛求的话，中世纪后期英格兰平民的生活水平已在欧洲首屈一指。

法学家兼作家约翰·福蒂斯丘爵士于1470年描述说，英格兰平民的确是“各基督教乃至异教国家中衣食最丰盛之人”。满足口腹之需后，服饰与用品的消费量大增，金银铜锡制造的家庭用具供不应求，推动了手工业和经贸发展。爱美之心，人皆有之，英格兰贵族阶层对时尚与奢华的追求蔚然成风，而普通百姓富裕后同样竞相穿着美服，追求舌尖幸福，不仅大量饮用啤酒，还学着贵族品尝葡萄酒。守旧贵族对中下阶层的崛起恐慌不已，中世纪末期，政府对民众的工资、消费、着装方面的“僭越”屡颁禁令却收效甚微，很快被大家抛诸脑后。

贵族社会早就形成“长子继承制”，以防止财产由诸子女均分导致家族衰败，他们为了维持和扩大家族影响力，也开始与新崛起的某些中等阶层豪族通婚，中等阶层亦可借此提升家族政治地位，双方相得益彰。当中起主导作用的无非“金钱”二字，不管政治博弈还是军事斗争，金钱的多少决定能获得多少盟友、所征召军队的规模和装备的质量。

英格兰政治有很多迥异于欧陆国家之处，整个中世纪，其王权比西欧其他国家更强大，中央集权化程度更高，长期保持着政治统一，法治理念更加普及。由于王权相对强势，贵族们不似欧陆国家的权贵那么骄横跋扈以致动摇中央王廷权威。相较四分五裂和战乱频仍的欧陆国家，玫瑰战争之前英格兰有“良治”之美名，国王拥有一个略精密的政府机器，职业官僚们充任于中央王廷，国王以颁发令状的方式管理国家。英格兰国王挑战罗马教廷和教会的历史颇为悠久，几乎都能得到贵族与国民的理解，而这种情况发生在宗教改革之前的欧陆国家通常不可想象，世俗政权力量已经在很多地方替代了教会。

英格兰人跟欧陆人民一样，仍然认同国王是上帝在人间的代表，拥有仅次于上帝之权威；国王的两大职责是保卫国内和平、抵御外敌入侵，居于法律和财政系统之首。

与此同时，整个社会都认可如下观念：王在法下，国王也要守法，依照法律而非个人意志治国，不得任意剥夺自由臣民的土地和财富；国王要“靠自己过活”，无合理要求不得征税，如要征税需经议会批准；英格兰是君主、贵族、平民（主要指中产阶层）协商共治的国家。若一个国王忽视这些原则并推行“独裁”，那么他会被视为“暴君”。

这完全是自相矛盾、独具特色的英格兰政治，欧亚大陆其他国家则在两个极端摇摆，要么王权独大，贵族羸弱，要么王权软弱，分裂动荡。虽然很多政治观念未必能落实，对君主的制约不是百分之百有效，但它为将来在博弈中从虚演化为实提供了思想基础。

英格兰的独特政治在岛国环境下历经数百年演化，最终催化出人类首个宪政国家和工业国家，前后过程一脉相承，不可割裂看待。玫瑰战争落下帷幕之际英格兰已走到近代社会的黎明。战争中的兰开斯特和约克两大家族皆为金雀花王室支系，了解英格兰史上最重要的金雀花王朝方可梳理清楚玫瑰战争的脉络与起源，但这远远不够，金雀花王朝的建立依赖于诺曼征服铺平道路。

中世纪史学家埃伦·布朗把诺曼征服对英格兰的影响拔到相当高的位置，他认为，从最广义的角度看，认知诺曼征服的结果，决定着如何书写自那之后直到今天的英国历史，甚至决定着如何理解那些与英国碰撞、受英国影响、被英国征服的国家之历史。弗兰克·斯丹顿爵士则评价："无论迟早，英国人生活的各个层面，都因诺曼征服而被决定性地改变。"

诺曼之后，主体疆域、大宪章、有限君主制、议会、普通法、牛津大学和剑桥大学、绅士风度、资本主义、商贸立国、民族意识等近代英国元素的雏形几乎都在金雀花王朝完成构建，其中很多元素随着大英帝国的全球崛起，逐步演变成"现代化元素"，不同程度地渗透到世界每个角落。

金雀花名君雄主辈出，狮心王理查德、无地王约翰、长脚爱德华一世、战神父子爱德华三世和黑太子爱德华、军人国王亨利五世，甚至还有在位长达56年却在历史上最不知名的君王亨利三世。金雀花剽悍的王后与公主们同样不输须眉，缔造了一个个传奇故事。这是一朵舞刀弄剑的金雀花，常年东征西伐，充满刚猛之气，发生在金雀花后期的两场最著名战争——英法百年战争和玫瑰战争，是史家与诗家取之不竭的创作源泉。

第一章

金雀花传奇

THE
WARS
OF THE
ROSES

第一节

纠结的王位继承案

1064年，久病不起的英格兰国王爱德华突然从病榻上坐起，着实把众人吓了一跳，人们以为他将不久于人世。爱德华给自己的大舅哥威塞克斯伯爵哈罗德·戈德温森委派了一个相当尴尬的任务，让他前去法兰西拜访自己的表侄诺曼底公爵威廉二世，确认当年传王位给威廉的承诺仍然有效。原本就够纠结的王位继承公案变得更加复杂，招致一场改写历史进程的战祸。

国王在位已历22年，因为基督教信仰异常虔诚获得“忏悔者”的称号，他向来以“王室圣徒”而知名，余生最后几年时光基本在修道院里打发，但他作为国王，既不英明也不愚蠢，最突出的特点就是“平庸”。

爱德华身为盎格鲁-撒克逊的威塞克斯王朝之王裔，从小生长在诺曼底宫廷，1041年38岁时才返国继承王位，对英语一窍不通，身边的近侍皆为诺曼人。爱德华生性慵懒，热衷游猎，缺乏主见和决断，不善于操弄权柄却有不服输的性格，对自己的臣民来说，他像一个异国的陌生人。传说爱德华患上阳痿或有同性恋倾向，所以一直未婚。中古时代稍有政治头脑的人都明白，国王没有继承人意味着什么，轻则动摇王座，重则导致战乱或招引外敌。

爱德华登基之前多年，英格兰已经形成三个拥有自治权的大伯爵领：北部斯沃德家族的诺森伯利亚伯爵领，中部利奥弗里克家族的麦西亚伯爵领，南部戈德温家族的威塞克斯伯爵领。

1045年眼看国王42岁，在人生六十古来稀的时代，这是不能再耽误的岁数。当时三大伯爵中实力最强大的威塞克斯伯爵戈德温（哈罗德·戈德温森的父亲）还在世，他有自己的盘算，经他一再劝说，忏悔者爱德华迎娶了比自己年轻20多岁的戈德温之女埃迪斯为王后。如果王后生下儿子，戈德温无疑将成为未来国王的外公，这将为家族势力的继续扩张提供政治保障。

爱德华早就对势力日盛的戈德温家族心怀猜忌，迎娶埃迪斯后不仅没有生下一男半女，反倒促使他与岳父的冲突愈演愈烈。1050年坎特伯雷大主教埃德斯吉逝世，对王国首席教职的人选争夺变成激化矛盾的导火索。教区僧侣们原本选举了埃尔佛里克担任大主教，但诺曼底贵族，时任伦敦主教的朱米吉斯的罗伯特向国王进言，埃尔佛里克与戈德温家族关系亲密，若他出任大主教，国王未来会更加受制于岳父。爱德华恍然大悟，立即下令重新选举，并要求教士们选择他更青睐的朱米吉斯的罗伯特，教士最终顺从了国王的意愿，朱米吉斯的罗伯特成为首个担任坎特伯雷大主教的诺曼人。

背景贴士：

英格兰人怎样来到不列颠？

假如地球上的陆地是神用泥浆糊出来的，那么他收工的时候，朝各个方向使劲甩了数次砖刀，残余的泥浆落到海里变成大大小小的群岛，其中有一大堆泥浆落在欧洲大陆的西端，那就是不列颠群岛。神赐的土地、地理与气候铸造了一个独特的国家。

不列颠岛有22万平方公里，与爱尔兰岛同为不列颠群岛最大两个岛，不列颠岛由英格兰、威尔士、苏格兰三部分构成，是世界上第九大岛，构成英国的主体部分。

罗马帝国公元43年征服这里之前，不列颠并非纯粹的“蛮荒之地”，这里生活着称为“凯尔特人”的各部族，祭司和武士构成两大阶层，信奉督伊德教。凯尔特人约在公元前8世纪由高加索北部一路横扫欧洲，公元前7世纪左右，一些凯尔特部族携带铁制武器登陆不列颠，在这里建立王国，他们使用货币，构筑防御工事，与欧洲大陆沿岸地区有政治交往和经贸往来，已具有相当高的文明水平。

公元前55年8月，罗马帝国的奠基者尤利乌斯·凯撒曾率领两个军团登陆不列颠，他此行是否想征服不列颠难以判断，但凯撒那几年已完成对整个高卢地区的征服，有很多高卢叛将逃兵流亡至不列颠，获得那里同族人的庇护。凯撒既想惩治反叛者及其庇护人，可能也想通过征伐获取

这个大岛上的财富、粮食和奴隶——开疆拓土本就是罗马贵族追求功名的捷径。凯撒的征服太过匆忙未获成功，短暂滩头战斗后就撤退了。直到公元43年，罗马皇帝克劳狄命令奥卢斯·普劳修斯率4万军队才攻入不列颠，罗马人随后花了18年时间血腥镇压凯尔特人的反抗，完成最终征服。

凯尔特人数量再多，反抗再激烈，也远不是组织严密、武装精良的罗马职业军团的对手。据记载，罗马人在曼塞特打败布第卡女王的军队，罗马战死400人，对方战死8 000人。罗马人在不列颠修筑了举世闻名的“哈德良长城”，维持了约300年的和平。随着罗马人皈依基督教，凯尔特人也成为基督徒，建立起凯尔特教会。

英国的主体民族“英格兰人”由日耳曼的盎格鲁、撒克逊、朱特等部族融合而成，英语就是指“盎格鲁-撒克逊”的语言，他们原本居住在丹麦半岛至莱茵河口一带。公元5世纪中期，西罗马帝国崩溃，不列颠作为罗马帝国行省的历史宣告结束。盎格鲁、撒克逊等日尔曼部族陆续涌入不列颠岛，最初只是在沿岸居住，随着迁入者越来越多，不断向内陆推进。一群武士沿着河谷与溪流前行，后面跟着妻儿，带着牲畜，寻找合适的地方定居，遇到土著民族就投入战斗，这是最常见的殖民方式。

通过殖民与战斗，盎格鲁-撒克逊人最终花了近200年时间分布于英格兰（公元450—公元650年），逐渐出现诸多部落联盟性质的国家，凯尔特人的生存空间被压缩至地势险峻的山区地带——苏格兰、爱尔兰、威尔士。盎格鲁-

撒克逊人殖民的具体过程已不详，但历史学家们相信，这是一段血腥的进程，凯尔特人不是被杀死、驱逐，就是被掳掠为奴，古英语中“Welsh”（不列颠人，今译作威尔士人）就是“奴隶”的意思。

征服者盎格鲁-撒克逊人最初信仰万物有灵论，认为身边从树木、河流到山峦都遍布着魔鬼、精灵，他们有自己崇拜的神，如蒂沃（Tiw）、沃登（Woden）、苏勒（Thunor）、弗里格（Frig），这些神是英语中星期二、星期三、星期四、星期五的来历。公元6世纪末，他们逐渐皈依基督教。

历经多年混战与兼并，先是形成了肯特、诺森伯利亚、东盎格利亚、麦西亚、埃塞克斯、苏塞克斯、威塞克斯等七个较大王国，至公元8世纪形成诺森伯利亚、麦西亚、威塞克斯三大王国。都说日本皇室是“千古一系”，若不用过于严格的血统标准来看，其实英国王室也有“千年一系”的特点，历朝王室之间都有亲缘关系，当今的英国女王伊丽莎白二世就是公元8世纪初威塞克斯国王埃格伯特的后裔。

进入公元9世纪，丹麦人和挪威人的祖先维京人开始疯狂侵袭欧洲各地，他们身穿铠甲，手持盾牌，挥舞战斧，乘坐帆船沿各条河流深入各地烧杀抢掠，从英格兰到俄罗斯都留下他们的足迹。维京人把自己的语言、习俗带到各地。大约同一时代，维京人不仅深刻影响英国历史进程，维京贵族还在东欧创建了俄罗斯的前身——基辅-罗斯国家。

盎格鲁-撒克逊列国争战时代，涌现过很多著名国王，但最终威塞克斯国王阿尔弗雷德成为被后世颂扬的伟大君主，他也是盎格鲁-撒克逊国王中唯一获得“大帝”称号者。阿尔弗雷德在公元871年登基，他领导了艰苦卓绝的抗击丹麦人战争，为英格兰的统一初步奠定了基础，他的几位子孙继承先人事业，逐渐缔造了盎格鲁-撒克逊国家，这是英国历史上首个统一的王朝——威塞克斯王朝。

盎格鲁-撒克逊时代国王不定期召开“御前会议”——“维坦”（Witan），与大贵族、大教士、大乡绅们共商国是，参与者称为“智者”，所以维坦也叫“贤人会议”，有时候国王逝世却又未指认合法继承人，维坦还具有推举国王的功能。大主教人选之争落幕，随后的维坦上，因爱德华始终不育，王储问题备受瞩目，若国王无继承人，大家忧虑他去世后招致维京人入侵，这是那个年代英格兰最恐惧之祸事。爱德华承诺，自己驾崩之后把王位让给表侄儿——诺曼底公爵威廉。

国王的意图不言自明，拉上实力不菲的欧陆大领主威廉可以帮助他削弱戈德温家族，威廉对维京人也能起到震慑作用。从大主教人选到继承人指认，国王的决定得到诺森伯利亚、麦西亚两大伯爵支持，他们也对戈德温家族力量的增强深感忧虑。

忏悔者爱德华与诺曼底公爵的亲戚关系，缘于几十年前一场与丹麦人有关的持续战乱。

进入公元9世纪，频繁发生维京人入侵，英格兰的政治与生活深受斯堪的那维亚半岛影响，威塞克斯王朝晚期的贵族名字体现出浓浓的维京味儿。有些丹麦人还在英格兰定居下来，形成“丹麦区”。很多贵族都会根据丹麦习惯娶一个非正式妻子，称作“丹麦婚”，当他们出于利益考量需要一个政治婚姻时，会把丹麦婚的妻子抛弃，重新迎娶一个“教会婚”的妻子。丹麦婚的妻子及其儿女，缺乏法律保障，没有继承权，所以丹麦婚的妻子常被视作情妇。

公元978年，年仅10岁的埃塞克特登上威塞克斯王朝的王位，他面临着严峻挑战，此时的丹麦人社会组织性提高，比他们100年前的祖先更加强悍，每次侵入英格兰都能得到大笔赎金凯旋。当无法用武力驱逐丹麦人时，以金钱（丹麦金）购买和平的手段，从阿尔弗雷德大帝开始就经常采用，负担过重使英格兰的财政捉襟见肘。

1002年，国王埃塞克特想到一个办法，与法兰西北部刚建立不久的诺曼底公国结成联盟，他把自己的丹麦婚妻子埃尔弗吉夫休掉，迎娶诺曼底公爵理查德二世的妹妹爱玛，理查德二世的父亲理查德一世在位时还只是伯爵，现在他已经获得了公爵头衔。埃塞克特与爱玛先后生下三个儿女：儿子忏悔者爱德华和阿尔弗雷德，女儿高达；爱玛是诺曼底公爵威廉的姑奶，所以爱德华是威廉的表叔。自此，英格兰与诺曼底没完没了地卷入对方事务中，这个过程持续了近500年。

诺曼人是维京人的近亲，贵族阶层来自北欧，他们也曾经在法兰西四处劫掠，法兰西加洛林王朝的国王天真汉查理为了安抚他们，使其不再四处流窜，把他们安置在塞纳河下游，诺曼贵族与当地的凯尔特人、法兰克人逐渐融合成了诺曼人，他们说一种法语方言。诺曼底公爵名义上是法兰西国王的封臣，但实际拥有高度独立性，长期成为法王最危险最强大的“附庸”。诺曼人以前经常把港口借给维京人，作为掳掠英格兰的基地。

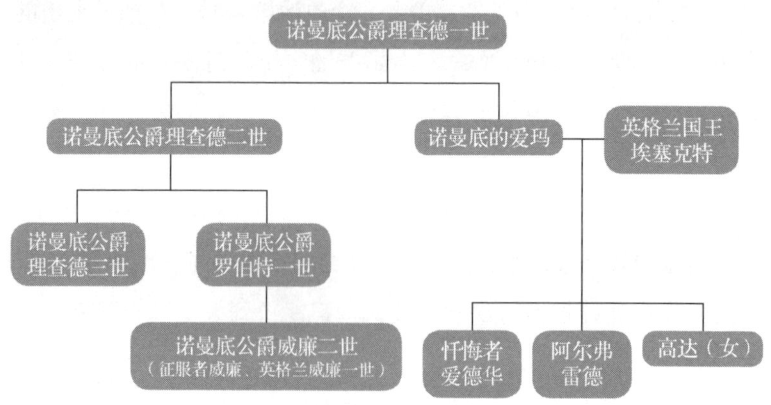

忏悔者爱德华与诺曼底公爵威廉的亲戚关系图

人有悍友胆气壮，埃塞克特随后下令屠杀在英格兰的丹麦人，虽然这个命令并未得到有效执行，但激怒了强悍的丹麦国王斯温，他连续发起对英格兰的征战，埃塞克特根本无力应付。1012年那次进攻中，埃塞克特逃到诺曼底避难，斯温开创英格兰的丹麦王朝当上了国王。1014年斯温逝世，他的长子哈罗德继承王位，但驻扎在英格兰的丹麦军队推举他的次子克努特当英格兰国王。

埃塞克特趁着斯温逝世之机，在内兄诺曼底公爵的支援下杀回英格兰，克努特一度退回丹麦，威塞克斯王朝短暂复辟。埃塞克特与爱玛所生的三个子女并未随他返回英格兰，长期滞留在诺曼底宫廷。一年后克努特再次率领强大的军队攻入英格兰，诺森伯利亚等地接连沦陷，紧接着兵指伦敦。克努特抵达伦敦前的1016年初，埃塞克特去世了，他与前妻所生的儿子勇敢者埃德蒙继承王位，与克努特展开拉锯战，但很多地方对克努特不战而降，说明人们厌恶战乱，情愿要一个强有力的外国君主，也不要一个英格兰国王。埃德蒙在1016年底去世，克努特成为无争议的全英格兰之王。

严格地说，克努特是首个真正统一英格兰的国王，1018年他又继承了逝世兄长的基业，身兼挪威、丹麦国王头衔，还统治着瑞典部分地区，克努特统辖的辽阔疆土有“斯堪的纳维亚帝国（北海帝国）”之美誉，他获得“克努特大帝”的尊称。

克努特执行丹麦人与英格兰人的和解政策，努力使自己更像英格兰君主，他建立起一支近卫军以防范暴乱和入侵，英格兰人曾经为驱逐丹麦人缴纳多年丹麦金，现在让丹麦人保护王国安宁却要承受更重的负担，但不管怎么说换来了26年和平。为赢得英格兰人拥戴，缓和与诺曼底公爵的关系，克努特休掉妻子迎娶埃塞克特的遗孀爱玛。与前任英格兰王后结婚，若生下继承人，则可合理合法继承王位，避免战乱，这也是克努特的长远设想，可最终事与愿违。

英格兰国王只是克努特这位外国君主的诸多职务之一，他长期在丹麦和挪威处理故土政务。为在自己离开时王国管理有序，克努特建立威塞克斯、麦西亚、东盎格利亚、诺森伯利亚四大伯爵领，委以诸多权力。

丹麦伯爵乌尔夫娶克努特的姐姐埃斯特莉德为妻，协助克努特建立帝国有功，深获国王信任。来自苏塞克斯的大乡绅戈德温与乌尔夫伯爵的姐姐吉莎结婚，效忠于克努特，鉴于这种姻亲关系，戈德温家族在克努特时代迅速崛起。克努特加封戈德温为威塞克斯伯爵，1045年戈德温的次子哈罗德·戈德温森又获得东盎格利亚伯爵头衔，四大伯爵领中戈德温家族就占据了两个，势力蒸蒸日上。戈德温的年收入只比国王少一点，成为英格兰最富有、最强大的贵族。

克努特与爱玛也生育了两个儿子，1035年克努特逝世，长子哈罗德继承王位（哈罗德一世），但他是短命国王，五年后病逝，次子哈德克努特继任为王。哈德克努特体弱多病，随时有驾崩的危险，母后爱玛说服他，把滞留在诺曼底宫廷的同母异父哥哥爱德华接回来作为继承人。

爱德华1041年返回英格兰，第二年6月，哈德克努特真的病逝，爱德华阴差阳错当上国王，威塞克斯王朝再次复辟。

英格兰君主列表：从忏悔者爱德华至亨利八世

王朝	名号	在位时间
威塞克斯	爱德华（忏悔者）	1042年6月—1066年1月
戈德温	哈罗德二世	1066年1月—1066年10月
诺曼	威廉一世	1066年12月—1087年9月
	威廉二世	1087年9月—1100年8月
	亨利一世	1100年8月—1135年12月
布卢瓦	史蒂芬	1135年12月—1154年10月
金雀花（安茹）	亨利二世	1154年10月—1189年7月
	幼王亨利	1170年6月—1183年6月
	理查德一世（狮心王）	1189年7月—1199年4月
	约翰王	1199年4月—1216年10月
	亨利三世	1216年10月—1272年11月
	爱德华一世	1272年11月—1307年7月
	爱德华二世	1307年7月—1327年1月
	爱德华三世	1327年1月—1377年6月
	理查德二世	1377年6月—1399年9月
兰开斯特	亨利四世	1399年9月—1413年3月
	亨利五世	1413年3月—1422年8月
	亨利六世	1422年8月—1461年3月
约克	爱德华四世	1461年3月—1483年4月
	爱德华五世	1483年4月—6月25日
	理查德三世	1483年6月—1485年8月
都铎	亨利七世	1485年8月—1509年4月
	亨利八世	1509年4月—1547年1月

第二节
威塞克斯王朝的殒灭

再回头来看忏悔者爱德华与岳父家族的斗争，新任坎特伯雷大主教罗伯特“当选”后，前往罗马教廷晋见教宗和领取白羊毛法衣，顺道去诺曼底向威廉公爵传达英王将其定为继承人的喜讯。

在此期间，威塞克斯伯爵虽然忍气吞下了两大枚苦果，但也力图多少挽回点损失，建议国王任命阿宾顿修道院院长斯皮尔哈沃克出任罗伯特改任后空缺的伦敦大主教职位。也许罗伯特大主教不在身边，缺少了“嚼耳根”的人，原本政治上就平庸的爱德华不知为何接受了岳父的请求，可能他也想多少给岳父点颜面，缓和一下关系。

不省事的大主教1051年6月从欧陆返国，听闻此事恼羞成怒，拒绝给斯皮尔哈沃克行涂油圣礼，捕风捉影指责他买卖圣职，还声称伦敦大主教早就有了合格的继承人，当然他说的合格人选是指自己的党羽。自此以后，大主教罗伯特无日不寻机在国王面前中伤戈德温，他重新炒作一件旧事把冲突推向了白热化。

早在1036年，爱德华的亲弟弟阿尔弗雷德回到英国，当时还是克努特之子哈罗德一世在位，阿尔弗雷德在苏塞克斯被戈德温的部属抓获押解到伦敦，不久之后先遭刺瞎双眼继而遇害。大主教罗伯特指责戈德温是罪魁祸首，应当为此负责，而且还有谋害国王的野心。其实这事儿的真正主使者是当时的国王哈罗德一世，与戈德温无关。大主教不断指责，国王的耳根越来越软，与岳父的关系愈发对立。

当年8月份的不幸事件使双方撕破脸。国王爱德华的姐夫布伦伯爵厄斯塔斯出访英格兰，他此行的目的不得而知，或许是奉领主诺曼底公爵之命前来答谢。布伦伯爵携带随从返程时在多佛港停留，因借宿时态度傲慢与当地居民发生武力冲突，双方各有几十人死亡，这事儿很不巧，就发生在威塞克斯伯爵戈德温的领地。布伦伯爵星夜跑回伦敦向小舅子告状，国王大发雷霆，命令戈德温铲平多佛镇。

戈德温觉得国王听信了谗言，不愿执行伤害自己属民的命令，但抗拒王令也是不小的罪名，他干脆带着一支卫队前往即将召开维坦的格洛斯特郡，不把矛头指向国王，要求交出肇事者布伦伯爵，还要求驻扎在赫里福郡的诺曼底守军投降。大主教罗伯特与戈德温唇枪舌剑进行辩论，他力数戈德温各种“悖逆”之罪，国王则站在大主教一边训斥戈德温。戈德温见势不妙，一气之下返回自己营地。国王不久后在伦敦又发起了针对戈德温的诉讼，传唤他到庭答辩，戈德温声称审判不公正，拒绝前往。

双方处在剑拔弩张的气氛中，国王有传统和宗教赋予的权威，万不得已无人敢闹到动刀剑的地步，何况当时其他大贵族态度上明显不利于戈德温；戈德温家族根基雄厚，国王亦不能轻易使用武力，僵持局面令所有人感到紧张，担心爆发内战。最后在温彻斯特主教斯蒂根德调停下，国王女婿与伯爵岳父各让一步，国王同意撤销一切指控，但戈德温必须放弃领地五年，接受流放惩罚，戈德温经过一番权衡后，同意了这个条件。

戈德温带着三子托斯蒂格搬到法兰西佛兰德斯生活，托斯蒂格刚娶了佛兰德斯伯爵的异母姐姐，所以他与父亲在大舅子宫廷里的生活倒也逍遥自在；次子哈罗德·戈德温森则带着弟弟利奥弗文前往南爱尔兰。那段时间，恰好诺曼底公爵威廉与佛兰德斯伯爵的女儿玛蒂尔达结婚。家族互联关系真是错综复杂。

1051年戈德温家族各奔东西，国王展开报复计划，先把王后埃迪斯送到修道院，随后把戈德温家的领地逐一剥夺，加封给自己的心腹，放手重用诺曼人。国王的举措起到反效果，其他大小贵族们对国王重用诺曼人同样感到心寒，若对实力如此强大的岳父家族尚能下此狠手，这样的结果会不会有一天降临到自己头上呢？

戈德温家族根深叶茂，岂能如此轻易被打垮，他们在海外酝酿着重返英格兰。1052年入秋，戈德温召集了几支部队在南部集结，以“清君侧”名义一路挺进伦敦居然未遇抵抗。国王心腹召集的部队不肯卖力，令爱德华大惊失色，派信使要求谈和。最终，戈德温再次向国王下跪行效忠礼，国王则同意恢复戈德温家族领地，解除对埃迪斯王后的幽禁，驱逐以坎特伯雷大主教罗伯特为首的诺曼人主教，戈德温家族当年9月份奇迹般满血复活。

1053年4月戈德温去世，他的次子哈罗德·戈德温森继承家业，

“戈德温森”意即“戈德温的儿子”。新任威塞克斯伯爵比父亲出众，他高大英俊，性格风趣，待人和蔼，同时勇武过人，城府极深，与他有过交往的人往往很快被其魅力所折服。原本应是他哥哥斯文继承家业，但这位兄长很不成器，因为劫持和猥亵女修道院院长遭放逐，1052年死于耶路撒冷朝圣的归途中。

背景贴士：

英格兰伯爵与欧陆伯爵有何异同？

最初，盎格鲁–撒克逊的所谓国王只是武士首领，靠自己的土地生活，身边经常簇拥着一群武士，随着列国兼并、与维京人的斗争和融合，逐渐形成了君主制，很多首领身边的武士就演变成王国的中流砥柱“大乡绅”，这是盎格鲁–撒克逊社会独有的结构。诺曼征服之后才有了公爵、侯爵、男爵等贵族爵位，只有“伯爵”是英格兰最古老的爵衔，称为“Earl”，源自维京人的“酋长”，与欧陆的“伯爵”（Count）有所不同。

诺曼征服前，英格兰伯爵的地位大致相当于欧陆的公爵，管辖地可以跨越数个郡，拥有征税权，可在郡法庭上做出裁决，但他们实际上不以伯爵的名义施行统治，而是作为国王的地方长官。威廉引入封建制，大量加封男爵，英格兰伯爵数量大为削减，郡提升为一级行政单位，伯爵的管辖区不得跨越郡，征税权和郡法庭裁判权被剥夺，此后英格兰伯爵逐渐等同于欧陆伯爵。

汲取父亲的教训，哈罗德采取措施争取诺森伯利亚和麦西亚两大伯爵的友谊，甚至不惜放弃自己的东盎格利亚领地转让给麦西亚伯爵的儿子。爱德华在位最后13年，充分体现出混日子的平庸特点，专心于宗教事务，依赖哈罗德打理内政外交，使其家族的力量进一步增长，年收入达到5 800英镑，哈罗德最小的弟弟托斯蒂格还成了国王的宠臣，但爱德华也未放松对哈罗德的防范。

哈罗德寻找一切机会向爱德华表明他不会觊觎王位，试图杜绝外国公爵威廉未来当上国王的可能性。戈德温家族复辟时，威廉并无任何声援举动，让国王多少有点心怀抱怨，哈罗德充分利用爱德华的心意动摇，向他提出了一个更合适的继承人选——“流亡者爱德华”王子，这是国王同父异母的兄弟勇敢者埃德蒙的儿子，克努特登上王位后，他流亡匈牙利，被神圣罗马帝国（德国）皇帝收留。

哈罗德派出两名教士1054年赶赴匈牙利，说服王子归国，可这位王子性格平和，远离故土几十年，可能连英语都忘了，现在过着锦衣玉食的生活，实在无心卷入远方的政争，两名教士悻悻而归。哈罗德不甘受挫，两年后亲赴欧洲大陆，委托神圣罗马帝国皇帝的好友罗马教宗引荐，试图通过帝国皇帝说服王子归国。这次劝说收到成效，1057年中，流亡的王子携一家老小回到英格兰，可天不遂愿，他刚在英格兰南方登陆几天，与国王叔叔还未来得及晤面就病逝了，留下一个6岁的儿子埃德迦。哈罗德担任了小王子埃德迦的监护人，若未来埃德迦继位，仍然有利于戈德温家族。

表面看人们感觉国王认可了埃德迦小王子的继承资格，可他未做出任何巩固埃德迦地位的努力，对当年传位给诺曼底公爵的承诺仍未置可否，并没召开维坦解决继承人问题。国王显然有自认聪明的盘算，他可能这么设想，自己健康状况不断恶化，时日不多，如果不久于人世，埃德迦继承王位，年纪太幼，哈罗德有可能篡权，所以干脆不予明确表态。

1064年国王在病榻上似乎又听到关于哈罗德的闲言碎语，强化了他的焦虑，突然间精神起来，召见哈罗德，要他前去诺曼底拜见威廉，重申1051年维坦上传位于威廉的承诺。哈罗德哭笑不得，但又不敢抗拒王令，否则就坐实了自己有篡位野心的闲言。哈罗德似乎故意偏离航线把船开到了诺曼底公爵的封臣蓬蒂欧伯爵的领地，他可能想借口遭遇不良天气在外逗留一阵，既不违抗君令又可以把这个使命取消，但诺曼底公爵听说此事，派人把他接到宫廷，哈罗德不得不继续他的尴尬任务。

两位豪杰各怀鬼胎，虚情假意相处一阵，威廉赠送厚礼，盛情款待哈罗德，加封他为骑士，这在还未引入封建制的英格兰，算个新鲜事儿。哈罗德只得被迫发誓对威廉效忠，保证动用自己的力量圆满落实当初的维坦决议。威廉在对布列塔尼公爵科南二世的征战中带上哈罗德以炫耀威武，哈罗德也借此机会展示自己的文韬武略。使命完成后，哈罗德扬帆归国。

1066年1月5日，忏悔者爱德华——最后一位威塞克斯王朝的国王停止了呼吸，去世前他一直处于昏迷状态，王后埃迪斯、姐夫哈罗德和一群戈德温派重臣陪伴身边。爱德华去世前的详情已无可考证，但戈德温家族的支持者们声称，他把妻子与王国托付给了哈罗德。几周前，国王倾付大量心血的威斯敏斯特教堂（西敏寺）落成，他因身体虚弱未能出席典礼，所幸前来参加盛典的多数贵族和教士们还滞留在伦敦，国王驾崩几小时后哈罗德召开维坦，讨论继承人问题。

摆在大家面前的王位继承人有三人：小王子埃德迦、诺曼底公爵威廉、威塞克斯伯爵哈罗德。埃德迦的继承资格最充分，是威塞克斯王族之裔，可他还是少年，毫无执政经验，少主继位难免激起内忧外患。诺曼底公爵威廉虽有此前维坦的传位决议，但按惯例，他的继承资格最不充分，他是外国人，且没有盎格鲁-撒克逊王族血统，人们担忧他的到来会引入更多诺曼人力量，侵害英格兰贵族利益，这是大家最不愿接纳的人选。过去这13年，英格兰的真正主政者其实是哈罗德，他的能力已获公认，何况埃德迦继承王位，难以阻止威廉武力入侵，唯有哈罗德才能肩负抵御外敌的重任。

第二天下午，依据维坦决议，约克大主教为哈罗德施行国王加冕礼，是为哈罗德二世。不久后对岸的威廉闻听此事，大骂哈罗德背信弃义，开始征集部队准备入侵，战云密布英吉利海峡。哈罗德从诺曼底归国后早就预料到这一天，一直在加强英格兰的海陆国防，对于抵挡住欧陆霸主威廉的入侵，他似乎信心满满。

哈罗德是那个时代英格兰少见的贤明君主，作为一位英雄，最遗憾的不仅是你的敌人也是英雄，而且这样的敌人不止一个。

第三节

最后的盎格鲁－撒克逊国王

新国王哈罗德二世无片刻闲暇享受生活，他紧张地筹备防务，密切关注海岸动静，时刻提防来自诺曼底的入侵，但给他带来头两波巨大麻烦的不是威廉，而是他弟弟托斯蒂格和挪威国王哈罗德·哈德拉德。

1055年，诺森伯利亚伯爵老斯沃德死后无嗣，忏悔者爱德华把他家的领地和爵位转封给了哈罗德的三弟托斯蒂格，至此，原来的四大伯爵领有三个归于戈德温家族。哈罗德曾把自己的东盎格利亚伯爵领赠送给麦西亚伯爵利奥弗克里的儿子埃尔弗格，以赢得对方的友谊。1057年，麦西亚老伯爵去世，埃尔弗格为了继承家业，被迫放弃他的东盎格利亚领地，这块领地被封给了哈罗德的二弟吉尔斯，与此同时国王又为哈罗德的四弟利奥弗文建立了一个新伯爵领。

戈德温家族在英格兰已无人能敌，新任麦西亚伯爵埃尔弗格决定奋起反抗，可实力太弱，他不惜把女儿埃尔德吉斯嫁给北威尔士酋长格鲁菲斯·阿普·卢埃林，结成同盟共同抗衡哈罗德。哈罗德1062年发兵击败两家联军，声望与地位达到巅峰，格鲁菲斯和埃尔弗格在两年内先后离世，哈罗德把麦西亚伯爵领转给埃尔弗格的儿子埃德文，并着力栽培这位年轻人。国内一切政敌都被降服，哈罗德却万万想不到冒出一个诡异的致命死敌——新任诺森伯利亚伯爵，三弟托斯蒂格。

托斯蒂格在自己领地行事不公，为非作歹，杀害两位有声望的大乡绅，遭到领地内约克郡中小贵族们联合抗争，他们趁托斯蒂格外出，洗劫他的庄园，杀死他的侍从，宣布把他放逐。自行废黜领主不具备法律效应，得请示王国政府，反抗者们推举麦西亚伯爵的弟弟摩卡为首领，一路向南进军请愿。

忏悔者爱德华闻听此事召集重臣商讨对策，哈罗德没有偏袒自己弟弟的意思，还说服国王应同意反抗者们的正当要求，结果遭致托斯蒂格嫉恨，他认为兄长不但“袖手旁观”，而且很可能参与了推翻他的阴谋。国王原本打算让哈罗德领兵讨伐叛军，现在只好答应反抗者的条件，最终托斯蒂格被正式废黜，出国流亡，摩卡取代托斯蒂格继任为诺森伯利亚伯爵，四大伯爵领至此被两个家族平分。

托斯蒂格从此发誓，一生以消灭兄长哈罗德这个“叛逆”为己任。他先是前往苏格兰劝诱国王马尔科姆发兵英格兰，但苏格兰国王对此不感兴趣，他继而前往法兰西，到自己大舅子佛兰德斯伯爵鲍德文的领地流亡，鲍德文同时还是威廉的岳父，索性放任托斯蒂格以此为基地谋划推翻哈罗德。

因克努特大帝的缘故，当时的丹麦、挪威两位国王与克努特当过英格兰国王的两个儿子有族兄弟关系，跟忏悔者爱德华也算沾亲带故，从法统和血缘看，如果忏悔者无后而亡，他们在继承序列里能排得上号。

托斯蒂格派人联络两位国王，邀请他们前去争夺英格兰王位，丹麦国王斯温·埃斯特里特森对夺位兴致索然，但挪威国王哈罗德·哈德拉德动心了。哈罗德·哈德拉德的父亲马格努斯1038年曾与时任英格兰国王的哈德克努特签过条约，若一方有难，另一方应伸手支援，一方无嗣而亡，另一方可继承对方王位。哈德克努特死后，马格努斯没有根据这个条约提出王位主张，他毫无盎格鲁–撒克逊王室血统，当时也没有实力去征服英格兰。

英格兰国王哈罗德·戈德温森有1米77的个头，中世纪已属高大身材，但挪威国王哈罗德·哈德拉德身高1米92，生性勇猛，喜好冒险，他现在正闲得无聊，基于那个“条约”的诱惑，他决定效法维京先辈们，远征英格兰夺取王位。

哈罗德登基后就听说托斯蒂格与挪威国王的谋划，预料有可能要遭遇威廉和哈德拉德同时登陆的风险，若南北两线作战，形势相当险峻。北方的诺森伯利亚伯爵埃德文和麦西亚伯爵摩卡兄弟俩的态度攸关生死，因此哈罗德在年初专程奔赴北方与两位年轻伯爵促膝谈心，晓以利害。

为强化合作关系，哈罗德不得不做出一个万分痛苦的决定，迎娶这两位伯爵的寡妇姐姐——埃尔德吉斯（北威尔士酋长格鲁菲斯的遗孀），哈罗德时年44岁，已有一个相当恩爱的丹麦婚妻子埃迪丝·伊万内莎，他们养育了众多子女，可是在王国和自己性命的生死关头，只有忍痛休掉爱妻。

第一波入侵发生在1066年5月份，托斯蒂格获得大舅子赞助的一些船只，领着小股部队先在南部的怀特岛登陆，纵兵四处劫掠，听说哈罗德率兵南来，赶紧驶往泰晤士河口，在那里获得挪威国王派来接应的17艘船，双方会合后沿东海岸北上掳掠诺福克郡，然后驶入亨伯河口登陆。麦西亚伯爵埃德文率兵而至，把托斯蒂格揍得落花流水，他只得驶往苏格兰去避难。

托斯蒂格这次滑稽的袭击更像捣乱，他也未指望获胜，无非为挪威和诺曼底军队登陆打乱哈罗德的部署。其实这招起到了效果，哈罗德让部队整个夏季处于高度警备状态，那时候欧洲还没有职业常备军，因为财政负担不起，军队都是战前召集。进入9月8日，还未看到南北方敌人登陆，军队补给已不多，消耗钱财巨大，很多士兵还要回乡收割庄稼，哈罗德下令大部队解散，带着小股卫队返回伦敦。结果同一天，挪威国王哈罗德・哈德拉德正式宣布对英格兰王位的主张，准备渡海出兵。

11天后，托斯蒂格率残部与挪威军队会合，在约克郡北部一个叫里克的小村庄登陆。麦西亚伯爵和诺森伯利亚伯爵一直关注着敌方动向，相继率5 000士兵抵达，双方在约克市附近的福尔弗德展开激战，损失都很惨重，但挪威人获得胜利，两位伯爵暂时撤退，挪威国王率部到约克市东面的斯坦福桥驻扎。

哈罗德获急报，连忙召集2 000士兵马不停蹄驰援北方，沿途有各郡的零星部队加入。9月24日，英军抵达约克市附近，未做休整立即直奔斯坦福桥突袭挪威军大营。经过一番激战，挪威国王和托斯蒂格双双被击毙，英军损失同样惨重，哈罗德勒令挪威俘虏们乘船离境。

挪威军队前脚刚走，4天后威廉率1万人乘400艘船在南部东苏塞克斯郡的佩文西登岸，随后移师至港口黑斯廷斯附近驻扎。上天略微眷顾了一下哈罗德，威廉的征程因为气候原因推迟一周，否则两线作战不可避免。直到10月1日，哈罗德才获知诺曼底军队登陆的消息，此时他还在距伦敦300多公里以外的约克郡，伦敦离黑斯廷斯又还有约90公里。

威廉率军渡海深入一个200万人口的国家征伐，补给困难，战事不能久拖，他急于寻求正面决战，为激怒哈罗德尽快南下，焚毁了几十个村庄。威廉名义上率部1万多，但能投入决战的估计最多8 000人，因为有1 000人要驻守佩文西要塞作为根据地，还得留1 000人防御黑斯廷斯。这支部队以上下诺曼底的骑士为主，还有来自布列塔尼、缅因、安茹、佛兰德斯的弓箭手，此次远征威廉可谓倾注血本。

哈罗德登基之后疲于应付各种敌人，忽略了外交这个重要手段。威廉出征前，为使入侵具备更多合法性，先获得了神圣罗马帝国皇帝和丹麦国王的支持，随后遣使到罗马教廷，获得教宗授予圣旗，这样一来威廉的征伐还具有了宗教“神圣性”。教宗亚历山大二世对英格兰教会的“另类”抱怨已久，多次提出要求，希望英格兰教会革除罗马教廷厌恶的“陋习”，如教士结婚、女人当修道院院长、圣职买卖、兼俸，他们尤其讨厌与戈德温家族关系亲近的坎特伯雷大主教斯蒂根德。

北方两大伯爵与挪威军队作战元气大伤，无法提供有效支援。哈罗德当时正确的做法是，利用主方战场优势，下令各地坚壁清野，以游击战术骚扰诺曼军队，与之拖延，自己则慢慢征调大军寻机正面决战，甚至只要熬个把月，对方因补给困难、疾病爆发可能自行退却。然而哈罗德略显急躁，10月2日，他率领跟他北上作战的残部，以每天60公里的速度往南急行军返回伦敦，停留一周获得两个弟弟的部队增援，10月12日向黑斯廷斯开拔。这支部队有8 000余人，因为是紧急召集的，大多数训练不足，纪律性差，且远程攻击兵种过少。

战斗爆发在1066年10月14日上午9点，这是岛国英雄与欧陆枭雄的生死搏杀，英格兰传统步兵将对决欧陆封建骑兵。头天晚上哈罗德率军进驻黑斯廷斯一处山脊，准备效法斯坦福桥战役于清晨实施突袭，结果被诺曼哨兵察觉，第二天发现诺曼军队已整装离营布好阵势，反而要先发起攻击，哈罗德被迫改变策略打防御战。

诺曼军的弓箭兵先射出箭雨，骑兵继而发起数次冲锋，哈罗德急命英军举起沉重的筝形盾牌组成紧密盾阵防御，诺曼军冲杀数次均被英军的盾阵挡回，直到下午进攻都没奏效。这一战对威廉来说是孤注一掷，命运系于黑斯廷斯，不成功便成仁。英军如果统帅完好，主力部队不受重创，不仅输得起一次，还能输二次三次，而诺曼军败一次就全盘皆输。

威廉发现英军作战勇敢但纪律性差，运用他在欧陆惯用的战术，让小股骑兵冲锋后诈逃，缺乏纪律性的部分英军总是脱队下山追杀，到了开阔地带，骑兵突然回身击杀零散步兵，此计屡试不爽。哈罗德可能太过于自信，一直僵持至下午，其实，他若带着主力撤退，进行休整和等待援军，威廉必败。

拉锯到黄昏，威廉令诺曼弓箭兵以大仰角向山上狂射箭雨，随后发起猛烈冲锋，经过整日的逐次损耗，英军队形已不紧密，而且很多士兵疲惫不堪，无法紧握沉重的筝形盾牌，在箭雨下死伤甚众，遭骑兵第四次冲锋时阵形完全散乱，哈罗德脸部中箭身亡，两位兄弟战死，统帅阵亡后英军士气顿失，全线崩溃。

最后一位盎格鲁–撒克逊国王哈罗德·戈德温森在黑斯廷斯战役中壮烈殒落，威廉完成他征服英格兰首功。人们喜欢羞辱亡国之君，因为他们是失败者，但各种谩骂之辞加诸哈罗德头上都严重不公正，不是每个亡国之君都因为怯懦、无能、残暴丢掉江山，实在是个人不可逆的时运也！

后世有传说讲述，哈罗德国王丧命，尸体已无法辨认，他母亲以提供与哈罗德身体等重的黄金为条件，请求征服者威廉送还尸体遭到拒绝。哈罗德心爱的前妻埃迪丝·伊万内莎走进战场，通过只有她知晓的胸膛标记，认出丈夫尸体，使爱人得到一场基督教葬礼。德国大诗人海涅以传说为依据，写下了感人泪下的著名诗篇《黑斯廷斯的战场》：

撒克逊修士阿斯高特和艾尔里克
瓦尔沙姆隐修院院长的两名使者
奉命前往战场
带回施主哈罗德国王遗骸
他们走进尸堆
无法辨识
他们悲伤和无望
为了不辱使命
请来一位妇人埃迪丝·伊万内莎
人称天鹅颈美人
她是国王的情妇
从遍地尸体中妇人认出了国王
那是她一直深爱的人

胸口上留有她的咬痕

她一言不发，泪已哭干

吻他的眉毛，吻他的嘴唇，吻他的伤口，直吻到胸膛

她以童声般哀伤的语调

唱着悲痛的葬歌

凄厉的歌声回荡战场，响彻整个晚上

哈罗德战死，贵族们已在伦敦拥立小王子埃德迦为王，但未举行加冕礼。哈罗德的几个儿子逃到西南部召集部队准备反攻，北方两位伯爵正带兵向伦敦挺进，伦敦居民素以剽悍著称，威廉深知兵力不足以马上拿下第一大都，先率兵绕着伦敦周边地区沿途扫荡示威。

威廉扫荡示威期间，从伦敦到地方上的大教士和大贵族们已经开始动摇，才15岁的小王子无法肩负卫国重任，不能组织有力抵抗。忏悔者的王后，哈罗德的妹妹埃迪斯所居住的温彻斯特市率先表示投降，埃迪斯随后公开向威廉宣示效忠。紧接着以坎特伯雷大主教根蒂斯德为首，竞相前来投诚，有力的反抗逐次瓦解，威廉见大势已定，12月21日率军进入伦敦。

第四节
征服者威廉的纷乱家事

1066年圣诞节，西敏寺一片英语和法语的欢呼声，约克大主教为威廉施行涂油圣礼，加冕为英格兰国王，称为威廉一世。教堂外的诺曼侍卫被震天响的呼喊惊吓，以为出了大乱子，一把火烧了教堂周围的房屋，威廉受点虚惊但所幸无恙。

盎格鲁－撒克逊时代随着威廉登基而终结，这是具有划时代意义的日子，它开启的历史进程可以跟宗教改革、光荣革命、工业革命相提并论。当然从本土民族的角度来说，诺曼征服也是一场劫难，相当长时期内造成生灵涂炭，经济衰退，英格兰拉开法兰西化的序幕，英语沦落为底层民众的语言。

尽管有部分贵族和教士合作，并不代表威廉自此高枕无忧，意外的火灾小插曲或许预示着他将继续用血火完成彻底的征服。威廉留下三个摄政后返回诺曼底处理政务，从1067年开始南北方连续不断爆发反诺曼人起义，威廉赶回来四处镇压，直到1071年局势才稳定下来。新国王的作风与之前的爱德华和哈罗德可大不相同，强硬蛮横，以刀剑为后盾推行他的政策。

威廉的父亲诺曼底公爵罗伯特一世早年有段浪荡情事，威廉的母亲海莱维的身份并无确切材料记载，民间风传两个版本，一说是鞋匠之女，一说是富商家的闺秀，总之并不高贵。罗伯特一世与海莱维姘居生下威廉，后来把她转嫁给一封臣，所以威廉的反对者们喜欢羞辱他为“杂种威廉”。以威廉的法律地位按常理无法继承公爵之位，可他父亲只有这么一个儿子，1034年罗伯特一世刚平息一场领地的内乱就想去耶路撒冷朝圣，临行前召集封臣们开会，经过威逼利诱迫使大家暂时接受威廉为继承人，不料朝圣过程中罗伯特一世客死他乡，威廉勉强当上了诺曼底公爵。不过诺曼底又陷入以前的老问题中——主公去世，贵族混战。

法兰西的封建制，导致从中央王廷到各公国、伯国都面临同样的问题，即一旦雄主逝世，容易陷入战乱，这与英格兰王权强势、政府体系完备形成鲜明对比。早年法兰西王室内乱，罗伯特一世帮助过法王亨利一世，亨利登基以后认可威廉这位少儿公爵，使其增强了合法性，法王还出兵协助平息了诺曼底内乱。戈德温家族1052年重返英格兰逼宫，威廉并非故意袖手旁观，其实缘于法王听说威廉获得英格兰王位继承权后，担忧这位封臣实力太过强大，联合诺曼底的老对头安茹伯爵给他四处下绊，威廉那几年正疲于应付，直到1060年两位敌人离世才松了口气，登陆英格兰前他已是雄霸一方的西欧诸侯。

威廉的童年在阴谋、叛乱、杀戮、逃亡的环境中度过，几次险些丢命，成年之后为巩固地位长期四处征伐，养成了刚毅勇敢又凶狠毒辣的性格。1052年围攻阿朗松要塞，他下令把32个俘虏的四肢当众砍下，吓得其他要塞的守军们纷纷投降，类似的酷刑在他的戎马生涯中实在司空见惯。英格兰叛乱激起威廉的戾气，1068—1069年，他三次进入北方约克郡平叛，所到之处焚毁村庄，杀光牲畜，很多地区的古英语档案和书籍毁于战火。

威廉最重要的举措是把法兰西的封建制引入英格兰，同时保留很多本土政治机构，因为它们有利于强化王权。两者融合成独具特色的岛国政治体系，决定着未来数百年的发展路径。征服者人数稀少，面临叛乱四起，在200万本土民族的汪洋大海中，诺曼人初期只能过着占领军一般的生活，编成作战单位同吃同睡，大量修筑封建制度的标志性军事建筑——城堡；诺曼征服前，英格兰最多有6座不太像样的要塞，到1100年已有50座城堡遍布全国。

借平息叛乱之机，威廉狠狠削弱了本土贵族和大乡绅的力量，到1086年只有两个英格兰贵族还保有自己的财产和地位，有4 000多个大乡绅失去土地，全国绝大部分土地被威廉和不到250个诺曼贵族、教士瓜分，其中他册封了170个男爵，这些人加上他们的下级封臣、侍从约1万人，成为英格兰的新统治阶层。诺曼贵族虽然在英格兰拥有地产，但包括国王在内，统治阶层多数时间滞留欧陆打理故土事务，只把英格兰当作“提款机”，将财物源源不断送回家乡。

骑兵是封建制下地位最尊贵的标志性兵种，威廉征战欧陆和英格兰的主力。一个骑兵从马匹、武器到盔甲等全套装备耗资不菲，仅战马的价格就从30至120英镑不等，骑士需从小接受训练，培养成本高昂。没有中央集权财税体系，君主都养不起大规模的骑兵部队，只有通过土地分封制来供养。封臣向封君宣誓效忠，封君向封臣授予土地，封臣今后需根据契约向封君履行政治、经济和军事义务，封君也要宣布保证会公平对待自己的封臣，保护他们的人身和财产安全。

中世纪中前期没有明确的“国家税收”概念，君主的稳定收入主要来源于自己的领地，但通过封建契约可获得一些“封建收入”。封君与封臣之间的权力、义务条款通常规定得相当精细，如根据采邑大小，封臣战时为封君提供不同数量的骑兵，每年服40天骑士役。理论上封臣不得随意转让土地，封臣的后人继承土地需向封君交纳一笔继承费，死后无嗣需把土地交还封君。封臣死后，若继承人未成年，封君自动拥有孩子的监护权，继承人成年之前领地收入归封君所有；若土地要给寡妇或女性继承人，封君还同时获得他们的婚姻指派权。

在三种情况下封臣还需要向封君提供贡金：封君的长子成年受封为骑士、封君的长女结婚、封君战争中被俘需要赎金。理论上封臣完成封建义务后国王不得再向大家额外讨钱，只有王国面临“紧急情况”时，君主为保卫王国可以征税，这通常指“外敌入侵”需要军费，当然君主发动战争时也可以“保卫王国”为借口频频要求大家掏腰包。不过由于“非紧急情况不得额外要钱”的规矩存在，给贵族与国王的博弈留下空间，为后来议会的诞生埋下伏笔。

为了弄清楚封臣应尽多少义务，防止有人欺骗，威廉在英格兰进行了一次人口与经济大普查，派专员到各郡县进行统计，把数据编定成册，某个庄园有多少头猪、多少头牛均详细记录在案。后世称之为《末日审判书》，因为这种调查给人的感觉就像末日来临时的终审一样。

欧陆封建主义的原则是“我的封臣的封臣，不一定是我的封臣，我的封君的封君也不一定是我的封君”，威廉在英格兰变通地把这个原则改为“我的封臣的封臣还是我的封臣”，这使得君权继续保持强势，不会出现欧陆那种割据一方能抗衡中央王廷的大领主。

童年时代缺乏关爱，备受私生子名义拖累，威廉一生在私德上却很完美，忠爱妻子和家庭，他格外仇视容易制造私生子的丹麦婚，不遗余力取缔这种婚姻，同时热衷于阉割强奸犯，打击性犯罪；威廉重视教会的道德教化作用，大力推动教堂的建设，使得教堂和教士数量快速增长。

取缔丹麦婚和打击性侵犯一定程度保障了妇女权益，但诺曼王朝输入封建制的同时也带来纯粹的“直男癌主义”，原本英格兰女性地位高过欧陆国家，现在一落千丈。统一之前的麦西亚王国曾有过女王，克努特大帝可以委托前妻担任挪威摄政，女修道院院长遍布全英，女儿在财产继承权上与儿子有同等地位，寡妇有权监护自己的孩子，自主选择是否改嫁，如今这些权利都被骑士主导的封建社会取消。

热爱家庭、注重私德的威廉却没把自己的孩子教育好，家庭纷争成为他晚年最大的不幸，追求权欲使人丧失美德，整个诺曼王朝的历史就是一部“家庭悲剧史”。

晚年的威廉身材越来越肥胖，“英格兰国王躺在他诺曼底的鲁昂宫廷床上时，就像一个怀着孩子的孕妇”，尽管征服者威廉的事业登上巅峰，他的老对头法兰西国王菲利普一世不会错过任何讥嘲的机会。

威廉征服英格兰后没过上几天安宁日子，丹麦君主对英格兰仍然虎视眈眈，诺曼底的两大宿敌法兰西国王和安茹伯爵对他实力的增强感到恐慌，四处张罗着反威廉事业，但这两人带来的麻烦都远不如王后玛蒂尔达和长子罗伯特。

1087年8月，威廉为报复法军袭扰诺曼底，亲率大军向自己的封君法王菲利普一世开战，攻陷芒特城后身负重伤，更令他难受的是长子罗伯特没有待在自己身边，而是在死对头法王的宫廷里，长期从事反对自己父亲的勾当。9月9日，威廉在病痛与悲愤的双重打击下过世。侍从们把他的遗体抬入石棺，肚子竟然胀气炸裂，臭味弥漫整个教堂，一位叱咤风云的西欧霸主以这种下场离世，多少有点悲哀。

威廉一世有四个儿子，长子罗伯特、次子理查德、三子威廉、幼子亨利。罗伯特军事上颇有天赋，长相英俊，深获母亲玛蒂尔达宠爱，这家伙缺乏政治头脑，生活中懒散放荡，身边围绕一群贵族纨绔子弟，侍从队伍中常跟随着娼妓。人们嘲笑说，威廉一世“杂种”的绰号其实更适合罗伯特。登陆英格兰前，威廉为防不测暂时指定罗伯特作为诺曼底继承人，一切布置停当才带着次子理查德乘上妻子赠送他的旗舰“摩尔号”开始远征。此后理查德久居英格兰协助父亲料理政事，威廉对他明显有栽培之意。不幸的是，理查德1081年死于一次森林狩猎事故。

英格兰政局趋稳，威廉重返诺曼底应付欧陆军政事务，原本和睦的家庭出现裂痕。贵族盛行包养情妇、广布私生子的时代，威廉与玛蒂尔达堪称模范夫妇，王后以温顺贤明著称。可能因为夫妻太过恩爱，导致王后背负沉重的生育任务，1070年王后步入中年才终止她没完没了的怀孕和分娩，他们的夫妻生活可能因此结束。王后在更年期性格变得日益独立，不再那么温顺了，她甚至听信传闻，怀疑丈夫在外面有私生子，与威廉争吵不断。威廉回到欧陆后对过着放荡生活的罗伯特越来越冷淡，不断剥夺他的权力，经常对他冷嘲热讽，暗示不会把英格兰给他继承，甚至还给罗伯特取了“柯索斯”（短腿男）的绰号，转而疼爱另外两个儿子。

罗伯特失宠于父亲后心怀怨愤，他身边的纨绔子弟怂恿他采取行动攫取诺曼底控制权，父子间撕破脸就只缺导火索了。1077年，弟弟威廉和亨利恶作剧，把尿壶里的脏水泼到兄长头上，罗伯特感觉受到奇耻大辱，认为两个弟弟敢如此放肆，肯定与父亲的教唆和偏袒有关，一怒之下率兵去夺取鲁昂的城堡。罗伯特政变未遂，父亲下达对他的通缉令，罗伯特只得去投奔自己的舅舅佛兰德斯伯爵，此后他受法王资助不断在诺曼底发起叛乱。

12世纪初的编年史家伍斯特的约翰曾记载：“1079年的一次战斗中，罗伯特与父亲狭路相逢，威廉一世的战马被射死，换上新战马后与罗伯特刀剑相搏，手部被儿子一剑击中，跌落马下，罗伯特继续追砍，威廉一世发出愤怒的咆哮，罗伯特听出父亲的声音方才离去。”

一边是丈夫，一边是儿子，王后玛蒂尔达内心备受煎熬，最终伟大母爱战胜了夫妻之情，她选择暗中资助儿子。威廉知情后愤怒至极，他说：“我曾经以为我找到了世界上最值得信赖的助手，即我的妻子，我把她当作我的灵魂，我曾经把王国的军政大权交付给她，对她如此信任，现在，我的妻子竟然策划阴谋颠覆我的生活，用我的钱去资助我的敌人，把我推向坟墓。”威廉对妻子的感情胜过怨愤，除了要求玛蒂尔达不得再犯，并未对她实行惩罚，只对罗伯特处以流放。在玛蒂尔达斡旋下，1080年父子勉强和解，不过王后三年后去世，失去这个润滑剂，父子关系再度紧张，罗伯特继续与法王谋划反对自己的父亲。

两个小儿子则百般依顺，始终坚定地站在父亲一边，国王去世时，留在身边的三子威廉继承了英格兰王位，史称威廉二世，他因为有着一张像牛肉般泛红的脸而得到绰号“红脸威廉”。罗伯特则理所当然继承了诺曼底公爵的位置，幼子亨利未获得领地，得到一笔钱财去购买地产安家立业。

尽管红脸威廉获得坎特伯雷大主教等人支持，在两岸皆有地产的部分诺曼贵族却颇为犯难，他们觉得两兄弟分踞英格兰和诺曼底并非好的继承方案。一位叫奥德里克的诺曼贵族说：“一个是主公，一个是君王，都是我们的主子，他们互相充满敌意，我们到底该怎么侍奉他们？如果我们忠诚于威廉，就会得罪罗伯特，他会没收我们在诺曼底的地产和岁入，反之亦然。”

部分诺曼贵族认为罗伯特名声虽然不佳，但他统一两岸成为共主，以他慵懒的性格有利于增进贵族权益。奥德里克联合一群贵族在英格兰掀起叛乱，试图迎立罗伯特为君主，旨在解决他们自己的“效忠难题”，维护王国稳定和个人利益。罗伯特与威廉有个协定，若一方死亡，另一方拥有继承权，所以他未对起事贵族们伸出援手，叛乱很快被威廉二世镇压下去。不过此后的事实说明，只要英格兰国王不兼任诺曼底公爵，就会引发王室内战或贵族叛乱。

教宗乌尔班二世发起“十字军东征”倡议，鼓励欧洲贵族和骑士们去收复圣城耶路撒冷。生活放荡、财政困难的罗伯特找到了一个更适合他的事业，为了筹集出征费用，他决定把诺曼底以1万马克的低价抵押给弟弟。红脸威廉花钱把父亲的王国重新统一。

红脸威廉的私生活不比罗伯特好到哪儿去，他生活豪奢，一直未婚，只跟情妇们姘居，所以没有合法子嗣。1100年8月2日，红脸威廉在森林中狩猎，被他的臣下斯沃特爵士一箭误射身亡，弟弟亨利此刻也在林子里，迅速带人前往温彻斯特控制国库，3天后加冕为英格兰国王，史称亨利一世。亨利获得王位行动之迅速不免让红脸威廉之死充满谜团，有人怀疑他策划了对兄长的谋杀，但此事缺乏确凿证据。鉴于兄长在世时的强硬统治，为了收买人心，亨利登基后颁布《自由宪章》，承诺实施“德政”，发誓尊重教会，保障贵族权益，限制王室的狩猎范围，这成为后世“大宪章”的基础性文件。

亨利只是继承了英格兰的王位，诺曼底公爵之职还需要重新争取。他登基几周后，大哥罗伯特结束东方冒险生涯回到诺曼底，根据当年跟红脸威廉的协定提出王位诉求。第二年7月份，罗伯特率军登陆朴茨茅斯夺取王位，教会和威廉一世的廷臣坚定支持亨利挫败了罗伯特的野心，双方经过谈判签署协议，罗伯特从此放弃对英格兰王位的诉求，亨利给兄长每年2 000英镑的补贴。

1106年问题才真正解决，罗伯特不断激起诺曼底的动荡，亨利见时机成熟，出兵向对岸挺进，在坦什布赖战役中活捉罗伯特，把大哥软禁终身。这位浪荡公爵却因祸得福，一直活到1134年，以中世纪罕见的83岁高寿过世。

第五节
金雀花帝国

继承人问题同样困扰着亨利一世，他在私生活方面亦非省油的灯，总共生育20多个私生子女，但这些孩子都没有合法继承权。登上国王宝座时亨利已31岁，仍然未婚，他需要认真考虑一桩政治婚姻。婚事安排体现出亨利颇有政治头脑，他登基3个月迎娶苏格兰国王马尔科姆三世的女儿玛蒂尔达，这位公主血统很高贵，她的母亲是威塞克斯王朝最后一位小王子埃德迦的姐姐圣玛格丽特，这桩婚事为亨利的英格兰王冠增添了合法性。

亨利与苏格兰的玛蒂尔达只育有两个合法子女：儿子威廉，女儿玛蒂尔达。1120年11月25日，威廉王子从诺曼底乘坐白色的维京大船到英格兰，原本是一次非常欢乐的旅行，他带着诸多贵族和侍从纵情豪饮，大家喝得酩酊大醉时船只触礁沉没，威廉葬身鱼腹，这是金雀花王朝诞生的著名前奏“白船事件”。

现在亨利的合法子女仅剩玛蒂尔达，她是神圣罗马帝国（德国）皇帝亨利五世的皇后。1125年女婿去世，英王把寡居的女儿召回英格兰，两次强迫贵族们承认她为继承人，这事儿让大家实在勉为其难，女人当国王在诺曼贵族的观念里不可理喻，亨利也知道形式上的承诺在自己去世之后并无保障。

1127年，亨利听到一个令他震惊的消息，佛兰德斯伯爵“好人查理”遭谋刺死亡，法兰西国王路易六世运用自己的影响力，使威廉·克里托继任佛兰德斯伯爵。威廉·克里托正是亨利一世那位放荡大哥罗伯特的儿子，他始终坚称自己是诺曼底真正的合法拥有者。忧虑这位侄儿动用佛兰德斯的力量染指诺曼底，亨利决定为女儿寻求一桩政治婚姻震慑威廉·克里托，也为玛蒂尔达将来继承王位再加装一道保险阀。联姻是亨利运用娴熟的政治手段，他曾把8个私生女儿许配给周边各国大小诸侯，构筑起安全的防护网。

1128年6月，诺曼底举行了一场盛大婚礼，谁都想不到，诺曼底和安茹这两大宿敌居然结成亲家。亨利为自己女儿相中安茹伯爵富尔克五世的长子杰弗里，并在婚礼上给女婿举行了骑士册封仪式。绰号“美男子”的杰弗里脸上还带有稚嫩之气，他喜欢佩戴一朵黄色的“金雀花”帽饰，因而有“杰弗里·金雀花”之别称。时年27岁的玛蒂尔达以神圣罗马帝国前皇后之尊下嫁伯爵之子，其实内心百般不愿意，何况夫君比她小12岁。老妻少夫出于政治目的走到一起，虽然生育了三个孩子，但感情上颇为淡漠，一生散多聚少。

老公公安茹伯爵满心喜悦，若杰弗里与玛蒂尔达生出儿子，毫无疑问未来自己的后人将掌控诺曼底，历代先人啃不下来的仇敌诺曼底通过联姻即可轻松到手。他第二年就放心地去耶路撒冷当国王，把爵位与领地传给杰弗里·金雀花。亨利自认妙计安天下，没想到埋下隐患，诺曼底与安茹是世仇，他手下的诺曼贵族们普遍不赞同这桩婚事，更不愿意在亨利去世后拥戴一位妇人为国王。

1135年12月1日，给英格兰带来30余年安宁的亨利一世病逝，他的继承人安排却引起两岸长期动乱。当时金雀花夫妇还远在自己的安茹领地，布卢瓦伯爵斯蒂芬（亨利一世妹妹阿德拉之子，征服者威廉的外孙）正在他妻子布洛涅女伯爵玛蒂尔达的领地，这里离英格兰东南角只有一天路程。近水楼台先得月，斯蒂芬火速带人登陆，先在伦敦宣布继承王位，然后在自己弟弟温彻斯特主教（布卢瓦的亨利）的协助下掌控了国库。

斯蒂芬召集贵族们开会，告诉大家“当年你们对玛蒂尔达的效忠誓言出于被迫，是无效的，老国王临死前改变了主意”，反正诺曼贵族们本来就不愿意拥戴女人为王，更讨厌她的安茹丈夫，顺水推舟附和了斯蒂芬的说辞。坎特伯雷大主教也被说服，在西敏寺为斯蒂芬施行涂油圣礼。一旦获得英格兰王位，争取诺曼底那边的贵族就占据了优势，因为他们在英格兰皆有地产。如果亨利一世有不可争议的合法男性继承人，斯蒂芬断不敢有夺取王位的妄念。

金雀花夫妇和他们的儿子回过神时，发现被英格兰和诺曼底贵族瞬间抛弃了，他们要索回自己的王国，必须通过血与火的手段。玛蒂尔达·金雀花不是轻易服输的女人，她与自己的小丈夫商定，今后夫妇各有分工，她去筹划反攻英格兰，杰弗里则留在安茹伯国以此为根据地抢夺诺曼底。

斯蒂芬的性格善良谦恭，缺乏专横决断和政治手腕，不具备乱世为王的军政能力。驾驭好大贵族才是中世纪国王稳固统治的根基，而他信赖一些地位不高的亲信，三年之内就得罪了诸多权贵，同时导致苏格兰国王大卫一世不断发兵南侵，王国四处起火。斯蒂芬曾许诺要晋升帮助自己掌控国库的弟弟当坎特伯雷大主教，结果食言了；格洛斯特伯爵罗伯特（亨利一世才干出众的私生长子）、切斯特伯爵、索尔兹伯里主教罗杰，这些人都因斯蒂芬安置不当投向金雀花阵营；因不善于笼络和控制教会，坎特伯雷大主教西奥多德作为英格兰宗教领袖，一直拒绝给斯蒂芬的儿子加冕。

幸好斯蒂芬的表妹玛蒂尔达·金雀花也浑身毛病，这场王位争夺的雌雄之战才久拖不决。首先作为女性，在骑士主宰的世界里夺取江山有天然的性别劣势；英格兰公主、王位继承人、安茹伯爵夫人、神圣罗马帝国前皇后，长期顶着一大堆光环生活，玛蒂尔达养成了傲慢自大的性格，不易与人相处，贵族圈中缺乏人脉。

1139年秋天，玛蒂尔达·金雀花潜入英格兰与异母兄长格洛斯特伯爵罗伯特会合，宣布与斯蒂芬分庭抗礼，自此出现了两个宫廷。1141年2月林肯郡的战役中，斯蒂芬兵败被俘，他弟弟温彻斯特主教此时作为教宗使节已站到金雀花一边，玛蒂尔达·金雀花夏天得以顺利进驻伦敦，等待不久后的西敏寺女王加冕典礼。这位高傲的女王脚跟还未站稳，就冰冷对待教宗使节提出的和平条件，同时不愿意减免伦敦的贡赋开罪了市民，连番铸下大错。

这时候另一个女中豪杰——斯蒂芬的王后布洛涅的玛蒂尔达横空杀出扭转危局，说起来她是玛蒂尔达·金雀花的姨表妹，她的母亲玛丽也是苏格兰国王马尔科姆三世与圣玛格丽特的女儿。斯蒂芬王后是圣殿骑士团的积极赞助者，当丈夫前往英格兰夺取王位时，她即将分娩，却毫无畏惧地挺着大肚子渡过海峡，生下儿子尤斯塔斯。内乱期间的1139年，她从布洛涅召集来军队，向英格兰北方进军，迫使南侵的苏格兰国王签订和约。

一位女王，一位王后，两位玛蒂尔达表姐妹上演的大戏，比男人们更精彩！

听说丈夫被俘，斯蒂芬王后四处联络同党，筹集一支军队向伦敦开拔，重新争取到温彻斯特主教的支持，在伦敦市民揭竿暴动的配合下，一举赶走了玛蒂尔达·金雀花。高傲的表姐从伦敦逃出后，居然带领军队去围攻温彻斯特城堡，斯蒂芬王后率兵前往解围，战斗中把格洛斯特伯爵罗伯特俘虏。

格洛斯特伯爵是金雀花阵营在英格兰的主力干将，玛蒂尔达·金雀花只得同意交换俘虏，释放了斯蒂芬国王。此后大家再无大规模野战，各自踞守城堡。那个时代缺乏强有力的攻城武器，若战斗是以城堡攻防形式进行的，除非进攻方的实力绝对强大，防守方通常都占有优势。金雀花与斯蒂芬谁也不能吞掉谁，内战陷入僵局。1147年10月，格洛斯特伯爵去世，玛蒂尔达·金雀花只得垂头丧气离开英格兰，再没踏足这块土地，斯蒂芬终其一生也未平息北部切斯特伯爵和西部亲金雀花势力的割据。

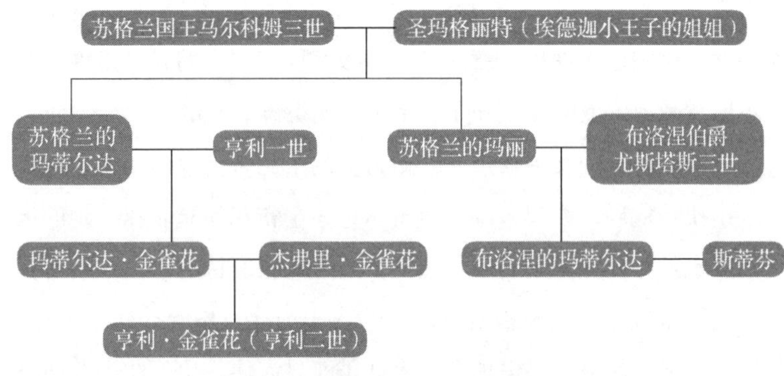

两位玛蒂尔达家族关系图

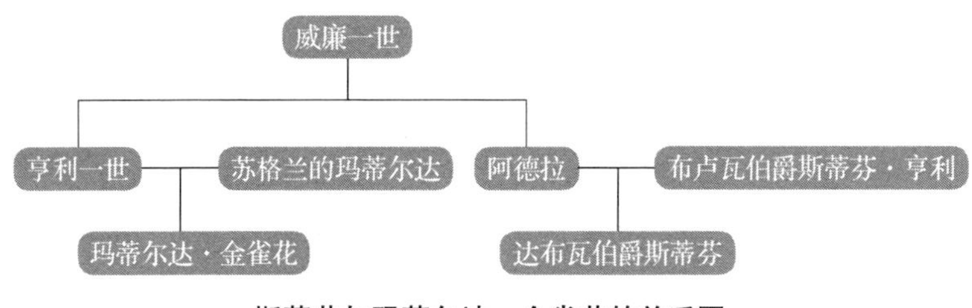

斯蒂芬与玛蒂尔达·金雀花的关系图

注：斯蒂芬是玛蒂尔达·金雀花的姑表哥，斯蒂芬的妻子布洛涅的玛蒂尔达又是玛蒂尔达·金雀花的姨表妹。

玛蒂尔达·金雀花的英俊小丈夫不负重托，在欧陆的经略颇有成果，进展艰难却逐步胜利推进。经过连续多年的战争，他在1144年终于攻夺首府鲁昂，通过武力取得诺曼底公爵之位。可是杰弗里无暇进攻英格兰，只能巩固成果，诺曼底公国和安茹伯国都不是容易统治的地方，驯服那些骄悍的贵族颇费工夫。1150年，杰弗里与法兰西国王路易七世达成交易，他在韦克桑地区问题上向法王让步，换来法王正式承认他为诺曼底公爵，得到最高领主认可，增强了统治诺曼底的合法性。第二年，38岁的杰弗里去世，他们夫妇的事业只能由18岁的儿子亨利·金雀花来接棒，他承袭了父亲的安茹伯爵和诺曼底公爵头衔。

根据历史习惯，老领主去世后叛乱和阴谋就会纷至沓来，何况诺曼底被征服还没多久。安茹伯爵崛起，同时身兼诺曼底公爵，让法兰西国王寝食难安，法王必定会组建起“反对派俱乐部”四面包围。亨利·金雀花面临的形势不容乐观，他不仅要平息领地内的叛乱，巩固父亲的成果，与法王周旋，还有一个最重要的任务——与斯蒂芬争夺英格兰王位，对一个年轻人来说，这似乎是难于登天的任务。

一位“女神”的突然降临改变了亨利·金雀花的命运。

1152年初，有位风姿绰约、家世显赫的大贵妇正在欧洲寻觅可以依托的夫君，无数贵族对她垂涎三尺，最终亨利·金雀花把她揽入怀中，这个良缘居然是金雀花的封君和对头法兰西国王路易七世所赐。当年3月份，路易七世以“有血亲关系”为由，宣布与王后阿基坦女公爵埃莉诺离婚。

阿基坦公国名义上是法王的封臣领地，实际上跟诺曼底、勃艮第、安茹这些公国、伯国一样具有独立性，公国位于法兰西的西南部，南临加斯科涅公爵领，北接安茹伯爵领，10～11世纪几乎拥有法兰西中南部大部分领土。1137年4月，阿基坦公爵威廉十世在朝圣的途中逝世，他13岁的独女埃莉诺继承了这一西欧丰厚的领地。一个少女难以震慑领地内众多骄悍贵族，她需要庇护，而任何诸侯娶到这个少女也将如虎添翼。法兰西路易六世抓住机会，让王子路易当年7月与埃莉诺成婚，一周后路易六世驾崩，路易七世在继承王位的同时能以妻之名兼领阿基坦公爵之衔。

阿基坦是骑士文学与音乐的重要发源地，埃莉诺的祖父威廉九世同时也是著名的诗人。在家庭环境的熏陶下，埃莉诺性格热情奔放，喜爱诗歌与音乐，推崇骑士精神，热衷奢华生活，这与过着苦行僧日子的路易七世格格不入，路易手下的贵族和教士也对这位性情奔放的王后颇有微词。

埃莉诺1147年与路易七世参加十字军东征，在整个过程中出尽风头，她不仅动员300多个阿基坦骑士参加远征，还让很多侍女参军入伍，并打扮成希腊传说中的亚马逊女战士模样。在拜占庭（东罗马帝国）首都君士坦丁堡，埃莉诺深受那里的贵族和骑士称赞，被比作亚马逊女王彭忒西勒亚（希腊神话中战神阿瑞斯的女儿）。

十字军东征前，埃莉诺与路易的感情已很冷淡，这次远征失败又令她受到诸多谣言困扰，说她跟自己叔叔安条克（十字军在中东建立的一个国家）的统治者西蒙有染，更有离奇传言，说她和穆斯林英雄萨拉丁有一夜情。埃莉诺早有离婚之意，教宗尤金三世苦口婆心调和夫妻感情，让他们睡在一张床上，全蒙教宗这次成人之美，埃莉诺又为路易生下第二个女儿。然而，这再次让路易及其廷臣们感到失望，埋怨她生不出男性继承人，夫妻感情破裂已无可挽回。迫于身边人的压力，路易找了个借口与王后离婚，阿基坦公国仍旧归还给埃莉诺。

28岁的埃莉诺若在家中坐等的话，追求者一定纷至沓来，不过她早就钟情于比她小9岁的亨利·金雀花，这位刚满19岁的安茹伯爵和诺曼底公爵，正在紧张忙碌地筹划他的英格兰远征，埃莉诺向他发去“火速前来成亲”的消息。亨利·金雀花获得女神结婚通知后立即暂停进军计划，带着侍从们风驰电掣一路南奔。5月18日，又一对老妻少夫在阿基坦首府普瓦捷举行了婚礼。

按照封建制惯例，亨利·金雀花能以妻子之名兼领阿基坦公国，他的军政实力顿时倍增。这桩婚姻改变了欧洲政治生态，很快就炸开了锅，法王的醋坛子也碎了一地。路易七世作为最高封君，名义上对自己的女封臣有婚姻监护权，而自己的前妻结婚不但未向他请示，而且嫁给自己时刻提防的封臣，于是法王决定着手遏制亨利·金雀花的事业。

另一件事更令路易七世蒙羞，埃莉诺跟亨利·金雀花结婚后一口气生了八个子女，光儿子就有五个，其中有三个当上国王，最著名的一位就是威名远扬的“狮心王理查德”。

这桩联姻短期来看增大了亨利·金雀花完成任务的难度系数，1152年夏季开始，他几乎面临四线作战，第一线指挥英格兰的金雀花力量与斯蒂芬对抗，第二、第三、第四线分别在诺曼底、安茹、阿基坦平息叛乱，很多人认为他熬不过这场劫难，但年轻的公爵作出了一个惊人决定，不顾欧陆领地仍未脱困，冒险率小股军队登陆英格兰。

人的冒险决定能否得到称赞取决于是否成功，成则叫“魄力”，败则为“鲁莽”，而成功也要看运气。运气明显站在亨利·金雀花这边，1152年5月，斯蒂芬那位女豪杰般的王后逝世，第二年8月王子尤斯塔斯紧接着离世，次子坚决无意当国王，斯蒂芬连失主心骨和继承人，心力交瘁至极。长期拉锯战争导致双方的男爵们领地被劫掠，生产受影响，收入下降，他们渴望和平，力促两边谈和，无论斯蒂芬还是亨利·金雀花都不能忽视贵族们的建议。亨利·金雀花也考虑到欧陆领地还不稳定，敌对势力虎视眈眈，英格兰战局再拖下去，两岸的事业都凶险难测。

1153年12月，双方签署《威斯敏斯特和约》，约定：在斯蒂芬有生之年，大家仍尊其为国王，实现王国的统一稳定，斯蒂芬则认亨利·金雀花为义子，立为王储，死后由后者继承王位。其实这个条约与当年温彻斯特主教向玛蒂尔达·金雀花提出的内容大致相同，她的傲慢自大导致战火延烧12年。和约给英格兰带来和平，斯蒂芬终于可以高枕无忧当国王了，但好景不长，10个月后这位身心俱疲的国王与世长辞，如果在和平年代，他也许是位出色的君主。

21岁的亨利·金雀花一帆风顺合法地戴上英格兰王冠，称为亨利二世，这是百年来首个无争议登上王位的君主，他精通多门语言，熟悉法律，是自诺曼征服后首个受过最好教育的国王。亨利二世同样面临前任君主们都需经受的考验：扩充疆土、巩固地盘、与法王周旋、解决家庭纠纷、面对儿子叛乱和妻子离心。

亨利二世开创了英格兰历时最长久、地位最重要的王朝——金雀花王朝，准确地说，他统治的不是一个王国，而是“金雀花帝国”，英格兰只不过是他最大的一片领地。金雀花帝国全盛时期包括：英格兰王国、诺曼底公国、阿基坦公国、布列塔尼公国、缅因伯国、安茹伯国、奥弗涅伯国、一半的爱尔兰以及南威尔士，在欧陆的领地几乎囊括法兰西半壁江山和大部分西海岸，成为雄霸西欧的大国。

先后当上英法两国王后，埃莉诺的人生充满传奇，现在她的兴趣终于有了用武之地。征服者威廉把骑士制度引入英格兰，其内涵主要包括军事与政治行为准则，埃莉诺则塑造了丰富的骑士文化。她把骑士文学和音乐大力推介到英格兰，邀请著名的游吟诗人来访，让他们写作诗歌四处传颂；这些诗歌讲述骑士与贵妇的故事，歌颂他们为了保护妇女和心爱的女人（或女主人）赴汤蹈火，骑士爱情观自此风靡英格兰社会。

一位长相英俊的骑士，如果他举止优雅，学识过人，尊重女士，又能在比武大会中有出众表现，会赢得贵族社会交口称赞，成为贵妇们竞相追捧的偶像。不可小看骑士文化对道德和行为的影响力，即便在中世纪最凶残最无耻的政治斗争中，上至国王下至骑士，鲜有人敢轻易伤害贵族妇女，哪怕她是你的政治死对头。一旦

伤害贵族妇女的事传扬出去，会被社会视为奇耻大辱，轻则身败名裂，重则众叛亲离。

亨利·金雀花与阿基坦的埃莉诺子女列表

亨利二世——埃莉诺	威廉：法兰西普瓦捷伯爵威廉九世（早夭）
	亨利：英格兰幼王亨利
	玛蒂尔达：德意志萨克森公爵夫人
	理查德：英格兰狮心王理查德一世
	杰弗里：布列塔尼公爵杰弗里二世
	埃莉诺：卡斯蒂利亚王后
	琼：西西里王后
	约翰：英格兰约翰王

第六节

“法兰西母狼”与爱德华三王

“说开恩吧，说吧”，刽子手正在对苏格兰英雄华莱士实施剖刑。华莱士不顾疼痛使劲喊出了震撼人心的口号“Freedom”，与他有过一夜情的英格兰王妃伊莎贝拉深深爱慕着这位英雄，此时她在宫廷里心如刀绞。之前王妃为华莱士求情未果，对躺在床上气息奄奄的爱德华一世耳语：“在你死前我要告诉你，你将绝嗣，我肚子里怀的不是你们家族的孩子。”华莱士英勇就义后，受他的精神感召，苏格兰人民食不果腹，衣不蔽体，在大贵族罗伯特·布鲁斯（后为苏格兰国王罗伯特一世）率领下继续艰苦奋战。

著名的经典电影《勇敢的心》，片尾虚构了一出催人泪下的悲壮情景。

历史上确有华莱士其人，他是领导反英起义的苏格兰乡绅，可他与王妃的爱情故事则纯属杜撰，

1305年华莱士就义时伊莎贝拉只有10岁，还在法兰西当公主，3年后跟爱德华王子结婚才来到英格兰。真实的伊莎贝拉绝不似电影中刻画的那么清纯善良，但她确是金雀花史上又一位传奇王后，从她肚子里生出了西欧两场著名战争——英法百年战争和玫瑰战争，皆由她的子孙们担纲主角，不过肯定与华莱士无关。

伊莎贝拉，法兰西卡佩王朝绰号“美男子”的国王菲利普四世的女儿，她堪称“国王堆里的女人”，父亲、三个兄弟和一个侄儿是法兰西国王，母亲是纳瓦拉王国[①]女王胡安娜一世；她的公公、丈夫和儿子也是英格兰三位同名的金雀花君主：爱德华一世、二世、三世。

金雀花王朝每任武功卓著的雄主去世，都因为长期征战，财政与人力消耗庞大，巩固开拓的疆土需要更多金钱和军队支撑，给继承者留下难以收拾的烂摊子。如果新国王年富力强，性格老辣，手腕老到，尚有可能勉强维持，如果继位者软弱仁厚，则易陷入“外战失败——财政崩盘——贵族权争——王国内乱”的恶性循环；人们对待失败者从不吝惜恶毒评价，失败君主通常比前任更加善良宽容，却落得“专横残暴”“懦弱昏庸”的名声。

爱德华一世的祖父约翰王因签署《大宪章》闻名千古，父亲亨利三世为英格兰史上在位时间很长却相当不著名的国王。爱德华一世性格强悍，是优秀的军人国王，绰号“长腿爱德华”和“苏格兰之锤”，在位之时几乎年年征战，把历代君主难以驯服的威尔士纳入英格兰版图，将王子加封为“威尔士亲王”，并差一点征服苏格兰。爱德华一世汲取祖父和父亲之教训，善于利用“大会议”作为

---

① 纳瓦拉王国中世纪时位于西班牙东南部和法兰西西南部，今属西班牙。

背景贴士：

《大宪章》《牛津条例》与议会

《大宪章》和《牛津条例》为英国宪政史上非常重要的文件，对绝对王权做出了诸多限制，也是议会产生的基础，这两份文件并非诞生后一直有效，但它们的原则与理念每次在贵族与国王斗争取得胜利时会得到重申。

推动《大宪章》和《牛津条例》逐渐落实的两大动力是“刀剑与金钱”，即对外战争与国王财政问题：战争消耗数额庞大的金钱，削弱国王财政实力，封建制下国王的收入不足以应付巨额军费开支，只得向封臣与平民开征赋税，若不召集贵族和骑士代表开会获得大家同意，则征税容易引发叛乱，但每逢这种机会，尤其遭遇弱君之际，议会总是提出限制王权的举措，并希望分享权力，而这又是君主不乐于见到的情形。

国王在财政处于困窘状态并且战事不利之时力量最弱，贵族们方能联合起来武力抗衡，令国王妥协，重申《大宪章》精神，表示尊重议会与法律。久而久之，议会的作用越来越突出，《大宪章》的很多理念与条款亦从有名逐渐变得有实。

金雀花第四任国王约翰王早期，统治相当井然有序，后来法王菲利普二世吞噬英王在法领地，约翰王与法王进行争夺战屡屡失利，耗费了巨资。约翰王还赶上物价飞涨的倒霉时代，地租不增加的情况下相当于国王的岁入大幅缩水。国王不得不频繁开征赋税，甚至不惜罚没教会和贵族财产，超出了大家的忍受极限。

先是出现了男爵们的抗税事件。1214年底，约翰王从法国战场灰头土脸归来，国库已空空如也，国内怨愤情绪四起，但国王太过自信，没有退让之意，仍然催逼缴税。1215年初引发了北方30位男爵联合起来进行武装抗议，从斯坦福一路开拔到伦敦，越来越多的教会人士、中小贵族和市民参与进来。约翰王无力平叛，只得同意与男爵们谈判，6月15日在他们起草的《大宪章》上签字。

其实最初的宪章是“自由无名宪章”，后来多次颁布的《大宪章》有60个条款3 000多字，删掉了最激进条款。《大宪章》中的观念不仅对英国，而且对近现代人类社会产生了巨大影响，如：“只有经过‘大会议’（后来的议会）批准才能征税”，成为“无代表不纳税”观念的起源，也是召开议会的依据；“未依据法律由其同等人审判之前，任何人不得被处以监禁、流放、剥夺财产等惩罚，国王也不得在未履行这些程序前做出前述行为”，这是“王在法下”“未经公开审判不得治罪”等法治观念的起源……

约翰王之子亨利三世因为置三年农业歉收于不顾，要求教士和贵族们捐款远征西西里，但所得资财仍不足以应付，又通过教宗筹集到大笔经费，远征失败后威望受损，国库亏空。1258年在牛津的大会议上，他被迫接受贵族与骑士们提出的限制王权的改革议案——《牛津条例》。该条例要求男爵们组成15人会议，国王处理国务时须遵从其意见，国家税收归度支部而非王室小金库，规定议会每年开会三次。

《牛津条例》提出议会作为最高司法机构的理念，也是首

次把封臣对封君的建议权首次具化为一个监督机构。《牛津条例》只推行了四年，亨利三世于1261年获得教宗支持废除了改革，引起了内战。男爵们拥戴亨利三世的妹夫莱斯特伯爵西门·孟福尔对抗王军，擒获亨利三世与太子爱德华（后来的爱德华一世），西门组建九人委员会统治了英格兰两年。

西门为获得广泛支持召开过两次议会。以前议会完全为大贵族所主导，偶尔国王也会邀请各郡骑士代表参会，西门不仅邀请乡村骑士还首次邀请了城市自由民代表，并使其变成了定制，为后来两院制的形成奠定了基础，史称“西门议会”。

不可用当代的观念去理解《大宪章》和《牛津条例》，贵族们提出这些理念并非出自公心，而是为了维护贵族的生命与财产安全，并想伸张政治权益。为了获得骑士、乡绅与市民等中下层支持，他们也会顺道兼顾对方的利益。随着农奴制瓦解，自由民增多，中下层社会流动加快，这些理念践行于政治现实中，使越来越多的人获益。

在王权至上的年代，西门议会由于未得到国王授权，加上乡绅、骑士阶层要求调查男爵们滥用封地的情况，促使很多贵族观望或动摇，渐与西门离心离德。1265年8月，太子爱德华纠集保王力量打败西门，全面恢复王权，废除《牛津条例》，亨利三世在位最后七年从没召开议会。条例被废并不代表牛津改革运动就此消亡，要想国家长治久安，王座平稳，保障君主的财政充裕，国王应该利用议会与贵族有效合作，就连太子爱德华都已经接受这个理念并深谙

此道，但这要求君主本人具备娴熟的政治技巧来驾驭议会。

爱德华一世登基后几乎连年征战，没有哪个十年无战事，对军费的庞大需求促使他必须重视议会作为“征税工具”的作用，在位35年间召开52次议会，虽然欠下巨额债务，苛捐杂税繁多，但国家在长期对外战争中保持了稳定。议员们在议会上不断批准征税时，就算显得勉强，但国王愿意听你发发牢骚，提提建议，总是一种缓解与安慰。

当然，不能把那个时代的议会等同于“光荣革命”以后的议会，国王没有严重的财政和军事危机，手段够老到的话，大多数时间议会仍然是他推行意志的工具。国王一旦树立起权威且金钱充足，同样会出台各种“反侵害君权”的法案，与《大宪章》一类的法案在历史上并行不悖地运行着，爱德华三世年轻时就通过英法战争充实财政和树立权威，再回到英格兰清洗掉“不听话的贵族”强化君权。哪一种法案在现实政治中占优势，就看天时地利人和到底支持议会还是君主，让谁变得强势，最终的博弈被彻底固定下来要等到“光荣革命”之后。

博弈过程中并非如后世所想象的有着绝对的“是非界线”，有时候国王明明要发动战争却得到议会热情地征税支持，有时候国王其实真的在保卫王国却遭到议会拒绝。议会并非时时处处总是正确的，议员们对时局的批评经常胡说八道，目的不总是高尚的，那里也常沦为攻讦政敌、贵族扩张私利的场合，但人类宪政的起源，的确就是在这种力量均衡状态下演化出来的，并具有偶然性。

国王与贵族合作的工具，从中获得巨额军费支持。他在给自己的儿子甩下棘手烂摊子的同时，还留下了一个日渐强悍的议会。

因诺曼朝和金雀花朝的缘故，英王或其王子们还兼有法兰西的诺曼底公爵、安茹伯爵等头衔，从理论与法律层面来说，英王同时还是法西兰国王的封臣。法王要削弱这位大封臣兼外国君主的势力，英王要捍卫自己在法利益，双方会没完没了卷入对方事务，这一纠葛长达400余年。爱德华一世不仅征战苏格兰、威尔士，还得频繁跨海去与法王作斗争。

尽管爱德华一世擅长利用议会充当征税工具，但由于战事太过频繁，赋税常态化，王室官吏征敛过度，到晚年同样遭遇“征税滑铁卢”。进入13世纪90年代，贵族们已经开始拒绝奉国王征召去法兰西作战，声称出国打仗不是他们的义务。1297年初，爱德华一世急于去法兰西与菲利普四世开战，采取与贵族和解的姿态，议会勉强同意国王征收一笔赋税，但条件是重新颁布《大宪章》和《森林宪章》[①]。爱德华一世被迫发表声情并茂的演说，宣称一切都是为了英格兰，承认自己的错误，却没有采取具体措施。

拿不出钱来远征，爱德华一世下令向教会征税并加征羊毛关税，1297年8月导致一些贵族领导工商业者、教士联合抵制，反对派愤怒围堵国库。这次国王没有退让，国内危机重重之中他毅然前往法兰西作战，当他远征失败归来时，王国已处于动荡之中，华莱士领导的苏格兰反英大起义正如火如荼。双重危机压力下，强悍的爱德华一世被迫认怂，10月10日重新颁布《大宪章》与《森林宪章》

---

① 《森林宪章》是1217年为解决王室森林管理问题作为《大宪章》补充条款颁发的议案。

并增添了一些新条款，承诺今后只有在“人民同意下才会征税”，表示不会报复那些反对他的贵族。

伊莎贝拉的丈夫爱德华二世一反金雀花君主的特征，性格宽厚善良，不喜好舞刀弄枪，对骑士精神漠不关心，热衷体育和文艺，他对牲口棚的屋顶用什么材料制作的兴趣甚过如何骑马比武，更不擅长驾驭贵族之道，完全无力应对父亲留下的债务和国防压力。爱德华二世算不上“坏国王”，他童年缺少关爱，青少年时代遭父亲冷落，当上国王后把情感寄托于亲密玩伴们身上，他当时对男性的兴趣可能远超过对女性的兴趣，所以不仅遭到权贵们忌恨，而且导致夫妻感情不和睦，王后早就满腹怨言。

贵族们对爱德华二世屡屡发难，指责朝政混乱，小人当道，提出限制王权的要求，其实他们是把不敢对雄主爱德华一世提出的诉求转嫁到懦弱新君身上，释放压抑多年的情绪，通常他们不会矛头直指国王而是指向君主的宠臣。爱德华二世期望通过军事胜利摆脱困境，树立权威，于是决定向苏格兰远征，在“班诺克本战役”中被苏格兰罗伯特一世击败，威信备受动摇，朝政陷入混乱。

面对内外交困，爱德华二世一筹莫展，委派王后伊莎贝拉和王子爱德华出使法兰西寻求帮助，没想到王后与她的情夫、议员罗杰·莫蒂默男爵筹划了推翻国王的阴谋，更不幸的是王子与母亲共谋。1326年他们登陆英格兰，联络诸多权贵一起轻松击溃王军，成功发动政变，绞死国王的宠臣，以国王名义召集议会历数爱德华二世“罪状”：执政无能、拒绝忠告、危害宗教、听信谗言、丢失苏格兰……要求国王让位给王子。爱德华二世被议会罢黜，史无前例。

1327年1月，15岁的王子登基，是为爱德华三世，他父亲8个月后在伯克利城堡遭莫蒂默杀害。无法证实的传闻说，王后痛恨爱德华二世的同性恋取向，令人用烧红的铁条插入他的肛门致其惨死。伊莎贝拉姿色出众，性格却泼辣凶狠，坊间有“法兰西母狼”的绰号。

即位初期，爱德华三世被迫容忍母后与情夫“垂帘听政”，罗杰·莫蒂默已被封为马奇边爵，实为英格兰真正的幕后统治者。少年国王对父亲遇害一事耿耿于怀，三年后他联合对莫蒂默“专权”不满的大贵族们发动政变，将其绞死，夺回所有权力，母后伊莎贝拉终生过上幽居生活。

父亲被工匠和艺人所簇拥，爱德华三世则隔代遗传祖父的“军人国王”特质，身边随从皆是喜好舞刀弄枪的武士，他推崇骑士精神，喜欢决斗和比武，擅长驾驭贵族。贵族们向国王提出的各种要求，有损于王权扩张的他不会当真，有助于国王增强威望的他会积极采纳，但无论什么意见，他至少会表现得乐于倾听，成功树立起“通达情理”的君主形象。

爱德华三世决定顺应贵族们的尚武精神，通过发动战争建立军功，增强国王权威，同时把国内政治矛盾转移到外部。战争需要大笔军费，爱德华三世继续重视议会作为征税工具的作用，随着平民阶层经济实力壮大，国王愈发看重他们的纳税能力，广泛召集骑士、市民代表进入议会。

物以类聚，人以群分，爱德华三世在位的14世纪中期，平民代表与高傲的贵族、大教士们因地位和观念差距，喜欢各自聚到一起开会，演化出分开议事的习惯，两院制逐渐成形，平民代表构成下院，贵族和大教士组成上院。早期的下院以骑士和市镇代表为主，15世纪末乡绅崛起，大举进入议会，称为“乡绅侵袭议会”现象。下院议员们会推举口才出众者为发言人，上院的发言人则由国务重臣之一的大法官担任，是为议长的起源。

第七节 英格兰长弓，法兰西的血泪

1314年法王菲利普四世去世，接下来的14年里，他的四个儿孙路易十世、约翰一世、菲利普五世、查理四世先后走马灯似地更替，都在位没多久即驾崩。

1328年2月查理四世辞世，法兰西卡佩王族主支绝嗣，英王爱德华三世是法王菲利普四世的外孙，查理四世的外甥，是与卡佩王族主支关系最近的男性继承人，因为母亲伊莎贝拉为菲利普四世仅存子女，爱德华三世有权利根据母系血统对法兰西王位提出诉求。

法兰西贵族则搬出《萨利克继承法》，拒绝承认女性及其后裔继承王位的权利，其实他们的真正考量是不想要一个来自英格兰的君主。贵族们拥戴王族的旁支瓦卢瓦的菲利普继承王位，称为菲利普六世，法兰西进入瓦卢瓦王朝时代。

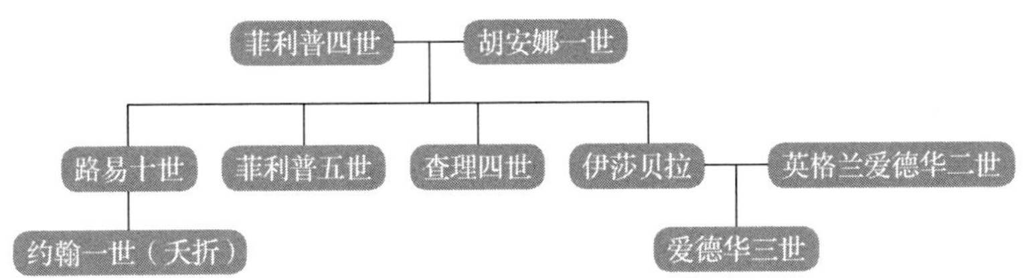

英王爱德华三世与法王菲利普四世关系图

1337年爱德华三世以“讨回公道”为名，正式对法宣战，提出法兰西王位诉求，全面挑起英法战争，从这以后英王对法兰西王位的主张权一直持续到1801年才终止。表面上爱德华三世为争取王位而战，其实是托辞，追逐经济利益和转移英格兰内部矛盾才是真实原因。

法王一向羡慕英格兰的统一和王权强势，历代国王无不投入大量精力用于控制那些具有独立性的公国、伯国，这样的努力间断性取得成效，到路易八世（1187—1226年）时，通过联姻、购买、战争等手段兼并，法王的领地扩大了三倍。

英格兰金雀花国王在法兰西拥有太多领地，始终为历代法王的心头之患，他们不断施展手段削弱英王在法影响，逐步收回领地。爱德华一世即位之初，英王在法兰西的重要领地只剩加斯科涅和阿基坦。13世纪末英法两国的争夺，不再像以前体现出浓厚的封建政治特点，利益争抢主导着博弈，焦点在于佛兰德斯、加斯科涅，这是与英格兰有着密切经贸联系的工商业地区，另外就是英王最大的一块领地阿基坦。

佛兰德斯在英法之间具有半独立性，盛产呢绒，它最优质的羊毛原料来自英格兰，当时流行这么一个说法：“佛兰德斯人用英格兰的羊毛织成呢绒温暖着世界上的所有民族。”加斯科涅始终为英王领地，牧马业和捕鲸业繁盛，所生产的葡萄酒与武器远近闻名，首府波尔多有“美酒之都”的美誉。羊毛和葡萄酒贸易关税是英王的重要财政收入，14世纪初，加斯科涅公爵领给英王带来1.7万英镑的岁入。

只要英王在法兰西有领地，那么根据封建惯例他就是法王的封臣，每个法王即位，英王要向其宣誓效忠才能名正言顺领有封土，但英王对此不胜其烦，贵为一国之君，每次前去宣誓多少都有点受屈。强化中央集权和王权离不开坚实的财政基础，法王总想直接控制收入丰厚的领地。伊莎贝拉的父王菲利普四世就试图“去封建化”，提倡中央王廷的主权大过封建领主权，他在位时驱逐犹太人，取缔圣殿骑士团，没收他们的财产，皆有明显的经济动机。菲利普四世寻求一切机会把势力渗透到佛兰德斯与加斯科涅，英法暗中角力由来已久。

加斯科涅与佛兰德斯存在贵族派与平民派的争斗，加斯科涅的贵族倾向英王，平民偏向法王，佛兰德斯的贵族倒向法王，平民依附英王，当然实际博弈中也没有明确界线，哪一边都是“务实主义”，一方处于弱势时都会向英王或法王求援。从1328年起双方在加斯科涅的争斗日趋白热化，佛兰德斯两派对抗，法王派兵干涉，另一方不断向英王求救；菲利普六世登基后还决定收回英王的阿基坦公爵领，令爱德华三世恼羞成怒。

长期以来为牵制英王，法王与苏格兰结盟，只要苏格兰国王愿意南侵英格兰，法王总是乐意掏腰包，几个因素叠加最终促使爱德华三世决心发动一场对法大战，这场英法之战断断续续拉锯百余年，后世称为“英法百年战争”（1337—1453年）。

14世纪教廷从罗马迁到法兰西阿维尼翁，接连几任教宗都是法兰西人，教廷被视为法兰西人傀儡，在英格兰人心目中的威望大不如前；同一时期神圣罗马帝国陷入内战与无政府状态，皇帝权威急剧下降，失去对国家的有力控制。欧洲的世俗与精神事务领域的两大权威衰落，英法之间缺少平衡与调解力量，导致战争久拖不决。

自爱德华一世频繁用兵以来，封建骑士军役制度日趋瓦解，随着战线拉长，战斗规模变大，出征时间长，40天骑士役根本不足以应付战事；有些贵族和骑士醉心于经营活动，早就不爱舞刀弄枪，宁愿缴纳“盾牌钱”代替服役，这使得国王经常无法把应服骑士役的人召集齐全。按照威廉一世时期册封的骑士领统计，最多可以组织5 000 ~ 6 000骑兵，动员力已经跟不上战争形势的需要。

“契约军役制”应时而生，君主与贵族们签署合同，由封臣们提供骑士、弓箭兵、步兵，国王按照级别和兵种差异给每个人发放薪资，这些部队有充足时间训练和作战；骑士的马匹和装备损失由国王负责赔付，人们参与战斗的热忱相应提升；同时军队也开始统一着装，初步具备近代国家职业军队雏形。

契约军役是对封建军役的改进，不等同于欧洲早就流行的“雇佣军役”。军事市场上的“雇佣军”纯为金钱服务，喜欢讨价还价，谁给钱为谁效命，付多少钱出多少力，合约到期停止服务，缺乏忠诚度，常使雇主因手头拮据功败垂成。契约军役下封臣仍需忠诚于封建骑士精神，君主无非用金钱延长封臣服务期限，激发他们的战争热忱，提升军队质量，君主暂时遇到财政困难可以“欠薪”，封臣有时也会为封君垫资，军队不会因此而哗变。

新军役制度使军队规模不受限制，部队摆脱作战时间、空间束缚，后勤与动员能力大为增强，爱德华一世已经适度采用契约军役以弥补旧制度缺陷，至爱德华三世时代已在英法战争中广泛采纳，但新军役制度对国王的财政要求水涨船高。战争是最消耗资财的活动，军费开支占据王室财政支出大头，相较之下国王的常态收入——王领岁入简直杯水车薪，而且由于国王封赏功臣或管理不善，王领会逐渐萎缩，导致收入下降；和平时期君主的财政都捉襟见肘，战时则完全入不敷出，背上巨额债务，国王皆殚思极虑筹措金钱。

国王毕竟为一国之君，还有诸多途径获取非常态收入：一是大量出售官职、圣职和王室封建特权，如向城市售卖自治权；二是向贵族、教会、富商借钱或劝说他们“捐款”；三是敲诈勒索犹太人；四是行使王室采买权和军事强买权，以免费或低于市价方式获得物资，等于变相索费；五是向意大利银行家借款；六是变卖或抵押私人财产。这些筹钱方式，多数不宜也不便经常使用。

背景贴士：

英格兰货币体系

英格兰的货币体系源于法兰西加洛林王朝，查理曼大帝在欧洲扩张时将这套体系传布四方，但这套体系也只在英格兰躲过大幅贬值而保留下来，在其他地方都消亡了，只留下货币术语。1971年之前，1英镑等于20先令，每先令等于12便士，即1英镑等于240便士。中世纪中后期，英镑与其他货币单位的兑换比率为：1英镑约等于1.52马克，等于0.69弗洛林金币，等于4克朗，等于5里弗尔。

军费的最主要来源当属另一种非常态收入——税收，通常由关税、任意税、教士税、动产税、人头税等构成，其中关税和羊毛补助金占大头，羊毛补助金是指“紧急情况”下国王可任意提升羊毛出口税的附加税。经过多年博弈，国王发现除关税和羊毛补助金外，其他税种不但收入不多，而且容易招致抱怨，甚至酿成动乱，多被废止。自爱德华一世开始，关税成为国王最重要的收入来源，占据国王总收入的57%，爱德华三世时期关税占总岁入的比例创下80%的纪录。

中世纪中后期，英王的年收入平均3万~10万英镑，超过5万英镑时则往往是因为征收了关税。财政收入与军费开支之间的落差是个什么样的情况，通过简单对比可得到比较直观的理解。一个五口家庭年入8~10英镑可以糊口，年入15~20英镑温饱有余，年入30英镑属衣食无忧的小康，年入40~100英镑能过富裕的中上流生活；伯爵这一级的贵族通常有500~1 000英镑年收入，可算巨富。

动员5 000~8 000人出国作战一两个月左右，薪水、装备、后勤等开支能达到5万~7万英镑，这还属正常情况。如果要修筑一座大型要塞，耗资约1万英镑，中型要塞耗资3 000~5 000英镑，小型要塞耗资1 000~2 000英镑；若增大骑兵比例，开支还要暴涨，骑兵的日薪和后勤消耗比步兵高出数倍。

爱德华一世时期军费支出已经创下纪录，英法百年战争规模之大、战事之频繁、持续之久为当时英格兰史上仅有，军费达到令人瞠目结舌的程度，仅1369—1375年，爱德华三世对法战争开支约为67万英镑。议会成形之后，征税需要获得议会批准的理念在博弈中不断强化，不免使议会的作用进一步凸显。

表面上看英法实力不对等，英格兰有370万人口，法兰西是它的4～5倍，英格兰工商业规模亦不能与法兰西同日而语。但英格兰有它的优势，它是统一的王国，贵族们普遍支持国王，议会积极配合批拨军费，而法兰西境内割据势力众多，利益分化严重，中央王廷权威有限，使英王有缝隙可钻；英格兰军役制度先进，作战技术灵活，军队纪律严明。

英格兰还拥有统帅方面的优势，爱德华三世的长子与父同名，绰号“黑太子”，父子俩都是杰出的军事帅才，在英法战争中名震西欧，令敌人闻风丧胆。

英军当时装备了一种致命武器——英格兰长弓，这是英军在征战中从南威尔士学来的军事技术，用榆木或紫杉木制成1.8米长弓，箭身长0.9米，熟练射手每分钟可发出6箭，比欧陆的短弓威力强大，可以穿透两层锁子甲，射程更远，又比十字弩轻便，但对士兵的训练和体力要求较高。

爱德华三世父子巧妙运用地形和战术优势弥补数量劣势，先以防御为主，布置好阵形，将“冲力”与“火力”相结合，用长弓射杀敌人有生力量，等占据优势后掩杀过去结束战斗。法军痴迷于陈旧的封建骑兵冲锋战术，多次被英军缴杀，英格兰长弓威震法兰西，令敌人闻风丧胆，在中世纪军事史上具有里程碑性质，终结了骑兵称霸战场的神话。

1346年8月26日的“克雷西大会战”，爱德华三世与黑太子率英军对阵法军，英军只有2 700多名步战骑兵、1 100多名重骑兵、5 000多名弓箭手、1 000多名长矛兵，法军光是重骑兵就有8 000，总兵力可能近3万，一个战场上投入这么多骑士，在中世纪战争中实属罕见。

英军处于法军弓弩手射程之外，法军每次冲锋都被英格兰长弓

的箭雨痛杀，不是骑士中箭落马，就是战马中箭后胡乱跳跃冲散本军阵形，法军十五六次野蛮冲锋均惨败。第二天上午，英军清扫战

背景贴士：

嘉德勋章和嘉德骑士团

嘉德骑士勋章与维多利亚十字勋章、乔治十字勋章是英国功勋体系中最尊崇的三种荣誉勋章。嘉德勋章按字面翻译其实是“袜带勋章”之意，它由爱德华三世在英法百年战争中创造，具体起源时间有1344年和1348年两种说法。颇具传奇性的版本是，在一次舞会上，索尔兹伯里伯爵夫人（可能是肯特的琼，也可能是她的岳母）的袜带从腿上滑落，众人捂嘴窃笑，爱德华三世打破尴尬，捡起袜带送还给伯爵夫人，说道：“心怀恶念者蒙羞”。所以嘉德勋章的主体图案就是一副袜带，上面用法语写着这句话，它后来成为英国国徽的圈饰。

肯特的琼的三任丈夫威廉·蒙塔古、托马斯·霍兰德、黑太子都是第一代嘉德骑士团成员。能够参加嘉德骑士团的人不是皇亲贵戚就是立下特殊功勋者，嘉德骑士团的成员不超过24名，如果某人具备入团资格，但骑士团已满员，他只有等待出缺时才能正式加入。发展至近代，又产生了“VIP团员”，其实叫额外团员，可不受24个名额的限制，通常发放给外国王族，日本大正天皇是首个入团的非欧洲君主和非基督徒成员，当代明仁天皇也是嘉德骑士团的额外团员。

场时的场景令人毛骨悚然，遍地是死亡的战马，法军方面的波希米亚国王、洛林公爵以及10位伯爵阵亡，男爵和骑士遗尸1 500多具，这让爱德华三世心疼不已，抓获贵族可以换取高额赎金。法军伤亡与被俘总数估计从2 000到上万不等，英军可能最多阵亡300余人。

1356年9月19日的“普瓦捷大会战”，黑太子再度以少胜多复制克雷西奇迹，震惊西欧，法兰西骑士几乎全军覆没，法王“好心人”约翰二世、两位王子路易和菲利普、30余位领主都当了俘虏。尊贵的高卢雄鸡一败再败，不得不低下骄傲的头颅，与爱德华三世签署《布雷提尼条约》：英王保留已经用武力扩大了的阿基坦公爵领，同时获得法兰西北部的加莱、吉内斯、蓬蒂欧，法方用50万英镑赎金换回约翰二世，爱德华三世也退让一步，放弃对法兰西王位的诉求。

50万英镑相当于英王5年多的岁入总和，约翰二世把次子安茹公爵路易留下当人质，回国筹集赎金，奈何山河破碎，财政破产，实在无法支付这笔巨款。虽然路易已设法从英格兰逃跑，但约翰二世遵守骑士精神，主动回到英格兰继续当俘虏，1364年死在异乡，不愧“好心人”这个别号，他在国内摄政的长子查理继位，称为查理五世。

第八节
红白玫瑰家族起源

进入14世纪60年代，因和约的签署英法战事暂告一段落，征战半生的爱德华三世开始修筑宫殿享受奢华生活，赞助文化艺术，专注于家庭事务，对诸子大行封赏，构建帝国政治新秩序。爱德华三世的王后菲莉帕，是神圣罗马帝国埃诺伯爵的女儿，他们夫妇共育有12位子女，1362年11月国王过完50岁生日后仍在世的有5位王子和3位公主。

爱德华三世的政治安排对后世影响深远，英格兰原来只有伯爵没有公爵，他为诸子首创康沃尔、兰开斯特、克拉伦斯三大公爵领，出现了以前未曾有过的超级大贵族。继任国王竞相效仿，陆续创立格洛斯特、萨福克、约克、诺福克、萨默塞特等公爵领，给大王公撼动王权留下隐患。从长远看，这又对英格兰议会崛起，形成“有限君主制”起到推动作用。国王的两位加封为公爵的儿子成为红白玫瑰两大家族始祖，为玫瑰战争埋下伏笔。

爱德华三世诸子列表（夭亡者未计入）

爱德华三世——埃诺的菲莉帕	爱德华：黑太子、威尔士亲王
	安特卫普的莱昂内尔：第一代克拉伦斯公爵
	冈特的约翰：第二次授封第一代兰开斯特公爵
	兰利的埃德蒙：剑桥伯爵、第一代约克公爵
	伍德斯托克的托马斯：白金汉伯爵、第一代格洛斯特公爵

嘉德骑士团第一代成员黑太子，从小深受父亲疼爱，除了与生俱来的威尔士亲王、切斯特伯爵头衔，1337年7岁时，父亲为他创建英格兰第一个公爵领地——康沃尔公爵领，总岁入达到8 000英镑。黑太子是英格兰史上功业最显赫的王储，少年时代即随父出征，后来独自统兵作战，屡屡创造军事神话，法军吃过几次大亏后再不敢与之正面交锋。鉴于黑太子早已是成熟的军政领袖，完全可独当一面，国王1362年又将阿基坦公国封赏给他，令他镇守英格兰在法领地。

兴许金雀花王室有喜欢熟女的基因，黑太子不但创造了军事奇迹，在婚姻方面同样谱写了惊世骇俗的传奇。作为威名远扬的军事统帅，1361年黑太子已经31岁仍未结婚，他一直暗恋着比自己大两岁的肯特的琼——一位倾城倾国的美女，琼的父亲肯特伯爵埃德蒙是爱德华二世的同父异母兄弟，因此她是爱德华三世的堂妹，也就是说，她是黑太子的堂姑。

肯特的琼有一段辛酸家史，其父曾与法兰西的伊莎贝拉共谋推翻兄长爱德华二世，但在伊莎贝拉主政期间又表现出忠于自己兄长的倾向，1330年惨遭“法兰西母狼”和情夫斩首，家产与爵位皆被剥夺。爱德华三世的父亲和叔叔先后遇害，令刚长大成人的他毫无安全感，促使他发动政变推翻母后专政，爱德华三世亲政后恢复了埃德蒙家族的爵衔与财产，琼的两位兄长袭爵不久先后病逝，她3岁继承家业当上女伯爵。爱德华三世把琼接到宫廷抚养，国王与王后给予小堂妹无微不至的关爱，琼在宫里打小就结识了堂侄，但黑太子何时恋上堂姑则无从查考。

肯特的琼还有段传奇婚史，1340年她12岁时春心萌动，喜欢上托马斯·霍兰德爵士，爵士也被她的美丽迷得神魂颠倒，两人瞒着世人秘密结婚。随后霍兰德渡海出国，参加对法战争建功立业去了，琼的家庭逼迫她与第二代索尔兹伯里伯爵威廉·蒙塔古结婚。根据琼的身份，他们的婚姻应该得到国王批准方才合法，私订终身将遭到惩处，琼不敢把秘密结婚的事公之于众，她担心在外远征的霍兰德遭受处罚。

几年后霍兰德满载财富与荣誉归国，他参加过多次英法战役，追随十字军东征，此时已经是嘉德骑士团第13位成员，国王面前的红人。霍兰德不甘心美如天仙的妻子落入他人之手，首先向国王忏悔秘密结婚之罪，同时恳请教宗裁决官司。索尔兹伯里伯爵又岂能让人轻易抢走娇妻，闻听此事后把琼软禁起来。1349年，教宗克莱芒三世宣布威廉·蒙塔古与琼的婚姻无效，应该把妻子归还给霍兰德，一对鸳鸯分离九年终于聚首。

1360年12月霍兰德去世，肯特的琼32岁守寡，尽管她跟霍兰德已育有五个孩子，仍然是风姿绰约的少妇。但她终究是堂姑，又是结过两次婚的寡妇，带着一堆孩子；然而，黑太子丝毫不嫌弃，抓住机会展开攻势。黑太子不仅是战神还是爱神，他的择偶观除了用“爱情至上”来形容，已经不知该如何诠释了。流行政治婚姻的时代，贵族们通常不会为了爱情牺牲利益，兴许黑太子的地位已无比尊崇，作为国王继承人的伟大前程具有可期性，无须用政治婚姻添砖加瓦。

黑太子与堂姑不但近亲通婚还有点“乱伦”意味，违反基督教世界的习俗，首先要得到国王和王后许可，并需获得教宗颁发的宽赦书，婚姻方才合法。虽然王后菲莉帕反对，但国王爱德华三世实在拗不过最疼爱的长子，安排他们先秘密结婚，然后派人前去罗马斡旋，最终拿到了宽赦书，1363年初黑太子婚后就带着肯特的琼迁居阿基坦生活。

从黑太子开始，历代王储都会兼有威尔士亲王与康沃尔公爵头衔，这个惯例一直延续至今。虽然爱德华二世曾被加封为首个威尔士亲王，可他在登上王位后才与法兰西的伊莎贝拉结婚，肯特的琼才算首位威尔士王妃，此后的威尔士亲王虽有很多，但威尔士王妃并不多，因为很多威尔士亲王当王储时并未结婚。当今的查尔斯王子结婚后，外国人都称他妻子为“戴安娜王妃”，却鲜有人了解正式的全称，戴安娜是第10位拥有威尔士王妃头衔的女性，同时兼有康沃尔公爵夫人头衔；查尔斯王子继娶卡米拉为妻，卡米拉鉴于戴安娜的王妃名声太显赫，已形成固定印象，选择用康沃尔公爵夫人头衔。

爱德华三世的次子莱昂内尔出生在今天比利时的安特卫普，人称安特卫普的莱昂内尔，早年曾随父亲远征法兰西，爱德华三世为他创立了爵衔克拉伦斯公爵，主责为镇守爱尔兰，兼任爱尔兰总督。莱昂内尔1368年先于父亲和长兄黑太子逝世，他仅有一个独女，没有男性后裔，家族力量比较薄弱。

三子兰开斯特公爵约翰出生在今天比利时的根特（英语发音为冈特），称为冈特的约翰，他是“红玫瑰”兰开斯特家族始祖。兰开斯特伯爵之爵位原属于亨利三世的次子、爱德华一世的弟弟埃德蒙的家族，第四代兰开斯特伯爵名叫格罗斯蒙特的亨利，是爱德华三世的族兄。1351年爱德华三世晋封族兄为兰开斯特公爵，建立英格兰第二个公爵领，这是亨利的至高荣誉，足见国王对他的宠信。

格罗斯蒙特的亨利仅有两个女儿，次女布兰奇嫁给冈特的约翰，1361年亨利逝世，约翰以妻之名降格继承岳父家的爵位，为兰开斯特伯爵。1362年亨利长女毛德也过世，布兰奇成为家族唯一继承人，约翰获得妻家全部产业，国王重新把兰开斯特公爵头衔赐予他，所以约翰是第二次授封的第一代兰开斯特公爵。同为兰开斯特公爵，约翰实则比岳父更为强大，他是王子，肩负统帅北境之重任，在英法两岸拥有30多处城堡，国内的庄园遍及各郡，年收入8 000～10 000英镑，跃居英格兰贵族的富豪榜首。

四子埃德蒙出生于赫里福德郡的兰利宫，人称兰利的埃德蒙，获封剑桥伯爵，国王安排他从事对佛兰德斯等地的外交事务，他是爱德华三世诸子中不太出名的一位。埃德蒙多年后被下任君主晋封为第一代约克公爵，他成为白玫瑰约克家族的始祖。后来埃德蒙的男性后裔与兄长莱昂内尔独女的后裔联姻，使得约克家族从父母两系血统皆可追溯至爱德华三世。

五子托马斯1355年出生在牛津郡的伍德斯托克宫，人称伍德斯托克的托马斯，1377年加封为白金汉伯爵，多年后被下任君主升格为格洛斯特公爵。

对国事和诸子前程安排妥当后，爱德华三世介入卡斯蒂利亚（西班牙的重要前身）王位争夺战，英格兰此前积累的财富消耗殆尽。能力出众的法王查理五世励精图治，决心收复失地，驱逐英格兰人，1369年重启战端，英法百年战争进入第二阶段。金雀花王朝疲态尽显，应对乏力，爱德华三世父子的身体和事业皆由盛转衰陷入窘境。

1345年，爱德华三世把心爱的次女琼许配给卡斯蒂利亚国王阿方索十一世之子佩德罗，当时的卡斯蒂利亚由勃艮第王朝统治，王族来自法兰西12世纪的勃艮第伯爵伊夫雷亚家族。1348年，英格兰船队载着公主琼以旅行方式前去成婚，诸多朝廷重臣、高级教士参与送亲。这次出嫁可谓风光无限，光嫁妆就装满一艘船，100多名参加过克西雷会战的弓箭勇士充当护卫，公主身边带着游吟诗人和便携式教堂提供文娱、宗教服务。不幸的是，途中遭遇黑死病袭击，公主与夫君还未谋面就染病亡于半道。

1350年阿方索十一世去世，其子佩德罗一世与英格兰结成同盟。1368年正值冈特的约翰丧偶，佩德罗把女儿康斯坦丝嫁给约翰，之后他把另一个女儿伊莎贝拉嫁给兰利的埃德蒙，爱德华三世与佩德罗的关系从原本的翁婿变成亲家。

佩德罗一世1356年起与阿拉贡（西班牙的另一重要前身）国王爆发十年战争，因为阿拉贡国王也叫佩德罗，所以人们称这场较量为“两个佩德罗王的战争”。

阿拉贡与法兰西结盟，支持卡斯蒂利亚佩德罗一世的异母兄弟恩里克（阿方索十一世的私生子）夺取王位，引起对方内乱，佩德罗一世自然倒向法兰西的敌人英格兰。1366年佩德罗一世在内战中抛弃军队狼狈逃亡，丢掉了王位。他能力平庸，名声不好，因卷入多次谋杀获得“残忍者”绰号，在位期间既不能对内服众，也不能有效维护英格兰盟友的利益。佩德罗一世逃到法兰西找黑太子协助他夺回王位，夸下海口承诺胜利后支付27万英镑的报酬，这是根本不可能兑现的巨款，黑太子可能被建功立业所诱惑，或考虑到亲法的卡斯蒂利亚不利于英格兰，答应远征。

1367年4月，黑太子在今天西班牙的纳赫拉镇大败法兰西与恩里克联军，敌人尸横遍野，法王查理五世手下的著名将领杜·盖兰克被俘。评价英雄不该看他是否被俘虏过，英法战争进入第二阶段，盖兰克始终担任法军元帅，他运用灵活的游击战术将法兰西境内的英军拖得精疲力竭，连续收复大片失土，致使爱德华三世父子奋斗一生的事业功败垂成，盖兰克是法王唯一愿意不惜金钱换回的将才。

佩德罗一世复辟后无力兑现承诺，英军未抓获太多贵族俘虏，盖兰克的赎金远不足弥补军费支出，导致黑太子财政破产。他征集的部队多来自阿基坦、加斯科涅等领地，领主和平民们对于战争未获利还付出贡赋怨声载道，面对查理五世逐步推进的反攻战争，阿基坦贵族们开始谋划倒戈。最麻烦的是黑太子在纳赫拉战役后染上痁疾，从此卧床不起，他的身体状况令反对联盟欢欣鼓舞，领地内四处起火，时至1369年初，法王已经攻进了大部分阿基坦地区。卡斯蒂利亚的情况亦很惨淡，恩里克东山再起，杀死了佩德罗一世，重新夺取王位，黑太子自顾不暇，根本无力救援。

黑太子试图强撑挽回颓局，两位弟弟约翰和埃德蒙前来援助兄长却无济于事。1370年9月，利摩日向法兰西贝里公爵投降，黑太子躺在担架上率军前往围城报复，攻克之后实施屠城。法军听说“丧门星”到来，不敢跟他对决，早就把主力撤走，倒霉的只是利摩日市民。第二年，黑太子健康继续恶化，只得拖着病体归国，这些年在领地内的征敛和利摩日屠杀使他既拥有威名也背负恶名。

英格兰这边的情况同样糟糕，模范王后菲莉帕1369年病逝，国王在家庭、内政和外交一堆烦心事的折磨下日渐老态龙钟。1372年爱德华三世也试图挽回颓势，最后一次御驾亲征，率领船队准备从海上进攻阿基坦，但因天气恶劣只得返航，英王在阿基坦的领地已被压缩至沿海地带；而且英格兰海军已不能控制海峡，南部港口经常遭到袭击，商人们叫苦不迭。战神父子身体状况衰颓至此，无力应付困局，朝廷大政和欧陆战事都交给兰开斯特公爵约翰处置，约翰的军政才能弱于父兄，父兄都束手无策他又能奈何，除了拖还是拖。

爱德华三世父子早年创造一个接一个的军事奇迹，从战利品、赎金中获取巨额利益，缓解了国王的财政压力，为安抚曾为战争贡献金钱和人力的国民，首次与法缔结和约，之后长达十年没有征税。这种辉煌其实无法持久，他们铸就的军事奇迹使人们都认为英格兰是一流军事强国，“输不起”的根子已埋藏在国人心中，把继任君主架在高处下不来。

1369年英法战争再次爆发，军事压力立马带来庞大的开支需求。朝廷的财富在这些年的挥霍与战争中消耗殆尽，只要召开议会请求征税，朝廷就不得不倾听大家的抨击和抱怨，甚至接受他们的“非分要求”；十年没有缴税的国民实在不习惯掏钱，不料掏了腰包不说，军事上不断失败，税还收个没完，大家更是怨气冲天。

兰开斯特公爵请求教宗格列高里十一世从中斡旋，1375年与法王签署《布鲁日条约》换取和平和约期限仅一年，但代价是同意教廷在英格兰对教士征税，朝廷的“软弱无能”引起普遍反感。同时，兰开斯特公爵要求议会同意征税，为一年后的开战做准备。对外乞和与征税让议会炸开了锅，他们把怒气撒向国王宠信的教士和大臣，指控爱德华三世那位生活高调奢华的情妇艾莉斯，要求把他们治罪。面对议会“挑衅”，国王居然表态：“完全尊重大家的看法”，谁也想不到名震西欧的一代雄主，晚年在困局面前却如此怯懦，向议会低下高贵的头颅。

1376年6月，下议院发言人、马奇伯爵的管家皮特·德拉梅尔宣布国王的内廷总管拉蒂默勋爵、国王宠信的伦敦富商莱昂斯的罪行，将他们逮捕入狱，国王的情妇艾莉斯被判驱逐出境。下院改革国王委员会，吸纳了9名新的男爵，企图通过行政官员的任命左右朝廷，国王勉强出台了一个法规同意这些措施。虽然第二年国王与兰开斯特公爵又设法废除了这些改革规定，夺回了控制权，约翰还赦免了艾莉斯，将她重新召回国王身边，但这次议会开创了弹劾国王重臣的先河。

议会正如火如荼召开之际，黑太子6月8日病逝，举国沉浸在丧失英雄的悲痛中，人们总把挽回颓势的希望寄托在太子身上，他在病床上的最后日子里，议会各派竞相前往探视，试图获得他的支持。爱德华三世只比黑太子多停留了一年，第二年的6月21日，也与世长辞。

军功卓越的爱德华三世父子倒是解脱了，但英格兰的困境没有终结，还会因为他们的离去而加剧。乱象与衰败早已出现征兆，但国王父子拥有崇高威望和显赫战功，只要他们在世还不至于演变成危机，如今一切包袱都甩给了年幼的孙辈继承人。

第二章

玫瑰前传

THE WARS OF THE ROSES

第一节
金雀花主支危机

“我不会因为压力辞掉哪怕一个厨子……我情愿去寻求我的亲戚法兰西国王的帮助，也不会向你们屈服”，1386年的“美妙议会”准备清除掉理查德二世身边的亲信大臣，年仅19岁的国王暴怒地表示坚决不妥协，但他手头却无多少筹码可用。

虽然是近亲通婚的“结晶”，理查德二世却相当聪明且有胆识，但他生错了时代，祖父和父亲给他留下一个烂摊子，一群位高权重、财大气粗的王叔，一个难以驾驭的议会，他还要面对可怕的天灾“黑死病”导致的社会后遗症。

1365年2月，35岁的黑太子与至爱的堂姑在法兰西昂古莱姆生下第一个儿子，黑太子欣喜万分，对孩子寄予厚望，为长子举办了排场极为奢华盛大的洗礼仪式，有154个领主和700多名骑士出席，据说动用战马1.8万匹，光蜡烛的花销就达400英镑。黑太子给长子仍然取名为爱德华，因为从爱德华一世开始，英格兰连续有三位国王和一位王储都叫爱德华，除了爱德华二世，皆以卓越军功名震欧洲，这个名字代表着荣誉与威望。

1367年1月，长子未满两岁，肯特的琼在波尔多又为丈夫生下次子，当时黑太子正在筹备远征卡斯蒂利亚，他渴望这个孩子像历史上的狮心王一般英勇，给他取名为理查德，3个月后黑太子用纳赫拉战役大捷庆祝了次子的诞生。

昂古莱姆的爱德华5岁夭折，正是黑太子事业急转直下的时候，这加剧了黑太子的病痛。波尔多的理查德作为黑太子仅存的儿子拥有无可争议的王位继承权。祖父爱德华三世病逝，10岁的理查德以王孙身份登基，少儿戴上王冠自诺曼征服以来只有亨利三世。少儿君主容易引发王国动荡，但从大王公们的角度看并非坏事，他们可以操持权柄，辅政到国王成年。

14世纪40年代黑死病肆虐欧洲，1348年首次登陆英格兰，死神狠狠地啃咬了一遍大地，到处都是病死者尸体，留下众多废弃的村庄和教区，末日景象笼罩着不列颠，对英格兰的政治、社会和经济生态产生巨大影响。现在无法弄清楚准确的总体死亡数字，但根据某些城镇和教区较详尽的人口死亡记录，可大致推算出黑死病造成的损失。历史学家约翰·阿伯斯称，对局部地区的研究显示，死亡率在40%～60%，估计英格兰人口损失三分之一或接近一半。1370年后又爆发了15次疫情，但死亡率降到8%左右，英格兰人口数量直到16世纪末才恢复到黑死病暴发之前的水平。

人口损失惨重使领主们竞相提高工资，减少地租，给予更多人身自由来吸纳劳动力，促进了农奴制瓦解，自由雇佣关系日益普遍。药品、棺木、蜡烛、裹尸布这一类物品的需求快速增加，城镇为吸引各种工匠前来工作，提供免税待遇或免费食宿，刺激了工商业发展。人口减少还导致粮食价格大幅下降，与此同时平民工资却在上涨，财富得到重新分配，幸存者搬进条件更好的闲置房屋。大瘟疫过后城乡雇工的生活水平普遍提升，这是黑死病带来的意外后果。

“他们（劳工）懒惰，鼠疫之后没有高工资就不肯工作。”很多领主和商人对此现象颇感惊恐，向国王控诉。爱德华三世连续颁布法令规定最高工资限额，禁止增加福利，1351年甚至出台最严厉的《劳工法条》严惩“非分”的涨薪要求，虽然实际执行效果大打折扣，但仍然不断有人遭到处罚。1352年埃塞克斯郡就有7 556人违法被罚款，其中有20%为女性，这说明黑死病后，女性劳工的比例急剧增加。爱德华三世的劳工法律主要保护的不是大贵族利益，而是骑士、士绅这类中产阶层，并让他们来担任治安官、执事官执行限薪法令，共同压制城乡劳工阶层，早已在大众中间埋下不满情绪。

英法战争导致国库亏空，朝廷财政入不敷出，只能在税收名目上翻新，1377年第一次开征人头税，1379年第二次开征人头税收到2.2万英镑，这点钱跟军费开支比起来杯水车薪。1381年根据新出台的《人头税法》第三次征税，税额是此前的三倍，而且缴税群体从以前的有产者扩大到每个平民。全国约有48.5万应纳税者逃跑，地方官获命四处追查，终于引发了首次农民大暴动——“瓦特·泰勒起义”。说是农民暴动，其实参加者有大量城乡工匠和贫民。这次暴动以最富裕的埃塞克斯郡和肯特郡为核心，席卷经济最发达的东南部地区。

人们敢激烈反抗权贵与压迫，往往并非在他们处境最凄惨之时，而是社会结构发生变化，尝到自由的甜头且体制有所松动之后，瓦特·泰勒起义时期，底层民众的生活其实比之前要好。黑死病使原有的等级秩序在中下层有较大幅度松动，社会流动和市场竞争加速，引起消费革命，旧有的经济模式瓦解，出现大量新利益群体，为保障自己的权益，他们自然会产生改革诉求，起义便是社会变化产生的新群体与旧政治互不适应所致。英法战事频频失利带来不满情绪，雄主去世和幼君掌国也给起义提供了机会，壮了人们的胆量。

与瓦特·泰勒一起领导起义的游方教士约翰·鲍尔喊出了那个时代相当超前的口号："亚当和夏娃在伊甸园生活时，谁是平民谁是贵族？"起义领袖向国王提出的建议太具革命性，要求取消国内一切领主独尊国王，废除农奴制，降低土地租金，教堂财产和教区的教民财产应该分开，所有人都应获得自由。

5月下旬，起义军从埃塞克斯郡、肯特郡分头向伦敦汇集，在部分伦敦贫民配合下于6月13日开拔进城，朝廷没有常备军，面对迅速推进的农民军来不及召集部队，国王与廷臣们躲进伦敦塔避难。暴动队伍没有严密的组织，也无明确的计划，很快演变成烧杀抢掠的狂欢，处决官员和教士，洗劫贵族和商人居所，伦敦城最漂亮的贵族宅邸、兰开斯特公爵的萨伏伊宫亦遭焚毁；许多来自佛兰德斯的纺织工匠被抛尸街头，似乎伦敦纺织工行会也参与了暴行，因为佛兰德斯工人是他们的竞争者。叛军手头有份准备杀死的达官贵人"卖国贼黑名单"，兰开斯特公爵位居榜首，幸亏当时他不在伦敦。

就如何应对大骚乱，国王的顾问们有两种意见，鹰派主张征召军队武力驱散叛军，鸽派认为应与叛军谈判。只有国王的威望足以收拾残局，理查德二世选择对话，他派人告诉叛军愿意在伦敦东面的麦尔安德接见他们，但希望他们暂时撤到城郊，叛军听从了国王的劝告。6月14日，14岁的国王带着侍从前去谈判，对方提出两大要求：废除农奴制，规定每英亩土地的租金最多4便士；同意他们随意处置他们认为是“卖国贼”的人，理查德二世迫于无奈全部应允。

第一次接见收到些许成效，一部分来自埃塞克斯的暴乱者已经散去。其余叛军会错意，误以为国王答应他们的要求，一切行为即已合法化，开始狂抓“卖国贼”。消息传开后，另一支叛军攻占伦敦塔，冲进去抢劫杀戮，打闹嬉戏，将这座王家城堡弄得一片狼藉，藏身其中的坎特伯雷大主教兼大法官西蒙·萨德伯里、财政大臣罗伯特·赫尔斯均死于屠刀之下，他们二位正是主张和谈者。

兰开斯特公爵的长子德比伯爵，理查德二世的堂弟，仅比国王小三个月，出生于林肯郡的博林布鲁克城堡，人称博林布鲁克的亨利，当时也在塔中避难，他是叛军要猎杀的重要目标，多亏一个王家守卫协助他躲藏才幸免于难。太后肯特的琼以及国王的同母异父姐姐都遭到粗鲁无礼的对待，有叛乱分子胆大妄为，曾试图亲吻她们。

烧杀抢掠继续蔓延，外国工匠、商人被拖到街上成批杀害，整个伦敦城凄厉的号哭声此起彼伏，人们仿佛置身地狱，如此恐怖的“犯上作乱”在中世纪实属罕见。国王未返回伦敦塔，寄住在一家兵器铺，他们决定改变策略将叛军驱逐出城，令伦敦市长威廉·沃尔沃思秘密召集民兵，通知瓦特·泰勒第二天国王将在伦敦东北部的史密斯菲尔德与之会晤。

第二日，双方如期而至，少年国王的沉着令人惊讶，他镇定回答对方咄咄逼人的问题，承诺会满足他们的合理要求，建议他们离去。瓦特·泰勒走到国王身前，握着国王的手用力晃荡，因为天气炎热，口渴难耐，他要求送来一壶水，还吐痰在国王脚下，威廉·沃尔沃思对他的粗鲁无礼大为震怒，与瓦特·泰勒发生口角，趁势用匕首将其刺成重伤。瓦特·泰勒大喊“国王背叛我们”，叛军听说首领被刺一片喧哗，有人开始放箭，眼看局势即将失控，理查德二世策马过去大喊“你们应该服从我，我才是你们的统帅”，国王的威仪与气场真把现场镇住了。伦敦市长召集的民兵冲出来将叛军团团围住，国王下令，同意叛乱者放下武器回家。

官方视角过度夸赞君主的非凡胆识化解了一场巨大危机，多少有些神话意味，其实这是提前谋划好的行动。伦敦危机结束后，国王收回此前给予自由的承诺，愤怒地咆哮：“你们将永远是农奴。”其他地区的零星武装叛乱还在继续，国王发布募兵令，亲自率领军队前往镇压，6月28日最后一支小规模叛军在埃塞克斯郡被击败。当然，理查德二世的胆魄和勇气确实远超他的年龄，鲜有人怀疑，他未来不是位大有作为的雄主。

前代那么多强势君主，晚年战事不利，在财政困窘的情况下都被迫向议会低头，一个面临困局的少年君主如何驾驭得了议会；另一个更大的麻烦是祖父留下的大王公，这是前代君主未曾遭遇的情况。理查德二世不能通过对法战争建立军功加强王权，又不能轻易终战显示自己懦弱，好在他性格刚强，以恢复绝对君权为己任，不能容忍被议会牵制，难以接受大王公分享过多权力，双方的激烈冲突在所难免。

爱德华三世并未给自己孙子安排摄政体制，理查德二世即位头四年，连续由几任摄政御前会议处理政务，兰开斯特公爵居于主导地位。理查德二世虽然在农民暴乱中崭露头角，此后也逐渐介入政务，但客观地说，前有强势议会，后有权大王叔，1390年前他能做主的大事不多，内政外交上的失败不能怪罪于他。

少年君主颇有心机，1382—1386年在内廷慢慢培养自己的小团队，试图掌控政府。他任命富商之子迈克尔·德·拉·波尔出任大法官，重用文艺才能出众的第九代牛津伯爵罗伯特·德·维尔当王室管家，国王亲信中有不少人其实是黑太子的旧臣，这种用人原则虽理所当然，但很容易让兰开斯特公爵、剑桥伯爵、白金汉伯爵这几位王叔产生“被疏远感”。

1385年面对一塌糊涂的英法战事，理查德二世决意御驾亲征讨伐法兰西的盟友苏格兰，把那里的法军驱逐出去，试图通过军功增强权威。远征中，他晋封自己的叔叔剑桥伯爵为约克公爵，另一位叔叔白金汉伯爵为格洛斯特公爵，但这只不过是为了平衡一下给予两位亲信的优待。理查德二世封德·拉·波尔为萨福克伯爵，还为罗伯特·德·维尔创建了一个新奇的爵位——“都柏林伯爵”。

苏格兰采取传统的“坚壁清野”战术，理查德二世的亲征无功而返。来年国王进一步加封罗伯特·德·维尔为“爱尔兰公爵”，以奖励自己最要好的朋友，这可是英格兰史上第一个异姓公爵，让其他大贵族嫉妒得牙痒痒。由于君臣关系相当亲密，民间谣传他们是同性恋。

如果军事上取得成功，兴许这一切都不是事儿。1386年9月传来法王查理六世将集结海军入侵英格兰的消息（后因根特地区发生暴乱中止计划），财政困乏与远征失败终于促使议会在格洛斯特公爵撑腰下向国王摊牌。

10月的所谓“美妙议会”上，议员们对理查德二世的亲信火力全开，指责德·拉·波尔“贪污腐败”，对法战事“玩忽职守”，痛斥罗伯特·德·维尔昏聩无能，要求将二人罢职。其实下院所列举的“罪状”皆是鸡毛蒜皮的小事，多为捕风捉影的指责。理查德二世怒不可遏，感觉大贵族与议员们的矛头实质指向自己，表示不会屈从于压力辞退哪怕一名宫廷厨子。

年轻气盛的国王被愤怒气昏头脑，居然宣称要去寻求英格兰的宿敌法兰西国王的帮助，吓坏了大贵族们，议会派出格洛斯特公爵与国王沟通，暗示他如果继续顽抗，有重蹈爱德华二世覆辙的危险。手头无筹码可用的理查德二世的确受到惊吓，万般无奈只得屈服，议会建立的“改革委员会”实际上接管了政权，这些人无非是王叔格洛斯特公爵的亲信。作为对国王妥协的安抚性回报，改革委员会同意理查德二世把亲信留在身边，不予驱逐。

“美妙议会”让年仅19岁的理查德二世深刻体会到被剥夺权力的苦楚，血气方刚的国王不会就此善罢甘休，何况他是聪明而有胆识的年轻人，国王开始部署他的反击。

第二节
青年国王复仇记

1387年初，理查德二世带着亲信离开伦敦开始了长达九个月的巡游，这绝非一次寻开心的吃喝玩乐之旅，一方面是要表达对议会架空王权的抗议，另一方面准备在改革委员会期满一年后夺回自己的权力，他要为了捍卫王权而奋战。

理查德二世到各郡召集贵族、法官、主教们谈心，控诉议会的蛮横无理，年轻国王复权心切但还是颇有心计，若要推翻议会的决定，首先得从法理上证明他们违法。国王命令首席王座法官罗伯特·特里西利安在诺丁汉召集一群法学家开会，向他们咨询法律问题，比如英格兰从古至今哪些法条保护王权，哪些法条限制国王特权，自己哪里做得不对，议会的决定是否合法合理。

不知理查德二世采取了何种手段，或许是感人至深的演说，或许是以权威相要挟，最后法学家们站到了国王一边，一致签署司法意见书，称改革委员会侵犯王室尊严，伤害君主特权，不经国王同意弹劾廷臣属于非法，犯下了大逆不道之罪，参与者都是乱臣贼子，其罪当诛。公平地说，下院对国王重臣的弹劾的确没有多少法律依据，相反保护王权的法条倒是很多。

在此期间理查德二世试图重建更有力量的朋友圈，他安插罗伯特·德·维尔为切斯特大法官，切斯特是柴郡首府，属于国王的直属领地；约克大主教亚历山大·内维尔、伦敦市长尼古拉斯·布雷姆伯里等人都被笼络成为王党要人。

随着市场经济发展与阶层流动增加，封建军役制进一步瓦解，“家兵”借助英法战争开始兴起，他们从领主那里领取工资，作战时穿着领主家的号衣，佩戴领主家族徽章。理查德二世发现，光有朋友在关键时刻并不顶事儿，还得有武力，那些大贵族胆敢如此欺凌国王，无非自恃拥有私家武装，国王本人也是英格兰最大领主，所以他让罗伯特·德·维尔在柴郡组建王党武装。

国王虽然在秘密筹划，但躲不过反对派大贵族们的监视，风声传到耳中，大家甚为惊恐，国王的用意再明显不过，一旦布局完毕回到伦敦，就会对他们实施清洗。这场抗衡“君主专制”的“改革运动”中，已经形成以王叔格洛斯特公爵、阿伦德尔伯爵理查德·菲茨阿伦、沃里克伯爵托马斯·德·贝切姆为首的反对派，称为“上诉诸侯”，后来又加入了德比伯爵博林布鲁克的亨利、诺丁汉伯爵托马斯·德·莫布雷。

上诉诸侯不愿坐以待毙，国王11月回伦敦之前，他们已经秘密召集军队准备“兵谏”。鉴于国王的宗教和传统权威，他们不敢矛头直指君主，但发起了一场“清君侧”运动，要求清除“五大奸臣”，即爱尔兰公爵罗伯特·德·维尔、萨福克伯爵德·拉·波尔、约克大主教亚历山大·内维尔、首席王座法官罗伯特·特里西利安、伦敦市长尼古拉斯·布雷姆伯里，他们都是国王的亲信。

理查德二世回伦敦没几天，上诉诸侯即派人全副武装晋见国王，提出要求。国王想不到反对派贵族摊牌如此之快，他更想不到自己耗费九个月时间组建的朋友圈在五大上诉诸侯面前不堪一击。

罗伯特·德·维尔逃到柴郡召集军队向伦敦开拔，试图解救被上诉诸侯围困的国王，但他那支规模不大的部队在对方军力面前实在微不足道，牛津郡莱德卡特桥战役中，勤王军被格洛斯特公爵、德比伯爵率军前后夹击，军队溃散后罗伯特·德·维尔本人奋力逃出，流亡法兰西。上诉诸侯挥军进入伦敦，以武力逼迫国王召开国会，宣布“五大奸臣”39条罪状，他们还胁迫议员们发誓必须与上诉诸侯同生共死。

1388年2月理查德二世被迫召开的议会称为“残忍议会”，整个过程被以王叔格洛斯特公爵为首的上诉诸侯控制，对国王亲信实施了大清洗，其实并无多少道义可言。

所有在诺丁汉签署司法意见书的法官全被宣布判处死刑，由于这个决定难以贯彻，实际执行中改为了流放。“五大奸臣”都被扣上叛国罪，剥夺一切财产与权利，爱尔兰公爵、萨福克伯爵、约克大主教已出逃，仍被缺席定罪，伦敦市长尼古拉斯·布雷姆伯里和王座法官特里西利安被处死刑。欲加之罪，何患无辞，“五大奸臣”的所谓罪状亦是捕风捉影，比如“篡夺君权罪”，这是多么反讽的罪名！

西蒙·伯里爵士是黑太子生前的密友，嘉德骑士团成员，受聘为理查德二世的家庭教师与监护人，他为人谦逊，德高望重，是内廷中颇具影响力的人物。残忍议会审判伯里时，理查德二世与王叔格洛斯特公爵吵闹起来，连哭带喊请求放过这位老人，王后安妮甚至在格洛斯特公爵面前长跪不起，就连另一位王叔约克公爵，外加德比伯爵和诺丁汉伯爵也出面说情，但伯里仍被无情处决。

从2月到6月的残忍议会，理查德二世眼看着亲信们不是逃亡海外就是遭流放或被绞死，这对年轻的国王来说是一种巨大的精神折磨，令其心中埋下复仇的种子。

“我已到了管理我的家庭、我的王室和我的王国的年龄，因为目前我的境况竟比我国最低贱者的处境还糟糕，这看起很不公平……”格洛斯特公爵与盟友们掌权一年后，1389年5月，理查德二世突然当着众臣的面发表了一番不卑不亢的演说，提出亲政要求。

国王的话当然略有夸张，但听起来颇令人心酸，如果从国君的角度看，倒基本符合事实。委员会随后宣布，国王已到亲政年龄，应该行使全部权力。随后理查德二世撤换了多名大臣，王权再度复苏，不过这次国王成熟了许多，他亲政后没有急于施加报复，也没有召回流亡的王党亲信。

多么令人惊讶，清洗王党的事儿就发生在一年前，王权经过残忍议会“摧残”已黯淡无光，国王突然提出这个要求应该会引发巨大动荡，没想到居然无人吭气，理查德二世如此轻松就重掌政权让人一头雾水，其实时局正有利于他恢复王权。

爱德华三世给孙子留下的几位王叔性格与能力各异。兰开斯特公爵冈特的约翰历练最丰富，1377年从法兰西回国后，因国王与黑太子疾病缠身，他实质上成为政府首脑。父兄去世后，无论从实力还是资历来看，冈特的约翰当之无愧是王公之首。他处事还算公正，但没有特别出众的军政才能，多次军事行动失败影响了其在民间的声誉。

瓦特·泰勒起事时期，暴乱分子视冈特的约翰为“叛国贼”，声称抓到他后要将其碎尸万段，幸好当时他在北方进军苏格兰，很多地方害怕招来叛军不敢收留他，最后他只得带着少数家臣恳请苏格兰国王罗伯特二世庇护，暴乱结束才返国。

冈特的约翰因为续娶卡斯蒂利亚的公主康斯坦丝，以妻子的名义宣称拥有卡斯蒂利亚王位继承权，他身边老早就围着一群从卡斯蒂利亚流亡出来的贵族，怂恿他去争夺王位，可谋划多次行动，耗费大量公帑皆徒劳无功。1385年葡萄牙新国王若昂一世登基，与英格兰建立了盟友关系，冈特的约翰把他跟元配布兰奇所生的长女菲莉帕嫁给葡萄牙新国王，这才逮住机会率领军队登陆伊比利亚半岛。

第一代兰开斯特公爵冈特的约翰子女列表

妻	首任：布兰奇	第二任：卡斯蒂利亚的康斯坦丝	第三任：凯瑟琳·斯文福德
子女	菲莉帕：葡萄牙国王若昂一世王后 伊丽莎白：第一次授封的第一代埃克塞特公爵夫人 **博林布鲁克的亨利：德比伯爵、赫里福德公爵、第二代兰开斯特公爵、英格兰国王亨利四世**	凯瑟琳：卡斯蒂利亚国王恩里克三世王后	**约翰·博福特：第一代萨默塞特伯爵** **亨利·博福特：温彻斯特主教、红衣大主教** 托马斯·博福特：第二次授封的第一代埃克塞特公爵 琼·博福特：第一代威斯特摩兰伯爵夫人

注：早夭及非婚子女未计入列表，冈特的约翰跟其母后的侍女玛莉还有个非婚女儿，也叫布兰奇。

1386年7月，美妙议会召开前三个月，冈特的约翰率领数千精锐英军和庞大家眷启航远征，前去与葡萄牙联军会合，声势如此浩大，看起来志在必得，这是引起法王查理五世欲入侵英格兰的重要原因。此次军事冒险折腾到1387年6月，军费缺乏，疾病肆虐，最后功败垂成。冈特的约翰不得不与卡斯蒂利亚国王胡安一世签署秘密和约，他与妻子宣布放弃对王位的主张，换来卡斯蒂利亚每年赠送一笔年金，同时把与康斯坦丝所生的女儿凯瑟琳嫁给胡安一世的太子恩里克。随后冈特的约翰离开葡萄牙前往阿基坦，在那里待到1389年11月才返回英格兰。

英格兰王公贵族普遍好战，平民们崇拜军功卓著的国王与将领，这种环境挟持下没有人敢轻易开口说“求和”。对法态度强硬的格洛斯特公爵领导摄政御前会议，曾商讨重新发起对法兰西的大规模战争，只因财政和军事困窘实无能为力。以前指责别人“卖国”和“无能”，他们面对困局也没显示出任何能耐，不利的客观条件非人力可以逆转。

冈特的约翰在卡斯蒂利亚失败，贵族们被迫接受英格兰已无力继续欧陆争战的残酷现实，在格洛斯特公爵的默许下，委员会派人与法兰西开启谈判；恰巧此时法兰西国王被疾病折磨，又高估了英格兰继续战争的能力，双方都有谈和意愿。1389年6月，英法签署《勒兰盖姆休战协定》，初定三年休战期，照顾到英格兰贵族的颜面，不称之为和平协定，也不称之为投降条约。该协定的签署意味着百年战争第二阶段落下帷幕。

英法停战还给伊比利亚半岛上的葡萄牙和卡斯蒂利亚带来和平，他们不用再选边站队，苏格兰作为法兰西传统盟友也就安静很多，不再骚扰英格兰边境。对外军事活动停止，不需要大笔军费，也就无须征税，议会的作用自然下降。

约克公爵才能平庸，性格懒散，宫廷权力游戏中不是突出的角色。格洛斯特公爵倒是争强好胜，以对法强硬派领袖自居，在民间博得些“勇武”的名头。冈特的约翰出国角逐卡斯蒂利亚王位期间，格洛斯特实质上成为政府首脑和王公领袖，他摄政一年政绩平平，发现自己跟曾经指责过的“政敌”一样，面对军政困局同样无可奈何，心中气焰自然消沉了许多；此前他清洗王党手段太残忍，令不少贵族对过度欺凌君主颇为懊恼，对抗意志大减。

美妙议会到残忍议会期间，冈特的约翰皆在国外，躲过一切纷争，回国以后重新取代格洛斯特公爵地位。理查德二世主动与这位实力最强大的王叔拉近关系，甚至不惜穿上兰开斯特家的号衣以示亲密，他们此前原本也没有多大冲突，很快就形成叔侄融洽的局面，王叔通过斡旋，协助国王与上诉诸侯和解。

这一切情况的转变，皆有利理查德二世恢复亲政，提升王权。

作为回报，理查德二世赋予冈特的约翰近乎亲王的军政大权，把阿基坦赐给王叔，按惯例这块领地只能给予国王的长子，不过这却促使冈特的约翰有了对法长期维持和平的动机，因为符合他的自身利益。在兰开斯特公爵支持下王权蒸蒸日上，财政状况逐年好转，国内迎来长达八年的太平日子。

自即位以来就备受束缚，理查德二世对增进君权的事业有着近乎狂热的痴迷。他喜欢阅读英格兰王权发展史方面的材料，崇拜“忏悔者爱德华”和“爱德华二世”两位先王，因为他们都是王权旁落的“受害者”，真可谓同病相怜。

理查德二世把“陛下”的称谓引入英格兰，要求人们走近他时必须屈膝。自诺曼征服后，英格兰的王家盾徽用诺曼底的狮子图案作为主元素，爱德华三世以武力诉求法兰西王位，在图案中加入法兰西王室的百合花标志，理查德二世再度修改王家盾徽，添加了忏悔者爱德华的徽章元素——鸢尾十字架与五只鸽子，这个盾徽只理查德二世一朝使用。

1394年心爱的王后安妮逝世，理查德二世精神备受打击，思维与行事越来越激进。国王尝到英法停战的甜头，积极推动议和，1396年双方再次把停战协定延长28年，换来百年战争时期最长久的和平。根据协定，英法缔结了一桩政治婚姻，时年29岁的理查德二世迎娶法王查理六世年仅7岁的女儿瓦卢瓦的伊莎贝拉。

停战协定与国王婚事极不受欢迎，这桩史上最昂贵的联姻可能要付出约20万英镑，在1397年1月的议会上遭到炮轰。以格洛斯特公爵为首的强硬派给予激烈的抨击，他们认为英格兰人如果离开了战争就没法体面地生活下去，国王至今没有生出一男半女，现在还娶了一个7岁的妻子，延续王家血脉的事儿就更没着落了。

国王与大贵族的关系再度紧张。因有前车之鉴，理查德二世对王权遭受挑战甚为敏感，他兴许认为有了法王这个老岳父撑腰，开始实施隐忍八年的报复行动，何况此时王权已比当年强大了许多。国王在政治上也比以前成熟，他的报复颇显手段，采用拉一派打一派的办法。

兰开斯特公爵冈特的约翰因为自己的婚姻问题与弟弟们产生了嫌隙，他一直有个名叫凯瑟琳·斯文福德的情妇，两人生育了四个儿女。1394年公爵第二任妻子卡斯蒂利亚的康斯坦丝逝世，凯瑟琳得以转正，但由于她出身平民家庭，只是一个骑士之女，大贵族们反对这桩婚事，认为有损王室尊严。国王为赢得王叔的友谊，不仅支持正式迎娶凯瑟琳·斯文福德，还赋予他们所生子女合法地位——他们就是著名的兰开斯特家族旁支“博福特家族”，这一支的长子约翰·博福特获封为萨默塞特伯爵。

1394—1396年期间，冈特的约翰多在阿基坦公国处理政务，朝中大权为国王所包揽。1397年理查德二世陆续逮捕当年上诉诸侯中的三人：格洛斯特公爵、阿伦德尔伯爵、沃里克伯爵。因有冈特的约翰支持，国王的报复计划开局颇为顺利，这个时期他们叔侄关系融洽且利益一致，为兰开斯特家族利益考量，公爵起码会保持缄默，而且此时他的健康状况已经欠佳。

三大上诉诸侯垮台，其党羽瞬间被清洗一空，财产被分配给国王亲信以及兰开斯特家族，大家也就乐得闷声发大财，议会同样噤若寒蝉。阿伦德尔伯爵被宣判死刑，沃里克伯爵被流放到马恩岛，格洛斯特公爵被押送至英格兰在法领地加莱港囚禁。7月份召开议会时，国王命令诺丁汉伯爵去押解格洛斯特前来受审，但得到答复“已中风死亡”，实际上理查德二世命人将这位不听话的王叔用枕头闷死了。

国王犒赏了顺服的另外两位上诉诸侯，德比伯爵博林布鲁克的亨利晋封为赫里福德公爵，诺丁汉伯爵托马斯·德·莫布雷晋封为诺福克公爵。博福特家族亦得到奖赏，萨默塞特伯爵晋封为多塞特侯爵。不过国王肯定没有忘记这两位上诉诸侯当年的作为，1398年他们二人发生内讧，互相指责对方谋逆，最终以决斗来定夺胜负，盛大的决斗仪式即将开始之际，国王阻止了流血事件，为显示“裁判公允”与“不偏不倚”，宣布两人都被流放。

一石二鸟之计又除去了两位上诉诸侯，国王进一步放心地扩充王权，在舒兹伯利召集的议会上宣布，撤销一切侵犯王权的决议，所有权力移交给国王信任的一个18人御前会议，授予国王征收关税的永久权力。这是英格兰王室财政史上的重要事件。

博林布鲁克的亨利当年10月流亡法兰西，其父冈特的约翰第二年2月也病逝，国王趁势宣布这位堂弟无权继承兰开斯特家业，把英格兰最大的一个王公取缔。从国王的角度审视，格洛斯特公爵倒台后，兰开斯特家族势必一家独大，将是王权的隐患，将其打垮是应有的选择。

理查德二世表面上终于得到多年梦寐以求的绝对权力，斗败了一切王权的侵犯者。

第三节
兰开斯特家族逆袭

青年国王显然操之过急，三年内连续击垮五大上诉诸侯，褫夺两位王叔的爵位和财产，令其他贵族心寒，担忧国王的“专制倾向”：若那些大贵族都无法保障财产与生命安全，那么国王今后对自己是否可随意如法炮制？

另一报复举措则更显失当，1397年议会之后，国王宣称可赦免当年侵犯过王权的人物与城市，但要求他们交纳一笔赦免金，引起普遍抱怨。理查德二世过于高估自己，虽然他的所作所为与前代君主相比并不过分，但他毕竟没有几位先王的显赫军功，贵族中缺乏强大的亲卫力量。

兰开斯特家族人多势众，根基雄厚，没这么容易被打垮。从外部看，冈特的约翰有两个女儿分别是卡斯蒂利亚和葡萄牙王后，在国内，兰开斯特家族通过政治联姻构筑起一张巨大的关系网络，几乎将最有实力的贵族囊括在内，其家族力量岂能瞬间烟消云散。很多贵族已经离心，翘首企盼博林布鲁克的亨利复辟。当国王的行动远远超过自己的实力和名望所能支撑的极限时，王座即将动摇。

关键时刻，国王做出了一个不慎重的决议——亲征爱尔兰，为死于叛乱的第四代马奇伯爵罗杰·莫蒂默复仇。莫蒂默家族来自与威尔士接壤地区，称为“边境领主”，第四代马奇伯爵的血统与身份相当特殊，是玫瑰战争中追溯家族关系的重要线索人物。第一代马奇伯爵罗杰·莫蒂默，即现任马奇伯爵的高祖父，正是“法兰西母狼”伊莎贝拉的情夫，爱德华三世绞死莫蒂默并曾剥夺其家族爵位，不过1348年又重新将爵位授予他的孙子。

第四代马奇伯爵的母亲是克拉伦斯公爵莱昂内尔的独生女，所以他是爱德华三世的外曾孙，理查德二世的表外甥。国王相当信赖马奇伯爵，1395年征讨爱尔兰时委任他为爱尔兰总督，理查德二世一直没有子女，曾通过议会指认，若自己无嗣而亡，马奇伯爵就是

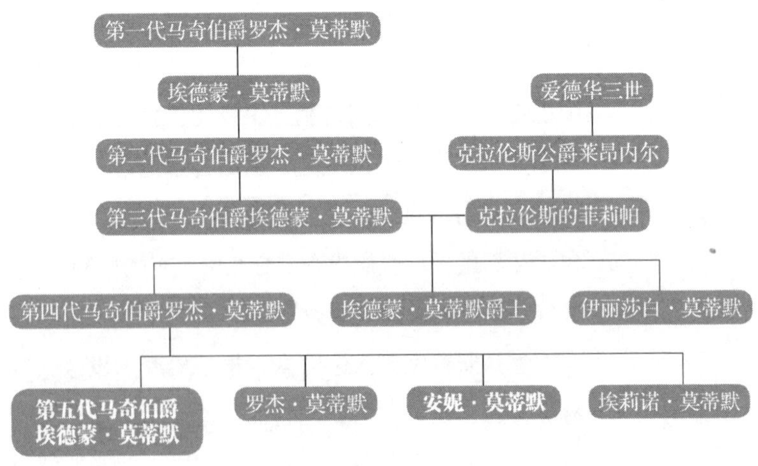

马奇伯爵家族关系图

王位继承人，若马奇伯爵也去世，他的长子埃德蒙·莫蒂默拥有王位继承权。

1399年5月，理查德二世率领以柴郡亲卫部队为首的大军启程开往爱尔兰，同时又犯下另一个致命错误，命令王叔约克公爵监国。

博林布鲁克的亨利及时抓住这次机会，7月初，打着恢复家业的名义仅率领不足百人在北部约克郡的亨伯河口登陆。带着这么点人马选择此处登陆自有特殊考量，约克郡距离兰开斯特家族的核心势力范围兰开郡比较近，可尽快与支援者们会合。世镇北疆，经常出任北境守护的两大家族——珀西家族和内维尔家族站到兰开斯特一边，第一代诺森伯兰伯爵亨利·珀西、第一代威斯特摩兰伯爵拉尔夫·内维尔都同意充当内应。拉尔夫·内维尔3年前丧偶，恰逢冈特的约翰与第三任妻子凯瑟琳·斯文福德所生的女儿琼·博福特守寡，拉尔夫·内维尔迎娶琼·博福特，与亨利结成内兄弟关系。

反叛者们一路南下时，越来越多兰开斯特家族和前上诉诸侯的支持者前来投奔，最高峰时人马号称达到10万之众，以至于为了缓解供给困难不得不适当解散一些部队。监国的约克公爵原本召集一支大军在牛津应战，但这支军队根本无心勤王，亨利与约克公爵会谈，说自己的目标只是想恢复家业，讨回属于自己的权利，约克公爵竟然表态支持侄儿的正当诉求，两边的军队合二为一，理查德二世及其支持者们注定无力回天。

理查德二世7月底急忙撤军返回，号召亲信们起兵勤王，事实证明，国王的朋友圈子处处不如王叔家族实力强大，大多数贵族都倒向兰开斯特，身边的士兵逐渐逃散。到8月初，全国大局已基本被亨利控制，国王成为阶下囚，被关入伦敦塔，他的失败与当年恢复亲政一样令人诧异，都来得突然又迅速。

亨利登陆之初宣称，只想恢复继承家业的正当权利，对王位绝无野心，承认理查德二世为国王，也认可小埃德蒙·莫蒂默的继承权，可他说这话时前景尚不明朗，现在已占据优势，此前的承诺当然作废。

理查德二世这次面临的不再是危机，他将彻底失去自己的王国，亨利以旁支大王公的身份提出王位诉求，以国王名义召集议会（其实不合法）罢黜君主，用血统原则结合议会“推选”戴上王冠，开创金雀花朝之先例。

1399年9月30日早晨，威斯敏斯特宫的议会大厅，王座空置，上下两院议员齐聚一堂，迎接史无前例的时刻。已复辟家业的亨利，第二代兰开斯特公爵，向议会提交控诉书，历数理查德二世33条“罪状”，无非是“滥征赋税、强迫贷款、摧残贵族、践踏法律、专断残暴、言而无信……”大厅里回荡着宣读文件的声音。这些说辞毫无新意，那些被歌颂为明君雄主的国王们，在扩充君权方面只会比理查德二世做得更多，他的作为基本符合那个时代共同认可的君权理论，并未过多超越英格兰宪制，不同之处就是他缺乏大贵族支持，权力基础薄弱，政治手段还显稚嫩，被推翻了。

约克大主教理查德·斯克罗普宣读理查德二世的逊位诏书，指责他无德无能，呼吁贤明的亨利接管王国，随后约克大主教和刚复职的坎特伯雷大主教托马斯·阿伦德尔一起伸出手，牵引亨利走向王座，整个大厅响起“吾王亨利万岁”的欢呼声。

“禅让”大戏其实早就安排妥当，头一天亨利已派人从理查德二世那里取得“逊位诏书”和印章戒指，自然采用了各种软硬兼施的手段。理查德二世起初激烈抗议，最终无奈地接受残酷现实，仅知趣地提出要求“不要让我像囚犯那样出现在公众面前”。根据兰开斯特方面的记录，理查德二世在整个“禅让”过程中，认同自己犯下的过错，对把国家转交给贤明堂弟颇感“欣慰”。亡国之君的内心苦楚，外人谁能知晓。废君紧接着被送到北方约克郡西部的韦克斯菲尔德市庞蒂弗拉克特城堡软禁。

亨利手划十字说道：“以圣父、圣子、圣灵的名义，我，兰开斯特的亨利，因为具备源自卓越君王亨利（三世）的正当血统，拥有英格兰王国、王冠及其所有人民和附属物，由于朝政的紊乱，法治与良治遭到毁灭，上帝恩典于我，在亲人与朋友的帮助下，恢复这一切合法权利。”

兰开斯特家族的亨利就这么当上了国王，即亨利四世，他的发言却深藏玄机。当时坊间流传一种说法，第一代兰开斯特伯爵埃德蒙是亨利三世的长子，因为身体有疾病才让弟弟爱德华（一世）继承王位，这当然是谣言，其实爱德华才是兄长，比埃德蒙大6岁。这个谣言凡正经人士绝不会相信。亨利为强化夺取王位的合法性，顾不得许多，把兰开斯特家族的母系血统在亨利三世那里捏造出了长支的地位。

尽管有爱德华二世被废黜的先例，可继承王位者是他儿子爱德华三世，合法性毫无争议；根据1216年已形成的长子继承制，若国王没有子嗣，可按照“先长后幼、先男后女、先嫡后旁”等血统继位综合原则拥立新君，亨利的王位合法性面临诸多尴尬之处。

从法律和习惯来说，罢黜君主本来就是“大逆不道”，与当时的观念不符，爱德华三世时代就通过立法否定了这种行为的合法性。亨利筹备登基期间还采取措施，把第四代马奇伯爵年仅7岁的儿子埃德蒙·莫蒂默软禁起来。

大家都随声附和，报以热烈欢呼，只有卡莱尔主教托马斯·默尔克大煞风景，他提出抗议，认为应该给予理查德二世辩解的权利，否则这是不公正的，他的呼吁无人理会，不久之后他本人也被捕，遭剥夺教职。既然如此，议会在废旧君立新君问题上也就毫无悬念地达成了“共识”，亨利四世获多数贵族支持亦是事实，这是他能夺得王位的基础。

新君亨利四世的加冕大典拖到10月13日才正式举行，这一天是圣爱德华（指忏悔者爱德华）纪念日，选择这个日子加冕的确别有用意。亨利曾在1390年初参加十字军东征前往立陶宛，虽未获得显赫战功但也博得“虔诚者”美誉，希望大家把他与圣徒国王联系起来，忏悔者是盎格鲁–撒克逊的威塞克斯王朝最后一位君主，可以为新国王增添合法性。

人们注意到，亨利四世加冕演说使用英语而非法语，实为诺曼征服以来首次。14世纪中期，英语终于摆脱“下等人语言”的地位，恢复往日荣光，逐渐成为民族语言，来自诺曼和安茹的法兰西贵族们已经全面英格兰化，进入玫瑰战争时代，就连贵族阶层也没几人学习法语了。这从另一方面说明民族意识在英法战争中萌芽，黑死病之后社会流动加快，中下层地位提升，国王也要争取说英语的子民们爱戴，显示与大家的同质性。

兰开斯特强化王位合法性可谓用心良苦，不幸的是，亨利四世与子孙同样饱尝理查德二世吃过的苦果。亨利既然数落理查德二世33条罪状，斥责其不尊重《大宪章》精神，那么自己就要反其道而行之，等于认同议会的弹劾权以及干预国王御前会议的权力，可真到自己当政，反其道而行的结果却让王权备受束缚。

第四节

戴上王冠就戴上不安

“戴上王冠者戴上了不安”，莎士比亚在《亨利四世》中的这句话是博林布鲁克的亨利执政生涯的贴切写照，他当上国王后就没过上安宁日子。

阿玛尔公爵诺威奇的爱德华、埃克塞特公爵约翰·霍兰德、萨里公爵托马斯·霍兰德，分别是理查德二世的堂弟、异母兄弟、侄儿，在亨利四世登基后被剥夺爵衔，改朝换代两月后，他们与第三代索尔兹伯里伯爵约翰·蒙塔古打算谋刺亨利四世父子，营救理查德二世，但计划失败，大家分赴各地准备发动王党起事。

亨利四世感觉到只要理查德二世活着，兰开斯特王廷难有片刻安宁。大约1400年2月，被监禁的理查德二世死于狱中，他的遗体得以公开展示，故意显示并非受害而亡，遗体虽无伤痕但骨瘦如柴，后世史家认为亨利四世下令饿死了理查德二世。

奇怪的是，理查德二世死后似乎比生前更受欢迎，直到1407年伦敦始终有人散播他仍然活着的消息，还有人跑到街上自称是理查德二世，北方人更加相信废君未死，当然散播这些言论者若被逮住都会被判处死罪。

宿敌苏格兰唯恐英格兰不乱，培训一个精神病人长期扮演理查德二世，用以吓唬英格兰的兰开斯特国王。假理查德二世倒不是新国王最大的心头大患，新国王也不会在意这些闹剧，不过要说谁最像废君，还得数亨利四世，某种程度上他在扮演前者的角色。

亨利四世在位14年，前期忙于平息从威尔士到英格兰北方的各种叛乱，后期又备受疾病煎熬，他曾痛斥理查德二世“恶行”的那些说辞，反叛者们还治其身，尤其喜欢利用兰开斯特家族获取王位的争议大做文章。面对挑战王座者，亨利四世对付他们远比理查德二世手段狠辣，他的敌人也一个比一个传奇。

首个发难者欧文·格兰道尔，不列颠土著英雄，来自东北威尔士著名乡绅家庭，母系可追溯到威尔士独立时代南威尔士地区德赫巴斯王国的国王格鲁菲德·阿普·里斯。格兰道尔早年在伦敦学习法律，回乡后与亨利四世的廷臣格雷·德·鲁瑟爵士发生边界领地纠纷，遂掀起反英叛乱，自封为威尔士亲王，成为最后一位土著王子。格兰道尔军政才能出众，采用游击战术令王军头疼不已，与亨利四世对抗长达12年，他那不可理喻的人格魅力常令人百思不得其解，莎士比亚将他描述成靠巫术与野心统治部下的野蛮人。

马奇伯爵有个弟弟埃德蒙·莫蒂默（与侄子同名），原本是亨利四世的支持者，1402年奉王令前去围剿威尔士叛军，兵败被俘。传言说他故意设计让自己当俘虏，考虑到埃德蒙的马奇伯爵家族血统的特殊性，亨利四世未付钱把他赎回并没收他的领地。格兰道尔超规格礼遇埃德蒙，用魅力将其折服，还把他招为女婿，埃德蒙投效敌酋与之携手造反，昭示全国：将捍卫格兰道尔在威尔士的权力，如果理查德二世还活着，将救出国王并让他恢复王位，如果已经逝世，将为自己侄儿小埃德蒙的合法王位继承权而战。

埃德蒙的姐夫亨利·珀西，以绰号“霍特斯普尔”（性急者）闻名，北方大诸侯第一代诺森伯兰伯爵之子，曾经担任过北境东疆守护之职。诺森伯兰伯爵父子是推动亨利四世登上王座的重要功臣，因新君没有兑现利益承诺，他们与兰开斯特反目成仇，同埃德蒙、格兰道尔签署共同反叛的三分天下协定：若大功告成，埃德蒙获得中部和南部英格兰，诺森伯兰获得北英格兰，格兰道尔拥有威尔士。

霍特斯普尔把自己的叔叔伍斯特伯爵也拉进造反队伍，并发表了“革命”宣言，指责亨利四世背叛了不杀害理查德二世的诺言，对国民征收重税，逼迫议会拥立自己为王，损害莫蒂默家族的正当继承权。

1403年7月21日的“舒兹伯利战役”是兰开斯特王朝捍卫王座的第一场大战，双方各动用1.4万兵力厮杀，英格兰长弓手首次在自己土地上互射，死伤惨重。可能因诺森伯兰伯爵南下支援的速度太慢，反对派兵败，霍特斯普尔被杀，伍斯特伯爵遭处决，亨利四世下令把霍特斯普尔的尸体砍成四份，送往英格兰各城展示；诺森伯兰伯爵被剥夺爵位与财产。

老伯爵壮心不已，1405年联合姻亲约克大主教理查德·斯克罗普在北部再次发动叛乱，失败后大主教被处决，老伯爵流亡苏格兰，继续追随埃德蒙·莫蒂默、格兰道尔从事反兰开斯特大业，直到1408年布拉默姆荒原战役兵败被杀，亨利四世将其头颅悬挂在伦教桥示众。

1409年，亨利四世的太子，时年22岁的威尔士亲王亨利率兵围困威尔士哈莱克城堡八个月后，埃德蒙·莫蒂默病逝。1412年格兰道尔的事业挫败，他神秘地消失于威尔士崇山峻岭之中，再无音讯，尽管亨利四世悬重赏通缉格兰道尔，但威尔士无人向官方告密。19世纪时格兰道尔在威尔士的声望达到顶峰，后人给他戴上“民族主义之父”桂冠。

亨利四世有个奇特的女性反对者，堂妹格洛斯特伯爵夫人——约克的康斯坦丝，第一代约克公爵的女儿，她可能是中古英格兰首个开创政治无间道的女贵族。康斯坦丝与理查德二世的亲信托马斯·德斯潘塞结婚，王叔格洛斯特公爵落马后，理查德二世将此爵位降格为伯爵封给德斯潘塞。德斯潘塞参与谋刺亨利四世，试图解救故主，康斯坦丝的兄长诺威奇的爱德华（约克公爵之长子，阿玛尔公爵，第二代约克公爵）出卖了他们的计划，德斯潘塞逃到地方发动起义，被捕后在西部港口城市布里斯托遭砍头处决。

康斯坦丝忠诚于丈夫的事业，坚信王位非理查德二世及他的合法继承人莫属，自此记恨兄长的背叛行为，视他为仇人，但她一直隐忍不发，假装效忠兰开斯特，赢得新国王信任，亨利四世授权她担任第四代马奇伯爵的儿子小埃德蒙的监护人。康斯坦丝深知小埃德蒙身份的重要性，认为这个有王位继承权的孩子只有落到他叔叔埃德蒙·莫蒂默手中才能获得自由，生命方有保障，并且可以成为反兰开斯特的一面大旗。1405年她与格兰道尔、埃德蒙·莫蒂默取得联系，准备将小埃德蒙从温莎城堡劫持出来交托他的叔叔，亨利四世获得情报，派出人马将他们从半道截回。

康斯坦丝被抓捕后向兄长施加报复，咬定他也参与叛变，致使诺威奇的爱德华被捕入狱。诺威奇的爱德华跟父亲一样，政治立场摇摆过几次，只是他比父亲更为大起大落，伺候过两朝三代国王。理查德二世在位时对爱德华恩宠有加，先后加封他为拉特兰伯爵、库克伯爵，格洛斯特公爵倒台，爱德华获得叔叔的另一个爵衔“阿玛尔公爵”，并将叔叔家部分财产收入囊中。父亲约克公爵倒戈后，大家公认的王党分子爱德华才赶紧转换阵营，兰开斯特派强烈要求惩处前朝政治红人，亨利四世一度剥夺爱德华的公爵衔，解除其伦敦塔总管之职，把他囚禁在温莎城堡。

据法兰西编年史家称，谋刺亨利四世、营救理查德二世的计划因诺威奇的爱德华告密而失败，兴许向新君表忠积极，他很快被释放并进入御前会议，成为新朝红人，1402年父亲逝世后继任为第二代约克公爵，接受亨利四世委派前往南威尔士平息叛乱，他曾自掏腰包支付军费，令新国王相当感动。

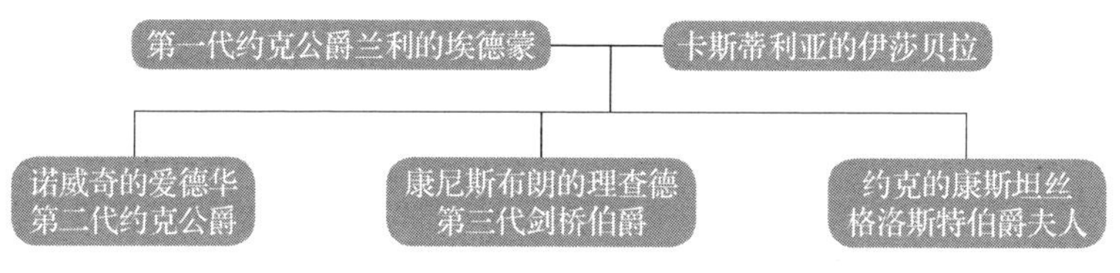

第一代约克公爵兰利的埃德蒙子女关系图

正在新朝当红之际被妹妹反咬一口失去自由，诺威奇的爱德华在狱中倒趁着这段闲暇，撰写了关于打猎最早的英语论著——《游猎高手》，成为中世纪的名作。他本人的确为当时英格兰的狩猎达人，担任亨利四世的猎鹿犬训练师，他在序言里表示仅将此书献给太子威尔士亲王亨利。监禁4个多月，亨利四世发现找不到谋叛罪证，加上爱德华表现优良，将他释放出狱，他很快又恢复昔日地位。

亨利四世饱尝篡位者的苦头，他每年只有9万英镑的岁入，比理查德二世还少2.6万，平息叛乱以及给法兰西加莱港的驻军发工资都耗费了巨资，财政压力使他必须与议会紧密合作，被迫接受下院牵制，议会权力获得扩充。1404年下院提议任命一个财务主管监督国王的财政开支，否则不批准征收附加税，下院还要求开除国王的四名亲信大臣，在议会中设立一个“顾问团”；1406年，议会以批准增加1先令关税作为条件，要求国王允许议会提名审计员督查军费支出。

对于议会的多数要求，亨利四世不得不勉强应允，与此同时，他仍在寻找一切机会反击，最大的可能便是强化王权。议会曾夺取国王提出货币发行法案的权力，亨利四世并不甘心，经过数次博弈，双方各让一步，议会仍保留这项权力，但交换条件是放弃对国王御前会议的干预。

“绝对君权”观念至兰开斯特王朝衰落至谷底，亨利四世在位最后几年，各地叛乱渐渐平息，财政压力减小，议会权威才有所下降。亨利四世的最大功绩就是保住兰开斯特王座，顺利传给了儿子亨利五世。

虽然战胜了一切挑战王座者，但亨利四世最终未能打败病魔，1408年病情日益恶化，身上长满脓疱，后世怀疑他患上梅毒或牛皮癣等皮肤病。国王的病情在外界被传播得更加荒唐离谱，法兰西人说他的手指头与脚趾头早就脱落，苏格兰人说他的身材已缩水到孩童大小。

亨利四世有个优秀继承人，太子出生在蒙茅斯郡城堡，人称蒙茅斯的亨利，长着英俊的脸庞和高挺的鼻梁，自小受到良好教育，目睹过宫廷权力游戏，成年后率军参与威尔士平叛战争，战斗时脸部曾中箭险些丧命，年纪轻轻即积累了丰富的军政经验。亨利四世流亡法兰西时太子只有12岁，理查德二世把小亨利留在身边作为人质，给予优待，册封他为骑士，每年批拨给他500英镑年俸（来自他父亲的领地收入）。理查德二世远征爱尔兰时把小亨利带在身边，随后把他软禁在都柏林。直到父亲复辟家业，小亨利才被召回。

权力是亲情最强劲的腐蚀剂，国王健康状况恶化，管理朝政力不从心，太子亨利满怀雄心壮志，对接班已迫不及待，殷切希望父王退位，他联合博福特家族的叔叔们成功控制御前会议，一度接管朝政。亨利四世身体稍微康复时发现儿子有架空自己之势，坚决夺回权柄，将太子踢出御前会议，最后几年因外交政策分歧加剧了父子之间的紧张关系。

1413年3月20日，亨利四世颤颤巍巍走进西敏寺圣爱德华墓祠，跪下开始祈祷，从他的痛苦表情能看出，他正被疾病折磨。突然间国王倒在地上，侍从们赶紧把他移到耶路撒冷厅。亨利四世毕生有个愿望，那就是远征耶路撒冷然后壮烈地死在圣地。虽然侍从们生起了火，他仍然感到浑身寒冷，嘴角发出微弱的声音："只有上帝知道我通过什么权力获得王位"，这一天国王临终前还不忘念叨这句话，可见是多大的心病。

太子终于可以登位大展抱负。他是幸运的接班者，父亲辛劳十余年捍卫王座已缔造稳固的权力根基，虽然反叛者仍然偶尔出现，多数国人已开始习惯兰开斯特王朝。在父辈奠定的基础上，新君亨利五世将成为中世纪最著名的军人国王，再次缔造英格兰的辉煌。

第五节
亨利五世再造辉煌

早期金雀花诸王就是地道的外来统治者，顶多听得懂英语，狮心王理查德一世曾说过："如果有人愿意出一笔好价钱，我愿意把英格兰典当了"，后来的国王们也只是半英格兰化。严格地说，亨利五世是自诺曼征服以来真正英格兰化的国王，完全以英语书写信件和文书，他与自己的兄弟们都已萌生了英格兰民族意识。

即位时虽然只有26岁，亨利五世却显得相当老成，他具备非凡的领导天赋和人格魅力，擅长跟人打交道，深谙团结贵族与平民之道。他也是同时代君主中的"影帝"，惯用"谈心""写信"等方式与人沟通。几乎无人能抵御国王的魅力，总是心甘情愿答应他的请求。

"英明神武、和蔼可亲、从善如流、宗教虔诚、宽厚仁慈"，各种加诸亨利五世身上的赞誉纷至沓来。莎士比亚高度评价亨利五世，并赞扬他洗刷了兰开斯特篡位的污点，通过戏剧把他“英雄国王”的形象进一步扩散，深刻影响后世。

兰开斯特王廷亨利四世子女列表

亨利四世——玛丽	
	亨利（1386—1422年）：英格兰国王亨利五世
	托马斯（1387—1421年）：第二次授封第一代克拉伦斯公爵
	约翰（1389—1435年）：第二次授封第一代贝德福德公爵
	汉弗莱（1390—1447年）：第二次授封第一代格洛斯特公爵
	布兰奇（1392—1409年）：德国普法尔茨选帝侯路德维希三世夫人
	菲莉帕（1394—1430年）：挪威、瑞典、丹麦国王埃里克的王后

亨利五世执政后采取和解政策，解除小埃德蒙·莫蒂默兄弟软禁生活，册封他们为骑士，恢复马奇伯爵的爵位与领地；珀西家族“霍特斯普尔”的儿子也重获家业，成为第二代诺森伯兰伯爵。

第五代马奇伯爵埃德蒙·莫蒂默是个快乐而友善的人，童年的经历使他对政治早就丧失野心，恐惧国王权威而不敢相信任何人，没几个人知道他原本是合法的王位继承人，他自己也从不敢提及此事。获释后不久，未经国王批准，马奇伯爵秘密与自己的远房表亲安妮·斯塔福德结婚，亨利五世盛怒之下对其处以1万马克罚金，马奇根本支付不起这笔巨款，但国王无非意在展示权威，在他认错后即给予宽免。

亨利五世并非无原则地宽容大度，他懂得恩威并施，体现出老辣的政治手腕，对真正威胁王权者从不手软。即位不到两个月，有人在西敏寺大门上张贴告示，说理查德二世在苏格兰仍然活着，这显然是相信了苏格兰人的“假理查德”把戏和谣言，一群僧侣卷入这个案子，7人被烧死，12人被绞死。亨利五世下令给理查德二世改葬，将其遗体迁入西敏寺，并亲自出席盛大改葬仪式，国王这么做并不是简单地表示和解，还意在告诉大众，理查德二世真的早就死了。一次围城战中，有个家伙在城墙边冲着亨利五世发出不敬的怪声并大放响屁，城破之后他下令将这个可怜虫抓起来吊死。

从某种程度上讲，亨利五世有点像爱德华三世，对建立军功雄心勃勃，可这是冒险的事业，成则给君主带来权威，败则可能动摇王座。亨利五世明白这点，他是机会主义者，法兰西正好给他提供了机会。

1392年起，法王查理六世患上间歇性精神失常，他神志清醒时任命王后巴伐利亚的伊莎贝拉与自己弟弟奥尔良公爵路易一世领导摄政御前会议，王后同时担任王太子维耶努瓦的路易之监护人。奥尔良公爵摄政期间作为税收征管者财力日益壮大，令勃艮第公爵约翰一世（绰号“无畏的约翰”）怨愤不已，因父亲在世时家族近一半收入来自国库，他不断指责王后与奥尔良公爵财政管理不善，要求补偿家族利益损失。

勃艮第公爵与奥尔良公爵两大家族争夺对朝廷的控制权，激烈宫斗致使法兰西王权旁落，朝政混乱。1407年勃艮第公爵在巴黎谋杀奥尔良公爵，双方争执进入白热化阶段。勃艮第家族的族徽是一个刨子，奥尔良家族的族徽是一根棍子，谋杀事件引发“刨棍内战”，贵族们根据血缘与利益纷纷站队，整个国家分裂成勃艮第党与奥尔良党两大阵营。

巴黎市因不满王后与奥尔良公爵的征税政策，倾向于勃艮第党，勃艮第公爵向市民们许下种种华而不实的政改诺言。1413年勃良第公爵支持一个由“西蒙·卡博什”领导的暴力团伙作乱，他们走遍大街小巷，见到奥尔良党人格杀勿论，冲击监狱把罪犯释放出来一起烧杀抢掠，巴黎人为这次大屠杀所惊骇，改变立场向奥尔良党求救。遇刺的奥尔良公爵之子继承爵位，即查理一世。他的岳父阿马尼亚克伯爵被推举为奥尔良党首领（此后奥尔良党也称为阿马尼亚克党），联合贝里公爵、波旁公爵等有实力大王公兴兵直逼巴黎，勃艮第公爵被迫离开都城，双方暂时休战。

两党竞相寻找外援以壮声势，试图争取英格兰国王当盟友，尽管开出的条件已相当优厚，但英王乘人之危狮子大张口，要价实在太高，始终谈不拢。亨利五世提出要娶法王查理六世的女儿凯瑟琳为妻，要求获得阿基坦全境主权，还要索回英王的所有世袭领地，并且提出对布列塔尼和佛兰德斯的宗主权，相当于重新恢复金雀花王朝全盛期版图，这样的漫天要价等同吃掉近半个法兰西。

党派之争已不可调和的法兰西最终向虎视眈眈者敞开了大门。1415年8月英法战争（百年战争第三阶段）重新爆发之前，更迫切需要外援的勃艮第党与英格兰达成秘密协定，英军登陆法兰西时勃艮第保持“中立”。同时，亨利五世仍然假装与奥尔良党谈判，掩饰自己的战争准备。

英王理查德二世遇害后留下年仅10岁的小王后瓦卢瓦的伊莎贝拉，亨利四世曾试图说服她嫁给自己的太子，如果这桩婚事谈成，未来的君主娶前朝王后有助于强化兰开斯特的合法性，亨利五世也便成为法兰西查理六世的女婿。

小王后自打7岁嫁到英格兰，理查德二世对她疼爱有加，她年纪虽小但对亡夫相当忠诚，听说夫君遇害悲痛不已，常以泪洗面，坚决不肯嫁给仇家。无奈之下亨利四世只得将前朝小王后放归法兰西，她改嫁给比自己小5岁的堂弟奥尔良公爵查理一世，1409年分娩女婴时染病去世，奥尔良公爵之后续娶了阿马尼亚克伯爵的女儿。根据无法证实的野史，亨利五世深为小王后的美貌所倾倒，苦苦追求而不能得手，遂决定征服法兰西拥有她的妹妹凯瑟琳。

亨利五世深知战争成败主要构筑在经济实力之上，登基以后大力整顿财政，裁汰冗员，惩治贪腐，节省开支，亲自批阅开支报表，突击抽查财务官员账簿，王室岁入明显比亨利四世时期大有增长，但这点钱远不够支付对法战争，还需要议会批准征税。国王对财政收支的严明管理给议会留下良好印象，议会毫不犹豫就批准了征税要求，而且征税工作在全国几乎未遭遇抵制。

法兰西国王查理六世子女列表

<table>
<tr><td rowspan="12">查理六世—巴伐利亚的伊莎贝拉</td><td>查理（1386—1386年）：首任王太子，早夭</td></tr>
<tr><td>安妮（1386—1390年）：早夭</td></tr>
<tr><td>伊莎贝拉（1389—1409年）：英格兰理查德二世王后、奥尔良公爵查理一世夫人</td></tr>
<tr><td>琼（1391—1433年）：布列塔尼公爵夫人</td></tr>
<tr><td>查理（1392—1401年）：第二任王太子，早夭</td></tr>
<tr><td>玛莉（1393—1438年）：终身未婚，修道院院长</td></tr>
<tr><td>米歇尔（1395—1422年）：勃艮第公爵菲利普三世第一任夫人</td></tr>
<tr><td>路易（1397—1415年）：第三任王太子</td></tr>
<tr><td>约翰（1398—1417年）：第四任王太子</td></tr>
<tr><td>凯瑟琳（1401—1438年）：英格兰亨利五世王后、欧文·都铎夫人</td></tr>
<tr><td>查理（1403—1461年）：第五任王太子，查理七世</td></tr>
<tr><td>菲利普（1407—1407年）：早夭</td></tr>
</table>

议会拨款的一半可以提前交付，另一半需待第二年才能上缴，军队预定的出征时间将至，仍未获得充足的军费保障。金雀花国王以前筹集军费的一种手段是敲诈犹太人，如爱德华一世多次勒索犹太人金钱，后来应伦敦市民和商会的要求把他们驱逐出境。另一更重要的筹钱渠道是向银行家借钱，爱德华三世曾向意大利佛罗伦萨的巴尔迪和贝鲁奇两大银行借到巨款，但因为他赖账不还致使两个银行家族破产。英王在西欧金融市场上信誉扫地，这两条道路明显走不通了。

亨利五世充分发挥“影帝”特长，与领主、教士、郡长、市镇长、平民代表们轮流召开“筹款恳谈会”，动之以情、晓之以理，有时也会含蓄地要挟。大家都为国王的言辞和魅力所折服，何况贵族与平民皆好战，崇拜有建功立业、开疆拓土雄心壮志的国王，听说对世仇法兰西开战，恢复祖宗家业，大家对国王的敬仰之情油然而生，纷纷表态愿意捐钱或贷款。数额不等的金钱滚滚流入国王金库，最少的有几十英镑，多在数百至几千英镑之间，其中最大一笔贷款达10万英镑，来自英格兰在加莱的司库罗杰·塞尔万爵士，他需要等六年时间才能全部收回债款。

以最少的麻烦弄到最多的钱，亨利五世的筹款能力远远超过前朝君主，以前的国王在征税问题上总与议会有些龃龉，他却一路畅通无阻，可见“苛捐杂税”未必引起社会动荡或大众抱怨，就看什么国王以什么方式获取。

万事俱备只待启程，孰料出征前几个月突发严重的谋反事件，密谋者都来自亨利五世的身边人，其中最著名的参与者是第三代剑桥伯爵康尼斯布朗的理查德，他是第二代约克公爵的弟弟，也是亨利五世的堂叔。1414年第二代约克公爵把父亲的剑桥伯爵领出让给亨利五世，国王转封给了康尼斯布朗的理查德。对法作战，剑桥伯爵按义务需要提供给国王57名骑士和160名弓骑兵，国王也按惯例给予一笔报酬，但这位新晋伯爵打小就未分到产业，经济上颇为拮据，亨利五世忘记支付酬金，令财政困窘的剑桥伯爵相当恼怒。

真正的主谋是深获亨利五世信任的斯克罗普男爵，当年先把亨利四世推上王座，后又与诺森伯兰伯爵共同谋叛的约克大主教理查德·斯克罗普正是他叔叔。斯克罗普男爵家庭富有，深受国王重用，担任王室财务主管之职，他的谋反动机众说纷纭，有一种说法是他收到法兰西的巨额资助，力图通过谋杀国王中止对法征战。

密谋的另一个参与者是在国王身边效劳的托马斯·格雷爵士。这三个谋叛者之间有亲属关系，托马斯·格雷的儿子与剑桥伯爵的女儿结婚，两人是亲家，斯克罗普男爵娶了剑桥伯爵的继母琼·霍兰德（第一代约克公爵的第二位妻子，黑太子王妃肯特的琼与前夫霍兰德的孙女）。托马斯·格雷经济不宽裕，对自己的地位不满足，受到亲家的蛊惑而参与谋反。三人一拍即合，决定在国王筹划征法的基地南安普敦港行刺，然后拥戴马奇伯爵登位。

剑桥伯爵之所以愿冒巨大风险，除了利益受损对国王不满，或许还有为儿子前途考量的因素。剑桥伯爵的妻子是第五代马奇伯爵的妹妹安妮·莫蒂默，马奇迄今没有子女，他的弟弟罗杰·莫蒂默已于1413年逝世，如果马奇当上国王，那么剑桥伯爵之子凭借父母两系血统具备优先的王位继承权。

密谋者人数不多，实力也不强大，但他们都是能零距离接近亨利五世的人，确有成功的机会，如果计划不被告发的话。当他们把马奇伯爵拉进来协商时，没想到这位当下具有王位继承权的人出卖了他们。1415年8月1日晚，这是原定的行刺日期，马奇经过一番痛苦挣扎，匆忙奔驰至汉普郡的波彻斯特城堡，紧急求见国王，亨利五世正在这里视察备战的军队。

马奇伯爵将整个密谋过程向国王和盘托出后，亨利五世对身边人的背叛既感痛苦又倍加愤怒，立即将三个谋反贵族逮捕。三人均要求应由贵族们来审判自己，国王任命20名贵族组成委员会，包括约克公爵、马奇伯爵在内听审此案，三人皆被判处死刑。剑桥伯爵曾传信给国王，要求获得特赦留条性命，但亨利五世实在愤意难平，这位堂兄获得爵位一年之际被砍掉了脑袋。

曾大起大落的约克公爵诺威奇的爱德华这次倒没因为弟弟的谋反牵连进去，继续为兰开斯特效忠；有趣的是，原本应该对兰开斯特最具威胁的马奇伯爵却与亨利五世相处融洽，终生成为国王的心腹宠臣。约克与马奇都将追随亨利五世远征法兰西。

1415年8月12日，南安普敦港，一切准备完毕，被谋反案件耽搁的远征终于可以实施，亨利五世发布启航命令，一万多人的军队陆续登船。亨利五世携着收复金雀花祖业的梦想走上旗舰，英军横渡英吉利海峡后准备在诺曼底登陆，等待法兰西的将又是一场旷世劫难！

第六节
头戴英法王冠的婴儿

金雀花约翰王丢失诺曼底200年后，英军再次现身此地，他们准备用刀剑重新夺回祖先领地。1415年8月13日，英军在诺曼底的塞纳河口登陆，围困北岸的哈夫勒尔港。

亨利五世选择哈夫勒尔登陆有过充分考量，这里扼守着进入法兰西心脏地带的塞纳河道，哈夫勒尔是西欧重要商港，亚欧两地的财富与物资每年从这里源源不断流入内陆，战争年代法军袭扰英格兰南岸经常以此为基地。

英军出师并不顺利，亨利五世的原计划是快速攻占哈夫勒尔，然后直插鲁昂和巴黎，再折返到波尔多。哈夫勒尔有坚固的城墙，守军抵抗相当顽强，幸好英军带来了大炮，但攻城战仍然付出较大代价，直到9月22日才将该城攻陷。破城之后英军已疲惫不堪，军营里痢疾肆虐，病倒的英军数量跟战斗伤亡数量一样多，原定计划彻底落空。部队的军饷已支付了四分之一，下一个发薪时日将至，如果继续拖下去，军费告急将可能导致前功尽弃。

有人向国王提议撤回英格兰，亨利五世拒绝了，却做出了让所有将领都无法理解的决策——向哈夫勒尔北方200多公里的加莱港行军，这是英格兰在法兰西西北部唯一的根据地，后世史学家也认为这是不必要的冒险。英军客场作战本就有劣势，法兰西无论土地和人口都远超英格兰，疲劳与疾病困扰下与优势法军野战，容易遭遇灭顶之灾。

10月6日，亨利五世下令抛弃大炮等重型装备，仅带8天口粮，率领约1 500骑士和6 000余弓箭兵向北方急行军。部队穿越上诺曼底，渡过索姆河之后开始面临麻烦，法兰西元帅布奇考特、王室总管阿尔布雷的查理、波旁公爵、奥尔良公爵率大队人马前来阻截，这是以奥尔良党为主的军队。

英军路途中连遭几场冷雨袭击，亨利五世力图避免与法军野战，但法军信心十足，急于寻求与疲惫、饥饿的英军会战。10月24日傍晚，两军最终在阿金库尔遭遇，离当年克雷西会战的地方只有48公里，黑压压的法军堵住了通往加莱的道路。

骑兵在法兰西的衰落过程一直比英格兰缓慢，15世纪初英军部队的骑兵与步兵比例早就降到1∶3，但法兰西还尽量坚持1∶1，阿金库尔的法军骑兵约是英军的10倍，总兵力是英军的近5倍，法兰西王太子路易（吉耶纳公爵）倾尽资财提供了此战的多数骑兵。

勃艮第公爵因与英王有秘密协定，拒绝前来参战，但又不想背负“卖国”之名，所以让自己两个弟弟前来效劳。名义上布奇考特和阿尔布雷的查理是统帅，但参战贵族太多，法王与王太子皆未在军中，实际上两位统帅不能完全指挥得动各路诸侯，指挥体系混乱是法军的劣势。不过看见眼前占压倒性数量的法军，英军还是颇感震撼，亨利五世曾提议，交还哈夫勒尔以换取安全通行至加莱，被法军拒绝。

第二天早上，英法两军在两片森林之间的狭窄地带摆开阵势，道路经雨水浸泡多日到处是烂泥，亨利五世特意选择此处布阵是为了回避英军数量劣势，采取防御姿态等待法军进攻。“以史为鉴”这种情况其实并不存在，所有参战的法兰西贵族都不读历史，不知类似场景在克雷西会战时出现过。法军以骑兵为主且数量众多，但在狭窄地形完全发挥不出优势，面对以长弓兵为主的英军将是一场灾难。

英格兰长弓兵的箭雨乌泱泱从天而降，法军阵脚大乱，死伤无数，长弓兵身前布置木尖桩，有效瓦解了法军骑兵的反击冲锋。法军派出笨拙的重装步兵穿越烂泥地去攻击，一路遭到箭雨重创，余下的步兵冲到英军阵前也被轻松击溃。每次大冲锋惨遭屠戮后，英军长弓手与骑兵拔出刀剑、斧头迅猛反攻，向前推进，由于他们装甲轻便，身手相当敏捷。

一个法军骑士只要倒地就意味着死亡，因为盔甲厚重导致行动笨拙，不是被英军的短剑刺进脸部所杀，就是被己军的尸体或马匹压在烂泥中窒息而死。法军攻势减弱后，亨利五世一度命令暂停进攻，集中俘虏以便将来换取赎金，突然听到传来的谣言，说法军可能有援军赶到，亨利五世担心遭遇新的进攻，下令屠杀了几千俘虏，仅留下少数贵族，不过他的担心是多余的，法军已经被彻底击溃。

阿金库尔战役是百年战争中英军所取得的最大胜利，也是15世纪最经典的战例。法军损失过万，有3名公爵、6名伯爵、120名男爵被杀死，阿尔布雷的查理阵亡，布奇考特、奥尔良公爵、波旁公爵被俘；英军一方损失的贵族仅有约克公爵诺威奇的爱德华、萨福克伯爵迈克尔·德·拉·波尔，士兵阵亡300余人。

亨利五世自此一战名震欧陆，开战之前他曾给法王查理六世送去一封相当无礼的信件："致最安详的查理王子，我的远房表亲和对手，我，亨利，蒙上帝之恩典成为英格兰和法兰西国王"，当时看来只不过是狂妄之言，现在，他的确有傲慢的资本了。

背景贴士：

五港同盟

中世纪以黑斯廷斯、新罗姆尼、海斯、多佛尔、三明治等五个港口与两个"古城"拉伊、温奇尔西为主逐渐形成的英格兰东南部城市同盟，是一个独特的政治体与经济体，它们为王室提供海军服务，同时享有许多自治特权，在王国具有重要的地位。

英军凯旋之际，全国敲响钟声，五港同盟的男爵带人把英雄国王从船上扛到岸上，一阵欢呼，人们情绪兴奋就像在过盛大节日。伦敦为国王举行了极为壮观的凯旋仪式，尽管平民向国王欢呼致敬时显得疯狂粗鲁，但所有庆祝活动中亨利五世始终面带微笑。当时的史家评价亨利五世是"骑士的典范，标准的基督教战士"。巨大的成功的确可掩盖很多污点，自然无人考虑国王在战斗结束后的杀俘行为！议会同样欣喜若狂，毫不犹豫就批准给予国王双倍税收以继续开战。

匈牙利国王西吉斯蒙德（后来的波希米亚国王及神圣罗马帝国皇帝）热衷于联合欧洲国家共同对抗正在崛起的奥斯曼帝国，他去巴黎原本希望与法兰西达成合作协议，但法兰西的分裂现状让他大失所望，跟其中一派签署合约就会得罪另一派，混乱的朝政无法使盟约得到落实。1416年西吉斯蒙德慕名前来英格兰拜访亨利五世，他的初衷是想调和英法关系，让他们共同支持自己的事业。亨利五世坚持强硬的对法态度，西吉斯蒙德调解无效之下最终务实地抛弃传统盟友法兰西，与如日中天的亨利五世签署《坎特伯雷条约》，支持他的对法诉求，亨利五世授予对方嘉德骑士团勋章，西吉斯蒙德也回赠龙骑士团勋章。

阿金库尔战役之后两年间，亨利五世试图通过外交手段不战而屈法兰西，以避免消耗军费，仅1416年发生过一次战斗，一支热那亚与法兰西联合舰队包围哈夫勒尔，亨利五世派自己的弟弟贝德福德公爵率领舰队前去支援，七小时的战斗将敌人击溃，哈夫勒尔解围，英吉利海峡的法兰西势力被清扫一空。

国内威望如日中天，在法兰西东面又增加一个颇具实力的盟友，亨利五世的征法事业如虎添翼。在外交手段不能彻底奏效的情况下，1417年8月亨利五世再次渡海而来，发动攻占诺曼底全境的系列战役，经过长达8个月的围城战，卡昂、法莱斯、瑟堡等城镇逐个攻陷。

亨利五世的确是军事天才，不过他建功立业需依赖法兰西的分裂，他进军期间法兰西两党仍在激烈内讧。这期间勃艮第公爵筹划着向巴黎进军，名义上的摄政、新任王太子查理只是个光杆司令，实际上无人领导抵抗英格兰的入侵。这是一场奇怪的战争，亨利五世不仅一路势如破竹，还惊奇地发现法兰西两党竞相派人与他联络，希望借助英王的力量打击另一党。

法兰西王后巴伐利亚的伊莎贝拉居于奥尔良党和勃艮第党之间，原本采取折中路线试图保持朝廷稳定，可这种策略被证明无效。王室之不幸亦是国家之不幸，查理六世的子女们多灾多难，1415年和1417年路易、约翰两位王太子先后逝世，新任王太子查理是国王与王后最小的也是仅存的儿子，他与前任王太子正好相反，因娶了奥尔良党安茹伯爵之女而站到勃艮第党对立面。

奥尔良党不能容忍王后的调和政策，他们将王后囚禁在图尔，没收她的财产，铲除她的亲信，将她与自己的孩子和侍女们隔离，迫使王后逃到勃艮第党一边与之结成同盟。此时法兰西形成奥尔良党拥戴王太子，勃艮第党支持王后的对峙局面。王后与勃艮第党联手重新夺回巴黎控制权，巴黎1418年5月再次发生针对奥尔良党的大屠杀，他们以疯子国王的名义摄政，为打击对手，王后甚至不惜采用自损的斗争方式，宣布太子查理不是自己的亲生儿子，没有合法继承权。

两党激烈争斗之时，1419年1月，经过艰苦的围城战，亨利五世攻陷诺曼底首府鲁昂——全英只有伦敦的人口规模能与之相提并论，英格兰再次举行盛大典礼以示庆祝。亨利五世的攻城略地令两党有所警醒，稍有点政治头脑之人皆能看出鹬蚌相争、渔翁得利的悲剧，国内呼吁和平的声音不断高涨。勃艮第党在占据上风的情况下与奥尔良党秘密接触，商讨和平事宜，1419年貌似达成协议，两位公爵同意合力驱逐英格兰人然后平分权力，孰料会晤时王太子侍从中的铁杆奥尔良派贵族拔剑刺死勃艮第公爵约翰，声称为奥尔良先公爵复仇，导致和谈破裂。

党派生死利益面前，新任勃艮第公爵菲利普三世（无畏的约翰之子，绰号“好人菲利普”）决意强化与英王的联盟以巩固自己的地位，他手头控制着国王与王后，具备与英王签署盟约的“合法性”便利。幸运之神再次眷顾亨利五世，他给盟友勃艮第公爵面子，适当下调了之前的漫天要价，同意签署条约，何况他现在已是诺曼底、布列塔尼、香槟、曼恩、阿基坦实质上的主人。

1420年5月21日，疯王查理六世在王后陪伴下与亨利五世签署《特鲁瓦条约》，条约规定：亨利五世娶查理六世最小的女儿凯瑟琳为妻，查理六世有生之年大家仍尊其为王，亨利五世担任法兰西摄政，剥夺法兰西王太子查理的王位继承权，查理六世驾崩后亨利五世及其继承人可获得法兰西王位；法王、英王、勃艮第三方共同打击王太子查理与奥尔良党，不经三方一致同意，不与敌人谈和。

实事求是地说，亨利五世对法兰西王位的诉求不伦不类。爱德华三世当年提出法兰西王位主张，好歹他母亲是卡佩王朝菲利普四世的女儿，且卡佩王朝主支已绝嗣，即便如此，爱德华三世夺取法兰西王位最终仍徒劳无功。

条约签订一个月后亨利五世顺利迎娶法兰西公主，以征服者姿态搬进卢浮宫欢度蜜月，精神失常的查理六世则住进了圣保罗宫。从家族辈分上说，理查德二世是亨利五世的堂叔，但他俩分别娶了法王查理六世的两个女儿而成连襟，这关系确实有点乱。

12月，亨利五世带着新娘返回英格兰，国王回来的目的除了向国民报功以及给王后行加冕礼，更重要的是补充战争经费。1421年2月，凯瑟琳戴上英格兰后冠，肚中怀上孩子。功业、娇妻和孩子俱全，亨利五世的国王生涯进入巅峰，不知令多少君主钦羡，但是也快走到尽头了。

《特鲁瓦条约》并不意味着征法事业大功告成，自此以后出现了三个“法兰西”：一是英格兰君主统治的法兰西，包括法兰西岛、诺曼底、加斯科涅、曼恩、香槟、韦克桑等地，但境内不完全太平，有些地区仍在抵抗或进行着拉锯战；二是名义上遵英王为首，实质上由勃艮第公爵统治的法兰西，包括勃艮第、内韦尔、佛兰德斯、阿图瓦等地区；三是拥戴19岁王太子查理的中部和南部法兰西。

王太子查理否认条约的合法性，宣布监理国政，跑到布鲁日建立朝廷，中部和南部的奥尔良党大贵族们痛恨英格兰人，拒绝承认条约，宣布效忠王太子继续“抗英”。表面上看王太子似乎有半壁江山，其实他直接统治的范围仅限于狭小的布鲁日地区，所以人送绰号“布鲁日的小国王”。

三个“法兰西”陷入残酷的长期拉锯战争，亨利五世的功勋更是建立在法兰西民众的痛苦之上。鲁昂沦陷时当地顽强抵抗，亨利五世大批处决不从者，包括老人和儿童约有万人死于饥饿与暴力；攻占卡昂后，有2 000多人被押送到集市处死，鲜血染红街道。战火蔓延之处人们流离失所，城镇和村庄遭到洗劫，亨利五世治军严明，但蹂躏法兰西百姓也不客气。征战时间一旦长久，很多英格兰人就不愿长期在外国服役，为了鼓动大家的战争热情，国王很多时候纵容英军奸淫掳掠，法军有时为了阻止敌人推进同样采取“焦土政策”。

备受兵燹摧残的法兰西西部物价飞涨，饥馑和瘟疫横行，劳动力剧减，人们变得贫穷而赋税却在增加，城镇里隔三岔五就有市民暴动，王公贵族经常率兵进城镇压，有些村庄还没去当土匪的，那是已经死掉的人。一些服役期结束的英格兰军人已不适应回乡从事正常生产和生活，成群结队在英法两地从事劫掠活动，造成严重社会问题。

欲使《特鲁瓦条约》全面落实，亨利五世仍需继续战斗，镇压被征服地区的暴乱，彻底击垮拥戴王太子的奥尔良党。亨利五世携王后归国时，委任最年长的弟弟克拉伦斯公爵兰开斯特的托马斯统帅在法兰西的军队，1421年3月发生“巴格战役”，法军在苏格兰大股军队的协助下首次挫败英军，克拉伦斯公爵战死，数名贵族被俘。

苏格兰作为英格兰传统的敌人和法兰西的铁杆盟友，在亨利五世挑起英法战争之初未动手袭扰，是因为他们的挂名国王詹姆斯一世自少年时代被拘押在英格兰。多年前，苏格兰罗伯特三世担忧小王子詹姆斯·斯图亚特在宫廷权斗中遇害，将他送往法兰西避难，结果船只在海上被英军截获，亨利四世将小王子软禁，作为尊贵人质扣押。罗伯特三世1406年驾崩，詹姆斯成为名义上的苏格兰国王，但他叔叔阿尔伯尼公爵摄政，未打算将侄子赎回。①

阿尔伯尼公爵眼见亨利五世在法兰西的军事成果越来越大，害怕英格兰威胁苏格兰的安全，他虽不敢直接进犯英格兰，但命令自己的儿子巴肯伯爵率6 000“志愿军”赴法参战，这对可怜的查理

① 詹姆斯娶了兰开斯特家族博福特系的长孙女琼·博福特为妻；直到亨利五世逝世，英苏两国谈和，1424年詹姆斯才被赎回苏格兰正式加冕。

王太子来说无疑是雪中送炭。

亨利五世听闻战败消息，无暇享受婚姻生活，6月份即渡海前往法兰西从事未竟的事业，他的到来很快就挽回巴格战役的损失。1421年下半年亨利五世攻占德勒，解救沙特尔被围困的盟军，查理王太子不敢正面交锋，率军撤退避战。亨利五世虽连战告捷但身心疲惫之极，10月份围攻巴黎附近的莫城遭遇敌军顽强抵抗，陷入久拖不决的僵局。幸好12月6日英格兰传来喜讯，王后在温莎城堡诞下一名男婴，这是国王艰苦军旅生涯中最感欣慰的事情，他立即下令将消息传布全军，与将士们共同分享喜悦，并给儿子起名为亨利。但直到辞世，他从未与这唯一的孩子见过面。

王后等孩子满半岁后就迫不及待赶赴法兰西与夫君团聚，孩子交付给亨利五世的弟弟格洛斯特公爵汉弗莱照料，她没想到这是与丈夫的最后一次会面。

直到1422年5月亨利五世才将莫城攻陷，巴黎附近地区的反抗基本被平息，围城时他已染上痢疾，过度劳累使病情加重。6月份他到北法的桑利斯与王后和岳父母小聚，准备好好休养一阵，却收到勃艮第公爵发来的紧急求援信，称在卢瓦尔河的驻军遭到王太子查理军队的袭击，请求亨利五世率兵解围。处于高烧状态的亨利五世强打精神再次出征，他甚至不能两腿分开骑在马上，只能躺在担架上行军，来到巴黎近郊的文斯时，最后一点元气即将耗尽。

英格兰人坚信，他们的国王早晚能戴上法兰西王冠，当时才35岁的亨利五世怎么也会比54岁的法兰西疯王查理六世长命。人算不如天算，8月31日晚，国王已经气若游丝，王弟贝德福德公爵率领诸位将领轮番入室与亨利五世告别，聆听国王遗言，断气前他都没忘记低声念叨远征耶路撒冷的志向。

法王查理六世就好像故意等待亨利五世死亡，10月21日，可怜的疯王留下一个分裂动荡的法兰西也撒手人寰。

亨利五世九个月大的儿子，顺理成章戴上英法两顶王冠，这是英格兰历史上最年幼的国王——亨利六世。他是上天眷顾的婴儿，一出生即如此尊贵。当然，还在吃奶的亨利六世对这般荣耀毫无感知。

第七节
王叔辅政与党争

“出生在蒙茅斯的亨利统治时间短暂但得到一切，出生在温莎的亨利执政长久却失去所有”，据说有这么一个古老的民谣在民间流传。

兴许是相信民谣的缘故，亨利五世可能觉得孩子出生在温莎不吉利，据说他曾提醒过王后不要去那里分娩，也许未沟通清楚，王后仍然前往温莎城堡诞下王子，亨利五世知晓后心情烦乱，写信告诉王后必须尽快举办一系列宗教仪式祛灾。无论传说是否真实，这个预言到底准不准还需要时间验证。

1423年11月的一天，正召开亨利六世登基以来第二次议会，凯瑟琳王后带着国王首次出现在公众面前，虽贵为君主但毕竟还是咿呀学语的幼儿，他被这阵势吓坏了，当把他抱上王座时，尖利的啼哭声回荡在整个大厅，使尽各种招数都不能让他安静。婴儿当国王在英格兰史上是头一遭，令人哭笑不得的场景大家也是首次见到，却未碰到什么阻碍，全英领主们都顺服地向婴儿国王宣誓效忠，这应该受益于亨利四世奠定的政治根基，亨利五世缔造的旷世军功。

亨利五世从事的其实也是一项无望的事业，他活得长久同样会亲尝苦果，所以他死的正是时候，携着无上的荣耀，顶着巨大光环辞世，形象永远定格在山巅，后人无法攀越。

兴许汲取理查德二世的教训，亨利五世弥留之际委任了数名托孤大臣，做出自认妥当的政治安排：任命二弟贝德福德公爵约翰以自己儿子的名义摄政法兰西；委任幼弟格洛斯特公爵汉弗莱摄政英格兰；任命第十三代沃里克伯爵理查德·贝切姆担任儿子的监护人。国王向众臣留下遗训，王后凯瑟琳除了尽母亲之责，不得干预政治；要想尽办法保持与勃艮第公爵的友谊，若未来情势实在太艰难，最起码要保住诺曼底，否则绝不言和。

亨利五世的政治安排未得以全面贯彻，上下两院普遍不希望出现一位权力集中的“摄政王”，仅同意汉弗莱获得护国公名头，当贝德福德公爵离开英格兰时，汉弗莱可以担任摄政御前会议之首，御前会议由20名领主和主教构成。两位王叔均非等闲之辈，都是兄长的忠诚追随者，随亨利五世征战，多次立下功勋，一心想完成他的遗志，尽心辅佐幼主，婴儿国王的开局看上去不错。

贝德福德公爵年纪虽轻却老成持稳，是最优秀的托孤重臣，少年时代担任过北境东疆守护，亨利五世首征法兰西时委托他监国。他军事才能出众，政治经验老到，手下有一群杰出将才，如第四代索尔兹伯里伯爵托马斯·蒙塔古、约翰·塔尔波特男爵。贝德福德始终坚守对外团结勃艮第、对内化解贵族纷争的政策，他深知英格兰在法兰西的局面取决于勃艮第的态度，不遗余力维持双方友谊，为强化联盟关系还迎娶了勃艮第菲利普公爵的妹妹安妮，他甚至请求菲利普出任法兰西摄政之职，虽然后者拒绝但无疑增进了友情。

亨利五世与贝德福德的对法战略是正确的，法兰西的人口与幅员远超英格兰，如果法兰西内部团结，英王在法的事业终将化为泡影。

格洛斯特公爵汉弗莱是坚定的对法鹰派，其思想已显露出正蓬勃萌发的英格兰民族意识。人们对汉弗莱的评价呈现两极分化，有人说他才华横溢，忠心耿耿，有人说他私心自用，嫉妒心强，热衷党争。汉弗莱是当时欧洲受教育程度最高的王公之一，正值意大利的文艺复兴如火如荼之际，他便在英格兰大力赞助文艺与教育，提倡英语文化运动，译介人文主义作品。据说那个时代以英语写作的文人和学者，几乎都接受过他的资助。汉弗莱在民间有“好公爵”的美称，被尊为英格兰“人文之父”。汉弗莱曾向牛津大学图书馆捐赠263册珍贵的手写本图书，今天牛津大学最古老的阅览室名字就叫“汉弗莱馆”。

自相矛盾的身份是汉弗莱获得两极分化评价的根源。他的角色其实颇为尴尬，既是托孤大臣、护国公和国王的摄政御前会议首席，同时又是贵族院议员；前三个角色需要他强化王权，竭力保护幼主，当然也符合其个人利益，后一个角色却需要限制王权，扩充贵族与议会权益。他总体上更倾向于前三个角色，自然引起贵族们忌恨，说他野心勃勃。

汉弗莱是儒雅王公，战场上的优秀军人，但政治尚欠老练，性格略显急躁，传说女色方面难以自律致使身体欠佳；他还有文人习气，心血来潮时不顾大局，政治斗争中又不果决；虽然显得爱“争夺权力”，但贵族们处处给他设限，使其权力未得到充分扩张。

亨利五世半血亲叔叔温彻斯特主教亨利·博福特也是厉害角色，早在亨利四世时期就是御前会议成员，资历深厚使他在大贵族中具有广泛影响力。博福特主教聚财有方，也是最富有的大贵族之一，向国王提供20余万英镑贷款，成为王室最大的债权人，以此获得南安普敦港的经营权和终身免税权，控制着庞大的羊毛出口贸易。博福特主教利用财力在大贵族中笼络人心，挑战汉弗莱的领导权，他们两个人的激烈党争直接影响此后20年的英格兰政治。

法兰西王太子查理甚为可怜，事业起点与自己外甥婴儿国王亨利六世相较，实有天壤之别。母后控制疯子父王声称他为“私生子”，剥夺其王位继承权。父亲逝世后，他宣布自己才是真正的法兰西国王，多数法兰西人认为《特鲁瓦条约》是被外国人胁迫所签，倒也同情王太子，认可他的国王身份。

反英贵族们名义上承认王太子作为复国战争领袖的地位，但太子缺乏实力，直辖领地狭小，经济相当拮据，日常生活已尽量从简，若非苏格兰“志愿军”热情万丈纷纷前来参加“抗英援法”，处境会更加惨淡。国家处于乱世，近半土地沦丧，人民处于水深火热之中，王太子一少钱财二缺功勋，不敢举行加冕礼，合法性仍不充足，所以人们习惯上还是叫他王太子。家庭离散，母子反目，太子常为兵马和钱粮发愁，每日得到的消息不是这里战败，就是那里沦陷，这种煎熬非常人所能忍受。

贝德福德公爵尽心竭力经略法兰西，王兄逝世后仍取得不俗成绩，1424年8月他与索尔兹伯里伯爵指挥韦尔讷伊战役获得大捷，王太子查理与苏格兰联军损兵四五千，但英军也付出阵亡1 600余人的代价。王太子查理被贝德福德逼入绝境，此役败北后手头精锐尽失，个人财政破产，沦为西欧最穷困潦倒的大领主。然而，贝德

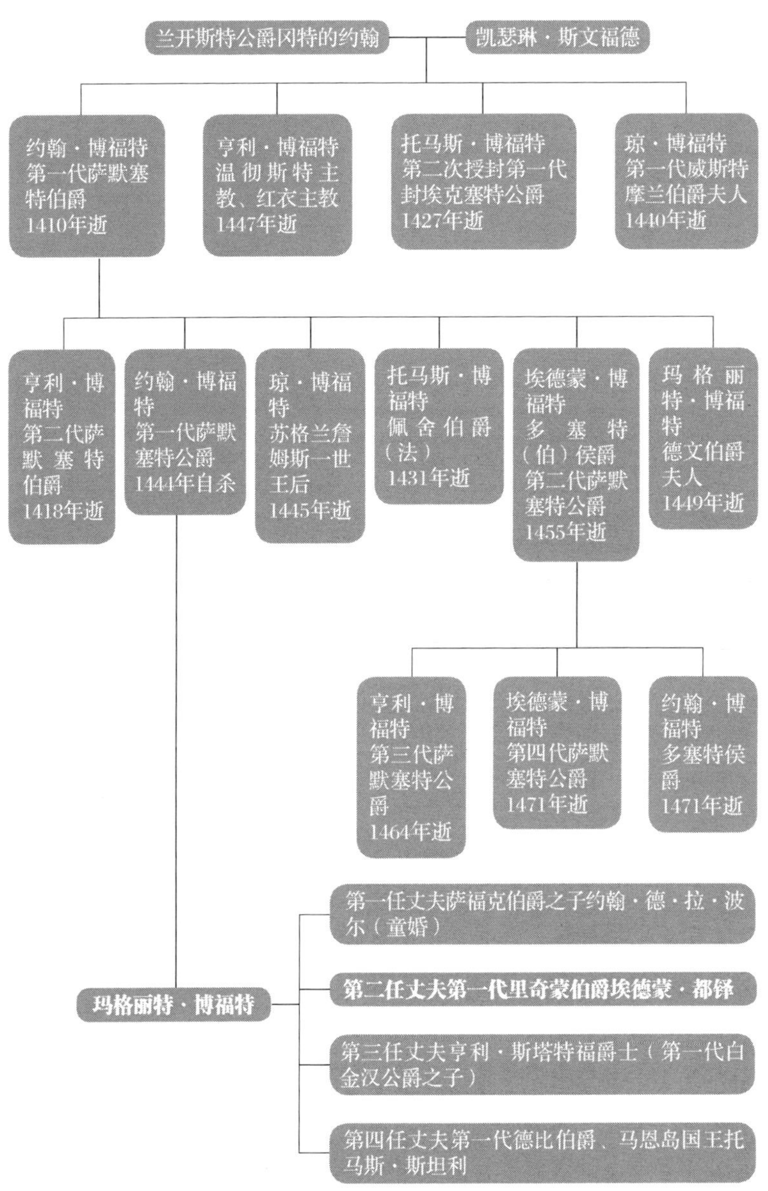

兰开斯特支系博福特家族关系图

福德却未能充分利用此战胜利继续扩大战果，他必须回国调解汉弗莱与博福特主教的矛盾，党争已经闹得朝野沸沸扬扬，但这还不是最要命的，贝德福德还得亲自去拆散弟弟汉弗莱的婚姻，他认为这桩婚事将会毁灭英格兰在法兰西的所有事业。

好公爵汉弗莱的婚姻有段非常曲折的故事。

巴伐利亚公爵威廉二世同时也是荷兰伯爵和埃诺伯爵，有个独生女杰奎琳，曾经是法兰西太子妃，嫁给第四任王太子约翰。1417年丈夫和父亲先后去世，杰奎琳守寡，同时承袭家业成为女公爵和女伯爵。杰奎琳的叔叔列日主教，绰号“冷酷约翰”，在其姐夫匈牙利和波希米亚国王西吉斯蒙德的支持下，宣称拥有家族继承权，向杰奎琳开战。以城市工商业市民为主的“鳕鱼派”支持冷酷约翰，以土地贵族为主的“铁钩派”支持杰奎琳，这就是荷兰地区著名的“铁钩与鳕鱼战争”。

杰奎琳有女汉子气质，但在骑士时代女流之辈很难应对如此严峻的挑战。杰奎琳母亲名叫勃艮第的玛格丽特，与现任勃艮第公爵菲利普三世、布拉邦特公爵约翰四世的父亲是同胞三兄妹，因此杰奎琳与这两位公爵是表亲关系。为增强家族实力，给女儿寻找外援，玛格丽特将杰奎琳改嫁给她表弟布拉邦特公爵约翰四世。

婚事的选择是错误的，结果与初衷背道而驰，布拉邦特公爵能力平庸，性格懦弱，正处于财政困境中，他不断向冷酷约翰示弱，愿与之“联合行政”，割让妻子名下领地换取钱财。杰奎琳瞧不起自己丈夫，利益多次受损后，她决定以“近亲通婚”为由请教宗解除婚姻。通常，只要愿意花点钱财，贵族们的这类请求教宗都会应允，但杰奎琳的叔叔和西吉斯蒙德在教廷活动，从中作梗。

1421年3月，杰奎琳索性跑到英格兰向威名显赫的亨利五世求助，亨利五世忙于对法征战无暇顾及她的请求，仅热情款待了她，在王后诞下儿子后还邀请她担任教母。女公爵在英格兰生活期间，汉弗莱对她展开追求攻势，两人点燃熊熊爱情之火，等不及杰奎琳解除与前夫婚姻，他们就于1422年初秘密结婚。在女公爵看来，汉弗莱作为西欧最有权势的王公之一，无疑可协助自己保护家业；汉弗莱认为，娶了女公爵，他可以以妻子的名义兼管对方的领地，扩大自己的权势。何况男方儒雅风流，女方魅力无穷，这是政治和爱情兼顾的完美婚姻。

亨利五世驾崩不久，杰奎琳似乎从前夫那里得到含糊的离婚许诺，立即对外宣布已结婚的消息，令各国诸侯颇为震惊，因为这桩婚姻有可能改变西欧政治版图。中世纪基督教世界，还未解除以前的婚姻即再婚，当然是“大逆不道”的事件，不过汉弗莱是亨利五世弟弟，英格兰护国公，杰奎琳是女公爵，谁能把他们怎样，所以这并非大问题，摆平背后的政治与经济利益关系才是重点。

问题的关键在于汉弗莱和杰奎琳都不愿放弃女方娘家的爵位和领地，布拉邦特公爵和冷酷约翰自然万般不乐意。1425年1月，汉弗莱与杰奎琳率兵在加莱登陆，大有前去武装离婚和保卫家产的架势。杰奎琳公开宣布，自己的领地和财产都归汉弗莱接管。说来凑巧，几天后冷酷约翰中毒身亡。布拉邦特公爵一直以来以妻之名管理领地，可以跟冷酷约翰分享利益，现在若离了婚，自己将一无所有，所以他拒绝解除婚约；但考虑到冷酷约翰已死，自身实力不足，他把堂兄勃艮第公爵拉下水，委派对方担任领地摄政。

勃艮第公爵菲利普挑头激烈反对杰奎琳解除婚约，打的旗号是“为堂弟利益受损和婚姻受辱主持正义”，调兵武力抗拒离婚。表面上“主持公道”，实则利字当头。一方面，菲利普担任摄政可以分得一杯羹，他对表妹家的领地早就垂涎三尺，试图将之统一到“勃艮第王朝”旗下；另一方面，若汉弗莱与杰奎琳婚姻合法化，顺利接管领地，英格兰在欧陆的实力将更为强大，这是菲利普所不愿看到的。

汉弗莱曾写信给菲利普，言辞委婉地批评他僭越本位“多管闲事”，菲利普勃然大怒，两人都不甘示弱，争吵不休，甚至约对方出来单挑。

围追堵截查理王太子的贝德福德公爵正盼着弟弟管好大后方，送来援兵和粮草，没想到汉弗莱与勃艮第盟友的战争一触即发。贝德福德苦口婆心对汉弗莱陈述利害关系，让他知晓若跟勃艮第闹翻，英格兰征法事业将面临灾难性后果；在他努力斡旋下，最终从教宗那里讨到一份宣布汉弗莱夫妇婚姻无效的裁决书，为了抚慰菲利普，他还表示杰奎琳今后就算再嫁，也不能选择英格兰王公。

损失最大者当属杰奎琳，命运实在捉弄人，被迫与汉弗莱离婚后一年多，布拉邦特公爵就去世了。内外皆无强大依靠，一个女子又有什么选择，杰奎琳最后与表兄菲利普达成协议：自己仍保持荷兰和埃诺女伯爵头衔，但领地交由菲利普摄政，再婚需经过自己母亲和菲利普同意，若无子嗣，领地由菲利普继承。1433年，经济困窘的杰奎琳索性把爵衔和领地都“自愿”地转给了表兄，勃艮第菲利普公爵因此成为荷兰和比利时两个国家的奠基人。

贝德福德公爵运筹帷幄，挽救险些因汉弗莱婚姻而破裂的“英勃同盟”，暂时终止朝廷党争，让局面重新恢复一片大好。解决完内外危机，1427年英勃联军再次进击王太子查理，这次他们的目标是拿下巴黎南面的奥尔良地区。1428年7月开始，索尔兹伯里伯爵奉贝德福德之命，连续攻拔奥尔良城周边多个小镇与要塞。

奥尔良城池高大坚固，有71门大炮和5 000余守军，指挥官杜诺瓦是当年被勃艮第党人刺死的奥尔良公爵路易的私生子，人称“奥尔良野种”，也是著名的骁勇战将，英军兵力薄弱不敢贸然攻城。10月份，勃艮第公爵、塔尔波特男爵分别派来援军，兵力增强到约1万，开始围困奥尔良，索尔兹伯里伯爵11月视察阵地时被炮弹碎片炸伤身亡，英军指挥权交由第四代萨福克伯爵威廉·德·拉·波尔接管，继续围城之战。

卢瓦尔河岸的奥尔良城是忠于王太子的法兰西最北一座重镇，与巴黎和鲁昂并列为中世纪法兰西三大城市，若奥尔良失守，中部和南部法兰西将大门洞开，英军可能长驱直入，令法兰西有亡国危险。

王太子1429年2月派去袭击英军补击队的援军，在数量占优势的情况下被对方以长弓阵地防御战术击溃。奥尔良城已处于内无粮草、外无援军的危险境地，王太子一度生发弃守念头，幸好妻子百般鼓励，才勉强命令守军支撑，但怎么解奥尔良之围，王太子已经束手无策。

情况万分危急之际，一个少女突然蹦上历史舞台，出现了西欧中世纪最著名的“灵异事件”，不仅解除奥尔良之围，而且令英格兰的征法事业急转直下，王太子咸鱼大翻身。

第八节
奥尔良少女创造“奇迹”

法兰西香槟伯国边界，来自多雷米村的16岁少女贞德对人们声称，她受上帝召唤来帮助王太子解放法兰西，她暗示自己叔叔：“难道法兰西不是毁在一个女人手中，又被一个处女重建吗？”

贞德并非纯粹的文盲村姑，在母亲教育下明显受到《圣经》中女英雄故事的启迪。一个农家少女被卷入历史漩涡，可见当时战争已经严重影响了农村地区的日常生活。贞德的家乡处于英、勃、法三股势力交错之地，她从小经常目睹各方军队在家门口穿梭，村庄遭受英勃军队洗劫。朦胧的民族意识已在贞德内心萌芽，“帮助王太子，驱逐外国人，拯救法兰西”成为她的志向。

叔叔帮助贞德前往附近忠于王太子的小城沃库勒姆求见指挥官，指挥官起初不相信一个农村少女的“胡言乱语”，但最终还是被她的恳切言辞说服，抱着试一试的态度，让贞德穿上男装，派几名随从护送她去希农城堡晋见王太子。

根据最文学化的版本，1429年3月初，生性多疑的王太子听说来了一位自称蒙神召唤的少女，特意把自己混杂在群臣之中，指着另一人说“他是国王”，结果贞德未被蒙骗，一眼认出真正的王太子。“尊贵的太子，您才是我真正的国王，蒙神恩典，我要协助您解放奥尔良，使您在兰斯加冕为法兰西国王”，少女要求领兵前去解救奥尔良以显示神迹。

其实主教们建议王太子不可轻信，不得单独与贞德会面和谈话，因为不知她是否为操弄巫术的骗子，是否为敌人派来设圈套的间谍，一旦中计，敌人就会散播谣言说“查理的王冠来自魔鬼授予”，这将严重损害太子的尊严与合法性。贞德宣扬的观念当然也令王太子心动，出于政治谨慎半信半疑地先将她送到普瓦捷，请神学家和议会鉴定这位少女的真伪，讨论处置办法。经过百般问诘实在找不出漏洞，大家认为贞德是“单纯、善良、诚实的基督徒少女”，王太子的岳母亲自验证后说“她是纯洁的处女”。

王太子最终同意一个农家少女领兵解救奥尔良，这表明局势已走到山穷水尽的地步，反正死马当活马医。王太子拨给贞德一支小部队，赠送她战马和铠甲，授予军旗，旗上绣有法兰西王室的百合花标志，还有耶稣坐于云端、两位天使在旁侍候的图案。身穿铠甲骑于马上，手持军旗，此后成为贞德的标准画像。

贞德给英格兰国王送去一封气势豪迈的口述信：“请归还你占领的法兰西城市之钥，交给神派来的侍女，她是军队的指挥官……若你拒绝这些和平建议，无论在任何地方，我都会追击你们，直到你们滚出法兰西……”她没有称英王为“国王”，傲慢的措辞等于为王太子报了《特鲁瓦条约》的受辱之仇，英格兰人对这种不知天高地厚的狂妄只报以嘲笑。

以“神谕”和个人魅力方式鼓舞法兰西将士斗志，信仰虔诚，意志坚定，演说具有宗教和民族煽动性，战斗中总身先士卒，一个少女如此奋不顾身，在推崇骑士精神的时代让男人们的雄性激素成倍分泌。

英军长久围城已显倦意，声望卓越的指挥官索尔兹伯里伯爵死亡后士气比较低落。贞德与城内守军合兵冲开血路，援兵顺利驰入奥尔良城，法军士气大振。这位少女特别鄙视法军众将“懦弱”又“谨慎”的战术，她的方法永远是“简单粗暴”的正面“英勇进攻”，一再劝导大家勿把英军放在眼中。

第二支援军开到，5月7日清晨打响总决战，贞德肩部中箭，在被抬回营后自己拔出箭头，不顾劝阻缠着绷带再度重返战场号召冲锋，还冒险将旗帜插上敌人阵地。法军受此鼓舞，战斗情绪被激发至狂热模式，着实把敌人吓了一跳；英军指挥官萨福克伯爵见损失惨重，下令撤围。整个奥尔良城响起钟声，万人空巷前来迎接贞德，向她发出震天欢呼。

那个时代人们笃信宗教，相信战争胜负取决于神的意旨，贞德传奇被赋予神秘色彩四处传扬，法兰西北部很快就知道“天降神迹”，出现一名“奥尔良少女”，国人的情绪沸腾起来。贞德力劝王太子赶紧前往北部城市兰斯举行加冕礼，那里是法兰西王族始祖克洛维一世皈依基督教的地方，传说鸽子从天堂带来圣油给这位君主施礼。

英军和王太子都被突如其来的形势逆转弄得摸不着头脑，既恐慌，又惊喜。接下来的四次卢瓦尔河系列战役，各地志愿者成群结队前来投效王太子军队，以贞德旗号接连取得胜利，卢瓦尔河谷地区的沦陷城镇逐个克复，很多城镇则主动反正，开门迎接王师。

“亲爱的特鲁瓦的居民们，贞德以天堂国王的名义通知你们，他将前往兰斯和巴黎，请把你们的顺服与忠诚送给法兰西国王……”进军到兰斯前方的特鲁瓦时，这个当年签署条约令王太子受辱的地方紧闭城门，使法军的推进小有挫折。贞德7月4日给这个城镇写去一封充满宗教意味的劝服信，坚定了王太子进军的决心，第二天特鲁瓦归降。

1429年7月17日，盛大的加冕典礼在兰斯举行，王太子涂上圣油那刻，宗教强化了他的合法性，当仁不让成为法兰西共主，贞德手持小旗站立于国王身旁。黯淡已久的法兰西王冠再次绽放光辉，奥尔良少女出现前，王太子——查理七世的人生一直都被雾霾所笼罩。借助贞德崛起，他将成为中世纪后期法兰西最伟大的君主。

“勃艮第王子，以神选国王的名义真诚请求你，不要再给法兰西制造战争，为了维护耶稣国王的利益，从那些要塞和城镇撤走你的兵马吧，高贵的国王以他的荣誉保证，正准备与你共同缔造和平……”查理七世加冕那天，贞德再次写信给勃艮第公爵菲利普，谴责他没来参加国王的加冕礼。一个农村平民女孩，曾措辞狂妄地写信训斥英格兰国王，现在又写信教育西欧最有权势的诸侯勃艮第公爵，如果不是处在英法百年战争特殊的环境中，真是中世纪难以想象的逆天事件。

贞德认为自己的使命已完成，打算返乡过平民生活，但以阿朗松公爵为首的主战派贵族此刻已成为奥尔良少女的追随者，他们深知贞德对凝聚人心、鼓舞士气的作用，竞相讨好少女，赠送礼物和蜜语，劝她留下来共同奋战，直到驱逐英军。

加冕大典之后，贞德与国王的分歧越来越明显，她力主趁势收复巴黎，查理七世始终犹豫不决，像是故意拖延时间，眼看就要错过最好的战机。实际上勃艮第公爵在加冕礼那天就派出密使前来接触，双方磋商了一个为时两周的停战协定，勃艮第的意图是想为英勃联军防守巴黎争取时间。

英格兰援兵抵达，贝德福德公爵很快部署完防御，他向查理七世发去狂傲的挑战书，羞辱他没资格当国王，只有自己侄子才是合法的英法两国君主。查理七世出于男人和国王的尊严同意进军巴黎，一些城镇迫于贞德的威名望风而降，但贝德福德不愧是军政老手，与法军形成对峙，稳住了前段日子连续五战败北的混乱局面。

贞德的表现仍然英勇，可查理七世始终与勃艮第公爵保持私下联络，8月28日再次签订一个为时更长的秘密停战协定，对围攻巴黎并不上心。9月8日才攻城一天，第二日阿朗松公爵和贞德就接到王令，要求撤军返回卢瓦尔河谷。

作为主战派精神领袖，贞德得知国王私下与敌人讲和，心情是痛苦的，却不敢违背王令，随同查理七世的宫廷从一个城镇到另一个城镇，度过八个月无战事的迁徙生活。第二年协定过期，英勃两军又发起进攻试图收复失地，她再度扮演四处救火的女英雄角色，查理七世仍然态度冷淡。

“圣女”完成使命，就快要被天国召回了。1430年3月30日，贞德前去支援香槟伯国的贡比涅，战斗中被勃艮第士兵击落马下成了俘虏，勃艮第公爵把她高价卖给英格兰人，她戴着脚镣手铐被押送到诺曼底的鲁昂受审。

英格兰人一直宣传贞德是“女巫”，不是什么上帝使者，试图破解这个撼动人心的神话。贝德福德公爵听闻抓到贞德欣喜若狂，让博福特主教牵头组建宗教法庭审理这位少女。为了显得“公正”，担当法官的教士只有博福特一人是英格兰人，其余皆由亲英的法兰西教士充任。关押期间，贞德备受折磨，一度险遭强奸，她其实到后来表示屈服，愿意穿上女装，但贝德福德绝不就此罢休，授意宗教法廷裁定她是鼓吹异端邪说的巫女，判处火刑。5月30日贞德在鲁昂就义。杀害贞德是贝德福德一生最大的污点，但站在那个时代审视他的角色和立场似乎不必过多苛责。

贞德被捕后，查理七世仍然漠不关心，从未做出营救举动，也没试图支付金钱将她赎回。“草根民族英雄与懦弱高贵君王”，贞德与查理七世的故事是非常精彩的文学素材，后世的文史作品多盛赞贞德而痛贬查理七世，说君主胆小怯懦，性格多疑，嫉妒贞德功高盖主，甚至因为他破坏贞德之事业才未能将英军逐出法兰西，可这些评价并不公正。

奥尔良解围和卢瓦尔河系列战斗告捷，查理七世只是从一直被动挨打的绝境中脱困，与敌人渐形成对峙之势，并不具备全面反攻、彻底战胜对手的实力。进军巴黎之前，五次战斗已把紧巴巴的国库消耗一空，宗教热忱和理想主义在短期内可凝聚人心士气，志愿者们凭着一时亢奋群聚而来，很快各自散去，没有财政支撑的战争非长久之计。贞德不懂军政事务，查理七世则需考虑全局，稳妥追求最终胜利，而非逞一时血勇，最起码先保住已有成果。民间永远喜欢“不妥协者”，成功者也喜欢人们称赞他“从不妥协”，但真正成事者若不懂妥协早就被淘汰出局。

驱逐英军有三大条件缺一不可：一是必须瓦解强大的“英勃同盟”，争取与勃艮第公爵和解，一味主战反而促使敌方团结反攻，可能葬送刚到手的一点成就；二是军事与财政改革势在必行，取得最终胜利需建立更加强大的军力，如扩充兵员，提升装备，改善战术，建立新式兵役体制，而这一切举措皆构筑于充裕财政之上，需要时间革新财税体制，发展生产与商贸；三是增强军力和财力要从根子上强化王权，从贵族手中把更多征税权、司法权、军事权收归中央王廷。

贞德奇迹其实多有意外因素，并被文学和宗教色彩浓厚的叙事过度神化，查理七世不可能用赌运气方式代替现实判断，押上个人与法兰西的前途。当时驱逐英军是不可能实现的目标，但查理七世又不便公开压制刚被贞德调动起来的大众热情，这位君主少年时代即经历家破国难，艰苦环境中运筹军政事务多年，养成了谨慎谋国的老成性格。

有个细节常被遗忘，贞德率部支援奥尔良之前，在阿金库尔战役中被俘、一直囚禁在英格兰的奥尔良公爵查理向英格兰护国公汉弗莱提议：奥尔良地区保持中立，摄政权暂归勃艮第公爵，以换取避免战争。这个计谋起到离间效果，勃艮第公爵明显心动，向贝德福德公爵提出请求。贝德福德尽管处处迁就盟友，刚刚为菲利普弄到一个“英占法兰西总督”的名头（菲利普勉强接受），但实在无法应允这个要求。遭到拒绝后勃艮第公爵大怒，勒令自己军队撤走，奥尔良总决战时围城的英军兵力已不占优势。

国王其实相当厚待奥尔良少女，晋封她全家为贵族，免除她家乡的赋税，允许她自由使用王室的百合花徽章，可不必遵守宫廷一切繁文缛节。直到1430年5月，查理七世才宣称发现勃艮第公爵并无和谈“诚意”，后悔没有及时拯救贞德，但这无非是政治作秀，英格兰除掉贞德的意志坚决，他当时未必有实力营救。

第三章

兰开斯特与约克

THE WARS OF THE ROSES

第一节
善良弱君与浪漫太后

圣女贞德的出现给查理七世带来事业转机，战争爆发以来英法双方力量首次出现平衡，英军从攻势渐转为守势。“法兰西意识”开始萌芽，贵族与平民皆团结到国王周围，国民呼吁内部和解、驱逐外国人的舆论空前高涨，迫使勃艮第公爵必须重视新局面。

贝德福德公爵与查理七世深知，勃艮第在英法战争中扮演着重要角色，于是展开了一场“拉拢竞赛”。勃艮第公爵与法王签署停战协定后，贝德福德晋升他为“法兰西副统帅”，仅在自己一人之下。态势不明朗之前，聪明的勃艮第公爵倒也乐得从中渔利。

贞德崛起之时，英王亨利六世年仅8岁，还在王叔们的羽翼下成长。1429年11月初和12月底，为应对查理七世的兰斯加冕礼造成的危机，贝德福德公爵不得不把小国王拉出来站台，连续在伦敦西敏寺与巴黎圣母院举行两场加冕盛典。贝德福德用心良苦，他不仅是老练政治家，也是优秀导演，从卢浮宫的王家图书馆搜集到加冕仪式指南，典礼流程有样学样，刻意模仿并试图超越查理七世的兰斯加冕礼，同样由童贞女孩们捧着圣油出场，以示亨利六世能继承法兰西的克洛维王统。

贝德福德公爵费尽心机最终皆属徒劳，英勃同盟已经摇摇欲坠。勃艮第公爵对查理七世的仇恨来自父亲当年遇刺，但他毕竟是法兰西诸侯、瓦卢瓦王族成员，时间会冲淡仇恨，这些年战争靡费大量钱财，也令他颇有倦意。英格兰在法势力长期存在亦不符勃艮第利益，只要查理七世能增强实力，满足勃艮第的利益需求，英勃同盟自然瓦解。

1432年贝德福德公爵夫人安妮去世，维系他与勃艮第公爵亲缘关系之线断裂，他与卢森堡的杰奎塔结婚，勃艮第公爵故意挑刺，认为婚姻没有跟他协商，说明贝德福德对自己妹妹毫无情义，找各种理由表达不满，双方的关系日趋冷淡。

与此同时查理七世不断向勃艮第抛出橄榄枝，声明当年老公爵无畏的约翰遇刺与己无关，自己当时尚年幼，愿意惩处参与谋刺案的数名首犯，并可以满足勃艮第公爵某些领地诉求。查理七世出重金收买公爵的心腹重臣尼古拉斯·罗林和安托万·德·克罗韦，让他们在主公面前尽力斡旋。至1434年，勃艮第公爵与查理七世大致谈妥条件，他写信给英王提议解除盟约，信中没有称呼亨利六世为法兰西国王，小国王阅信后伤心地大哭一场。伦敦市民闻听此事发生骚乱，一些倒霉的佛兰德斯商人被私刑处决，因为佛兰德斯是勃艮第的附庸。

1435年接连发生两件大事，时局的天平继续向查理七世倾斜。5月份北法小镇格伯吉鲁瓦发生一次中等规模战斗，法军以突袭战击败英军，领兵的英军将领阿伦德尔伯爵阵亡；9月份，与自己儿子敌对多年的法兰西王太后巴伐利亚的伊莎贝拉辞世，英格兰手中丧失《特鲁瓦条约》最大的“合法性”傀儡。

勃艮第公爵在实现利益最大化的同时也想获得“和平缔造者”美称，不愿简单粗暴地违约抛弃英格兰盟友，他希望张罗一个三方都同意的长久和平协议。略有点政治眼光者不难看出，“英勃联盟”已经走到头了，谈和是唯一选项。

长期在一线运筹军政实务的人比较理性，能认清残酷现实，贝德福德公爵、博福特主教、萨福克伯爵都倾向缔结和约，虽然他们对和平的要价仍然很高，但保住眼前利益已是共识。尽管议会还保持亨利五世时期慷慨解囊的习惯，王室债务至15世纪30年代初已成倍增长，财政捉襟见肘。

文人气质浓厚的护国公汉弗莱坚决反对，主张绝不妥协，夸下海口称：“如果批给我4.8万英镑装备一支新军，定能扭转在法局面”，也有人认为他是怕缔结和约后兄长归国，影响他的地位。汉弗莱在民间的受欢迎程度远超博福特主教和萨福克伯爵，“对外强硬”在国民心中总是加分的；不知是否出于私心，仇视破坏自己婚姻的勃艮第公爵，汉弗莱很难接受他的调停。恰值贝德福德公爵身体每况愈下，汉弗莱作为摄政御前会议之首，其恶劣又强硬的态度对和谈起到破坏作用。

1435年8月，勃艮第公爵在北法城市阿拉斯召开会议，西欧王公贵胄与大主教们云集此处，场面极为盛大，这是欧洲历史上第一次由多方力量参与的和谈大会。博福特已升任红衣大主教，他率领英格兰代表团出席会议，其侍从队伍相当壮观，800名骑士尾随身后，皆穿着博福特家族的朱红色号衣，袖子上绣着“荣誉”这个单词。

法兰西开出的和平价码其实相当优厚，愿意正式承认英王领有诺曼底公国和安茹伯国，只要求向法王行封臣礼节，这个符合封建传统和惯例的方案得到各方赞同。当然法兰西的条件在英方看来其实相当“狡猾”，所谓赠送给英王的领地本来就控制在英格兰手中。英法两方代表根本无法协商，他们不愿共处一室对话，公开场合互相痛斥，英格兰开出的条件被公认蛮横无理，最后英方代表团自知得不到大家认可愤而退席。

多方和会突显勃艮第公爵老谋深算，他知道英方的条件很难为大家认同，若公开表明破坏和平的责任应归咎于英格兰，那么他抛弃盟友与法王缔约顺理成章。阿拉斯和会是英格兰外交的重大挫败。

博福特大主教退会促使勃艮第公爵决定与查理七世单独缔约，恰好9月14日贝德福德公爵在鲁昂病逝，勃艮第彻底没有了牵绊。经过对细节的讨价还价，9月21日公爵与查理七世签署《阿拉斯和约》：双方停止战争，公爵承认查理七世为法兰西国王，但免除封臣的效忠宣誓（因查理七世仍有谋刺老公爵嫌疑，向杀父者宣誓效忠于情理不通），二者若有一方离世，双方的正常封君封臣礼仪重新恢复；查理七世将布伦、欧塞尔等地区封给勃艮第公爵，勃艮第公爵将图奈尔地区让给查理七世……

勃艮第公爵与查理七世握手言和，两个法兰西形势上重新统一，意味着“英勃同盟”正式终结，英格兰在法前景愈加黯淡。为巩固国内团结，查理七世颁布法令，今后任何人再使用“勃艮第党”和“奥尔良党”等称呼属犯法行为，处烙舌之刑。

光复巴黎是缔结和约后首个最大成就，巴黎市民长期以来看在勃艮第公爵的面子上才支持英格兰占领军的统治，1436年4月他们响应公爵号召发起暴动，配合王军收复国都，这次王军进入巴黎终获市民热烈欢迎。敌人里应外合，人多势众，占据巴黎的英军不敢抵抗，被迫撤回诺曼底。

面对勃艮第的“无耻背叛”，英格兰举国哗然，亨利六世不禁潸然泪下，官方厉声辱骂勃艮第公爵，羞辱他派来的使节，伦敦市民在官方默许下发起骚乱洗劫佛兰德斯商人，将他们的财产掠夺一空，法兰西境内的小股英军还袭扰勃艮第领地。勃艮第公爵一怒之下宣布对英开战，1436年7月领兵进攻英格兰在法的老巢加莱港，此举得到佛兰德斯地区居民的热烈支持。

加莱的防御相当坚固，勃艮第军队虽声势浩大但有很多民兵和志愿者，有点“乌合之众”意味，几次攻城失败后，闻听汉弗莱将率大队援兵抵达，勃艮第公爵急忙下令撤军。不过这番闹腾严重影响了英格兰与佛兰德斯之间依存度很高的海上贸易，造成经济持久萧条，关税急剧减少，王室财政状况雪上加霜。

风雨飘摇中，1437年亨利六世正式走上政治舞台，这年小国王已满16岁，意味着摄政御前会议使命告终，该由国王亲政了。此前国王的作用纯粹是象征性的，虽然王叔们有重要国务也向他汇报和讲解，以便他熟悉政事，但他不能作主。这一年他名义上亲政，只不过多了些自主权，“摄政体制”庇护下成长16载的温室花朵，突然间独自经历风雨谈何容易，但今后他将承担起国事成败的主责。

亨利六世与父亲的性格截然相反，不善言辞还略有口吃，没有军人国王气质，对政治无浓厚兴趣，喜爱文化艺术，热衷赞助教育事业，慷慨捐助3 400多英镑创立了伊顿公学和剑桥大学国王学院。亲政时国王可能都不知道，英格兰的君主政体跌落至谷底，朝政大权完全落入摄政御前会议手中，被大贵族操持。最初这个御前会议由议会任命，后来再也没有通过议会选举新成员。亨利六世的处境跟理查德二世有颇多相似之处，但理查德二世性情刚烈急躁，而亨利六世非常善良温和，简直人畜无害，与世无争。

《阿拉斯和约》签署之后英法国运开始大逆转，英格兰进入被动防御姿态，亨利六世亲政时，英军的活动主要限于诺曼底、加斯科涅、安茹、阿基坦，几年后迎来更困难的局面。查理七世整军备武初见成效，15世纪40年代法兰西逐渐进入反攻阶段。贝德福德公爵之死，使博福特大主教与汉弗莱的党争失去调停者，亨利六世无力约束，政府运转效能低下，财力困窘，无法及时派出救援部队，常致在法英军遭遇挫败，战争失败又进一步加剧党争。

人们热衷吹捧成功者，对失败者过于刻薄，后来的文人史家评价亨利六世从不吝惜恶词，说他懦弱无能，昏庸弱智，葬送父亲的伟大事业并使英格兰陷入一场旷日持久的内战。他的确不适合在艰难处境中当国王，但那些评价不够中肯。当时，连亨利六世强悍的王叔们都回天乏术，性格宽厚、权力弱小且陷入财政窘境的君主又如何逆转劣势。

这一时期最值得述说的另一件大事是“王室绯闻”，英格兰地位最尊贵的两名妇女制造了惊世骇俗的“罗曼蒂克”婚姻传奇。一桩是贝德福德公爵遗孀杰奎塔下嫁给乡绅家庭出身的侍从理查德·伍德维尔，另一桩则是亨利六世的母亲凯瑟琳王太后与威尔士侍从欧文·都铎秘密结婚生子。这两桩婚事皆对英格兰历史进程影响深远，尤其是国王母亲的改嫁。

欧文·都铎是英语化名字，威尔士语叫欧文·阿普·马尔都德·图德里斯，来自威尔士安格尔岛古老的著名家庭，其先祖曾是北威尔士格温内斯王国土著邦王的管家，他的父亲和叔叔因与欧文·格兰道尔有姻亲关系，共同参加反英叛乱，被亨利四世剥夺财产。欧文·都铎早年的真实情况鲜为人知，后世说法附会过多神化色彩，并不可信。15世纪20年代初他在亨利五世内廷大臣沃尔特·汉格福德男爵身边充当侍从，通过这层关系谋得王后身边的差事，担任衣橱管理和裁缝之职。

凯瑟琳年纪轻轻守寡，只有欧文·都铎有日常接近她的便利，他长相英俊，性格乖巧，两人很快坠入爱河，发生了风流韵事，遂秘密结婚。王太后不断地怀孕和分娩，有些孩子夭折，有些孩子不为人知，最著名的两个儿子则为埃德蒙·都铎和贾斯珀·都铎。王太后的行为其实有违法规，但摄政御前会议考虑到若做出处置会使“丑闻”张扬，影响王家声誉，一直装聋作哑。

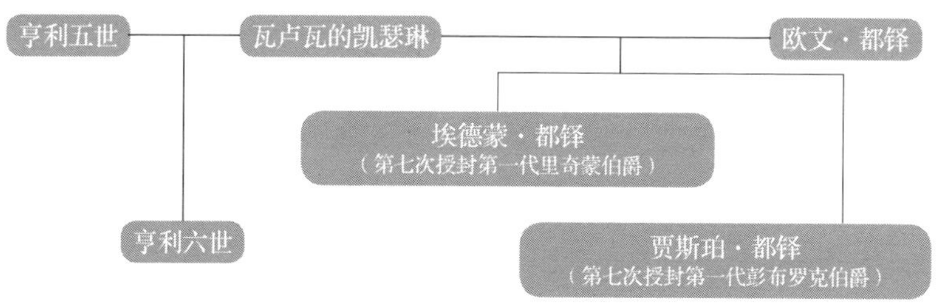

亨利五世凯瑟琳王后子女关系图

国王亲政那年母亲病逝，王太后临终前可能向亨利六世委婉暗示其照顾自己的其他孩子，她过世后两位小都铎交予萨福克伯爵的妹妹、巴金女修道院院长照料生活。失去王太后庇护，欧文·都铎匆忙逃回威尔士，结果半道被护国公汉弗莱派人抓捕回来，关押在伦敦纽盖特监狱。善良的亨利六世相当厚待继父与同母异父弟弟，1439年特赦欧文·都铎，授予他40英镑年俸，委任为威尔士登比郡王家园林总监，两位都铎家的弟弟也被接到宫廷养育。

母亲的风流韵事让亨利六世意外获得一个继父两个弟弟，其实是上天雪中送炭的礼物。国王为独生子，性格善良懦弱，需要至亲辅佐，都铎兄弟将成为兰开斯特最坚定的拥护者，国王最忠诚的左膀右臂，无论经历多少磨难始终不离不弃。

当时的人亦无法预知，凯瑟琳王太后的传奇情史多年后意外地给英格兰送来一个辉煌王朝。

第二节
约克家孤儿崛起

“镇守法兰西者，应该是具有王室高贵血统的大王公”，贝德福德公爵去世，急需有人接替他的位置，亨利六世如此焦虑地表达过他的看法。这个原则大家认可，但需要一番人事博弈。

当时汉弗莱血统最高贵，在贝德福德公爵辞世的情况下，若国王无嗣驾崩，他排在王位继承序列首位，作为护国王公，他不可能去镇守法兰西。博福特大主教也有王室血统，但与汉弗莱是死对头，皆不愿意对方任此要职。无党无派的第三代约克公爵理查德就成了最佳人选，贝德福德死后耽搁了大半年时间，朝廷才于1436年5月下令，让25岁的约克公爵暂代法兰西统帅之职。

约克公爵临危受命，法军收复巴黎之际，他正前往巴黎赴任路上，6月份在哈夫勒尔登陆，听说巴黎失陷的消息，只得改道前往鲁昂就职。年轻的公爵以前并无统筹军政事务的经验，这是首次出任要职。英格兰的政治天空突然出现一颗闪烁的新星，约克家族重新荣光焕发。

第一代约克公爵兰利的埃德蒙仅有两个儿子，长子诺威奇的爱德华承袭爵位，他在阿金库尔战役阵亡，没有留下子女。次子康尼斯布朗的理查德是第三代剑桥伯爵，因企图谋反被亨利五世处决。剑桥伯爵留下一子一女：约克家的理查德、约克家的伊丽莎白。亨利五世将堂弟这个孤儿的监护权委托给北方大诸侯第一代威斯特摩兰伯爵拉尔夫·内维尔。约克公爵的爵衔中断十年，家族的声势衰败至极。

一个贵族家庭的兴衰强弱与子女数量有密切关系，子女众多人气旺盛，能互相声援，可通过政治联姻广布强大的关系网络。当年兰开斯特家族正因冈特的约翰子孙数量众多，实力盖过所有兄弟，这是成功扳倒金雀花长支独生子国王理查德二世的重要原因之一。

拉尔夫·内维尔的第二任妻子是兰开斯特系博福特家族的琼，亨利四世的异母妹妹。拉尔夫跟两任妻子的生育能力非常强悍，共生了23个子女，存活率在中世纪相当惊人，仅有3个夭折。拉尔夫早就看中约克孤儿这个金贵宝贝，把自己与琼·博福特所生的女儿塞西莉·内维尔许配给约克家的理查德，反正他女儿多的是，一大堆等着嫁人。

孤儿的血统相当显赫，祖父是爱德华三世的四子约克公爵兰利的埃德蒙，母亲安妮·莫蒂默是第五代马奇伯爵的妹妹，母系血统可追溯到爱德华三世的次子克拉伦斯公爵莱昂内尔。理查德的父母两系血统皆享有王位继承权，并且从他的母系来看，其王位继承权还要高于兰开斯特家族。这还不算完，他的外祖母埃莉诺·霍兰德（第四代马奇伯爵夫人），是黑太子的妻子肯特的琼与前夫的孙女，根据外祖母的血统还能追溯到爱德华一世的子女。

1425年开始，幸运之神不断亲吻约克孤儿，作为家族唯一幸存的男性，理查德先继承了祖父的约克公爵领，接着继承了父亲的剑桥伯爵领。约克孤儿的舅舅——曾具有最优王位继承权的第五代马奇伯爵——死后无子嗣，凭着母亲血统他又继承了莫蒂默家族的爵衔和产业；他的外高祖母即莱昂内尔的妻子是爱尔兰的阿尔斯特女伯爵，这个爵衔与领地也转归他名下。年轻的约克公爵，其父母家族有关的爵位，除克拉伦斯公爵的爵衔转封给兰开斯特家族，都被他一人承袭，地产分布于威尔士、爱尔兰和英格兰13个郡，收入最高时超过7 000英镑。短短几年间，约克孤儿摇身一变成为英格兰贵族首富。

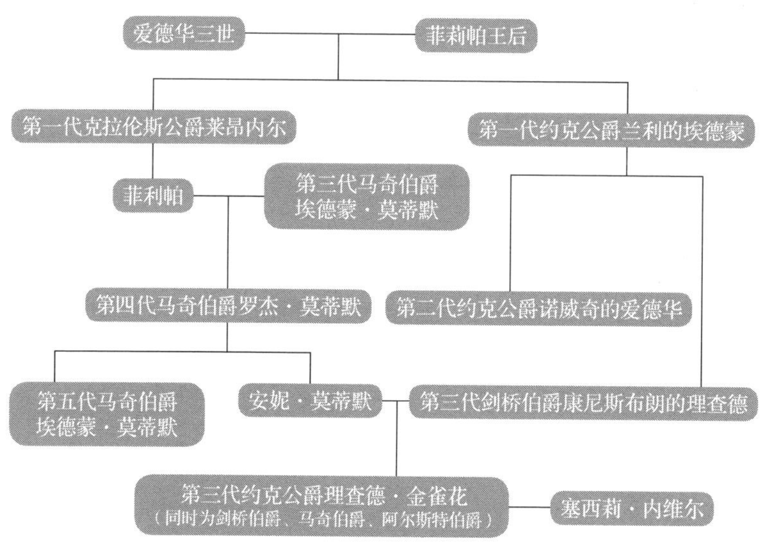

第三代约克公爵理查德·金雀花家世关系图

注：第三代约克公爵理查德1448年于名字后面加上了“金雀花”姓氏。

15世纪中期，兰开斯特家族人丁逐渐萎缩，亨利四世的四个儿子中，只有亨利五世留下一个儿子亨利六世，克拉伦斯公爵托马斯早逝无后，贝德福德公爵约翰死后未留下合法子嗣，格洛斯特公爵汉弗莱仅有情妇生下的一对子女，且都在1450年前离世。约克公爵理查德与妻子塞西莉·内维尔同样继承了岳父母的强悍生育能力，夫妇俩共生育13个子女，其中7个活到成年。

约克公爵的财富与家世都令人炫目，唯一欠缺的是建立功勋，得到授命时他踌躇满志，来到鲁昂才发现形势令人沮丧。所幸鲁昂的英军将领中还剩下军事经验最丰富的老将约翰·塔尔波特男爵，公爵与塔尔波特筹划了数场小战斗，重新恢复几个城镇的秩序，塔尔波特一度率小股部队袭扰巴黎，在城墙旁边打闹一阵，但也仅此而已。试图重建1429年前的格局根本无望，若说“征服法兰西”以前是个梦想的话，现在连梦都碎了一地。

党争致使政府效率低下倒在其次，在法英军常得不到援军和经费令政府一筹莫展，后来这种状况不断恶性循环。约克公爵几乎指望不上御前会议帮助，常自掏腰包垫付部队薪饷，公爵的绝望和抱怨情绪日盛。公爵任期到1437年4月结束，御前会议物色不到合适人选，要求他延长任期，他一看朝廷拖欠自己的钱没说个还字，自己留任岂不是还得继续自掏腰包，不愿再当这个冤大头。怀着对朝廷“腐败无能”的愤慨之情，公爵一怒之下撂挑子返回英格兰，国王早年的监护人沃里克伯爵贝切姆只得以55岁之龄出镇法兰西。公爵没搞清楚状况，其实不是朝廷不愿拨款，而是财政困窘，国库空虚。

1246年切斯特伯爵领和1337年康沃尔公爵领被永久并入王室，加上兰开斯特公爵领地收入，国王的土地岁入还是相当丰厚的，可亨利五世发动战争以来，王领土地不断封赏给有功之臣，面积逐年缩小，如兰开斯特公爵领的土地岁入1433年已从之前的6 000英镑降到4 000英镑，国王的领地总收入降到2.5万英镑。

国王的另一项巨大收入来源——关税和羊毛补助金，因为频繁战争与海上劫掠导致贸易萎缩，从15世纪初的5万英镑降至1433年的2.5万英镑，出口不振又引发国内经济萧条。亨利六世亲政时，王室正常平均岁入5万多英镑，防务支出2.5万英镑，政府开支2.3万英镑，宫廷开支1.5万英镑，此为三项最大支出，王室每年财政赤字1.5万英镑。1437年王室债务已积欠至16.5万英镑，到1450年总负债滚至37.3万英镑。

政府与宫廷开支有其惯性，随着机构和人员膨胀，只会日益增多，很难逐渐削减，因为这会触碰利益集团的奶酪。结果，应该用钱的地方使不上去，应该减少支出的地方降不下来。国王的船队因搁置年久而腐坏，1437—1439年拨付的维修费用只有可笑的8英镑9先令7便士。

阿金库尔战役后法军早学精了，尽量不跟英军野战，只找机会打游击，英格兰此时亦无力大举进军，双方进入小规模袭扰的拉锯状态。法军越来越多地进入英占地区骚扰，英军疲于奔命，这种局面有利于主场的法兰西，不利于客场的英格兰。

英格兰大贵族中只有汉弗莱对征服法兰西还抱有不切实际的幻想，若不是他顽固的好战态度，其实查理七世方面也想暂时休战。法兰西刚开启统一进程，财政也很紧张，欲争取时间整顿内政。亨利六世更宠信的博福特大主教、萨默塞特伯爵、萨福克伯爵则主张寻机找个好价码缔结和约，汉弗莱在御前会议里愈显孤立。英法1439年7月有过一次密谈，因为英方仍不愿放弃英王的法兰西国王头衔致使谈判未果，拉锯战继续。

1439年4月，沃里克伯爵在极度焦虑的煎熬中病逝，主和呼声略占上风。亨利五世当年抓获五位法兰西大王公，没用他们来换赎金，他知道征法事业艰巨，企图扣押重要人质增加博弈砝码。这个计谋并未显出多大威力，而且现在只剩下奥尔良公爵还活着。作为奥尔良公爵的监管人，萨福克伯爵主张把他释放回国协助斡旋和平事宜，公爵也同意支付4万英镑赎金。巨额赎金实在诱人，博福特大主教支持这个决策，只有汉弗莱写了封公开信给国王，痛骂两大"奸臣"误国。勃艮第公爵闻听此讯，倒也真心诚意执行和解政策，帮助奥尔良公爵筹集赎金。奥尔良公爵1440年底回国后还真没体现出有何斡旋能力，很快就到自己城堡过着吟诗作赋的生活，把这事儿忘个干净。英格兰除了得到一笔钱缓解财政，和谈毫无进展。

恰好这个时候，汉弗莱因妻子卷入"巫术案件"被政敌一举挫败。汉弗莱与女公爵杰奎琳的婚姻被破坏后，娶了骑士的女儿埃莉诺·科巴姆为妻（此前是他的情妇），女方身份卑微，这桩婚事遭到大贵族们鄙视。贝德福德公爵之死让埃莉诺·科巴姆权欲膨胀，产生了诸多幻想，与占星师托马斯·索斯韦尔、罗杰·布鲁克林过从甚密，这两个人对她预言，亨利六世将于1441年病逝，根据继承法则汉弗莱能登上王位，她自然成为英格兰王后，埃莉诺·科巴姆遂制作亨利六世小蜡像施以毒咒。此事走漏风声，传到国王和御前会议耳中，博福特一派力主彻查到底，埃莉诺·科巴姆与她的占星师朋友皆遭逮捕。

审判中埃莉诺·科巴姆否认大多数"谋害国王"的指控，但承认从女巫玛格蕾那里得到"助孕药水"。三位"共谋者"均被处死，埃莉诺·科巴姆则被判终身监禁。的确没有证据显示汉弗莱与此事有关联，但他知道这个案件凶险，如果表态支持妻子则自身将陷入“谋逆罪”，干脆从头至尾保持沉默，最后与埃莉诺·科巴姆离婚。巫术案件之后汉弗莱就像斗败的公鸡一般垂头丧气，声誉大受损伤，在御前会议中抬不起头，他只列席会议，很少发言，再不像从前那样言辞激烈地抨击博福特一派，20年的党争终于以博福特一派获胜而告终。

萨默塞特伯爵被派往法兰西短暂顶替沃里克伯爵，很快被召回，大家还是认为需要一个血统与身份可与贝德福德公爵相当的人镇守法兰西。1440年7月约克公爵被说服二度挂帅赴法，但真正的指挥官仍然是老将约翰·塔尔波特，公爵与他密切配合使自己的五年任期有了光彩，积累了不少人脉和声望。这两年在困境中充当救火队长，塔尔波特接连创造数次防御战和救援战奇迹，1440年10月他还夺回被法军占领的哈夫勒尔港，第二年公爵与塔尔波特共同率兵救援重镇蓬图瓦兹，两度让查理七世抛弃指挥部后撤。

塔尔波特驰骋法兰西多年，骁勇善战已名扬英法两国，沮丧已久的英格兰人此时掀起崇拜塔尔波特的热潮，视他为“民族英雄”，亲切称呼其为“我们的老塔尔波特”。凭着这些战功，他被加封为舒兹伯利伯爵。莎士比亚在文学作品中把塔尔波特刻画成令法兰西人闻风丧胆、战无不胜的军神。可每当塔尔波特离开，法军又卷土重来，这个游戏玩得两方都疲惫不堪。

眼见约克公爵崭露锋芒，一向不好战的博福特大主教私心大萌动，提议对法实行一次大规模远征，主张自己侄儿萨默塞特伯爵领军，他为侄儿谋划到手价值400英镑的封地，弄到“英军总司令”的职务。这一职务在法军事行动不受约克公爵节制，大有把约克沦落为“诺曼底总督”的羞辱之意。博福特大主教的本意一是提携侄儿建立功勋，增强家族力量；二是想助他摆脱经济困难，萨默塞特1421年巴格战役被俘，付出大笔赎金，经济不太宽裕。在博福特大主教的运筹下，萨默塞特一年多时间内以火箭速度从伯爵先后晋封为侯爵、公爵，他的弟弟埃德蒙·博福特以同样的速度先后成为多塞特伯爵、侯爵。

1443年8月，新晋的萨默塞特公爵率7 000余人在瑟堡登陆，开启一场漫无目的的滑稽征程。部下问他这次远征的计划与目标是什么，他的回答令人喷饭："我不会把我的秘密告诉任何人，如果我的衬衫知道这个秘密，我也得把它烧掉。"其实他自己的确搞不清楚远征要干什么，领着军队在曼恩与安茹之间烧杀掳掠一阵就返国了。回到英格兰，萨默塞特成为大家的笑柄，亨利六世只得把他逐出宫廷。1444年春天，萨默塞特羞愤难当在家自杀身亡，留下一个独女玛格丽特·博福特。

闹剧式远征花费2.5万英镑，居然全是现金支付，耗尽一年的防务经费。这些资金原本应该拨付给约克公爵率领的驻法英军，在此期间塔尔波特谋划围困北法港口迪普耶，因缺乏军费而作罢。博福特大主教的谋私举动意在羞辱约克公爵，孰料自取其侮，造成约克与其家族的裂痕，还损害了王室威信。

约克公爵愤怒地写信给亨利六世，要求朝廷立即支付拖欠他的2万英镑军费，国王只能勉强安抚说，钱已拨给萨默塞特公爵的军队了，希望约克"忍耐与等待"。驻法英军的将领们与约克形成命运共同体，团结在他身边表达对博福特家族的怨愤，玫瑰战争中的"约克党"和"兰开斯特党"已初现雏形。

远征失败另一意想不到的结果是严重打击了主战派气焰。博福特大主教急于找台阶下，力劝国王与法谈判，若能缔结和约也好给这场闹剧画上句号。亨利六世正有此意，索性解除汉弗莱在御前会议的职务以向法方表明诚意。萨福克伯爵再次奉命前往法兰西谈判。英格兰低估了查理七世的困难，其实他此刻也休战心切，但英方显得更为着急，这次双方避开敏感议题，很快就和谈成功了。1444年5月，英法签署《图尔休战条约》，双方同意停止军事行动两年，法兰西把公主嫁给亨利六世。

休战条约是查理七世又一次重大外交胜利，他现在终于可以全副精力着手强化王权，整顿财政，训练新军。查理七世比同时代的英格兰政治人物们老辣，他膝下虽有女儿，但汲取英法战争中英王以母亲和妻子名义诉求法兰西王位的教训，再不给对方任何借口，所以只把妻子的侄女安茹的玛格丽特许配给亨利六世，血缘关系离瓦卢瓦王室较远。亨利六世为促成谈判，授命萨福克伯爵可私下答应查理七世的要求，割让曼恩给法兰西，但不写入条约之中，暂时瞒着议会与贵族。

曼恩与诺曼底毗连，是英格兰在北法地区仅存的一个省，若查理七世得到此地，以后向英格兰在法核心地区诺曼底挺进就有了桥头堡。萨福克伯爵的心情十分沉重，他知道一旦缔约成功，自己在大众中的名声会“臭不可闻”，将背负“叛国贼”骂名，成为众矢之的，所以他从未对此表现出热情，老早就请求国王另觅人选。亨利六世却坚持要最宠信的萨福克帮助完成艰巨任务，为感激他忍辱负重帮自己背黑锅，特意晋封他为侯爵。

安茹的玛格丽特以美貌和才干著称，她父亲安茹的雷纳头衔众多，如“洛林公爵”和“安茹伯爵”、名义上的“那不勒斯国王”，其实多徒有虚名，因为他的大片领地都被英格兰占领。“我乐意把女儿嫁给英格兰国王，但我要声明我付不起嫁妆”，雷纳曾向萨福克表达过如此心声。查理七世派人把玛格丽特的画像送给亨利六世过目，亨利六世写信给萨福克称赞“非常漂亮和聪慧的女子”，他决意一反中世纪惯例，同意连嫁妆也不要。

与当年父亲的婚姻——亨利五世以胜利者姿态娶回法兰西国王的女儿不同，亨利六世在一败再败的情况下割地求和，放弃嫁妆，只娶了个法兰西王室旁支郡主，这桩婚姻被国人厌恶在所难免。

安茹的玛格丽特性格强悍，使亨利六世患上越来越重的“妻管严”。英格兰再次出现“君弱后强”的局面，她就是玫瑰战争中著名的“红王后”。当亨利六世可依赖的叔叔和心腹一个个去世后，玛格丽特独自挑起大梁，立于政治狂风暴雨的中心，成为兰开斯特的领袖。

第三节
"好公爵"汉弗莱之死

一个是缺钱的国王，一个是没嫁妆的王后，尽管如此，双方的尊贵地位摆在那里，婚礼仍然不能太寒酸。1444年3月，北法洛林公爵领地的首府南锡，为安茹的玛格丽特举行盛大婚礼，法王查理七世、王后、王太子率众多大贵族前来庆贺，新郎官亨利六世未到场，英方由"背黑锅"专业户萨福克侯爵夫妇代理出席婚礼。

为期8天的庆祝活动少不了比武大赛，这是中世纪重大庆典中必备的娱乐项目，连查理七世也骑马持枪上阵一显身手，他的对手是新娘的父亲雷纳，结果毫无悬念，雷纳赢得胜利。按照规矩，婚典上的比武输给新娘父亲，这是向对方致以崇高敬意，若这个礼让来自国王，主人家将有无上荣耀。婚礼期间有无数宾客围着新娘奉送甜言蜜语，奉承不是白送的，很多人无非想谋个一官半职。

热闹的婚礼结束后，玛格丽特启程赴英格兰，查理七世夫妇把她送出数公里远。法兰西国王一路用手臂紧搂侄女，对她表示歉意，说自己不能为她做什么，只有祈求上帝保佑，“我把你送到了欧洲最大的王室之一……即便如此，那个王室是配不上你的，我亲爱的孩子”，说完眼泪掉了下来。查理七世的王后则始终哽咽说不出话，只是一遍又一遍亲吻侄女，缠绵许久姑父母才与侄女依依不舍挥泪告别。

如此感人至深的送别仪式只会让玛格丽特为法兰西的利益而奋斗，这与她英格兰王后的身份大为冲突，她当时也许没想到，自己正朝着西欧最动荡的巨大政治漩涡中心走去。一切政治、军事活动离不开“钱”字，英格兰议会为反对这桩婚事，愿意投票批拨5 000多英镑争取国王悔婚，但已无济于事，王叔汉弗莱唉声叹气。

迎接新王后的开支远远超过预算，光接亲就动用56艘船。送亲队伍相当庞大，有5位男爵及其夫人，每人日薪4先令6便士；17名骑士，每人日薪2先令6便士；65名乡绅，每人日薪18便士；174名近身仆役，每人日薪6便士，还有由1 200多名自由农组成的随从队伍。当然，维持颜面的所有费用最终由亨利六世埋单，不过需要时间筹集金钱，据说国王还典当了王冠上的珠宝。当下的开支还需新王后操心，她不仅“精明能干”，还显得“深明大义”，家里没有嫁妆，她就典当了自己很多银器，把钱交给陪同的萨默塞特公爵夫人用来先支付水手薪资。

王后以旅行方式进入英格兰，到达巴黎时，约克公爵率600弓箭兵恭迎多时，负责把王后护送至诺曼底的鲁昂，再经哈夫勒尔抵达瑟堡，英格兰迎亲船队在瑟堡载上王后穿越海峡返国。公爵与玛格丽特相处颇为融洽，两人可能都未预料到，今后他俩将是两大敌对派别领袖，不共戴天的仇敌——白玫瑰公爵vs.红玫瑰王后。

查理七世出嫁玛格丽特的决策老谋深算，似乎坐实了汉弗莱一派的观点——和约与亲事将会毁灭英格兰在法事业。顺道值得一提的是，查理七世在执政生涯中，在西欧各地安插“间谍”，收买“代理人”，常为他的事业起到事半功倍的作用。他能从逆境中翻身，重新统一法兰西，成功领导复国战争，最终获得“胜利王”美称，绝非浪得虚名。在平庸之辈看来，只有“强硬”和“英勇”才是取胜之道。实际上，若非力量强大到可目空一切，否则就是自毁前程，凡成大事者皆懂得“柔软”与“手段”。与其说汉弗莱“神机妙算”，还不如说瞎猫碰到死耗子，英格兰在法事业早晚都要失败，玛格丽特的到来只是加速了这一进程。

玛格丽特到英格兰后的婚礼低调得多，英格兰国民对新王后的反应颇为冷淡。汉弗莱原本就极力反对这桩婚姻，认为亨利六世应该迎娶阿马尼亚克伯爵的女儿。听说亨利六世连嫁妆都不要，汉弗莱冷嘲热讽，跟自己的支持者们将此事渲染得沸沸扬扬，嘲笑“买回来”的王后“不值7英镑”，激起民间对国王婚事的反感。汉弗莱对王后充满敌意只会令国王对他更加厌恶，国王的宫廷亲信们为表明支持“和平政策”，纷纷与汉弗莱划清界限。

博福特大主教此时已老迈不堪，朝中的多塞特侯爵和萨福克侯爵是国王夫妇非常信任的人，王后还任命萨福克担任自己的首席私人顾问。汉弗莱一派风传王后与萨福克有“奸情”，这当然是谣言，他们只不过是忘年交，萨福克年长王后34岁，他赴法谈成和约与婚事，接亲旅程中对王后精心侍候，王后天然把他视为密友，大家的政治命运也将捆绑在一起。在这个阶段逐渐形成以王后为核心，萨福克和多塞特为前锋的“宫廷党”（后党），代替了以前的博福特派。

约克公爵当时的党派面目尚不明显，只是略为倾向汉弗莱的对法观点，政治上主张应改革混乱低效的朝政。约克的法兰西五年任职期满，对于怎么安排这位尊贵大王公，宫里需费一番思量。随着英格兰在法版图萎缩，镇守剩余领地的约克因其血统和职务缘故，必然会逐渐被不满现状的大众寄予厚望。约克原本期待两种选择，要么继续留任，要么返国担任要职。宫廷党既不愿见他留任法兰西积累声望，也不希望他待在朝堂，这样不利于执行密约。

1445年10月约克公爵被召唤回国，由多塞特侯爵赴法接任他的职位。宫廷党成员奇切斯特主教亚当·莫林斯在议会向公爵发难，指责诺曼底政治腐败，财政混乱，当然这些不过是欲“冷冻”约克的借口。经过一番抗辩，约克意识到宫廷党控制着朝政，对自己充满敌意，以前他与萨福克还有点交情，现在亦趋于淡漠。平心而论，以约克的血统、身份和成就来看，朝廷待他是不公正的，他索性回到自己在威尔士的领地，多数时间用于打理家族事务，到这会儿朝廷仍拖欠他3.86万英镑垫付款。

客观评价，新王后还是颇为称职的，只是在不恰当的时代嫁到英格兰。奥尔良公爵曾很夸张地赞美：“从未见过英格兰任何王后像玛格丽特一样配得上那顶后冠。”她不像爱德华三世、亨利四世的王后，不干预政治，只满足于富贵生活，丈夫的懦弱给她提供了展示机会；她精力充沛，对政治充满热情且信心十足，但又不像爱德华二世的“法兰西母狼”有取而代之的想法，只是努力扮演好“枕边辅政”角色。玛格丽特跟那个时代的大贵妇相较，生活已相当简朴，当王后五六年，服装和首饰全部加起来也没超过200英镑。

嫁过来没多久，王后已经学习了一口流利英语，把家族事务张罗得井井有条；她有经济头脑，懂得通过提振贸易改善王室财政，热心慈善事业，常在民间施舍穷困之人，她还是剑桥大学王后学院的重要创建者。

查理七世和岳父雷纳不断遣使催促亨利六世履行密约，把曼恩和安茹交还法兰西，表明只有执行承诺，英法停战协定才可续约。解决这个问题相当棘手，议会和御前会议大多数成员一直不知情，否则将会炸开锅。王后为此发过几次脾气，非常疼爱王后的亨利六世只能支支吾吾。这个事儿对强势君主来说也是高难度任务，何况是胆儿小的国王，可外界传言已经甚嚣尘上，亨利六世只得拖一日算一日。

1446年4月和约即将到期，亨利六世感觉实在拖不下去了，硬着头皮颁令给曼恩和安茹的英军守将，要求他做好撤退准备，将此地移交给法军。此令一出等于坐实传言，国内外真的炸开了锅，当地守军将领公然宣布拒绝遵守王令，人们听到抗命消息一片欢腾。亨利六世惊慌失措，不敢强制执行，任由事态自然发展，王后在一旁干着急。

在此敏感的时刻发生的一桩“谋逆案”更令宫里坐立不安。年底，约克公爵手下一位军械官约翰·戴维斯的仆役对外宣称，他听自己主人说过，约克公爵才有戴上英格兰王冠的正当权利。萨福克将约翰·戴维斯逮捕，约克声明与此事无关，要求对涉案者审判和处罚，那名军械官否认自己曾说过那样的话，法官让约翰·戴维斯与他的仆役以司法决斗方式裁决胜负，约翰·戴维斯输掉决斗被处以绞刑。宫廷党相信这是神的意旨，对约克充满疑虑。

汉弗莱知道密约真相后愤怒至极，精神处于狂暴状态，四处发表演说痛斥“宫廷奸党”，力陈割让曼恩与安茹之弊端，认为中了查理七世的奸计。外界虽有关于密约的传言，但并不知道详情，宫廷党感到若再任由汉弗莱到处控诉，可能会造成事态失控，并且阻碍密约执行，决定采取“措施”令其闭嘴。亨利六世与汉弗莱的关系此时已冷至冰点，先是禁止他进入宫廷，然后把他从御前会议驱逐，然而脾气急躁的王叔没有妥协的意思。

1447年2月，国王在萨福克郡的贝里圣埃德蒙兹召集议会，汉弗莱到达这里即遭逮捕，以“谋逆罪”提交议会审问。汉弗莱的辩解面对有预谋的迫害是无效的，5天后他在关押地离奇死亡，尸体埋葬在赫特福德郡圣奥尔本斯修道院，一代文艺大王公以悲惨下场陨落，人们相信他惨遭宫廷党谋害而死。汉弗莱有性格缺陷，政治上不太务实，但一生对兰开斯特王朝忠心耿耿，他见证过亨利五世征法最辉煌时代，以完成兄长遗愿为己任，很难接受割地求和的现实。他的死暂时搬掉了执行割地密约的最大绊脚石，却没有解决英格兰政治危机，反而成就了好公爵的“烈士”名声。

汉弗莱死后不到两个月，72岁的博福特大主教也离开人世，冈特的约翰和亨利四世存世的最后两个儿子先后走掉了。“精于敛财，擅长算计，热衷扩充家族势力”，这是对博福特大主教最常见的评论，不过人性是复杂的，他死前留下遗嘱，慷慨捐赠2 000英镑巨款给亨利六世。悲痛的国王拒不接受，他认为叔祖父对自己的奉献已经太多，遗嘱执行人一再坚持之下，亨利六世同意把这笔钱用于国王的教育基金。

最大障碍移除以后，反对派群龙无首，执行密约的难度降低。亨利六世1447年7月令驻法英军统帅多塞特侯爵负责撤军事宜，曼恩守将仍然抗拒移交命令，朝廷又没招儿了。令人厌恶的僵持状态最终超出查理七世的忍耐极限，派出军队开进曼恩包围其首府勒芒。直到第二年3月，守军面对英王命令和法军攻势的双重压力，无奈之下被迫投降，办理移交手续，英法停战条约再次被延长到1450年4月。

新一轮抨击风暴蔓延民间，可怜的萨福克充当了亨利六世的替罪羊，“娶来无嫁妆王后”和“出卖亨利五世征服的土地”，成为民间咒骂他的两大罪状，有时候还有另一条——“残害人民爱戴的好公爵汉弗莱”，他已被国人视为不折不扣的“大英奸”。所有冲着宫廷党和国王的怒气，通常都先集中撒向萨福克。人们懂得专挑软柿子捏的道理，不管对博福特家族多么不满，毕竟他们有尊贵的王族血统，萨福克的德·拉·波尔家族的先祖出身于商人，大家骂起他来毫无压力。

亨利六世看在眼中疼在心里，为回报多塞特和萨福克两位亲信的忠诚，1448年让多塞特承袭自杀的兄长的公爵衔，成为第二代萨默塞特公爵；萨福克同时也被晋封为公爵，这是首次把英格兰境内的公爵头衔授予非王族血统的异姓，激起了更多怨愤。

王后嫁到英格兰将近五年，却未生下一男半女，国王仍然没有继承人，这给讨厌她的人增加一个攻讦理由。在中世纪，国王有无子嗣有时直接关系到人们对王国未来的信心，决定着王座是否稳定，出于对目前约克公爵最优先继承权的忧虑，国王夫妇其实比谁都着急。为让反对者们闭嘴，亨利六世指定萨默塞特作为他无嗣驾崩情况下的继承人，博福特家族虽然享受王族待遇，但这个指定明显违反了亨利四世定下的条款——博福特家族不能拥有王位继承权。

这些举措未必出于懦弱的亨利六世本意，多来自王后和萨福克指使，但无疑再次严重羞辱了约克公爵。约克本想谋求御前会议首席之职，他当然也配得起这个职务。他一直向国王表达忠心与善意，甚至声明将朝廷欠他的债务减少1.26万英镑，但朝廷支付剩余债款的速度仍然缓慢。奈何落花有意，流水无情，1447年底约克只获得爱尔兰总督的委任状，任期长达10年，这实质上是宫廷党对他的变相流放，将其驱离权力核心。约克想尽办法拖延了两年才去赴任，结果在其爱尔兰任期上，朝廷又拖欠他1万英镑薪饷。

1448年约克公爵特意在自己名字后面加上“金雀花”姓氏，他倒不是觊觎王位，意在提醒亨利六世，请注意他血统的尊贵，当然也是对前述各种不友善举动含蓄地表达抗议。可这又被宫廷党理解成释放“野心”的信号，他们四处放风说约克有“篡逆”野心。

第四节
军事崩盘引发社会动乱

1448年3月29日，天色已晚，在曼恩首府勒芒，英法两军正举行交接仪式，说难听点就是法军接受英军投降。整个流程中包含一个最重要步骤，签署《图尔停战协定》的延期文件。英方在文件中玩了一个小花招，悄悄把布列塔尼公爵领修改到自己的“藩属列表”中，可能光线昏暗的缘故，法方未注意到这个细节，反正延期文件签署又不是第一次了。

布列塔尼有“小不列颠”之称，这里居民的血缘与不列颠岛上的凯尔特人更亲近，他们与威尔士人有着最相似的语言和风俗。从理论和法理上讲，布列塔尼的最高领主是法兰西国王，只不过它像诺曼底、安茹、阿基坦一样长期保持着实质性独立。亨利五世发动英法战争，布列塔尼与英格兰结盟，可以理解为在英格兰占优势情况下的自保策略，因为它在地理上离英格兰更近，且被英占法兰西所包围。

《图尔停战协定》签署后，布列塔尼频频向查理七世示好，保持着微妙的中立态度。亨利六世把曼恩和安茹割给查理七世，意味着风水倒转，法王处于上风且其势力范围已逼近布列塔尼，布列塔尼公爵弗朗西斯一世倒向法兰西只是时间问题。弗朗西斯一世的弟弟吉尔斯是狂热亲英分子，1446年查理七世施压之下他被囚禁起来，英格兰颇有微词。

割让曼恩和安茹在民间遭到激烈抨击，驻法英军将士满腔怨愤，查理七世的武力相逼也让宫廷党感到对方非良善之辈。试图挽回点颜面，亨利六世敦促萨福克和萨默塞特在布列塔尼问题上有点作为。1449年3月，萨默塞特授意阿拉贡雇佣兵攻陷布列塔尼最富裕的城镇富热尔城，结果却迫使弗朗西斯一世彻底倒向法兰西。查理七世接到求助信息怒不可遏，遣使告知萨默塞特，布列塔尼公爵是法王封臣，此地天经地义是法兰西领土，要求英军把富热尔物归原主。萨默塞特冷淡地回答说，布列塔尼是英格兰的藩属，攻占富热尔纯属内政，请法方不要干涉。

萨默塞特的回答确有文件依据，《图尔停战协定》延期条约上写得明明白白。法方发现这个问题后大呼上当，在外交解决无望，得到布列塔尼公爵将完全站到自己一边的承诺的情况下，一贯谨慎的查理七世索性撕破脸皮，宣布和约失效，今后自己的行动不再受节制，对英格兰宣战。

宫廷党弄巧成拙，反倒给查理七世提供了开战的良机。法王的实力已今非昔比。查理七世这些年不断强化王权，已获得不经议会许可的征税权，任用富商出身的包税人雅克·库尔担任财政大臣，建立完善的财税体系，在国库充盈之后大力整军备武。

1445年查理七世开始着手建立15个新式枪骑兵团，每个团由100支枪骑队构成，每支枪骑队配备重甲骑士1名、弓箭手2名，武装随员3名，1446年进一步扩充至20个团，每个团选择精明能干的贵族统领。1448年法王组建规模达8 000人的弓箭兵部队，由每个行政区域提供兵员和装备；同时花费大量钱财铸造大炮，训练炮兵，率先拥有欧洲一流的炮兵部队。

查理七世另一大创举是颁布《军队建制条例》，组建大规模王室常备军，这是自罗马帝国衰亡后欧洲史上首次出现中央常备军。常备军由国库支付薪金，不从城镇、教区、贵族那里领取军饷，保证了军队忠诚和指挥体系统一；和平时期训练，战争时期出征，亦是协助国王维护治安以及削平叛乱的支柱力量。

正是凭着常备军，当年英格兰花费数年才征服的广袤土地，法军一路势如破竹，轻松攻城略地，一年半载即收复失土，自然也不再畏惧与英军野战。此后几代法王在查理七世奠定的基础上，用常备军收回一个又一个领地，用大炮轰平贵族们一座又一座城堡，使得再无人能挑战王权，完成中央集权君主专制建设，与英格兰走上相反的政治道路。

1449年7月31日，查理七世以英格兰违约为由打响收复诺曼底的战争，3万法军兵分三路从北、东、南三个方向挺进诺曼底，第四路军队由布列塔尼公爵率领。法军兵锋所到之处，诺曼底各城镇纷纷沦陷。有的地方是居民暴动开城迎降，这源于行贿也被查理七世作为强大武器，愿意投降的城镇长官都将获得法王赠送的一笔金钱；对付拒降的城镇，法军用大炮轰塌它们的城墙。才一个半月，英格兰在诺曼底就丢失了30个有防御的城镇。各条战线打通后，10月9日，查理七世与奥尔良私生子杜诺瓦伯爵亲率大军围困诺曼底首府鲁昂。

缺钱少兵的英格兰朝廷急如热锅上的蚂蚁，自从安茹的玛格丽特嫁过来，宫廷开支水涨船高，至1449年已膨胀至2.7万英镑，同一年朝廷却欠下加莱守军2万英镑薪饷，驻诺曼底的留守部队1444年从3 500人削减到2 500人。朝廷曾紧急筹款1万英镑送给防守鲁昂的萨默塞特，但鲁昂当前更需要的是援军。萨默塞特手头只有1 200名士兵，外无援军内无粮草，鲁昂六个星期没有粮食和酒类运进来，他曾试图与查理七世谈判，对方回答“除了投降，一切免谈”。

1449年10月，托马斯·克瑞尔爵士召集一支部队准备从朴茨茅斯港赴诺曼底增援。这支部队每日住在客栈寻欢作乐，吃饱喝足就出去抢劫，水手们也因欠薪牢骚满腹。因为逆风天气和军纪败坏，这堆人马被耽搁在此处数月，根本未起到救援诺曼底的作用。

面对优势法军萨默塞特一筹莫展，10月29日，鲁昂向法军投降，查理七世骑马入城接受城市大门钥匙。鲁昂是圣女贞德殉难之地，国王进城后就立即下令彻查贞德遭受火刑的事件，要为她平反。查理七世同意释放萨默塞特夫妇，允许他们移驻到上诺曼底的卡昂，但扣押了诸多英格兰贵族作为人质，其中包括威名显赫的舒兹伯利伯爵约翰·塔尔波特，英方需支付7.5万英镑才能将人质赎回。两个月后法军攻克哈夫勒尔港，夺回塞纳河口的战略重镇，因风传法军将以此为基地入侵英格兰，南部沿海地区的居民被恐慌情绪笼罩。

奇切斯特主教亚当·莫林斯意识到宫廷党闯下弥天大祸，从萨福克的支持者变成批评者，辞掉掌玺大臣之职。1450年1月，他南下朴茨茅斯协调海运事宜，还带来了少许经费。水手们领到钱时发现比拖欠他们的少，咒骂莫林斯主教是“卖国贼”，主教喝令他们不许辱骂上帝的使者，提示大家真正的“卖国贼”是萨福克，狂怒的水手们把主教大人活活打死。莫林斯之死是英格兰走向社会动乱的标志性事件。

托马斯·克瑞尔率领的2 500人拖到1450年3月才在瑟堡登陆，此时他受命救援卡昂附近的巴约，却擅作主张去围攻瓦洛盖镇，结果被阻滞于此，给了法军充分的调整时间。在克瑞尔的请求下，萨默塞特给他东拼西凑了1 500人的军队增援，部队才改道去解救巴约。4月15日，部队在福尔米尼村遭遇查理七世的猛将克莱蒙特率领的3 000法军围堵。克莱蒙特令法军骑士下马冲锋数次皆未成功，后来用手铳把英军弓箭兵轰离阵地，从侧翼突袭。英军作战仍然勇敢，当双方杀得难分难解时，法兰西王室总管阿瑟·里奇蒙（弗朗西斯一世的叔叔，后来的布列塔尼公爵阿瑟三世）率1 200人从南面赶到，英方顿时溃不成军。“福尔米尼战役”英军折兵近4 000，几乎全军覆没，这是自1314年“班诺克本战役”以来英格兰最大的惨败。

莫林斯死后议会集中火力猛批御前会议首席大臣萨福克，内忧外困夹击的亨利六世被吓唬得坐卧不安，他被迫顺从大家的意思，表面上暂时把萨福克“拘禁”于伦敦塔，却又悄悄筹划增强萨福克地位，下令把自己年仅7岁的表妹玛格丽特·博福特（1444年自杀的第一代萨默塞特公爵约翰·博福特的独女）许配给萨福克的儿子。亨利六世的初衷是保护岌岌可危的宠臣萨福克，使他与具有王族血统的博福特家族联姻，能提升其家族血统地位，表明国王对他的支持。

议会获知消息后炸了锅，他们认为王后还未生下子女，这是“大奸臣”萨福克的狼子野心，意在让自己未来的孙子谋夺王位，以前对萨福克只是言辞激烈的抨击，现在已接近咆哮式的咒骂。不能说萨福克担任御前会议首席没有半点私心，但议会控诉萨福克的大多数罪名纯属子虚乌有，如“充当法方间谍”“出卖英格兰领土”“盗用王室资金”，另一些指控也是鸡毛蒜皮的小事儿。萨福克只是奉旨办差，大家不敢直接攻击国王，只能拿他撒气而已。

亨利六世命令萨福克1450年3月17日前往议会辩解，萨福克态度傲慢地指责那些罪名均为捏造，不仅进一步激怒议会，伦敦城里亦民情汹涌。对外军事不断失利，王后眼见大势不妙，说服亨利六世适当让步，承认议会指控的部分罪名，流放萨福克以让他躲避政治风暴。

萨福克给儿子写去一封言辞悲壮的告别信，要他继续忠诚于上帝和君主，4月30日乘舟出海流亡，准备前往加莱，勃艮第公爵菲利普已答应收留遭国人唾弃的萨福克。萨福克的船只驶出不久被一艘名为“尼古拉斯塔号”的英格兰战舰拦截，舰上的人盘查出萨福克的身份后对他实施了一场羞辱性审判，宣布判处“卖国贼”死罪，用生锈的剑连砍数次，将萨福克的头割下来，剥去他的赤褐色长袍和带有金属铠甲的天鹅绒紧身衣，把尸体扔在多佛港海滩。这次私刑处决案从未得到追究，也不知是否有幕后主使者。

诺曼底军事崩盘还在持续，内部社会动乱已经开始。诺曼底陆续撤离或逃回的散兵游勇首先在南部沿海地区造成治安问题，有些身无分文四处乞讨，有些大肆偷抢为祸乡间，有些因犯罪被绞死，还有些借着民众对战争失败的怨愤，煽动大家发泄对朝廷的不满，攻击地方官员。萨福克遇害之后两个月，暴力活动在东部和南部各郡蔓延。7月份萨福克郡两个农民在集市上张贴传单称：“国王是个蠢货，应该另择明君”，两个农民虽然遭受严惩，但平民公然如此侮辱国王的事件实在罕见。

进入夏季，肯特郡发生有组织的反朝廷起事，这是1381年“瓦特·泰勒起义”以来最大规模的民间暴动——“杰克·凯德起义”。起义领袖杰克·凯德的生平资料匮乏，从他提出的口号来看，其身份绝非普通平民，明显阅历丰富，颇有胆识，很可能是来自苏塞克斯的士绅。他曾在一位骑士家效劳，从诺曼底服役归来，属于平民中的佼佼者。

暴动参与者的阶层分布广泛，以工人、水手、农民为主，还有一些小吏和商贩，领导阶层有18名大乡绅、72名士绅、3名治安官、2名议员、1名参加过阿金库尔战役的骑士。他们认为自己发起的不是“军事叛乱”，只是诉求清明政治的“武装抗议”，同时表达对法军事失利的愤怒。

起义发源地肯特郡以及诸多民众参与的苏塞克斯郡、威塞克斯郡恰是英格兰最富裕的地区，工资与生活水平高于其他地方，人们的受教育程度高，民族观念较早萌芽，政治意识的发育走在前面，贫穷的北方反倒比较安静。另外还有更深层次的经济原因，肯特郡作为纺织和贸易中心，1448—1450年呢料出口量从2 078匹剧降到237匹，当地遭受严重的经贸萧条冲击，有些士绅和商人对政经形势不满，与怨愤的下层破产者、失业者共同酿成这次大起义。

杰克·凯德的矛头直指宫廷党，要求收回国王赐给腐败权贵的土地，呼吁整顿财政，惩治贪吏，改善征税方法。他们明显同情约克公爵，反感宫廷党，向社会发表声明："国王应该重用真正血统高贵的贤能之士约克公爵，而他却被虚伪的卖国贼萨福克及其狐朋狗党驱逐，也应该重用埃克塞特公爵、白金汉公爵、诺福克公爵等高贵王公……"杰克·凯德向伦敦进军时，故意把名字改成"约翰·莫蒂默"，意在暗示人们约克公爵母系的莫蒂默家族血统早年曾有王位继承权，此事已多年无人提及。

宫廷党相当恐慌，认为造反者实质上想"改朝换代"。约克公爵对朝政的批评在民间已广为人知，很多方面与造反者们的诉求吻合，不过没有证据显示当时在爱尔兰的约克操纵了这些事件。但他任职法兰西多年，在驻法英军中拥有很多支持者，这说明某些返国的驻法英军官兵在起义中发挥了影响，那些隐藏多年的王室家族恩怨史，绝非不出远门、目不识丁的平民所能知晓。

起义部队6月初推进至伦敦南郊，伦敦有产者们被近期各地暴乱中的烧杀抢掠消息吓坏，沿泰晤士河岸摆上大炮，用驳船封锁河道。宫廷党断然拒绝造反者们的政治诉求，征集军队准备镇压，杰克·凯德决定暂时撤回肯特，等待苏塞克斯的支援。宫廷党劝说亨利六世果断追击，但王后却主张把军队分成两支，一支保护国王，让汉弗莱·斯塔福德爵士兄弟俩率另一支追击起义军。一番血腥搏杀之后，起义部队损失惨重，但居然击败了兵力被分散的王军，斯塔福德兄弟阵亡。消息传来导致亨利六世身边的王军大部分哗变，他们宣布加入杰克·凯德的队伍，高喊："我们要处死卖国贼"，随后掳掠和焚毁诸多宫廷党大臣的宅邸，国王夫妇率余部仓皇逃到伦敦东南的格林威治避难。

亨利六世被迫下诏答应造反者的要求，宣布将组建一个委员会来审理腐败官员和"卖国贼"，还下令逮捕造反者最痛恨的肯特郡长——宫廷党成员威廉·克劳莫，把他关进伦敦塔。这些举措未能安抚造反者，他们被先前的胜利鼓舞，认为继续进军将获得更大的胜利。6月29日，杰克·凯德率领人马以高昂士气再度推进到伦敦南郊，国王夫妇逃到沃里克郡的肯尼沃斯城堡避难。同一天，宫廷党重要成员，威尔特郡的索尔兹伯里主教，萨福克的密友威廉·艾斯库被当地暴乱者打死，他的罪名之一是曾经给安茹的玛格丽特主持婚礼，暴乱者认为他最大的罪状是“经常劝说国王节欲，尽量避免夫妻生活，以至于生不出继承人”。

伦敦下层平民热烈欢迎造反队伍，事已至此，伦敦市长召集市议会商讨是否让起义军进城，结果仅有一个市议员反对。杰克·凯德7月2日以胜利者姿态傲气地开进伦敦，立即处决了威廉·克劳莫等数名宫廷党官员。临时大规模聚集的人群缺乏组织性，随着造反者数量膨胀，杰克·凯德对鱼龙混杂的队伍失去约束。这么多人的开销从哪来？他们开始偷窃和抢劫（以肯特郡人为主），很多人掳到财物后远走高飞，连杰克·凯德自己亦参与抢夺了大量珠宝，伦敦市民发现他不再是“正义的捍卫者”，“革命队伍”中的正直士绅们对当前状况灰心丧气，离他而去。伦敦市议员作为有产者代表对迎接造反者进城后悔莫及，他们开始商议如何驱逐杰克·凯德。

军官马修·高夫率领伦敦塔守卫部队对杰克·凯德实施突袭，街头搏杀异常血腥，马修在战斗中被杀，20余名伦敦人和200多名肯特郡人死亡。杰克·凯德意识到在伦敦已站不住脚，下令烧毁吊桥，撤退到泰晤士河的萨里郡一岸，把自己与伦敦塔守军隔开。王后派人与杰克·凯德谈判，承诺满足他提出的改革要求，只要放下武器回家便既往不咎。杰克·凯德别无选择，率领自己还能号令的小股武装，带着劫掠的财物沿河而下，曾试图夺取泰晤士河口谢佩岛上的王后镇城堡，未取得成功。苏塞克斯郡长已悬赏600英镑通缉杰克·凯德，对他的特赦形同作废。

声势浩大的起义瞬间作鸟兽散，国王夫妇7月12日返回伦敦，杰克·凯德同一天被肯特郡新任郡长亚历山大·伊顿抓获，不过他在受审判前因为战伤而死亡。起义虽被平息，但它是社会动乱的开幕式，而且外忧仍在蔓延。

第五节
约克党与兰开斯特党

“瑟堡沦陷了，瑟堡沦陷了”，国王夫妇回到伦敦还没安稳几天，又一个令人沮丧的消息跨海传来。瑟堡位于科唐半岛顶端，是诺曼底地区英军手中最后一个要塞。1450年8月12日瑟堡向法军投降，意味着诺曼底全境沦陷，英格兰在法领地只剩下北部的加莱港和西南部的加斯科涅。两年多时间，亨利五世征战法兰西创下的功业大多数化为泡影。

从小在长辈庇护下成长，依赖性极强的亨利六世失去萨福克公爵后缺乏安全感，瑟堡沦陷的好处是他信任的叔叔萨默塞特公爵能返国了，总算有点心理上的安慰。远在爱尔兰的约克公爵密切关注着英法时局，听说诺曼底全境丢失怒不可遏，致信国王要求把萨默塞特当作“卖国贼”逮捕。亨利六世勉强回复约克“会认真考虑你提出的建议”，王后坚决不同意约克对萨默塞特的指控，在她的干涉下，萨默塞特不仅重新进入御前会议，还被委以“英格兰元帅”（相当于中国古代的大司马）之职。

让亨利六世夫妇更加恐慌的消息接踵而至，9月7日，约克公爵在未获得国王诏令的情况下擅离职守，从爱尔兰渡海返回威尔士，在威尔士召见了多名地方小贵族后聚集起4 000余人向伦敦进发。宫廷党大惊失色，认定约克造反了，“乌合之众”的暴乱容易平息，大王公领导的反叛则后果不堪设想。王后认为，约克返国的威胁比丢失诺曼底还要严重，他们劝说亨利六世下诏逮捕约克。

约克公爵不是起兵造反，而是决定不再继续忍让，乱局之下应该采取行动反对宫廷党，以“改革者”面目入主中枢，但这的确有点“兵谏”的味道。他一要力求自保，担心总有一天落得汉弗莱和萨福克的下场；二要给自己讨个公道，为自己的血统和贡献在朝廷取得一个相称的职位；三要敦促朝政改革，结束社会混乱状态。约克一路上打出“建立好政府”的口号深受欢迎，不断有人踊跃加入，并且顺利避开前来拦截他的人。据编年史家称，抵达伦敦时人马扩充到5万人，这个数字可能太过夸张，但表明民间对这位大贵族的期待。

9月29日，约克公爵浩荡的人马进抵首都，生米煮成熟饭，但没有发生宫廷党预料的骚乱，约克径直来到威斯敏斯特宫发表演说，痛诉心中的怨气。亨利六世被迫接见约克，约克首先抱怨国王对他下达逮捕令，其次向国王表示自己忠诚不二，再次向国王声明他作为当下最优先王位继承人的高贵血统，最后递交国事控诉状和人民陈情书。约克不忘对国王强调，王室拖欠他的巨额债务迄今大部分仍未还清。

见对方申明忠诚，亨利六世忐忑不安的心情总算平静下来，尴尬地给予安抚，说“逮捕令”只是一个误会，愿意倾听改革建议，以后会让约克公爵在朝廷分享他应有的权力。国王如此表态，约克也不好再说什么，撤退到自己在北安普敦的费斯林罕城堡，等待11月份国王召开议会看讨论结果。

11月6日议会开幕前，伦敦比往常更为热闹，街道上人马喧哗，前来参会的各地领主率领穿着自己家族号衣的武装随从陆续抵达，约克公爵从费斯林罕进入伦敦开会也带来3 000人马。这届议会非比寻常，空气中充满着火药味儿，约克与萨默塞特将有一番激烈角逐，约克党和兰开斯特党的成形正是源于这段时间的议会斗争。

上院在两派之间保持“中立”，下院热情支持约克公爵。事态的发展并未如约克公爵盘算的那般顺利，他想谋求御前会议首席大臣的企图落空，唯一最大的胜利就是他的追随者威廉·奥尔德霍尔爵士被下院推举为“发言人”。约克大主教约翰·坎普试图把大家的焦点从党派之争转移，主张多讨论强化加斯科涅防务的事宜，警告大家法王查理七世蠢蠢欲动，但无人关心他的提议。

约克公爵血统高贵，民间有良好口碑，镇守法兰西有过贡献，深受驻法官兵同情，得到下院支持。身为英格兰最富裕贵族，为何总在仕途上不得志，与中世纪常情相悖？这与约克的性格有关，他身材中等，长着一张严肃国字脸，高傲自负，荣誉感强烈，思想传统而保守，处事作风理性，与人交往总保持距离，给人不易亲近的印象。约克在大贵族中虽然敌人不多但朋友也少得可怜，这在完全由大贵族主宰的时代是政治博弈的劣势，多年来约克备受宫廷党挤压，御前会议和上院几乎无人为他抱不平。多数贵族就算不喜欢宫廷党，也很难垂青性格高冷的约克。约克经常强调自己王位继承序列的双系血统，令亨利六世夫妇相当反感，对他入主中枢反倒是个障碍。

除了英格兰地产收入最多的大领主这个天然优势外，约克可以利用的就是兰开斯特王朝内忧外困的时局，其次是平民和下院的支持，约克家族的支持者主要是来自东部和南部的骑士、乡绅、士绅、工商业者。博弈态势不明朗的情况下多数贵族宁愿保持中立，必须站队时以利益为导向选择阵营，当然有时候局势太过凌乱，力量对比不分明，并非每个人都能判断准确。若不是时局崩坏至此，约克想出头真是难于上青天。

目前支持约克公爵的大贵族有第三代诺福克公爵约翰·莫布雷，他与约克有几重亲戚关系，他的母亲凯瑟琳·内维尔是约克公爵夫人的姐姐，诺福克本人与埃莉诺·鲍彻结婚，妻子的兄长为亨利·鲍彻子爵，亨利·鲍彻的夫人是约克公爵唯一的姐姐约克家的伊丽莎白。约克是诺福克的姨父，同时又是诺福克大舅子的妹夫，中世纪贵族的重名令人眼花缭乱，家族、政治、利益三大关系同样盘根错节，说起来约克跟博福特家族关系也不浅，他的岳母博福特·琼是现任萨默塞特公爵的姑姑。

另一位支持约克公爵的大贵族是第十三代德文伯爵托马斯·库特尼，他的妻子正是现任萨默塞特公爵的妹妹。德文伯爵原本为正宗博福特派成员，博福特大主教去世后萨福克成为新兴的宫廷党领袖，他与宫廷党的关系逐渐淡漠。德文伯爵支持约克有私人目的，他正面临领地内的权威危机，想拉拢这位最富裕的大王公当盟友，在家族私战中给自己壮大声势，压制库特尼家族领地内崛起的本维尔家族。

威廉·本维尔，乡绅家庭出身，追随亨利五世征战法兰西，因才干出众得以不断提拔，获封为骑士，先后担任过德文郡长、王室康沃尔公爵领总管、加斯科涅王家总管等职，他的靠山是萨福克的朋友、宫廷党的中坚人物威尔特伯爵詹姆斯·巴特勒。有此依凭，本维尔家族在德文郡团结起很多士绅、佃户对抗库特尼家族，德文伯爵不容领地内出现挑战，频频发起私战，却多次碰壁，拿对方无可奈何。

御前会议曾调停过两个家族私战，亨利六世把他们召集到面前要求和解，让威廉·本维尔在法兰西服务，委任德文伯爵为康沃尔公爵领总管，利益上做出了平衡。两人都调离德文郡后，家族争斗在15世纪40年代中期暂停了几年。1449年威廉·本维尔被册封为男爵，正式跻身贵族行列，家族势力进一步增强，德文伯爵因此对宫廷党大为不满，出于自身利益考量转而支持约克公爵。

大贵族中约克公爵还有两位潜在支持者。

第五代索尔兹伯里伯爵理查德·内维尔——第一代威斯特摩兰伯爵拉尔夫·内维尔与第二任妻子琼·博福特所生之长子，威斯特摩兰的领地和爵位由拉尔夫第一任妻子所生的长子继承，理查德·内维尔与第四代索尔兹伯里伯爵托马斯·蒙塔古的独生女艾丽斯·蒙塔古结婚，托马斯·蒙塔古死于1429年奥尔良围城之役，理查德·内维尔以妻之名承袭蒙塔古家族的爵位与产业。

理查德·内维尔有位与自己同名的长子——第十六代沃里克伯爵，发迹过程亦跟他相同。小理查德·内维尔娶第十三代沃里克伯爵理查德·贝切姆的女儿安妮·贝切姆为妻，老沃里克伯爵逝世后，儿子和孙女承袭爵位不久皆先后病死，女儿安妮就继位为第十六代沃里克女伯爵。小理查德·内维尔的婚姻为他带来极为丰厚的回报，以妻之名兼领了贝切姆家族的爵位与领地，他与约克公爵、白金汉公爵同列英格兰三大最富有贵族。

索尔兹伯里父子分别是约克公爵夫人塞西莉·内维尔的兄长和

侄儿，双方家族关系比较亲近，但目前约克与宫廷党的斗争中，他们父子仍保持中立态度。

萨默塞特与约克公爵较量同样有其优势和劣势。

他的血统同样高贵，与约克公爵都是离王冠最近的人，他是冈特的约翰之孙子，若从兰开斯特王朝的角度审视血统，他的王位继承权当然优于约克，何况约克的父亲是被亨利五世处死的“反贼”。亨利四世1407年颁发“博福特家族继承王位禁令”，这是萨默塞特身份的最大缺憾，不过若现任国王无视先王法条，也不是多大障碍。

因为并非家族长子，博福特家族的遗产多被已故兄长的独生女玛格丽特·博福特继承，萨默塞特每年仅有300英镑地产收入，与其地位不相吻合，但他最大的优势是属于兰开斯特支系，深受亨利六世夫妇信任，在宫廷党大贵族中人脉深厚。国王夫妇为强化萨默塞特的力量，用私人收入给他发放年金，通过委任他担任各种职务获取地产和薪水，使其年收入达到2 000英镑。

约克公爵常以对法军事崩盘讥讽萨默塞特“平庸无能”，不尽然符合事实。1436年勃艮第公爵翻脸围困加莱港，成功领导防卫的正是现任萨默塞特公爵。约克在法的军事履历中也没多少值得大肆炫耀的功绩，他们两个人只是机运问题，面对查理七世当下的进攻，谁主政法兰西都无力回天。

11月开始的议会斗争一直延续到第二年，约克公爵试图利用下院抗争将宫廷党一网打尽，这个谋划的难度非常大，那个时代的下院权力与17世纪末期有天壤之别。宫廷党成员多为大贵族或其代理人，他们很多人同时是御前会议成员和上院议员，如果约克控制朝廷，必然会有损他们现在的地位。利益决定着政治立场的抉择，况且没有哪位大贵族会希望平民的下院主导政治。

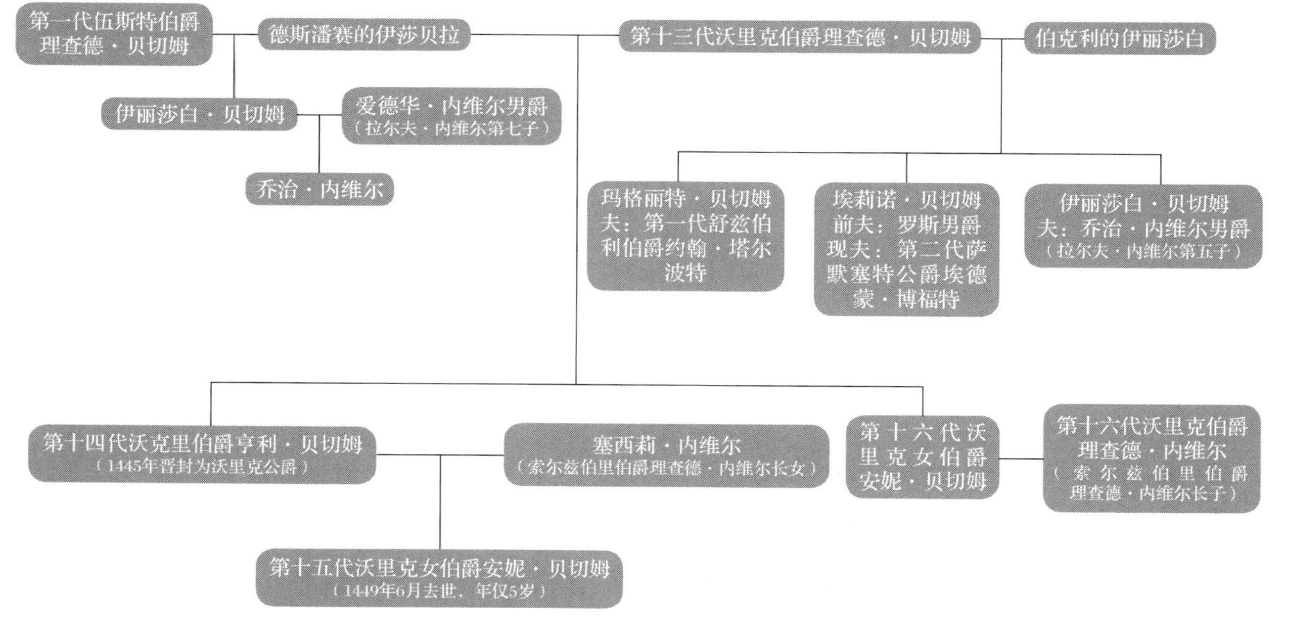

内维尔与贝切姆家族关系图

12月1日，约克党激烈抨击萨默塞特，亨利六世为了保护萨默塞特安全，暂时把他“拘押”在伦敦塔，王后收到消息后强力介入，坚决要求放人，萨默塞特被关押数小时后获释。一群被激怒的约克党徒和伦敦平民袭击萨默塞特并洗劫了他的临时住所，要不是德文伯爵及时把萨默塞特接到泰晤士河上的船里避难，他恐怕已一命呜呼。第二天，又有数名宫廷党的士绅遭洗劫。

第三天亨利六世忍无可忍，带着自己全副武装的领主们和两个都铎弟弟，率1 000余士兵在伦敦城里武装游街以示抗议，随后前往格林威治庆祝生日。伦敦市长那阵子就没睡过安稳觉，每天率领巡逻队四处戒备，生怕哪里擦枪走火给城市带来战祸。那年亨利六世的生日和圣诞节都过得相当郁闷，约克党的发难让他心烦不说，靠四处借钱才勉强应付了节日开销。

1451年1月议会再度开幕，威廉·奥尔德霍尔在下院发起动议，要求放逐和审判30名宫廷党成员，名单上萨默塞特名列首位，还包括萨福克公爵夫人、林奇菲尔德主教威廉·鲍斯等一干宫廷党要人。亨利六世表示“不明白为何要把自己身边的大臣都驱逐”，但他试探性表态，同意把他们解职并把一些人放逐出宫一年。

约克党只取得一点小成就，有几位地方上的宫廷党低级成员被送去审判，接下来的行动很快遭遇阻力，大贵族们对约克党的建议越来越冷淡。亨利六世敷衍一阵后拒绝兑现诺言，进一步采取强化宫廷党的措施，加封自己弟弟埃德蒙·都铎为里奇蒙伯爵，委任萨默塞特出任加莱镇守。国王是想让政敌集中火力攻击的萨默塞特出国暂避政治漩涡，另外加莱镇守掌握着可观的武力，还有一份不菲的薪水。如果争取不到御前会议首席的职位，加莱镇守是约克公爵的次要选择。为安抚反对派，稳住约克潜在的盟友，亨利六世册封索尔兹伯里伯爵的另两个儿子约翰·内维尔、托马斯·内维尔为爵士。

约克党提出的另一建议相当中肯，力陈王室负债37.3万英镑的财政窘况，要求对王领土地重新整顿，压缩庞大宫廷开支，不过目前激烈的党争中，财政改革根本无法实施。

斗争拖延到5月份未果，约克公爵情急之下使出一记“昏招”，让自己的支持者、下院议员托马斯·扬提出动议：“鉴于国王与王后至今未生下子嗣，为确保王国的安全，请立约克公爵作为国王的继承人。”这个动议在大贵族中引发严重不安，可怜的托马斯·扬被逮捕入狱。议会向国王递交请愿书，抗议侵犯议员的言论权和人身权，要求释放扬，可约克党的诉求在贵族中应者寥寥，宫廷党置之不理，亨利六世趁势宣布解散议会。

内外危机夹逼下的激烈斗争中，宫廷党再次获胜。亨利六世与理查德二世的情况大为不同，虽然前者性格软弱，后者性情刚烈，但亨利六世有兰开斯特家族几位王叔长期忠心庇护，还有一个强势的宫廷党大贵族集团支撑，冈特的约翰通过子孙构筑的关系网络遍布朝野，挑战者约克公爵却贵族朋友寥寥；理查德二世是金雀花长支独苗，身边只有一群根基浅薄的小朋友，撼动他的却是兰开斯特斯和约克两位大王公家族。

英格兰党争期间，法王查理七世同样忙碌不已，攻陷诺曼底全境后他惊喜地发现忙于内讧的敌人无暇他顾，遂将目光投向英王在法最后的大块领地——加斯科涅。英格兰派人传话给查理七世，若能保住诺曼底和加斯科涅，英王愿放弃法兰西国王的头衔和王位诉求。可惜此一时彼一时，如今查理七世实力强大，岂容英王用无人在乎的空虚头衔交换唾手可得的土地。

1451年4月，查理七世挥兵攻入加斯科涅，包围首府波尔多，同时命令布列塔尼舰队封锁纪龙德河的出海口，阻止英军前来救援。6月23日，进行象征性抵抗后，波尔多投降，一周之后查理七世在万名士兵簇拥下入城宣示主权，一时风光无限。两个月后，加斯科涅第二大城市巴约纳也向法军投降，英王在法领地仅剩孤零零的加莱港，查理七世奋斗30余年终于完成光复国土的伟业，迎来人生最辉煌时刻，全国皆颂“胜利王”。

约克公爵发现自己在贵族中过于孤立，决定暂时回到什罗普郡的鲁德洛行宫，在地方发起舆论战，加斯科涅沦陷给他提供了更多攻击宫廷党的口实。约克意识到用合法手段挫败宫廷党几无可能，开始考虑动用武力。内战幽灵徘徊在英格兰上空。

第六节
英格兰国王疯了

“国王适合退隐于修道院更胜过待在王宫里，他放逐自己的方式是把权力让渡给一位女人，根据英格兰法律，王后除了头衔之外不该享有政权权力”，1451年秋天，约克公爵的情报人员四处传播这样的说法。

利用教堂、市集发布政治观点，使用情报员刺探消息和散布传闻，通过云游诗人传播影响力，这样的公关战与情报战手法在西欧15世纪政治斗争中已司空见惯。肯特、东盎格利亚、苏塞克斯在杰克·凯德起义期间闹得最凶，成为约克公爵重点公关地区，他向地方主教、贵族、议员、骑士送去呼吁信，希望大家支持他的政改观点。

约克公爵的作为让王后和萨默塞特与之誓不两立，王后认定约克是为谋反制造声势，不断敦促亨利六世采取军事行动，性格宽厚的国王支支吾吾难置可否。恰值苏格兰的南境守护道格拉斯伯爵前来访问，王后与他拉近关系，希望双方缔结军事同盟。道格拉斯承诺，若英王不能打赢约克，他将率军前来协助。王后自以为精明却不具备成熟的政治头脑，苏格兰是英格兰的宿敌，引仇敌军队入境只会增加国人的恐慌，幸好道格拉斯回国不久就遭谋杀，两人的密谋未能实现。

国王派人送信给约克公爵，指责他对自己顾问们的攻击令人心烦，希望赶紧罢手。约克召见舒兹伯利伯爵约翰·塔尔波特、赫里福特主教，恳请他们捎话，自己绝对忠诚于国王，若不信可请国王派几位领主来接受他最神圣的宣誓礼仪。国王再派人通知约克，他可以到考文垂去参加御前会议，约克考虑到那里是兰开斯特家族的重镇，怀疑是阴谋，拒绝前往。只要王后能轻易摆布亨利六世，这样的交流就毫无意义。

约克公爵犹豫是否再度武装逼宫，德文伯爵怂恿他尽快行动，承诺可以提供支持。1452年2月，约克召集部队发起“向伦敦进军”的运动，王后催逼亨利六世召集王军前来围堵，委托第一代白金汉公爵、威廉·本维尔男爵指挥。两边仍继续开打公关战，要求各地领主响应。重视荣誉的约克尽量避免与王军遭遇，仍然不想引爆内战，担心被扣上“叛国”罪名，行军至伦敦，发现曾经欢迎自己的首都居然已布好防御，不准约克军进入。他绕开伦敦开拔到两次平民大暴动的起源地肯特郡，试图吸纳更多支持，行军至肯特的达特福德时，约克大感失望，彻底明白是怎么回事。

3月1日驻扎达特福德，约克公爵发现肯特郡异常安静，率兵前来响应自己的领主只有德文伯爵及其朋友科巴姆男爵。贵族和主教们都应召跑到国王那边去了，其中包括老朋友舒兹伯利伯爵、内兄索尔兹伯里伯爵、侄子沃克里伯爵，他们之前一直持中立态度，就连热烈支持自己的诺福克公爵这次也站到国王一边，去年议会斗争期间诺福克虽然支持约克，但不表明到了愿意支持武装对抗的程度。

贵族们纷纷写信要求伦敦市长不准约克公爵进入，伦敦就算再喜欢约克党人，但眼见领主们几乎都站在国王一边，岂敢不给面子。当然需要说明，约克虽然贵族朋友不多但敌人也很少，诺福克、索尔兹伯里父子、舒兹伯利他们并非跟约克敌对，只是不赞同武装对抗国王，试图扮演调停人角色。两军陈兵列阵已毕，约克在兵力上占优势，但仅获得两个贵族支持，向来理性的约克必须考虑发生冲突的后果。

一个热爱和平的国王率领一群不想开战的领主，面对一位缺乏贵族朋友的公爵，两边的战斗欲望都不强烈。尽管气氛如此紧张，这个仗要打起来很难。

王后派温彻斯特主教、伊利主教、索尔兹伯里父子几位较中立的贵族前去与约克公爵谈判，希望他立即“悬崖勒马”。约克立马表明他一向忠诚于国王，绝不想刀兵相见，只要满足两个条件，他即刻解散军队：一是惩罚罪人萨默塞特；二是获国王指定为无子嗣情况下的王位继承人。

两位主教回营，趁王后不在国王身边时汇报情况，敦促国王尽快允诺以解除战争危机，亨利六世犹豫片刻，批发一张萨默塞特的逮捕令，两位主教松了一口气，赶紧前往约克军营告知情况。约克公爵听说国王已答应自己的要求，重视荣誉感和诚信的他果不食言，马上下令解散军队，准备随两位主教第二天前去晋见国王。

第二天早上王后得知国王批捕心腹重臣，怒不可遏，拉着萨默塞特冲到亨利六世的营帐大吵大闹，患有严重“妻管严”的国王突然慌神，不知如何处置。正在这时，约克公爵和德文伯爵走进国王营帐，他俩顿时惊愕不已，发现萨默塞特居然站立在亨利六世身旁。约克克制住情绪向国王行礼，随后继续数落萨默塞特的罪状，他还没说完，就被国王和王后的争吵打断。王后要求立即逮捕约克，亨利六世拒绝执行，但表示会让萨默塞特获得自由。约克实质上遭到“软逮捕”，被押解回伦敦的途中，被强令骑马在国王前面开道。

返回伦敦后，国王未审判约克公爵，首先是自己违背诺言在先，其次这样做等于拂逆居间调停的索尔兹伯里父子颜面，况且公审约克很容易演变成对宫廷党及萨默塞特丢失法兰西领地的指控，引起舆论沸腾。朝廷召集了一场大型集会，约克被迫在圣徒保罗画像前宣誓，今后将绝对忠诚于国王，不再“制造混乱”，否则以叛国罪论处。数周后国王释放约克，一切恢复正常，萨默塞特仍然领导着宫廷党控制朝政，改革事宜也无人问津。约克这些年来的所有政治努力无一成功，反而屡遭羞辱，多少有点心灰意冷，几乎不再过问政事，党争倒暂时平息下来。

亨利六世、王后玛格丽特、约克公爵的独特性格共同铸就玫瑰战争令人啼笑皆非的开篇，他们三人缺一不可。亨利六世的懦弱仁慈对危机时代的国家治理无甚裨益，但在与约克斗争中又成为他的优势，所有贵族都喜欢一位宽纵下属的国王；如果国王对政敌果决老辣，或者不受王后干扰能摆平争端，也不至于令危机久拖不决。约克太过重视荣誉，处事刻板，为人冷傲，不善于拉帮结派和施展权谋，关键时刻缺乏豪赌勇气。王后争强好胜，不懂妥协，政治上不够成熟，她的积极干政常让争端难以消解，屡次制造政治危机。

诺曼底爆发战事以来，当地一部分识时务的贵族及时转变立场投靠法王，保全了地位和财富，而那些在法拥有领地的英格兰贵族、法兰西亲英人士，则丢失土地和财产，家族衣食无着，不是向英王发去求援信，就是加入难民大军渡海逃亡至英格兰，一派末日景象。亨利六世和萨默塞特明白，要重振王室威信，彻底瓦解约克公爵的挑战，扭转宫廷党的困境，唯有对外战争取得胜利。

至1452年，基于对新时局的判断，朝廷对加斯科涅还未死心。加斯科涅与诺曼底不同，已被英格兰统治300年，当地人视自己为英王臣民，相较法兰西直接的苛严统治，加斯科涅人更喜欢英王隔着海峡的宽松自治政策。波尔多方面派来密使，殷切企盼英王收复加斯科涅，承诺将群起响应。恰值根特等低地城市发生反法暴动，查理七世分兵前往镇压，加斯科涅的法军防守力量薄弱。亨利六世和萨默塞特感觉到希望，认为这是收复加斯科涅的大好机会，若成功则能堵住约克党人嘴巴。

谁可担当远征加斯科涅的重任呢？朝廷自然想到名将舒兹伯利伯爵——“英格兰英雄”“我们的老塔尔波特”。

1449年10月“鲁昂之役”战败，塔尔波特作为俘虏被囚禁到1450年7月才获释，他完成罗马朝圣之旅，回到自己领地原本打算安享晚年。塔尔波特接到国王诏令赶往伦敦，得知要他再度挂帅出征，为英格兰收复加斯科涅。时年66岁[①]的塔尔波特在中世纪已属罕见高龄，他不敢辜负国王重托，欣然接受“法兰西总督”之职，答应率军远征。

因缺乏经费并且要低调行事，远征计划进展缓慢，小心翼翼

① 民间都传说他80岁高龄挂帅出征，很多早期的史书亦采纳了错误的说法。

筹备半年之久，塔尔波特1452年9月2日才率领3 000士兵登船出发。10月17日，英格兰舰队驶入纪龙德河，波尔多全城沸腾，欢呼声响彻云霄。当地人纷纷暴动，攻击法兰西官员，迎接英军。6天之后，塔尔波特在市民的热烈欢迎中进入波尔多，从市长手中接过城市钥匙。在波尔多站稳脚跟后，塔尔波特兴兵对周边地区攻城拔寨，重新恢复英格兰对加斯科涅的统治。

老塔尔波特貌似真的创造了“奇迹”，这可能是亨利六世人生中难得的幸福时光，他欣喜若狂，就指望扭转战争颓势重振王权，这场胜利对他来说如同久旱逢雨。

亨利六世和萨默塞特决定借着胜利顺势强化王室亲族们的地位。11月份，国王加封幼弟贾斯珀·都铎为威尔士的彭布罗克伯爵。前任萨默塞特留下的独生女玛格丽特·博福特原本许配给萨福克的儿子，亨利六世取消婚约，决定把她嫁给长弟埃德蒙·都铎。国王到现在仍无子女，埃德蒙·都铎是国王信任的同母异父弟弟，但缺乏王族血统而没有王位继承权，玛格丽特·博福特有兰开斯特王族血统，虽然有亨利四世当年的禁令，但国王可想办法突破障碍，如果他们能生出儿子，亨利六世可指定其为无嗣情况下的继承人，断绝约克公爵想当假定继承人的念想。国王夫妇认为，指定博福特家族和都铎家族生出的孩子当继承人，比指定被约克党仇恨的萨默塞特当继承人阻力更小。

1453年初，传来另一个天大喜讯，王后终于怀孕了。塔尔波特创造的奇迹、两位弟弟的政治与婚姻布局、王后的喜讯、约克党的静默，都让亨利六世和萨默塞特感到时局已拨云见日。一切照此发展下去，国王和宫廷党的确可以高枕无忧，但不要忘记，时代不同了，英雄改变不了大趋势！

时局进展的最关键一环在加斯科涅。塔尔波特的远征，查理七世早有所闻，但法方最初判断英军可能会按老惯例在诺曼底登陆，并未强化加斯科涅的防范，英军收复加斯科涅后，查理七世整个冬天都在备战。1453年3月低地城市的叛乱被彻底平息，入夏后一切准备就绪，查理七世令法军主力集结南下，兵分三路挺进加斯科涅，会师地点定在波尔多。

法军一方，查理七世指派63岁久经战阵的老将简・比尔奥担任指挥官，比尔奥带着7 000名士兵和300门大炮率先攻入加斯科涅的波尔德莱斯镇。6月法军攻陷夏莱斯，以“反叛”罪名处决了当地的市长和元老。7月初，9 000法军推进到离波尔多50公里的市镇卡斯蒂永，完成包围部署。

面对敌人优势兵力，塔尔波特承受着极大压力，他原本打算以防御为主。虽然上一年入冬前，他最心爱的第四个儿子莱尔子爵托马斯・塔尔波特率领3 000名士兵前来增援，但仍然处于敌众我寡的态势。

卡斯蒂永市长骑马奔赴波尔多紧急求救，经不住波尔多和卡斯蒂永市镇官员的一再劝说，塔尔波特改变了原定计划，决定驰援卡斯蒂永。7月16日，未配备炮火的情况下，塔尔波特率军向卡斯蒂永开拔，日落前他领着500披甲骑兵和800骑射兵先期抵达卡斯蒂永附近的利布尔讷镇，把主力部队远远甩在后头。

次日清晨，塔尔波特发现卡斯蒂永附近的圣劳伦修道院驻扎着小股法军弓箭兵，向他们成功发起一次突袭，几个捡了小命的法军士兵拼命往修道院东边逃去。初战小捷令英格兰骑兵士气大振，塔尔波特通过一位前来报信的村民获悉，原来修道院东边有法军大营和炮兵阵地，村民声称看见营地上空卷起大片尘土，法军应该在仓皇逃跑。

法军营地卷起尘土其实是得知英军已抵达，营中的仆役、杂工等非战斗人员策马驱车紧急撤离，而非法军仓皇逃跑。这个不实信息导致塔尔波特做出致命的错误判断，他改变了此前等待后续部队抵达才发起进攻的决定，打算用手头现有1 300余人突袭法军大营。

简·比尔奥布下的营地，三面由尖桩和沟渠防护，一面是陡峭的河岸，营地周边密布各种尺寸的大炮。塔尔波特派出侦察骑兵前往观测敌营，已得知法军阵地的坚固与强大。估计放不下“英雄骑士”的荣誉和尊严，且已下达进攻令，做完战前动员，大家已喝过“壮行酒”，塔尔波特执行了鲁莽的进攻决定。

骑士时代即将终结，塔尔波特仍守护着“骑士精神”。1450年他作为俘虏被释放时发誓：“今后不能穿着铠甲反对法王与法军”，这次上阵他不愿食言，果真未穿护甲上战场。塔尔波特拔剑出鞘喊出冲锋的瞬间，他的形象似乎被定格了——身穿一袭深红色绸缎长袍，头戴贵族的紫色无边帽，两鬓和后脑露出半头白发，这是一幅悲壮的图景。

英格兰骑士们下马拔剑向法军阵地冲锋，口中狂热呼喊着“塔尔波特，圣乔治……塔尔波特，圣乔治”。法军阵地火光闪烁，先是阵阵炮声轰隆响起，待英军冲到火枪射程范围内时，枪声大作，英军遗尸遍地。

眼见大量英军被法军炮火所伤，塔尔波特没有决定撤离，莱尔子爵率后续部队赶到时，他仍然下令继续投入战斗，兴许他认为凭着英勇定能拿下法军阵地，结果后续部队惨遭相同命运。正激战并处于劣势的情况下，突然间1 000余布列塔尼士兵出现于战场，从南边切进英军右翼阵地，阵脚顿时被冲乱，士兵们纷纷被砍倒，旗帜跌落满地。伤亡实在惨重，塔尔波特与儿子聚集起一部分人马，向浅滩方向集结，试图后撤稳住阵脚，不料反而暴露在法军火枪手眼前，他的马被一枪撂倒，一位法军弓箭手拎着斧头冲过来砍死了塔尔波特。

即便没有布列塔尼士兵加入战阵，法军也能轻易粉碎英军。这场以炮火为主的屠杀持续了一个小时，塔尔波特与爱子还有3 500英军含恨长眠于此。世易时移，英格兰长弓兵和下马作战骑士为主的战术不能再称霸欧陆，面对配备大炮与火枪的新式法兰西常备军，英格兰的军事体制和战术已显得陈旧。

塔尔波特军队的覆灭，导致英格兰刚在加斯科涅恢复的统治再度全面崩塌。当法军围困波尔多时，这个心向英格兰的城市仍独立支撑了数月，频频发去求援信息无果，绝望的波尔多最终于10月19日向法军投降，英格兰在加斯科涅地区长达300年的统治史这次是真的终结了。

当世谁也想不到，“卡斯蒂永战役”发生的1453年7月17日，是英法百年战争最后一天，查理七世和亨利六世舅甥二人30余年的较量圆满画上句号。“胜利王查理”“克职尽守查理”，这些无比荣耀的称号永远加诸查理七世身上，与此同时亨利六世注定要永远戴上“懦夫亨利”“无能者亨利”的帽子。

“英格兰英雄，尊敬的老塔尔波特阵亡了！”1453年8月第一个星期，消息传到海峡对岸，前不久还沉浸于喜悦之中的英格兰举国震动，人们再度陷入悲痛与恐慌之中。

莎士比亚说：“懦夫在真正的死亡来临前，已经死亡了千次，而英雄只死亡一次”，不少评论者赞同把这个说法加诸亨利六世和塔尔波特身上。1450年丢失诺曼底后，接连发生下院疯狂围攻萨福克、莫林斯主教惨死、杰克·凯德暴乱、约克党相逼等事件，卡斯蒂永之败令国王回想起过往令人心惊肉跳的情景。32岁的亨利六世终于心理崩溃，患上间歇性精神失常，当时他正驻跸在威尔特郡索尔兹伯里市附近的克拉伦登王家猎苑。

后世有史家认为亨利六世的精神病可能遗传自他的外公法兰西疯王查理六世，可查理六世的子女并未患过这种疾病。即便一个性格坚强的国王，面对连续的重大打击也很难情绪如常，可怜的亨利六世已在内外交困中煎熬了数年，卡斯蒂永噩耗是压垮骆驼的最后一根稻草，何况他不是骆驼，仅是温和的小羊。

第七节
王后与公爵争夺摄政

王后和宫廷党能屡次挫败约克公爵，除了约克自身性格因素以外，主要依靠国王这个金字招牌的权威。尽管亨利六世性格软弱，缺乏主见，但他是涂过圣油的君主。国王精神失常后，无法识别自己妻子和廷臣，甚至不能自行从一个房间走到另一个房间，已经丧失执政能力。王后和宫廷党彻底慌了神，消息又不能长期隐瞒，一个急迫的问题摆在面前：英格兰该如何治理?

宫廷党另一个麻烦出现在1453年下半年，缺乏贵族朋友的约克公爵赚到一个强大后援，时局永远是约克最好的盟友。

15世纪中期，英格兰的家族恶斗愈演愈烈，为争夺地产、佃户、资源，全国多个地区都有德文郡库尼特家族与本维尔家族那样的捉对厮打，东盎格利亚有帕斯顿家族vs.莫林斯家族，格洛斯特郡有特尔伯特家族vs.伯克利家族、斯坦利家族vs.哈灵顿家族。规模最大的私战发生在北方的内维尔和珀西两大家族之间，家兵们穿着领主家的号衣厮杀，俨然正规战争。

贵族们为增进家族影响力广纳家臣，与他们签订服务契约，向他们支付薪水，为他们提供庇护，家臣们平时则穿着绣有领主族徽的号衣，称为“号衣家臣”。其起源可以追溯到爱德华一世时期，15世纪中期从法兰西源源不断退役回来的军人们加速了号衣家臣体系的发育。亨利六世时期变种封建制下的“庇护制社会”已然全面成形，从平民到贵族，每个家族为保障和扩充地产利益，纷纷寻求更大领主庇护，大领主又寻找大王公或宫廷重臣当靠山，逐级输送利益和寻求保护。

国王有权对私战的贵族处以罚款和监禁，亨利六世的御前会议多次实施惩处，私战仍然屡禁不止。频繁的贵族私战也是王廷权威衰败的表现。领主们多生活在农村，乡村深受家族恶斗之害，致使治安状况糟糕，抢劫、强奸、偷窃、诬告层出不穷。只要有靠山，可以巧取豪夺他人的地产和庄园。缺乏庇护的业主，若试图状告势大的侵财者，无人愿为你辩护，没有证人敢出庭作证。强横者如范霍普男爵，在贝德福德市政厅居然召来家兵粗暴地中断法院审判。

《帕斯顿信札》是玫瑰战争时期留下来的最完整的家族信件。生活在诺福克郡海边的帕斯顿家族经过几代人奋斗，从自由农逐渐演变为富裕乡绅，拥有大量地产和庄园，家族子弟接受了较好的教育，通过为地方政府、大领主、宫廷服务最后跻身贵族阶层。信札比较详细地揭示，15世纪40—70年代帕斯顿家族面临各种侵犯财产的挑战，他们为了捍卫家族利益采用过各种手段，包括政治联姻、寻求庇护、打官司，甚至使用武力。

1449年初，帕斯顿家族递交给国王一份请愿书，记录了莫林斯男爵武力抢夺他们家格雷沙姆庄园的情景：“派往上述宅邸的暴徒数以千计……他们全副武装，配备着胸甲、锁子甲、铁盔、短刀、弓箭、盾牌；他们用撬棍推倒房屋，用丁字镐凿破墙壁，用大树干撞门，攻进宅邸后，在下的妻子带着12人在屋里，被他们逐出宅邸……抢劫中他们拿走在下及仆人的所有财物，价值200英镑……他们还公开扬言，如果发现在下和在下的顾问约翰·戴姆及其他仆人，将格杀勿论。”

莫林斯家族声称对帕斯顿家族购买的格雷沙姆庄园有合法继承权，使用法律手段未果便仗势以武力劫夺，莫林斯家族的靠山正是亨利六世最信任的萨福克。那时候帕斯顿家族还未封爵，四处寻找庇护试图夺回家产。直到萨福克倒台后，气焰嚣张的莫林斯家族方才退缩，帕斯顿家族最终拿回庄园。玫瑰战争中帕斯顿家族的政治立场亦经常随利益而摇摆。

北方两大家族——威斯特摩兰伯爵的内维尔家族和诺森伯兰伯爵的珀西家族，因为子弟众多，实力强悍，他们之间的争斗影响广泛，规模蔚为壮观，王权强势时可以约束他们，中央王廷衰弱时则很难调解。

第一代诺森伯兰伯爵反叛兰开斯特王朝遭剥夺爵位，亨利五世时让他孙子亨利·珀西恢复家业，是为第二代诺森伯兰伯爵，但家族有不少地产转移到内维尔家族手中，使得两家为争夺地产与佃户不断增长仇恨。内维尔家族子孙现在又承袭索尔兹伯里伯爵和沃克里伯爵的家业，所以时至15世纪40年代，内维尔的势力占据上风。

进入15世纪50年代，第二代诺森伯兰伯爵的次子埃格雷蒙特男爵托马斯·珀西、索尔兹伯里伯爵的次子约翰·内维尔爵士站在家族私战最前沿，两个家伙在北方领地内纠结人马多次斗殴，驱逐对方佃户，互相毁坏庄园，弄得乌烟瘴气。国王曾三次召唤托马斯·珀西进宫廷调解，他从没来过，并非不给国王面子，而是约翰·内维尔带人四处抓捕他，他担心遭遇伏击。约翰·内维尔曾带人冲到约克郡北部的珀西家领地托普克利夫，威胁佃户们说，如果不告诉他托马斯·珀西藏在哪里，他就把大家吊死。国王多次写信给诺森伯兰和索尔兹伯里，叫他们管束好自己儿子，但没有多大效果。

1453年7月，两大家族纠集5 000兵马准备厮杀，御前会议接到报告，数次发去警告要求他们克制，不得破坏王国的和平。8月24日还是出事了，索尔兹伯里伯爵的三子托马斯·内维尔前往塔特沙尔城堡与克伦威尔男爵的侄女成亲，婚礼结束返家途中在约克郡休沃斯突遭托马斯·珀西的上千家兵袭击，双方展开了一场小型血战。托马斯·内维尔控诉对方想谋杀他，他说对了，只不过说对一半，因为两边都有杀死对方的意图。他的二哥约翰·内维尔为报复此次遇袭，随后突袭诺森伯兰伯爵在约克郡卡顿的一处宅邸，诺森伯兰的另一个儿子理查德·珀西又领兵去烧杀内维尔家族的一处庄园施以报复。

恰好此时沃里克伯爵与萨默塞特卷入一场威尔士的地产纠纷，这处地产原本属于沃里克妻子的贝切姆家族，1450年转归沃里克名下，一般的说法是1453年6月国王稀里糊涂地把这处地产的监护权赠与萨默塞特。两个人互不相让，一直把官司打到宫廷，王后自然力挺萨默塞特，最终惹怒沃里克伯爵，迫使他与兰开斯特分道扬镳。王后在政局微妙的情况下如此处置自然欠缺政治头脑，但也不能说萨默塞特获得这块地产绝无半点道理，背后有错综复杂的家族财产公案，这段家族恩怨的确有力助推了玫瑰战争爆发。

第十三代沃里克伯爵理查德·贝切姆有两任妻子，第一任妻子叫伯克利的伊丽莎白（伯克利男爵之女），他们生有三个女儿：长女玛格丽特·贝切姆，嫁给舒兹伯利伯爵约翰·塔尔波特，男方为二婚；次女埃莉诺·贝切姆，嫁给现任萨默塞特，女方为二婚；三女伊丽莎白·贝切姆，嫁给乔治·内维尔男爵，即拉尔夫·内维尔第五个儿子。

理查德·贝切姆第二任妻子是德斯潘赛的伊莎贝拉，女方也是二婚，前夫为第一代伍斯特伯爵，名字也叫理查德·贝切姆，两任丈夫是堂亲关系。德斯潘赛的伊莎贝拉是约克的康斯坦丝与格洛斯特伯爵德斯潘赛的遗腹女，约克的康斯坦丝即当年坚决反对亨利四世的女豪杰，现任约克公爵的亲姑姑。第十三代沃里克与第二任妻子育有一子一女，儿子亨利·贝切姆娶索尔兹伯里伯爵的长女塞西莉·内维尔为妻（与姑姑约克公爵夫人同名），女儿安妮·贝切姆嫁给索尔兹伯里伯爵的长子理查德·内维尔。

内维尔与贝切姆两个家族的男女互相嫁娶，关系盘根错节，辈分也是乱套的。贝切姆家长支的三女伊丽莎白·贝切姆的丈夫乔治·内维尔，其兄长索尔兹伯里伯爵是自己妻弟的岳父，侄儿理查德·内维尔娶自己妻子的异母妹妹，叔侄俩又是连襟。

第十三代沃里克伯爵去世，唯一的儿子亨利·贝切姆继位为第十四代沃里克伯爵毫无争议。亨利·贝切姆1446年逝世，他年仅两岁的独生女继位为第十五代沃里克女伯爵，这也没有争议。由于小女伯爵尚未成年，家族财产由萨福克、索尔兹伯里伯爵等四人监护。

小女伯爵1449年早夭，继承权就产生了争议。按照先男后女和先长后幼的综合原则，这时候第十三代沃里克伯爵前妻所生的三个女儿应该有优先继承权，他们的丈夫以妻之名也可以提出继承主张，论理大姐夫舒兹伯利伯爵拥有最优继承权，但理查德·内维尔以“妻子是第十四代沃里克伯爵的全血亲妹妹”为由承袭爵位和地产，从而以妻之名成为第十六代沃里克伯爵。

理查德·内维尔继承妻家财产占据天时、地利、人和的优势。他父亲索尔兹伯里伯爵因担任小女伯爵监护人，手里掌握大量地产文件，并在萨福克死后获得实际控制权；妻子安妮·贝切姆的母系出自德斯潘赛和约克两个家族，血统上远比三个异母姐姐高贵；正好姐夫们全在法兰西服役，在家业继承的争夺上理查德·内维尔处于优势。

对于贝切姆家族爵位和财产的继承，长支三个姐姐及其丈夫虽有抱怨但基本上予以认可，但复杂的联姻和财产转移致使部分地产的归属存有争议，引起家族龃龉，官司打了几年。伊莎贝拉与前夫伍斯特伯爵有一独女，女儿虽去世但遗有一未成年儿子，按“全血亲原则”，这孩子对伊莎贝拉从德斯潘赛家作为嫁妆带来的地产可以有全部继承权。理查德·内维尔继承岳父家财产时主张全血亲原则，争夺岳母从娘家带来的财产时却又违反这一原则。威尔士的地产即属有争议的情况，理查德·内维尔使用手段获得一半监护权与实质上的控制权，并力图排斥岳母前夫的后人，同时也是他自己侄儿的继承权。

理查德·内维尔争夺岳父母财产不遗余力，擅长使用法律、收买、恐吓甚至武力在内的各种手段，贝切姆的大多数家臣很快就被他降服。但也有不服气的人，老沃里克伯爵的重要家臣——管家约翰·布罗姆就拒绝服从理查德·内维尔，而是向大姐玛格丽特·贝切姆宣誓效忠，理查德·内尔维解除布罗姆的职务，并两次唆使人袭击对方的领地。

萨默塞特是第十六代沃里克伯爵的表叔，两人又是连襟，沃里克已经通过妻子之名承袭爵位，获得庞大家业，让出一点利益又何妨。萨默塞特继承的博福特家族地产本就不多，加上有王后袒护，自然不愿放弃有争议的地产并只获得一半监护权。萨默塞特是公爵，又是国王夫妇最心爱的宠臣，沃里克心怀忌恨又不便采用非常手段，两个人就这么结下仇怨。沃里克一怒之下决定站在姑父约克公爵一边，约克是英格兰当下最大王公，借助他的力量可以抗衡宫廷党，打赢一切地产官司。实力的天平朝着约克的方向倾斜了几度。

王后犯下弥天大错，沃克里伯爵的倒戈会把势力庞大的内维尔家族推向约克公爵一方，让约克捡个大便宜。约克不擅长交朋友，作为英格兰最大领主，缺乏经济头脑也不谙熟地产经营；沃里克正好相反，头脑机敏，魅力出众，政治手段娴熟，待人接物热情豪爽，尤其擅长经营产业，到1453年地产遍及18个郡，拥有至少12个壮丽的城堡和数百处庄园。一般的公爵岁入约3 000英镑，沃里克岁入3 900英镑，号称“英格兰第一伯爵”。作为索尔兹伯里伯爵的长子，沃里克未来能继承父亲的爵位和产业，他背后还有庞大的家族人脉背景，实力非同寻常。

家族政治立场的变迁令人唏嘘，内维尔家族原本是正宗兰开斯特党，现在投向约克家的怀抱，那么内维尔家族的世仇珀西家族，自然站到兰开斯特一边。

事态进展颇为戏剧化，在亨利六世疯掉让王后失去王牌，约克公爵拥有强大盟友多了筹码之际，王后非常争气地生下一个儿子。

1453年10月24日，王后顺利产下一名健康男婴，取名为爱德华以示纪念忏悔者，约克作为国王无嗣情况下的继承人资格自动取消。约克的支持者四处传播谣言：“孩子不是国王的，而是萨默塞特的。”谣言基于这样的逻辑：王后与国王结婚9年从未怀孕，国王的禁欲观念众所周知，为何在继承人危机的紧要关头，突然间就生了儿子。这听起来似乎很难反驳。萨默塞特可能是中世纪绯闻中最具桃花运的王公，连续被传与两任王后生下儿子。

以约克公爵刻板守旧的性格，他不会编造和谈论这种谣言，但他乐见人们中伤王后，因为符合自己利益。如果人们普遍相信儿子不是亨利六世的，这个孩子就没有继承资格，每当听大家笑谈绯闻时，他只报以沉默，从不加以驳斥。10月24日，萨默塞特以王后的名义召集一次大御前会议，希望让小王子的身份和继承权得到公开确认。他起初悄悄在参会大贵族名单中抹掉了约克的名字，激起诺福克公爵为首的几位贵族抗议，最后被迫邀请政敌参会。

会议期间谣言越传越火，并出现很多离奇版本。沃里克伯爵现在是这类谣言的热心传讲者，他曾在一个公众场合信誓旦旦地表示孩子绝对是通奸所生，王后对他恨之入骨。会上以沃里克为首的贵族质疑孩子的身份，如果亨利六世处于正常状态，按惯例只要国王能识别并承认自己的孩子，一切问题便迎刃而解。当贵族们把孩子抱到亨利六世面前时，他目光呆滞，无动于衷，结果议会不能确认孩子的继承权。

伦敦的气氛依然紧张，满城都是领主们带来的家兵，沃里克伯爵派1 000人护送约克公爵前来参会。御前会议目前由1452年从约克大主教转任坎特伯雷大主教的约翰·坎普统领，开会期间他给家兵都发放了武器，叫他们严阵以待，随时应对可能发生的武装冲突。

王后有了孩子，原本好强的性格被母性激发至狂热模式，她不遗余力地为儿子的继承权奋斗，愿意为此迎接任何挑战，也不惜挑起战争。约克公爵谋求摄政的要求让御前会议很为难，他目前虽有沃里克伯爵支持声势大增，但宫廷党贵族仍不愿见他上位，即便他们深知缺乏国王支持，继续留用萨默塞特很难维持政局稳定。王后明白，约克党如果得逞，定会威胁儿子的继承权。她索性提出由自己摄政的请求，获得萨默塞特、里奇蒙伯爵、彭布罗克伯爵等人的热烈响应，但这也让御前会议犯难，贵族们很难接受女人摄政，英格兰没有先例。

经过数月激烈商讨，为难的御前会议同时否定约克公爵和王后的诉求，只答应约克提出的拘禁萨默塞特的条件，他们打算拖延数月寄望于亨利六世恢复正常，这个两边都不讨好的决定把约克和王后同时惹火。

1454年3月约翰·坎普去世，御前会议失去核心人物，而国王病情始终未见好转，实在拖不下去，御前会议终于同意约克公爵担任护国公，但不使用摄政名义。这个安排与当年好公爵汉弗莱的情况相似，只不过约克实际能发挥的作用可能小得多，御前会议对他的权力和任期做出严格限制，规定一旦国王恢复正常，护国公之职自动失效。无论如何，约克多年来入主中枢的愿望终于实现，可以推行他的政改举措了。

御前会议为了安抚王后情绪，同意小王子承袭威尔士亲王、切斯特伯爵之头衔，加封为嘉德骑士。既然约克公爵的目标基本达成，约克党人也不便反对这样的平衡措施，一场国王疯掉之后的政治危局暂时化解。

第八节
红白玫瑰刀兵相见

1454年圣诞节，处于痴呆状态近17个月的亨利六世突然开口说话，得知当天是圣诞节，命令侍从们赶紧安排一场弥撒，他要去祈祷，大家跟他对话许久才确认，国王精神恢复正常了。国王的灵魂就像外出旅行了一年多，现在终于回归躯壳，他对生病期间发生的事已经全部忘记。

对英格兰而言，亨利六世疯傻着比他苏醒过来要好，国王恢复正常意味着约克公爵的护国公任期即将结束。走马上任以来，约克在混乱时期使用有限权力，短短九个月时间还是体现出超过亨利六世的治国能力。

当务之急是改善王室财政，约克公爵试图恢复海上贸易增加关税收入的努力成效不大，经贸萧条还将持续很长时间，下院也不同意批准征税，他只有裁汰宫廷冗员压缩开支。宫廷服务人员从800多人减到600人，王后的侍从减到120人，威尔士亲王的侍从减到38人，国王两个弟弟里奇蒙伯爵和彭布罗克伯爵的随从也被大量裁减，这些举措总共为王室节省6 000多英镑开支。不过国王的两个都铎弟弟颇为深明大义，相当支持改革，因为可增进兰开斯特王室利益。王后这个时期的注意力暂时倾注在婴儿王子和生病丈夫身上，倒是颇让约克省心。

宫廷党成员们一度提心吊胆，担心约克公爵得势后会施加报复，事实证明，性格传统的约克算是坦荡君子，深信从小学习的贵族信条，没有清算任何人，连萨默塞特都可以安心地在伦敦塔过幽禁的日子，只是所有职务均被解除，约克仅阻止宫廷党成员妄图释放萨默塞特的一切努力。当然约克权力有限，实力未到为所欲为的程度，盲目报复会激起动乱。

约克公爵组建22人构成的新御前会议，委任内兄索尔兹伯里伯爵为大法官并兼任海防司令，任命政治面目比较中立的亲戚托马斯·鲍彻担任坎特伯雷大主教，委任第四次授封的第一代伍斯特伯爵约翰·蒂普托夫特为财政大臣。约克给自己争取到加莱镇守的职位，这是他多年来最渴望却又总被萨默塞特抢去的重要职务。

新班子人事安排充分考虑了政治平衡原则，支持约克的诺福克公爵与宫廷党的白金汉公爵都同时吸纳进来，白金汉虽为宫廷党要员但态度颇为中立，对约克没有敌意。约克手头其实并无多少可用之人，御前会议一半贵族经常以疾病为借口不来参会，诺福克对宫廷任职兴趣淡漠，德文伯爵有暴力倾向难堪大用。约克主要依赖索尔兹伯里父子施政，他们父子俩能力出众，但也利用朝廷任职的便利解决家族财产纠纷。

恢复王国秩序需强化治安和压制家族恶斗，民间的治安问题容易解决，贵族的私战处理起来则相当棘手，新任护国公竭尽所能也只是暂时取得少许成效。

第三代埃克塞特公爵亨利·霍兰德1447年娶约克公爵的长女安妮为妻，他跟内维尔家族同样有地产纠纷，因为有共同敌人，埃克塞特与珀西家族结成盟友。1454年初托马斯·珀西与埃克塞特联手在约克郡发起骚乱，占领全国第二大城市约克市，准备对内维尔家族动手。多次发出警告无效后，约克5月份专程带兵奔赴北方弹压，听说老岳丈率兵亲来，埃克塞特赶紧溜之大吉。约克下令把他逮捕归案，拘押在约克郡的庞蒂弗拉克特城堡，珀西家族参与骚乱的数百附庸均遭严厉处罚。约克的处置法律上说得通，也未偏袒自己女婿，但他与内维尔家族的政治结盟，必然使反对派和珀西家族抱怨，认为他执法不公，袒护内维尔家族。

刚安静几个月，10月份珀西家族召集1万人准备大干一场，内维尔家族亦严阵以待，御前会议下达数次严重警告令，两边才解散部分人马，但最终还是在约克郡斯坦福桥爆发了一场战争，死伤过千人。之前的休沃斯原野战斗和这场斯坦福桥战斗，成为玫瑰战争开幕前的两段前奏曲，大家族之间的私战，短期内根本无法解决。

这段时间约克公爵北上南下四处压制家族恶斗，改善地方治安，强化海防，全无闲暇时光，但百忙之中仍然未忘记在复活节给心爱的长子马奇伯爵爱德华（12岁）、次子拉特兰伯爵埃德蒙（11岁）送去礼物，敦促他们好好学习，天天向上，努力获得荣誉，赢得他人尊重。进驻约克郡时他收到两个儿子热情洋溢的回信，儿子们对父亲表达了万分的崇敬与谢意。事业上升，家庭温馨，若能长久维系，约克的人生就圆满了。

亨利六世精神恢复正常，王后把王子抱到他身边，国王询问孩子的名字和教父是谁，王后一一作答，国王握着王子的手激动地感谢上帝。国王认识自己的儿子并给予承认，关于小王子的谣言不攻自破，继承人身份问题亦迎刃而解，宫廷党人欢欣鼓舞。

国王身体康复对正在推行治理的约克公爵是个重大打击，他原以为亨利六世将一直疯傻下去。1455年2月，亨利六世出人意料地突然来到议会，发表一番表达谢意的讲话，宣布解除约克的护国公之职，随后解散议会。约克辞职后回到约克郡的桑德尔城堡，这是当年爱德华三世赠送给第一代约克公爵的生日礼物，他继续在这里充当时政批评家角色。

王后摆脱短暂的沉寂再度活跃起来，回归自己的“传统位置”。宫廷党接下来的系列举措再一次严重羞辱了约克公爵。在王后干预之下萨默塞特从伦敦塔释放出来，起初亨利六世考虑到不过度触怒约克，答应释放萨默塞特但让他暂时不参与宫廷政治。从牢里出来的萨默塞特认为自己被无理监禁，怨气难平，四处活动打算把失去的一切夺回来，并张罗着复仇事宜。

3月份，国王禁不起王后吹耳边风，同意萨默塞特重返权力中枢，索尔兹伯里伯爵在御前会议里显得孤立，处处受到挤压，一怒之下辞去大法官职位。约克公爵任命的财政大臣伍斯特伯爵亦被解职，位置转交给王后宠爱的威尔特伯爵；只有坎特伯雷大主教托马斯·鲍彻面目中立，国王让他接任大法官职务。根据“敌人的敌人是我的朋友”这个原则，王后把拘押在约克郡的埃克塞特公爵也放了出来。萨默塞特几乎一个月内就夺回权势，他继续剥夺索尔兹伯里汉普郡波切斯特港治安官、德文郡王家锡矿总管两个肥缺。

架不住王后和萨默塞特夜以继日在耳旁唠叨约克公爵有谋反之

心，国王清醒以后似乎并不感激约克在他生病期间的贡献，而是更加憎恶对方。其实未有任何证据显示当时约克有篡位意图。亨利六世政治上的幼弱使他未能明白这个道理：只有和解两个公爵的关系，在他们之间一碗水端平才有利于兰开斯特王室。

王后和萨默塞特咄咄逼人，从北至南联络宫廷党贵族强化关系网络，制造出要彻底摧毁约克公爵的紧张气氛。从情报员那里获悉，萨默塞特正谋划在威斯敏斯特召开秘密会议，只有忠于宫廷党的贵族才会被邀请，索尔兹伯里父子大为紧张，因为与他们有财产纠纷的萨默塞特重新得势，国王似乎有重新审判那些财产官司的意图。

出于自身利益和安危的考量，索尔兹伯里飞奔桑德尔城堡会晤约克，催促他不要静待宫廷党谋划，应先行召集军队应变。约克、索尔兹伯里、沃里克各向自己家臣和佃户下达军事动员令，与此同时他们也写信给国王表明决无二心，但这些信件都被萨默塞特拦截，王后听说对方进行动员亦不甘示弱，说服国王下令召集军队。

王后与萨默塞特决定5月23日在中部城市、兰开斯特党实力占优的莱斯特召集一次扩大的御前会议，商讨“保卫国王安全”和“解决王国敌人”的重大事宜，还将邀请各郡的代表参会，唯独约克党三巨头未获得邀请。王后和萨默塞特要搞“秋后总清算”的架势，对约克党三巨头来说是极其吓人的信号，不知对方会做出什么危险举动，他们决定动用武力迫使会议流产。

听说国王离开伦敦，约克率3 000人，索尔兹伯里率2 000人，沃里克率2 000人，共7 000约克军向南开拔前来拦截。获知约克军南下的情报，王军指挥官白金汉公爵说服国王停止前行，驻跸于赫特福德郡的圣奥尔本斯等待。白金汉与约克并无嫌隙，他深知对方性格，热爱谈判甚于动武，所以试图从中调停，何况白金汉的夫人安妮·内维尔是索尔兹伯里的妹妹，他认为大舅子和连襟应该会给个面子。

实际上约克党三巨头还真不想反叛国王，他们的目标首先是自保，其次是“清君侧”；国王这边手头只有2 000多兵马，而且缺少弓箭部队，也不想开战。

22日早晨，两军都进驻圣奥尔本斯，镇上最大的圣彼得街已被王军用栅栏阻挡。信使在两边来回飞奔数小时，约克向国王申明绝无谋反之意，依老惯例控诉萨默塞特各种罪行，声称只要交出萨默塞特就罢兵。没想到亨利六世这次出乎意料地强硬，他勃然大怒，表示绝不退让，甚至发出严厉威胁。亨利六世和身边领主都认为约克此行无非虚张声势，不敢真动手；很多王军将士也不紧张，以为这场仗打不起来，所以他们不少人卸下盔甲，趁谈判的间隙跑出去找东西填肚子。

有前车之鉴，约克不会再干先解散军队再去晋见国王这种傻事。在所有条件均被拒绝后，他非常绝望，开始给军队做战前演讲，引用圣经典故告诉大家，他自己相当于约押（大卫王的元帅），亨利六世则是大卫王，他们将一起战胜萨默塞特。约克最终下达了进攻令。

向国王驻扎的地方进攻，这个决定在中世纪即便对一位鲁莽的贵族来说都是难以克服的障碍，约克那么沉稳的人走到这步着实不易，但是他的矛头仍然只敢指向萨默塞特。约克年满13岁的长子马奇伯爵爱德华也带着家臣前来支持父亲，他将经历人生首场战役。

第三代约克公爵子女列表

第三代约克公爵——塞西莉·内维尔	安妮：埃克塞特公爵夫人
	爱德华：马奇伯爵、爱德华四世
	埃德蒙：第二次授封第一代拉特兰伯爵
	伊丽莎白：第二代萨福克公爵夫人
	玛格丽特：勃艮第公爵查理一世（普利普三世之子）第二任妻子
	乔治：第三次授封第一代克拉伦斯公爵
	理查德：第三次授封第一代格洛斯特公爵、理查德三世

上午11时，玫瑰战争首役终于正式打响，约克军拉开弓箭向圣彼得街的王军射去，对方赶紧蜷缩至栅栏后面躲避，约克军几次冲锋均被对方依托栅栏击退。正僵持之际，沃里克伯爵率领600名北方士兵从街道东南面一处花园找到隐蔽入口，突进敌阵把对方的阵脚冲乱，约克军主力一窝蜂攻进街道并占领街心广场。

圣奥尔本斯战役发生在地势狭窄的街道上，约克军人数和装备占据优势，对方又未做好充分准备，很快被打得丢盔弃甲，局部战斗虽然激烈但总伤亡不大，估计最多一两百人死亡，数百人受伤，多数为王军士兵。诺福克公爵率领数千人也抵达圣奥尔本斯，但他选择保持中立观望，没有参战。第二代舒兹伯利伯爵（约翰·塔尔波特同名的儿子）、自称为国王最忠实封臣的第十二代牛津伯爵约翰·德·维尔皆姗姗来迟，没赶上战斗；

德文伯爵这次追随国王前来开会，他保持中立但在战斗中不幸挂彩。

兰开斯特大贵族损失惨重，约克和内维尔家族的头号大敌皆殒命战场。萨默塞特逃进一个名叫“城堡酒店”的小旅栈，约克军拼命砸门，他冲出来砍翻四人，遭到包围后被人用一把战斧劈死。诺森伯兰伯爵以及与他一道前来的克里福德男爵阵亡；萨默塞特同名的儿子多塞特伯爵小埃德蒙·博福特负重伤不能走路，被人用手推车载着逃离战场；威尔特伯爵吓得丢掉铠甲，跳进一家修道院躲进土堆里，避过风头后偷得一匹马逃出生天；白金汉公爵本人受伤后成为阶下囚，他的儿子身负重伤，几年后因这次重创发病而亡。

遭遇箭雨袭击，亨利六世身边多数侍从不是逃走就是倒地身亡，连掌旗手菲利普·温特沃斯爵士都溜之大吉了。国王可怜地站在王家旗帜下，他从未上过战场，这次没参加战斗也意外挂彩，脖子被箭擦伤，血流不止。有人赶紧跑来拉着国王躲避到一间皮匠小屋，国王边走边痛骂：“太卑鄙下流了，他们真的敢攻击涂过圣油的国王！”

约克军内维尔部队多为北方人，在南方的赫特福德郡人看来就是未开化的野蛮人，他们自然没有辜负这个名声，打赢胜仗后洗劫了圣奥尔本斯镇。

约克、索尔兹伯里、沃里克三人在皮匠小屋找到亨利六世，他们走到国王身前屈膝下跪，表明绝对不会伤害他，恳请仁慈的君主宽恕这次迫不得已自卫之战。见约克党三巨头态度谦逊，事已至此自己实质上已成“俘虏”，亨利六世还能说什么，只得表示愿意原谅他们。他随后被送到一家修道院歇息。第二天，约克军护送亨利六世返回伦敦，约克和索尔兹伯里分别陪伴在国王的左右两边，沃里克手持一把出鞘的剑在前方开道，这是国王行路所用的仪仗，王后和萨默塞特谋划的大御前会议就此泡汤。

玫瑰战争首场战役圣奥尔本斯之战属于小规模战斗，但消息传开仍然震惊英格兰，一场旷日持久大厮杀的序幕已经渐渐拉开。

第四章

约克家族剑挑王冠

THE WARS OF THE ROSES

第一节
红王后备战，仇恨弥漫

约克军护送国王返回伦敦两天后，亨利六世戴着王冠来到圣保罗大教堂庆祝圣灵降临节，庄严肃穆的仪式过程向国人展示王权之伟大，国家平安无事。盛会传递出和解与安抚的信号，提心吊胆的人们有惊无险，大屠杀并未到来，国王没打算审判任何人，以胜利者姿态进入伦敦的约克党三巨头表现出对王权的敬畏。

这些年大多数贵族在约克公爵与王后、萨默塞特的斗争中基本保持中立，他们跟约克谈不上友情但也没什么仇怨。亨利六世性格纯善，只要不被身旁人摆布从不惹是生非。最爱兴风作浪的一男一女死掉一个，大家认为和解的机会到来了。圣奥尔本斯之战一星期后，白金汉公爵、威尔特伯爵、彭布罗克伯爵等领主重返宫廷，他们未表现出恨意，彭布罗克甚至花费不少时间与约克商讨如何解决朝廷的改革问题。

约克也看到，圣奥尔本斯战役中，不包括王太子专属的康沃尔公爵头衔，全英格兰拥有公、侯、伯这一级别爵位的大贵族共21个，除了自己两个儿子，只有索尔兹伯里父子愿意跟他共同战斗，倒向约克这边的男爵目前屈指可数。实力仍然不够强大的情况下，约克必然选择妥协，何况现在死敌已归西，国王控制在自己手中，重要宫廷职位全部夺回，不施加报复激化矛盾也符合约克一贯的行事风格。

恩怨绝非萨默塞特一死即可了之，居住在格林威治的王后听说心腹宠臣阵亡悲痛欲绝，以她的好强个性岂能就此罢休。萨默塞特负伤逃离战场的长子亨利·博福特继承父亲爵位，成为第三代萨默塞特公爵，他的性格更加好斗，已经宣布不报父仇誓不为人；珀西家族的盟友克里福德男爵的儿子小克里福德，绰号“血腥克里福德”，发誓“将用一生的时间来报仇雪耻”。约克公爵的死敌比以前更多了，他们对约克的恨意更甚从前。

1455年7月9日，约克公爵以国王名义召集议会，下院仍是他的热情拥护者，他希望通过议会解决内心的“惶恐不安”，把圣奥尔本斯战役非罪化，以防有人用叛国罪做文章，毕竟他们攻打了王军营地，国王挂彩，多位贵族死伤。约克三巨头在议会重申，他们忠诚于国王，从无叛乱之心，开战之前已尽一切努力争取和平，无奈被萨默塞特这个奸佞百般破坏，作战纯属逼不得已。议会同意通过一项对约克党三巨头的赦免法案。

上下两院都愿意合作，约克党在另两个议题上也取得成功，议会批准恢复汉弗莱死后中断的格洛斯特公爵衔，由约克公爵本人承袭。约克的意图再明显不过，希望人们提到他就能联想到民间口碑良好的好公爵汉弗莱。下院关心王室混乱不堪的财政，提议除了国王给予两位都铎弟弟的年金之外，希望取消以前滥施恩泽胡乱赠送出去的年金，里奇蒙伯爵和彭布罗克伯爵再度表现出深明大义，声称支持无例外的财政改革。

7月份议会召开完毕，亨利六世夫妇携王子搬到中部的赫特福德城堡居住，那里有兰开斯特家族众多热情的支持者，国王一向喜欢在那儿生活与开会。9月份国王的精神病复发，情况虽然比上一次略好，但还是丧失了执政能力，缺乏安全感的王后又带着王子移居格林威治。

约克党再度控制中枢，仍然采纳派系调和路线。约克公爵11月份再次召集议会，重新获得护国公头衔，他这次的护国公职务比上一次拥有更多实权。议会原本安排一笔每年6 000余英镑的补助金给亨利六世的爱德华王子，直到他年满8岁。约克党说服议会把补助金提升至1万多英镑，直到王子年满13岁。此举除了向王室示好，也可以大为缓解国王财政困难。

加莱镇守是约克党着力争取的要职。加莱港自1347年爱德华三世占据以来就一直掌握在英格兰手中，为目前在法的仅存领土，作为进出英法的战略港口，无论对国防还是贸易皆至关重要。1 000多加莱守军相当于“准常备军”，作战经验丰富，控制这支劲旅对任何派别来说都可增加博弈的分量。

从1451年到1454年，加莱驻军每年的开支是1.7万英镑，但近几年由于拖欠守军薪水，那里多次发生军事哗变，朝廷无法有效管束，加莱镇守的权力逐渐虚化。1454年5月约克公爵首任护国公时从萨默塞特手中夺得加莱镇守之职，实际上不管是他还是他委派的官员，根本无法上任。加莱守军闭港关城，拒绝朝廷命官进入，声称要么支付欠薪，要么授予他们卖羊毛的特许状，当然那些羊毛是他们劫掠所得。约克当时忙于调解珀西家族和内维尔家族私战，此事被搁置一旁。

现今沃里克伯爵获得加莱镇守之职，同样要解决经费问题才能赴任。经过约克党政府调解，毛料商人们同意贷款2.5万英镑给朝廷，先支付加莱守军的欠薪，因为关闭港口使商人们损失惨重。直到1456年4月大部分欠薪支付完毕，加莱守军开港开城，沃里克方才走马上任。沃里克任职加莱，给玫瑰战争的戏剧性转折埋下伏笔。

1455年10月，暴力爱好者德文伯爵继续惹是生非，重新挑起对本维尔家族的私战。尼古拉斯·拉德福特是当地颇有声望的法务官员，本维尔家族的朋友。德文伯爵的儿子率领60名全副武装的暴徒于夜间袭击对方宅院，将家中财物洗劫，尼古拉斯本人惨遭谋害。德文伯爵随后起兵攻占德文郡首府埃克塞特市，欲图采取大规模暴力举措，约克公爵领兵前往弹压骚乱，德文伯爵不敢抵抗，放下武器乖乖接受逮捕。面对这位爱闹事儿的前盟友，约克网开一面，只给予巨额罚金和囚禁于伦敦塔的处置，没有深究他儿子的谋杀罪行，据说这令温和宫廷党人士白金汉公爵相当愤慨。

约克公爵第二次任护国公同样好景不长。1456年2月亨利六世病情好转，王后挑唆国王突然出现在议会，宣布罢免约克仅为时三个月的护国公职务。约克谋划的财政改革减少了国王给权贵们的年金，触碰太多人的奶酪，而这是国王夫妇施加恩泽、凝聚权贵的重要手段，无怪乎多数宫廷党要员对财政改革兴趣寥寥。国王要求议会通过法案，发布了一份长长的“取消年金豁免者名单”。接受以往教训，亨利六世不想过度刺激约克党人，同意他们继续留在御前会议发挥作用，并确认沃里克伯爵的加莱镇守任命，约克党人未像上次那样突然全面失势，约克本人也未有激烈反应。

刚失去政治支柱萨默塞特，王后的气焰暂时收敛，但她绝不可能认输，危机感笼罩下的政治斗争欲望只会有增无减。王后比之前稍显成熟，学会了忍耐。约克公爵在朝廷逐渐建立有效权威时，她并未公开挑战，已懂得要击败对手应该缜密布局；况且宫廷党以白金汉公爵为首的主流意见也赞同和解，并得到亨利六世支持。她私底下忙碌于重振同盟网络，四处招纳朋友，向一切与约克和内维尔两大家族结下仇怨的人传话送信，包括第三代萨默塞特公爵、第三代诺森伯兰伯爵（与其阵亡的父亲亨利·珀西同名）、威尔特伯爵、里奇蒙伯爵、彭布罗克伯爵、新任克里福德男爵。

埃克塞特公爵被自己岳父扔进监狱，护国公二次下野，王后立即把他释放，这位监牢常客终于成为死硬兰开斯特党分子，发誓永远效忠王后。德文伯爵发动私战被约克公爵囚禁，王后现在把他特赦出来，尽管德文伯爵还未把约克当敌人，但王后认为既然他被约克批捕，那就有可能成为自己盟友，至于是非曲直就见鬼去吧。克伦威尔男爵曾是内维尔家族的盟友，现在与沃里克伯爵发生龃龉，半信半疑加入王后阵营。只要有可能是敌人的敌人，王后自不拒绝吸纳入朋友圈，她现今是名副其实的兰开斯特党领袖。

亨利六世的堂妹博福特·玛格丽特1455年10月份奉王命与24岁的里奇蒙伯爵埃德蒙·都铎正式完婚，那年她才12岁，体格纤小瘦弱，人们赞颂小新娘是信仰坚定、头脑聪明、心灵纯善的姑娘。因埃德蒙·都铎具有威尔士姓氏和血统，国王和约克公爵一致同意把他派驻威尔士，作为王室代表平息那里的骚乱——本土豪强格鲁菲斯·阿普·尼古拉斯正在侵袭约克家、白金汉家的边境领地，朝廷权贵们忧心忡忡。

1456年和1457年虽未发生大规模的战争，但骚乱、恶斗、谋杀、外患不断升级，英格兰就像越吹越大的气球，就差撑爆它的最后一口气。变幻莫测的时局使某些中立贵族重新站队，导致脆弱的平衡被打破。

英格兰最繁盛的商业大都伦敦的市民对兰开斯特权贵越来越厌恶，约克党提出的“整顿财政、发展商业、强化防务、提振海贸”等举措深受欢迎，但伦敦人的诉求又有狭隘愚昧的一面。伦敦1456年4月发生烧杀掳掠意大利商人的骚乱，商会抱怨意大利人从宫廷党那里获得特权，损害了本国商业利益，其实类似的排外骚乱在中世纪的英格兰屡见不鲜，借口都冠冕堂皇，行为则令人不耻。所谓的“特权”无非外商可以在伦敦居住，获批准输送货物到英格兰销售。

王后怀疑约克党背后唆使骚乱，置伦敦数百年的自治传统不顾，派白金汉公爵和埃克塞特公爵带兵抓人并设置审判委员会惩处罪犯，侵犯了伦敦的司法权，伦敦人愤怒抗议，对王后的抨击之声四起。知道伦敦对自己充满敌意，怀疑约克党使坏，王后带着爱德华王子前往中部城镇开始旅行生活，常居在肯尼尔沃斯。

苏格兰国王詹姆斯二世见英格兰内乱不断，有点心痒难耐，写信给传统老盟友查理七世提议联合兴兵，苏格兰收复贝里克郡，法兰西收回加莱港。幸好法王正忙于内政，对这个计划缺乏兴趣。詹姆斯送给约克公爵一封态度倨傲的信件，声称英苏之间不再受传统边界约束，约克回复他一封措辞严厉的恐吓信，詹姆斯干脆带兵越过边境。约克1456年7月迅速领兵北上进驻桑德尔城堡，詹姆斯二世立即撤兵返国。约克化解边境危机让亨利六世感激不尽，却阻止不了王后迅速恶化双方关系。

8月份，王后以打猎为借口召唤亨利六世前来中部与家人团聚，随后阻止他返回伦敦。王后深知国王性格，他跟谁待一块儿就容易受谁影响。国王这段时间采纳温和派白金汉公爵的意见，非常配合地采取和解措施，这让好斗的王后心怀不满。尽管亨利六世感觉久居伦敦之外可能增加党派敌意，内心颇不情愿，但终究不敢违逆妻子心意。王后实质上是把宫廷搬到兰开斯特家族核心地区，以考文垂为中心打造反约克党根据地，在党派政治上越走越远。

亨利六世离开伦敦可能也跟威尔士8月份发生的动乱有关。里奇蒙伯爵奉王令到威尔士恢复秩序，他平息格鲁菲斯骚乱，夺回几处被占城堡，很快在附近地区重建王室权威。王后命令他尽力扩充兰开斯特实力，里奇蒙卷进朝廷党争和家族恶斗漩涡。里奇蒙攻占的卡马森城堡就是约克家的传统领地，令约克公爵相当恼怒。威尔士豪强威廉·赫伯特爵士，老牌约克党人，约克家族在当地的首席代理，他与岳父沃尔特·德弗鲁兴兵抢回卡马森城堡，囚禁里奇蒙。没有证据显示威尔士的事件受约克指使，但王后与萨默塞特借此大做文章攻击约克党人，9月份约克的伦敦住所门口有人扔下五条死狗，在门上张贴反约克民谣。

威廉·赫伯特很快将里奇蒙伯爵释放，但里奇蒙却于11月染上瘟疫病逝，他虽然死于疾病，但在如此敏感时期，禁不住“谋杀”的谣言满天飞，加深了两党敌意。彭布罗克伯爵立即被派往威尔士代替兄长位置，他以前一直试图置身党争之外，甚至常与约克公爵合作缓解矛盾，里奇蒙之死让彭布罗克无法继续维持中立，只能选择站队。

里奇蒙伯爵纤弱的妻子博福特·玛格丽特在丈夫病逝前出人意

料已身怀六甲，彭布罗克伯爵遂将小嫂子严密监护起来。玛格丽特奉堂兄亨利六世之命嫁给里奇蒙为纯粹的政治婚姻，结婚时她还未发育成熟，加之身材非常矮小瘦弱，人们怀疑她是否能够生育，但他们为了政治必须结婚和圆房。中世纪约10%的妇女会死于难产，以玛格丽特的年龄和身材来说，她似乎难逃此劫。1457年1月，13岁的小寡妇在威尔士彭布罗克城堡诞下一名男婴，她的坚强令人惊讶，但生产留下的病痛使她此后终生未育。她给儿子取名为“亨利·都铎”。

朝廷将威尔士原本由约克公爵担任总管的城堡转让给彭布罗克伯爵，格鲁菲斯投靠彭布罗克变成兰开斯特党分子，紧随其步伐扩充王室权益。格鲁菲斯谋杀了赫伯特爵士一位亲戚，赫伯特兴兵追杀至赫里福特郡，威胁法官判处对方的6名附庸死刑，格鲁菲斯同样以牙还牙，威尔士再度变得乌烟瘴气。王后下令通缉赫伯特，1457年初将他抓获。本来王后恨不得把他吊死，但考虑到赫伯特在威尔士的巨大影响力，对他实施特赦试图拉拢，赫伯特改穿新号衣表示忠诚于王后，暂时变成兰开斯特党人。

考文垂的宫廷以国王名义遥控伦敦的白金汉公爵主持御前会议，1456年10月首先做出几项重要人事调整：用温彻斯特主教威廉·韦恩弗利特取代约克党鲍彻大主教的大法官之职；撤换二次当上财务大臣的鲍彻子爵，以舒兹伯利伯爵代替；王后信任的圣保罗教堂教士劳伦斯·布思担任掌玺大臣。若不是萨默塞特的士兵喝醉酒闹事打死考文垂民兵导致骚乱，接下来王后就准备起诉约克公爵和沃里克伯爵。

萨默塞特这一年致力于暗杀行动为父亲报仇，目标锁定沃里克伯爵。1456年底在埃克塞特公爵和舒兹伯利伯爵的协助下，萨默塞特连续两次在半路设伏袭击沃里克伯爵，然而沃里克出行总是带着众多家兵，他屡次与危险擦身而过。

王后最信任的政治顾问、教士约翰·莫顿介绍她结识伦敦商人约翰·贾德——奇切斯特港收税员，曾在法兰西服役担任军械师，1453年为老塔尔波特效过力。约翰·贾德对法军大炮印象深刻，返回英格兰后对大炮的研发甚为着迷。王后被约翰·贾德描述的大炮威力打动，1456年12月委任他为国王的军火总监。

伦敦当时已有初级枪炮作坊，聘请佛兰德斯、德意志的枪炮技师工作。制作大炮成本高昂，其他行业不熟练工人日薪是4～6便士，枪炮技师日薪18便士，其手下的杂工日薪可拿到12便士。王后为战胜约克党人不计代价，大胆采用新人才和新技术，命令约翰·贾德从事兰开斯特重要城镇、堡垒的强化工作，为此赠与他50英镑年金。约翰·贾德先垫资1 338英镑从伦敦运送26门蛇形炮、20吨硝石和硫磺到肯尼尔沃斯。

动乱和谋杀蔓延至1457年，朝廷下令在中部和北部组建15支治安武装，民间治安略有好转，可是对遏制贵族私战效用欠佳。珀西和内维尔两大家族继续我行我素，1457年7月在北部卡斯尔顿再度酣战，珀西家族被揍得落花流水，埃格雷蒙特男爵托马斯·珀西与他的弟弟理查德·珀西成为俘虏，内维尔家族向巡回法庭控诉珀西兄弟的罪状，并索要1.12万英镑赔偿金。埃格雷蒙特被押解到伦敦囚禁，但他寻机逃跑到考文垂宫廷请求王后庇护，王后正式邀请这哥俩加入反约克党事业，他们感激涕零，投入王后阵营。

两大家族私战之后紧接着上演震撼全国的外敌入侵，8月28日法兰西骁将皮埃尔·布雷泽奉查理七世命令，率领一支舰队在肯特郡登陆，疯狂血洗三明治港。当地豪强托马斯·克里尔爵士领兵顽强抵抗，法军方才撤退，法军返航时有几艘战船被巨涛吞噬，这是唯一让沮丧的三明治人感到欣慰的消息。

查理七世的举措仅为敲山震虎，并非想入侵英格兰，起因是近两年约克公爵和王后都竞相展开对法外交争夺，约克的行为触犯了法王利益。约克试图策反阿朗松公爵反对法王，谋划重建与勃艮第的联盟，希望在这两家为长子马奇伯爵寻觅一桩政治婚姻。王后知道中南部平民不喜欢自己，寄望从外部寻找强大盟友威慑约克党人，一面给萨默塞特张罗迎娶苏格兰公主事宜，一面派人与姨父查理七世磋商缔结新条约。查理七世知情后将阿朗松抓进大牢，令皮埃尔·布雷泽趁英格兰内乱之机前去劫掠一番给对方一个教训。

法军的骚扰意外强化了沃里克伯爵的地位，让王后陷于被动。布雷泽是王后父亲的老部下，也是王后的忘年交，如今担任法王的诺曼底、安茹总管，人们很容易把王后与法军入侵联系起来。约克党自不会错过机会广泛传播谣言，说王后勾结法军入侵，只是为了损毁沃里克的名誉。王后的绯闻在沃里克的推波助澜下也有了新版本，说她孩子的亲爹其实是“美男子”威尔特伯爵。

埃克塞特公爵与其父两代人担任海防司令多年，三明治之劫后他才想起自己有这么个职务，10月份带人坐着船至法兰西拉罗谢尔表演了一场徒劳无功的远航秀。南部各港口民众和商人把批评的矛头对准埃克塞特，指责他腐败无能，难堪大任，要求更换能人沃里克伯爵。朝廷为平息民愤，被迫授予沃里克为期三年的“海洋守护”头衔。

谣言继续刺激王后的战斗欲，索尔兹伯里伯爵的弟弟达拉谟郡主教罗伯特·内维尔去世，亨利六世原本已定好人选，王后违抗国王意旨，同时秘密向教宗施压，使自己信任的劳伦斯·布思出任北疆重要地区达拉谟郡采邑主教。采邑主教与一般主教不同，可拥有行政权。王后别出心裁派代表到各郡传达征兵准备令，要求每个郡、城镇、村庄，一旦接到命令，必须根据土地、人口、财富向宫廷提供一定数量的弓兵和装备，当时西欧只有法王查理七世强化中央集权后下达过这种命令。王后公开宣称，国王已写信给爱尔兰领主们，要求他们起来攻伐总督约克公爵。

法军的侵袭暂时转移了大家的注意力，英格兰获得数月宁静。11月沃里克伯爵返回伦敦办事，萨默塞特跟他的朋友们策划了一次失败的暗杀，约克党忍无可忍决定实施报复，舰队街上的一场血腥斗殴中，王后的私人法律顾问被打死。王后与同党们摩拳擦掌，声称要继续报复，约克党人惊恐不安，眼看暴力事件不断升级，亨利六世也着急了，决定亲自出马组织一次全国领主参与的大和解，试图把国家从内战的悬崖边拉回来。

第二节
“国王爱心日”通往全面战争

国王怀揣一颗善良的心欲维持和平，首先得安抚萨默塞特公爵、诺森伯兰伯爵、克里福德男爵三个丧父贵族，不然他们将没完没了地策划报复行动，挑起党派仇恨。中立派白金汉公爵亦鼓励国王出面调解。亨利六世1458年2月着手制定一个赔偿计划，希望约克三巨头拿钱抚恤圣奥尔本斯战役中死亡贵族的家属，双方恩怨就此两清。国王下达诏令，让全英主教和贵族共计92人前来伦敦开会，专门商讨和解事宜。

各路领主依旧率领号衣家兵陆续进驻伦敦，约克公爵带来140余人，索尔兹伯里伯爵带来400人，喜欢热闹的沃里克带着600人浩荡进城。兰开斯特一方，埃克塞特公爵与萨默塞特各领来200余人，北方的诺森伯兰伯爵、埃格雷蒙特男爵、克里福德男爵排场最大，可能把这次开会当作武装示威机会，带着1 500多骑兵进入首都。伦敦市长再次如临大敌，召集5 000人提心吊胆日夜巡逻，生怕哪里擦枪走火让城市陷于战祸。

讨论持续近两个月，和平当然还是贵族中的主流观念，约克党答应为和解掏腰包。约克公爵同意赔付萨默塞特遗孀5 000马克，沃里克伯爵赔付克里福德家族1 000马克。亨利六世喜不自胜，指定3月24日天使报喜节作为全国和解日，命令所有领主在威斯敏斯特宫出席和解协议签署仪式，民间笑称这是“国王爱心日”。

那天上午，领主们齐聚威斯敏斯特见证协议签署，国王特意举办了一场盛大庆典，亨利六世身着貂皮与天鹅绒长袍，戴上王冠，领着贵族们穿越伦敦街道，朝圣保罗大教堂方向游行。国王不停地向人们招手致意，约克公爵与王后手牵手紧随身后，貌似久别重逢的老友，贵族们脸上皆洋溢着灿烂笑容。只是街道边的两党支持者们神情凝重，各自的家兵全副武装，欢乐的表象掩饰不住仇恨的神情。庆典完毕，约克回到鲁德洛城堡，索尔兹伯里伯爵返回约克郡的米德尔汉姆，沃里克前往加莱。

15世纪中期若英格兰政治舞台上缺少沃里克伯爵将显得平淡无味，玫瑰战争是否会全面爆发，是否能持续那么长时间都得打个问号。沃里克头脑敏锐，性格豪爽，政治手段灵活，能把任何事情都折腾得风生水起。王后慢慢发现，真正最头疼的对手不是约克公爵，而是沃里克。王后前年让自己人夺回财务大臣的职位，最重要的意图之一就是卡住拨给加莱镇守的经费，逼迫沃里克知难而退，谁都知道军费短缺情况下加莱镇守是相当棘手的职务。沃里克知道王后暗地下绊，但他采用一般贵族根本不敢想象的怪招应对。

先后获得加莱镇守和海洋守护职位，沃里克着力肃清外国海盗的同时干起打劫营生，他组织了一支私掠船队，带领加莱驻军从事海上劫掠活动，把目标对准外国商船，但对英格兰船只秋毫无犯。沃里克袭击西班牙船队，抢来6艘船壮大自己的“海盗”队伍，压根不在乎朝廷的拨款。他的海上劫掠甚至导致德意志汉萨同盟的贩盐船队改变航线，对西欧多个地区的经贸产生影响，西班牙、德意志纷纷向伦敦发出外交抗议。

海上劫掠在国际上臭名昭著，却大幅提升了沃里克的国内威望。获得丰厚军饷和战利品的加莱驻军，以前从未过上如此开心的生活，视沃里克为英雄。排外的英格兰平民认为沃里克打击外国商船，保护本国船只，胸中涌动自豪感，称赞他是真正的“爱国者”。长期穿梭海峡两岸，沃里克特别善于迎合伦敦商民的排外情绪，有一次听说3艘意大利商船获得王家特许状装载羊毛即将离港，他派出武装船队在泰晤士河口将其劫持，赢得伦敦人拍手称赞。

古今中外，大凡人缘极佳者，秘诀无外乎大方散财。沃里克只要办理公务前来伦敦，就每天派人宰杀6头牛制作成美味烤肉送到平民和商贩们出没的小客栈，提供“沃里克牛肉早餐”，慷慨豪爽的美名早在民间传扬。

王后倒不在乎外国商船的利益，主要感到沃里克备受加莱驻军拥戴，在民间大获称赞，其声势增长是十足的隐患，决定以从事海上劫掠为由拿掉沃里克的职务。1458年7月，王后说服御前会议召唤沃里克回来质询他的罪行，沃里克仍旧带着600人马来到伦敦，他知道御前会议的企图，反倒先发制人。沃里克声称御前会议的质询在于败坏自己名声，纯粹是一场阴谋，厉声控诉王后自“国王爱心日”以来就扮演不光彩角色，并不关心英格兰的海上利益和荣誉。

沃里克的表演深深打动伦敦市民，大家岂容“英雄”遭到迫害，包括大量市议员在内的伦敦人聚集起来抗议王后和宫廷，争吵中街头出现骚乱，致使检察官被打死。王后派兵抓捕参与示威者，把他们投入监狱。沃里克根本不把御前会议放在眼里，留下乱作一团的伦敦，一拍屁股径自潇洒渡海返回加莱。

王后记恨在心，未善罢甘休，10月份再次说服御前会议召唤沃里克来伦敦，沃里克在威斯敏斯特的会议上与王后的支持者们大吵大闹，他声称如果没有议会的批准，拒绝辞掉加莱镇守和海洋守护之职，随后宫里发生了一次小规模混战。关于这次混战的起因大致有两个版本，一种说法是沃里克的人跑到宫廷厨房找食物，与杂役们聊天时说王后的儿子是私生子，两方发生打斗。另一种说法是沃里克经过厨房时，国王的一个杂役朝他扔烤肉叉，他大喊王后要谋杀自己，随后两方的人马厮打起来。当然还有第三种可能是随从与杂役们打群架，沃里克经过的时候正好有人扔出的烤肉叉从他身边飞过。

总之，沃里克的随从与宫廷杂役们扭打成一团，王家卫队紧接着加入其中向沃里克发起攻击，但他带来的人比较多，打斗中很快占据上风，他在随从护送下一路逃至约克郡。王后怒不可遏，宣布沃里克及其随从们煽动骚乱，要求御前会议下达逮捕令。沃里克听闻消息后快速回到自家在沃里克郡的主城堡（沃里克城堡），从那里渡海回到加莱。

沃里克把王后和御前会议视作无物，每来开一次会都整出乱子，自然进一步激怒兰开斯特党贵族们，11月份他们要求沃里克把加莱交给萨默塞特接管，沃里克居然大胆地重返伦敦又跟他们扯开嗓门大吵一架，坚称自己的职务为议会任命，其他人的命令绝不服从。当他走出会场时，萨默塞特和威尔特伯爵的侍从向他发起攻击，幸而身边随从较多，掩护他安全撤离。沃里克对外宣布，王后想谋杀自己的企图已经确凿无疑，他跟父亲索尔兹伯里伯爵匆忙协商后急速返回加莱，依然我行我素。

1458年初，白金汉公爵与国王夫妇的关系通过联姻进一步强化，亨利六世让13岁守寡的堂妹玛格丽特·博福特嫁给白金汉的次子亨利·斯塔福德爵士。事态发展到11月份，一向中立的温和派白金汉也被沃里克的狂妄不羁激怒，公开站到王后一边，英格兰第二富强的王公态度转变，最终促使王后下决心尽快武力解决约克党。亨利六世现在已经对“约克公爵想篡夺王位”深信不疑，再不阻止王后的谋划。

王后汲取圣奥尔本斯战役的教训，这次首先进行周密的军事布局，然后将宫廷搬到中部。1459年头几个月她穿梭于柴郡、兰开郡游说贵族和士绅，加紧筹划征兵事宜，同时为自己能募集到的3 000弓箭兵逐批购置装备。王后说服国王，要求贵族们5月带兵马先齐聚莱斯特开会，6月在考文垂举行大御前会议，唯独将约克党三巨头排斥在外。萨默塞特唯王后马首是瞻，积极响应号召募集私家军队，彭布罗克伯爵则奉王后之令在威斯敏斯特设立司令部，指挥保卫伦敦的宫殿。

类似圣奥尔本斯战役之前的情形再度出现，约克党三巨头深感不安，约克公爵发表声明抗议王后召集军队的举动，并特意暗示“法兰西的入侵不受英格兰人民欢迎”。

沃里克于1459年初亦大规模策划宣传活动反击，他充分发挥传播谣言的天分，派出间谍到各地散发传单，故事编得有声有色，大谈王后的私生子问题，指责王后勾结法军洗劫三明治，为了清除约克公爵，还打算把北方土地转交给苏格兰。沃里克在南部平民中威望甚高，人们容易相信他散播的流言，对兰开斯特“暴政”和“腐败”厌恶的商人团体尤其青睐这些中伤王后的故事。针对甚嚣尘上的谣言攻势，王后快被怒火所熔化，但兰开斯特党的反宣传显得苍白无力，仅仅批驳说“英格兰人民正在遭受奸人欺骗”。

约克党面临两难，如果不下达动员令提前准备，届时有可能被王后一举歼灭，若召集军队，则王后顺理成章地批评他们“叛乱”。约克公爵和索尔兹伯里伯爵曾想前往肯尼斯沃斯晋见国王，但国王被王后控制，根本无法接近。先保证生命安全才是重要的，做事一向顾虑重重的约克经过思想斗争，最终与索尔兹伯里决定动员军队，他们通知沃里克，要求他从加莱领兵前来支援。整个夏季，兰开斯特党和约克党都在召集军队备战。

约克党三巨头约定三路军队9月份在鲁德洛城堡集结，然后一起朝伦敦进军。索尔兹伯里伯爵从约克郡领兵南下，沃里克把加莱驻军分成两部分，委托自己的叔叔福肯贝格男爵威廉·内维尔担任加莱代理镇守，自己率领600多兵马渡海，在肯特郡登陆，与他同行的还有久经战阵的两位驻法军官詹姆斯·布朗特爵士和安德鲁·特罗洛普爵士。沃里克原本想在沿途各郡多征募些士兵，听说朝廷派军来拦截，只好急速驰往鲁德洛。

切斯特郡和兰开郡的地方豪强斯坦利家族，拥有马恩岛国王的头衔，在英格兰西部势力强大，家族早年支持博林布鲁克的亨利缔造兰开斯特王朝，连国王都要给几分面子。现在当家的托马斯·斯坦利男爵是索尔兹伯里伯爵的女婿，他同时收到岳父和王后要求派兵支援的命令，这让他相当为难。家族纹章有个“三条腿”的图案，斯坦利男爵用他的政治手腕完美诠释了这个图案的意义，他是15世纪英格兰最成功的机会主义者。斯坦利男爵想出一个妙招，自己率兵加入兰开斯特军，向王后宣誓忠诚，却对岳父说自己去当“卧底”，同时让弟弟威廉·斯坦利爵士领兵投奔约克军。

索尔兹伯里伯爵领军南下时得到威廉·斯坦利爵士增援，兵马扩大到5 000余人，部队行军情报被兰开斯特获知，王军总指挥白金汉公爵决定阻止索尔兹伯里与约克公爵会合，派出奥德利男爵詹姆斯·塔切特、杜德利男爵约翰·萨顿领兵1万前往拦截。奥德利男爵虽然是百年战争老将，但从1431年起未上过战场，两军9月23日在斯塔福特郡的布洛尔希斯遭遇时，他信心十足。

面对王军优势兵力，索尔兹伯里伯爵颇有胆魄，没有撤退或逃离，也未敢贸然进攻，下令将辎重车排列成环状作为屏障。两军之间隔着一条溪流，双方先以长弓互射，处于僵持状态。索尔兹伯里认为哪一方先渡过溪水就必然吃亏，他叫部队诈败引诱对方跨溪追击，等对方踏至水中央时突然回身冲杀过去。4小时激战，王军方面损失2 000余人，索尔兹伯里损失1 000余人，奥德利男爵阵亡，杜德利男爵被俘。第二天，索尔兹伯里的军队在市集附近再次遭到袭击，以较惨重的代价击退对手。

托马斯·斯坦利男爵领着2 000人在离战场约几公里远的地方观望，没有参加战斗，不过他给岳父发去一封虚情假意的祝贺信，表示自己会继续“秘密地”支持约克党事业。此后，斯坦利家族在局势不明朗的情况下总是采用“脚踏两条船”策略，不管哪一方赢了，家族利益都能得到保全。

布洛尔希斯之战作为玫瑰战争第二场战役，标志着英格兰贵族全面大厮杀正式开幕，约克方面又旗开得胜。

索尔兹伯里的部队赶到鲁德洛会合时，已历经两次战斗，实力遭到严重削弱。约克三军会合后于10月行军至伍斯特，三巨头在伍斯特的教堂公开发誓，声明尊重王权，不触犯国王本人。从三巨头的言行即可窥见，中世纪要与涂过圣油的国王公开武装对峙，需承受很大的心理压力。听说萨默塞特率领王军从东北方向前来堵截，而且亨利六世全家随行，约克军只得中止前往伦敦的计划，步步后撤，一路退至鲁德洛，王军则紧随其后。

两军前后抵达鲁德福桥，因有国王同行，王军沿途获得诸多贵族率兵加入，兵力已是约克军的两倍，号称有4万。王军中著名的大小贵族云集，包括萨默塞特公爵、白金汉公爵、埃克塞特公爵、诺森伯兰伯爵、舒兹伯利伯爵、阿伦德尔伯爵、威尔特伯爵、埃格蒙特男爵；约克公爵的前盟友德文伯爵已于1458年病逝，他儿子第十四代德文伯爵率部加入王军。

除约克公爵本人，约克军中还有六位贵族：索尔兹伯里伯爵父子，约克的两个儿子马奇伯爵和拉特兰伯爵，英格兰最穷的贵族克林顿男爵，还有波伊斯男爵格雷·理查德——其实也是实力弱小的贵族，他的家族领地原本册封在诺曼底，随着百年战争结束而丢失。威尔士老牌约克党人威廉·赫伯特爵士未能前来支援，让翘首企盼的约克大感失望。

约克军在鲁德福桥西侧设立防御阵地，布下大炮，但士气比较低落，敌军数量上的压倒性优势令大家愁眉苦脸，三巨头先发誓不能触犯国王，再一路往后撤退，声势上早输人一筹。沃里克曾欺骗加莱的布朗特和特罗洛普两位军官，国王已经死了，需要回来保卫王国，恢复秩序，两人才欣然允命跟随渡海，当然约克公爵也是这样对自己士兵说的。王后故意让国王站在敌人能看到的地方走动，以动摇对方士气，约克军士兵们远远望到对面营地里扎眼的国王旗帜，增添了巨大心理负担。

10月12日黄昏，王军开始炮击约克军阵地，约翰·贾德为王后打造的优良大炮发挥了作用，王军大炮的精准度和射程均占据优势，一轮炮击后将约克军阵地的炮位摧毁。雪上加霜的事紧接着发生，布朗特和特罗洛普看见对岸的国王旗帜满腹狐疑，打听到亨利六世正生龙活虎地与萨默塞特待在一块儿，顿觉上当受骗；双方的兵力差距也足以让他俩信心动摇，据说萨默塞特私下派密使向他们传递过信息，两位军官立即率部临阵倒戈。

沃里克带来的加莱驻军是约克军最精锐部队，他们的叛变导致军心大乱，不断传来士兵丢弃武器跑到王军阵地投降的消息。约克三巨头眼看局势失控也无心与优势王军作战，连夜放弃军队星散。约克公爵带着次子拉特兰伯爵一路策马狂奔至德文郡，乘船逃到威尔士海边，再从那里渡海前往爱尔兰；索尔兹伯里父子带着马奇伯爵往南逃跑，在一位士绅帮助下潜藏数日，随后渡海前往加莱。对贵族而言，丢弃军队临阵脱逃是最耻辱的事情。

鲁德福桥战役，一场非常怪诞的战斗，王军莫名其妙获得胜利。13日早上王军原以为将有一番激烈厮杀，冲过去才发现失去统帅的约克残军已经六神无主，纷纷放下武器投降。王军迅速占领鲁德洛，统帅们同意军队把未发泄出去的精力用于狂暴劫掠约克家的领地，酩酊大醉的士兵们奸淫了不少当地妇女。约克公爵夫人塞西莉被捕获时，表情僵硬但保持着傲慢神态，手中牵着两个小儿子乔治和理查德，士兵们不敢冒犯尊贵的妇人，恭恭敬敬把夫人押解给她妹妹白金汉公爵夫人，后者被国王指定为约克公爵夫人的监管者。

约克党巨头星散，军队化为乌有，志得意满的王后认为秋后算账的时机成熟。1459年11月20日，260名经过精心挑选的两院议员被召集到考文垂开会，约克党称之为“邪恶议会”，约克公爵夫人被迫出席会议目睹羞辱丈夫的全过程。这届议会的合法性确实存在争议，下院是否合法有两道重要程序——国王的召集令、郡骑士和城镇议员选举代表；但王后明显想要一个听话的下院以达成大清洗目标，忽视选举的规制。会上公布约克党三巨头及其支持者的惩处名单，宣布他们犯下叛国罪，剥夺一切爵位、财产和权利，只要他们被逮捕，除非国王特赦，将处以死刑。托马斯·斯坦利男爵的弟弟与约克党人获得同等处罚，他本人因观望战斗遭到王后训斥，不过他以未接获奥德利男爵的进攻通知为由给自己辩解，获得国王夫妇宽恕。

对约克党人的逮捕令与判处结果诏告天下，约克党成员的财产、官职转移给兰开斯特的忠臣，克里福德男爵获得几个薪资不菲的职务，萨默塞特被正式任命为加莱镇守，威尔特伯爵则获得约克已担任多年的职务——爱尔兰总督。

12月2日会议结束时，贵族和主教共66人向国王行屈膝礼，重新宣誓效忠，其中32名封爵贵族约占全国贵族总数的一半，他们的誓言内容也包括对王后和威尔士亲王的忠诚。多年来的政治斗争中，王后从未如现在这般意气风发，她看起来已大获全胜。

第三节
约克军大反攻

英格兰暂时属于王后，但英吉利海峡只属于沃里克伯爵！

只要约克公爵占据着爱尔兰，沃里克盘踞在加莱，王后就睡不了安稳觉，不知道他们哪天会登陆来袭。威尔特伯爵的爱尔兰总督和萨默塞特的加莱镇守任命其实只是一纸空文，无法前去履职，夺回这两个地方却是艰难的任务。

约克公爵经营爱尔兰多年，深受当地领主和士绅拥戴，威尔特派出使者持逮捕令前往爱尔兰，结果可怜的信使被约克吊死。朝廷最在乎夺回加莱，因为沃里克比约克更能“折腾”。萨默塞特与沃里克在英吉利海峡的较量精彩纷呈。

鲁德福桥战役之后，1459年10月朝廷即令萨默塞特率领一支船队乘胜前去接收加莱，沃里克的叔叔、代理镇守福肯贝格男爵紧闭大门拒绝萨默塞特进城，开炮把他轰走，萨默塞特悻悻而归。萨默塞特经济拮据，朝廷又不能给他太多资助，连加莱驻军5 000英镑欠薪都没法解决。驻军虽然未必愿意“反叛国王”，但他们知道只有沃里克才能给大家发工资，抗拒朝廷人事任命总是可以的。11月2日沃里克回到加莱，策划过一次对三明治港的闪袭战以示报复，那里驻扎有萨默塞特的军队。

王后心急如焚，不断敦促尽快收复加莱，萨默塞特组织1 000人令特罗洛普率领，再次前去夺取，这回倒是成功占领加莱附近的吉斯奈斯要塞，可实力远不足以攻占防守坚固的加莱港。前来支援的第六代奥德利男爵约翰·塔切特（詹姆斯·塔切特之子）、汉弗莱·斯塔福德爵士被沃里克俘虏。但萨默塞特总算占领一个据点，与加莱驻军不断发生小规模战斗。沃里克实际上并不在乎敌人占据微不足道的小据点，反倒乐见它的存在，萨默塞特的精力被牵制在此就无暇顾及英格兰事务。

朝廷决定采取更多措施支持萨默塞特收复加莱，铲除掉约克党最具威胁性的根据地。军火总监约翰·贾德奉命前往各地检查城堡和城镇防务，御前会议出台贸易禁令试图堵死加莱的财源。贝德福德公爵遗孀杰奎塔的现任丈夫理查德·伍德维尔早已被册封为里弗斯男爵，任职五港联盟守护，朝廷命令他筹集舰船和军队，增援萨默塞特。

御前会议向伦敦请求支援金钱和士兵，却遭无情拒绝。朝廷派一位神父到圣保罗大教堂说教，劝导人们不要为任何约克党“叛国者”祈祷，未起到作用反被市民蔑视，结果约翰·贾德执行任务返回伦敦途中在圣奥尔本斯附近遭人谋刺。知道南部的平民和商团讨厌自己，加上恐惧伦敦人与沃里克里应外合，所以王后决定继续把宫廷留在考文垂。

沃里克的间谍遍布伦敦和南部沿海各郡，很多商人为他充当耳目，里弗斯男爵筹划远征加莱的情报已为他知悉。1460年1月15日，沃里克先发制人，派手下悍将约翰·德哈姆爵士率800人再次突袭三明治港，里弗斯男爵被抓住时正与妻子在床上睡觉，他儿子安东尼·伍德维尔前来救援父亲也被擒获，德哈姆带着捕获的船只和300名俘虏安全撤回加莱。三明治两次遇袭，说明朝廷对南部海防束手无策。

3月16日沃里克逍遥自在地乘船抵达爱尔兰会见姑父约克公爵，与他商讨南北两方登陆的反攻大计，顺便把在爱尔兰避难的母亲接回加莱团聚。朝廷刺探到沃里克行踪，紧急采取两项措施：委派重新当上海防司令的埃克塞特公爵组织拦截，待沃里克返航时把他干掉；任命1452年曾在加莱担任过统兵指挥官的奥斯伯特·马特福特筹备船队，趁沃里克离开期间支援萨默塞特夺取加莱。

埃克塞特要求停靠在泰晤士河边的威尼斯商船提供帮助，这些船主听说此事赶紧卸掉货物溜之大吉，他们不想卷入英格兰内战。御前会议恼羞成怒，朝廷背负着“帮助外国商人”的骂名，而这些人却袖手旁观，遂逮捕了一批居住在伦敦的威尼斯商人以示惩戒。5月25日埃克塞特组织1 500多人从三明治港启航，前往沃里克必经之海面巡航，出去没几天就难以为继，因为手头缺乏经费，水手们对少得可怜的工资与定额配粮牢骚满腹，而且他们很多人是约克党的同情者，埃克塞特无奈之下解散船队。

马特福特召募数百人前往加莱驰援萨默塞特，但天公不作美，海上总是不刮顺风，只能等待风向转变。南部沿海的肯特郡、苏塞克斯郡商民成天翘首企盼沃里克登陆，东苏塞克斯莱伊镇商人们每天支付6便士，雇专人在海滩观测沃里克的动静。屡次行动受挫，御前会议决定把肯尼斯沃斯城堡作为王军根据地，先加固这里的防御工事，从伦敦塔运来40马车的军备物资。

沃里克安全返回加莱，反思鲁德福桥之败，他从笔杆子和枪杆子两方面充分筹备反攻事宜。约克党发表宣言，列举朝廷“十二大罪状”，谋杀、卖国、腐败、枉法无所不包，矛头故意避开亨利六世一家，但人们应该心知肚明。10年来商人群体早就怨气冲天，加斯科涅丢失后葡萄酒进口量不断下滑，从10年前的每年1.1万桶下跌至如今的4 000桶，朝廷贸易禁令致使毛料出口量仅有15世纪40年代的三分之一。沃里克利用禁令发动舆论战，向商人们宣扬“奸臣”的暴政损害英商权益，增加他们对朝廷的憎恶；声称国王被一群邪恶廷臣包围，凌驾于法律之上，远离正直与公义。

为了激起更多南方人的愤怒，沃里克同时展开谣言攻势，比以前更加耸人听闻：“他们让柴郡和兰开郡的人卖命，承诺他们可以大肆劫掠南方人财产。”煽动信息通过间谍送达各郡，很多教堂的大门都被钉上传单，南部的平民深信不疑，朝廷为平息谣言和没收传单疲于奔命。

至少东南沿海各郡，很少有人愿意跟随朝廷反对“英雄沃里克”——一个“爱国排外”的英格兰人利益捍卫者。与朝廷经费吃紧正相反，沃里克的战争资金相当充裕，毛料商人已同意贷款1.8万英镑给他，通过加紧海上劫掠，沃里克也攒足大量资金。

一切准备就绪，沃里克派福肯贝格男爵和手下悍将约翰·德哈姆、约翰·文洛克作为先遣队第三次轻松攻占三明治港，仍在此处等待老天吹“顺风”的马特福特被擒获。在市民协助下福肯贝格把三明治港部署成反攻桥头堡，通知加莱军可以启航。听说沃里克即将登陆，王后曾筹组一支船队前往加莱阻止他离港，结果水兵们全部哗变。6月26日，沃里克、索尔兹伯里伯爵、马奇伯爵率2 000余人安全登陆，此行还带来奥德利男爵，他已被说服归顺约克党。

王室的南部海防形同虚设，新任五港联盟守护白金汉公爵根本不在本地，他所采取的些微防御措施无济于事，朝廷原以为约克军最有可能从威尔士登陆，没想到居然敢正面大胆来犯。听说约克军将朝伦敦进军，远在考文垂的宫廷紧急下达军队召集令。

沃里克的真正势力范围在北部和西部，这次登陆要冒巨大风险，多数大贵族仍然不会站在约克党一边，如果不能成功拿下伦敦，将无法与自己领地打通连接，好在他现在是东南各郡平民心目中的“英雄”，众望所归。鲁德福桥战斗结束后王军早已解散，王廷没有常备军，难以及时遏制沃里克。约克军行至坎特伯雷时，科巴姆男爵、布格文尼男爵赶来加入队伍，士绅、骑士、商人等源源不断率部投奔，五港联盟之莱伊、温切尔西两位市长接到沃里克的信件后已派人前来支援，总体来说，参与者的人数虽众但社会阶层偏低。

御前会议已命令坎特伯雷市抵抗约克军，结果大失所望，这里的约克党市民占压倒性优势，他们把城市钥匙交给沃里克，欢天喜地迎接约克军进城。坎特伯雷大主教鲍彻与约克公爵关系亲近，但党派面目一直模糊，常扮演调停人角色，他现在因厌恶王后公开站队，号召教俗两界支持约克党反攻并亲自随同行军。

一个奇特的尊贵访客——教宗庇护二世的使节意大利特尔尼主教弗朗西斯科·科平，他的搅局增强了约克党进军伦敦的戏剧性。庇护二世欲图联合西欧大领主们共同对付正急剧扩张的奥斯曼帝国，筹划新十字军东征。科平主教1459年春天奉令来到英格兰，他的两大任务分别是征收什一税和调解两派内战。科平自告奋勇愿充当调停人，可王后消灭约克党的兴趣远远大于和解，态度傲慢地予以拒绝。科平太想完成任务建功立业以能晋升为红衣大主教，绝望之下把赌注押到约克党身上，沃里克毫无疑问“同意”科平主教的和解建议，主教心中甚喜，认为如果帮助约克党获胜，那么他们必定支持自己的事业。

教宗虽然没有左右内战的直接现实力量，作为西欧最高宗教机构对教俗两界却有较大精神影响。科平主教表态支持约克党事业，宣布开除威尔特伯爵、舒兹伯利伯爵等反约克贵族的教籍，至少动摇了很多主教的态度，而且给约克党的行为涂抹上合法宗教色彩，降低了约克贵族、平民对抗涂过圣油国王的“罪感”。坎特伯雷大主教和教宗使节倒戈，令约克党如虎添翼。

伦敦市长听说约克军正朝首都开拔，召集市议员开会，大家的心态很矛盾，欢迎约克军进城等于向王室宣战，阻止约克军进城可能招致战祸，而且有违南部地区的民意，置身于事外躲避战争当然是最佳选择，市议会决定拒绝约克军进伦敦，但也不与之敌对。商人阶层在伦敦具有强大号召力，他们聚集起来向市议会请愿，要求批准约克军入城，市长最后被说服，收回成命。

7月2日，伦敦打开大门欢迎约克军，沃里克兵不血刃拿下首都。约克军列队走过伦敦桥时整个城市沸腾起来，市民蜂拥而出欢迎和围观，有几十人被挤到河里，甚至发生踩踏事件致数人死亡。约克军此时的人数大为膨胀但缺乏精准数字，有1万到6万等不同记录，2万余人可能更接近真实情况。留在首都的埃克塞特公爵、肯德尔伯爵、汉格福特男爵、洛弗尔男爵等贵族逃进伦敦塔避难，伦敦塔总管斯格尔男爵命令部下向约克军开炮，未对敌军造成伤害，倒打死不少民众，招致市民抱怨。

第二天坎特伯雷大主教在圣保罗大教堂主持集会，在这一重要的合法性宣布仪式上，大主教痛斥王后一党的“暴政”将国家带入动荡与不安；约克党领主们表示他们从来不想伤害国王、侵占他的财产，不愿陷国家于战争，只想证明自己的清白，宁愿为此奋斗至死；科平主教则当众宣读教宗致亨利六世的信件，呼吁国王倾听约克党的建议，同意他们的要求，代表教宗号召人们支持约克党事业。

其实明眼人看得出来，战争根本无法避免。约克党现在虽然张口闭口不离“和平”二字，但这只是宣传策略，通过几年斗争他们已知晓，现在跟兰开斯特党不是你死就是我活。

亨利六世的廷臣建议国王移居到“伊利岛”地区躲避战祸，伊利岛当代已与剑桥郡合并，中世纪时是一块独立地区，但它并不是真正的岛屿，因周边被难以通行的沼泽环绕而称为岛。国王没有听从这个建议，他可能担心王后和王子安全，与妻儿吻别之后穿上铠甲离开考文垂，率军往南安普敦行军，准备拦截北上的约克军，王后则带着王子移驻到斯塔福德郡的埃克尔肖尔城堡静候消息。

约克党贵族得知消息，担心国王率军移驻到易守难攻的伊利岛，派福肯贝格男爵先带1万人北上拦截，沃里克与马奇伯爵则率领主力去伦敦北部的贝德福德郡邓斯特堡与援军会师，坎特伯雷大主教与科平主教领着伊利、埃克塞特、索尔兹伯里、罗切斯特、林肯等各位主教们随军同行，一路上不断有骑士、乡绅、士绅前来投效。索尔兹伯里伯爵、科巴姆男爵、文洛克爵士则留下来指挥2 000人的军队围困伦敦塔，同时担负起守卫全英最重要根据地伦敦的重任。

王军扎营于北安普敦的德拉普里修道院和哈丁斯顿村之间的一块草场，背靠尼利河，他们挖掘沟壕，设置尖桩，布好大炮，堵住从伦敦北上的道路。约克军前锋先与王军遭遇，沃里克接报后7月10日抵达此处，因为曾发过誓言，他试图避免直接向国王进攻，三次请求与亨利六世会谈，科平主教和索尔兹伯里主教亲赴王军大营拜会国王，希望他聆听约克党的心声，坎特伯雷大主教也派人传话，均遭亨利六世拒绝，王军总指挥官白金汉公爵不耐烦地回复："沃里克只有在死了的情况下才能接近国王。"

这一战比前三次战役聚集了更多贵族，兰开斯特军约有1万~1.5万人，白金汉公爵指挥左翼，舒兹伯利伯爵、埃格蒙特男爵、博蒙特子爵负责中军，鲁辛的格雷男爵充当右翼和前锋。约克军有2万余人，总指挥沃里克坐镇中军，福肯贝格男爵指挥左翼担任后卫，诺福克公爵和约克长子马奇伯爵担任右翼及前锋，斯克罗普男爵机动性支援右翼，布格文尼男爵、克林顿男爵、威廉·斯坦利爵士皆在约克军中效命。

王军数量处于劣势，但白金汉公爵似乎求战欲望强烈，可能基于三方面考量：担忧镇守伦敦塔的斯格尔男爵挺不了多久，急于前去驰援；沃里克上次临阵脱逃不战而败，马奇伯爵还是毛头青年，白金汉对他们相当鄙视；王军阵地坚固，炮火有优势，还有两支部队正在前来支援的途中。沃里克则想拖延时间，等待约克公爵和索尔兹伯里伯爵的援军抵达。

下午两点钟，援军仍未到来，沃里克第三次派人传话要求跟国王会面遭拒，只得下令开始进攻。双方参战人数空前，约克军斗志今非昔比，原本应是一场血腥大厮杀。王军阵地在弓箭和大炮配合下防御坚固，要想攻夺需付出惨重代价，恰好那几天接连大雨滂沱，道路泥泞，约克军冲锋时行走困难，但潮湿天气也意外地使王军枪炮失效，只能用弓箭防守。

约克军进攻前，再次突降倾盆大雨，马奇伯爵率前锋冒着箭雨，踩着厚重的烂泥向王军阵地冲杀，暴雨也使王军弓箭失去速度和精度，约克军所幸损失不大。当两军即将贴身肉搏时，鲁辛的格雷男爵所部突然放下武器，闪开一条道路，并协助撤除防御障碍，约克军得以迅速越过王军前锋冲入阵地核心。

面对突如其来的意外，王军完全没反应过来，中军和左翼阵营立马崩盘，士兵们四散逃窜，马奇伯爵如入无人之境。战斗只持续了半小时即结束，胜利来得容易，所以双方死伤较轻，王军只阵亡300多人，但兰开斯特大贵族损失惨重，顶梁柱白金汉公爵阵亡，王后忠实的追随者舒兹伯利伯爵、博蒙特子爵、埃格蒙特男爵均被斩杀。

原来约克党早与格雷男爵暗中串联，沃里克说服格雷倒戈的细节不详，根据传说版本，开战前马奇伯爵营帐中走进一位神秘信使，声称自己是王军前锋鲁辛的格雷派来的人，他传话说，如果约克党在格雷与范霍普家族的财产纠纷中支持前者，他们将阵前倒戈。格雷是当地豪强，他10年前曾卷入对威廉·特雷瑟姆（律师和下院发言人）的谋杀案，其人以冷漠无情著称；约克党听说他有倒戈之意喜不自胜，可以肯定的是两边达成利益交易，沃里克密令军队不要攻击穿黑衣的格雷部队。

约克家大公子马奇伯爵爱德华，出生于诺曼底鲁昂，时年已出落为英俊勇武的18岁青年，风流倜傥闻名遐迩，那个时代男人平均个头1.6米多，他身长却有1.92米，完全是鹤立鸡群的巨人。北安普敦之战爱德华率前锋突入敌阵亲手毙敌数名，骁勇善战给人留下深刻印象，自此威名在军中传扬，意味着他今后可独自统兵打仗了。

约克军在一处营帐搜查到孤独无助的亨利六世，他身边侍从早已逃之夭夭。沃里克、马奇伯爵、福肯贝格男爵三人来到国王面前屈膝下跪，请求他宽恕这场战斗，说他们只想建立一个公正和稳定的政府，希望国王同意他们继续为君主效命，马奇伯爵这是第一次向国王宣誓效忠。人生多么讽刺，折腾几年后亨利六世仿佛重返圣奥尔本斯场景，国王再次成为约克党的“俘虏”，还能有什么选择！惊魂未定的国王被护送到附近的德拉普里修道院休整，3天后约克军拔营返回伦敦，沃里克右手握着出鞘之剑在前方开道。

北安普敦战役的消息传到伦敦，防守伦敦塔的兰开斯特贵族心理崩溃。市议员、商人、市民们热情协助约克军围困伦敦塔本就让斯格尔男爵郁闷不已，这位英法战争老战士一直凭着“王军必胜”的信念坚守。约克军主力返回首都，眼看大势已去，其他贵族决定投降，斯格尔弃城逃到泰晤士河一艘小船上，船夫认出他的身份后将其击毙，剥光衣服弃尸于圣玛丽·奥弗里教堂大院。汉格福德男爵、洛弗尔男爵成功逃出伦敦去投奔王后，肯德尔伯爵则改变立场投效约克党。

第四节
纸王冠

柴郡莫尔帕斯城堡附近，一个叫约翰·克雷格的家伙手持凶器打劫王后的财物，他是威廉·斯坦利爵士的支持者，王后告知他自己的真实身份，这家伙不为所动，甚至威胁说会杀害她们母子。王后听说北安普敦王军战败的消息，带着侍从仓皇逃出埃克尔肖尔城堡，准备前往北威尔士与彭布罗克伯爵贾斯珀·都铎会合，谁料半途遭此磨难，堂堂王后被匹夫洗劫，英格兰史上头一次。

贾斯珀奉命在威尔士清除约克党力量，一年多来虽然没有完全遏制对方势力，但接连拿下几座约克家的城堡，其中最著名的为登比城堡。财物被抢光的王后逃到兰开斯特的北威尔士哈莱克城堡才暂时安顿下来，贾斯珀随后通知她搬到更加安全的登比城堡生活，失散的埃克塞特公爵等人陆续逃到这里与王后聚首。约克党现在控制伦敦和御前会议，勒令贾斯珀交出占领的城堡，他拒绝服从命令并征集威尔士人为王后和王子服役。冲突早晚将爆发，威尔士并非王后能久待之地。

王后写信命令萨默塞特和德文伯爵召集部队在约克郡会师，她自己打算去法兰西募兵。恰好此时王后接到苏格兰詹姆斯二世的玛丽王后邀约，建议她前往苏格兰避难。苏格兰显然比威尔士安全，詹姆斯二世是兰开斯特王室亲戚，他母亲琼·博福特为现任萨默塞特的姑姑，王后认为可争取苏格兰成为强大外援，欣然应允前往，苏格兰派出大使率队前来护送王后从海路入境。

无巧不成书，王后抵达苏格兰之际，却赶上詹姆斯二世的丧事。詹姆斯二世热衷发展火炮，率军围攻原属苏格兰但被英方占领的罗克斯巴勒城堡，亲自给大炮点火，结果大炮炸膛令国王丧命。玛丽王后慷慨承诺，愿意提供兵力和资金协助打败约克党，但天下没有免费午餐，对方提出的条件是将贝里克郡的几个市镇割让给苏格兰。

1460年7月底，胜利的约克党已经对朝廷进行过人事换血，鲍彻子爵取代威尔特伯爵担任财务大臣，索尔兹伯里伯爵的幼子埃克塞特主教乔治·内维尔出任大法官。约克党还准备10月7日召集议会，进一步通过合法手段掌控朝廷，废除“邪恶议会”出台的剥夺法案。

直到9月8日，约克公爵才慢吞吞从爱尔兰启程返回英格兰，他携次子拉特兰伯爵率领500随从在切斯特郡登陆，一路上晃晃悠悠向首都进发，10月10日议会开幕3天后才进入伦敦。约克此次行程与以往大不相同，号手一路奏乐，队伍高举绣有王室徽章的旗帜，前方有人手持出鞘之剑开路。约克行军故意采用王家仪仗，这架势所释放的信号相当强烈，他忍气吞声多年，不愿再甘居人下，终于有问鼎王座之意。慢悠悠迟到3天，一方面向世人宣示他的主张，另一方面期盼得到欢迎仪式。

约克公爵径直走进议会大厅，前方仍有人手持出鞘之剑，喧闹号角声仍不停息，大队随从的马刺打在地板上咯噔作响，所有人惊讶地注视着眼前的奇景，这与约克以前的谨慎和克制性格大相径庭。

昂首阔步走到王座前转身面朝大家，约克公爵手搭在王座扶手上，神态傲慢而威严，似乎在等待什么。极为尴尬的情景出现了，全场鸦雀无声，一片沉寂，约克原以为人们会报以热烈掌声，向他欢呼，把他推上王座。过了好一会儿，坎特伯雷大主教率先打破僵局，问约克是否想觐见国王，约克生气地回了一句“我知道这个王国没有一个人认为见我比见他重要”，然后面带怒色走进国王房间。根据现场目击者的描述，“约克的表现更像一位公爵而不是国王”。

约克公爵显然太过自信，既未事前运筹也没征询同党意见，贵族们的反应出乎意料的冷淡，到现在为止就连多数约克党成员也仅满足于打击王后一党，把国王掌控手中，落实自己的政治诉求，似乎没有改朝换代的意思。以王家仪仗步入议会大厅遭遇尴尬一事，说明约克性格刻板，政治手腕显得生硬。

最关键的问题在于沃里克伯爵的态度，没有他的折腾约克公爵走不到这一步。自亨利六世登基以来国家虽连遭不幸，社会骚乱不断，但他的确拥有“待人宽厚、乐善好施、信仰虔诚”等公认美德。当年大多数贵族同意废除理查德二世，是因为那位性格刚硬、权力欲强的君主损害了他们的权益；亨利六世的宽纵和慷慨使贵族们利益扩张，生活滋润，而其对手约克在贵族中人脉稀缺。

约克公爵再次提出已沉寂多年的兰开斯特王朝合法性问题，声称亨利四世登上王位是非法的，他的后裔们自然也是非法国王，自己才是合法国王。可兰开斯特家族享有王位已历61年，所有贵族都曾向国王发过效忠誓言，包括约克党贵族；自亨利五世建立旷世军功开始，人们早把合法性问题淡忘，但约克诉求王位的主张从法律上说又无可置辩。

索尔兹伯里伯爵父子被约克公爵的举动惊得目瞪口呆，他们坚定赞同约克的朝政改革主张，但还没想过拥戴他为王，更令他们生气的是约克未提前与父子俩协商。沃里克拜访姑父约克的住所，愤怒地质疑他为何有如此费解的言行，斥责他走得太远，约克没有作声，其次子拉特兰伯爵接过话头说："阁下，这是非常公平的要求，是我们家族的正当权利"，沃里克更加怒气难平。马奇伯爵知道不能开罪这位势力强大的表哥，走过来好言劝慰才把僵局暂时化解。

10月16日，威斯敏斯特宫进行王位问题大讨论，约克公爵通过法律手段，提交自己的血统证据，以证明诉求王位的合法性。亨利六世坚称自己的王位来源于亨利三世，合法性不成问题；领主们态度含糊，既不愿明确支持约克的主张，又不想公开得罪约克，他们把烫手山芋甩给王家法律顾问。法律顾问声称这是国王与约克之间的王族家事，对此事的裁决超出自己的能力范围，皮球又被踢回议会。

约克公爵曾在圣保罗大教堂当众向国王宣誓效忠，人们非常重视带有宗教色彩的誓言，当有人提出这个问题时，约克辩称领主们对亨利六世的宣誓是无效的和不真实的，因为他是非法国王，上帝的法律应优先于其他法律，其实这也是诡辩。利用与科平主教的友谊，约克从教宗那里申请到对之前誓言的解除令。

领主们经过反复讨论和思想挣扎，最终于10月24日出台《谅解法案》，规定：亨利六世有生之年继续享有王位，但剥夺其儿子的继承权，国王逝世后，由约克公爵及其合法继承人登基为王；约克作为储君获得威尔士亲王、康沃尔公爵、切斯特伯爵爵衔。

约克起初对法案提出抗议，认为这是领主们存心阻挠他登基，很明显的事实是，他比亨利六世年长10岁，按照中世纪的人均寿命，他极有可能死在国王之前。鉴于贵族中支持者太少，在沃里克劝说之下他被迫接受折中方案，当然沃里克也对亨利六世采取了软硬兼施的手腕，说服国王向现实妥协。

与此同时“邪恶议会”针对约克党的财产和爵位剥夺法案被全部推翻，约克公爵第三次出任护国公，所有出席议会的大教士和贵族把他作为王位继承人，对其宣誓效忠，以后约克将以亨利六世的名义施政，实质上统治英格兰。

王位问题大讨论成为玫瑰战争的里程碑事件，《谅解法案》是现实力量博弈的结果，某种程度上进一步削弱了君权的合法性观念，激发起大贵族的野心。从现在开始，玫瑰战争不再是纯粹的党派权力之争，正式演变成王座争夺战，不是你死就是我活，接下来的战争也不同于过往的贵族战争——以抓捕俘虏获取赎金为主旨，而以歼灭对方贵族为目的，一场贵族间的屠戮游戏即将展开。

亨利六世毫无抗拒地接受了《谅解法案》，令人费解，他如何思索不得而知，有人猜测他想等待北方的王后来解救自己，有人认为他认同对自己祖父夺取王位的惩罚。总之，一个已有精神病史的软弱国王，现在落入他人之手，又能有什么选择。

王后绝不像国王那么软弱，儿子继承权遭削夺把她的母性战斗欲刺激到歇斯底里的狂怒状态，为了儿子的权利她将决一死战。王后加快筹备军队的步伐，兰开斯特领主们响应召集令带兵到庞蒂弗拉克特城堡会合，11月份已有2万兵力集结完毕，萨默塞特担任总指挥，准备从约克郡向南推进，彭布罗克伯爵则奉令从威尔士发起反攻。王后批准兰开斯特军沿途洗劫约克和索尔兹伯里两家的庄园和佃户，采用“以战养战”的策略解决经费问题。

约克公爵安排沃里克和诺福克公爵镇守伦敦，委任马奇伯爵前往邻近威尔士的鲁德洛监控彭布罗克伯爵。伦敦市雪中送炭，批准一笔500马克的贷款给公爵作为军费。部署停当后，12月9日，约克与索尔兹伯里伯爵率领5 000余人从伦敦启程北上，首都街道上挤满欢送人群。12月21日约克抵达北方的据点桑德尔城堡，离韦克斯菲尔德有3公里，约克军沿途获得支援，兵力增至7 000余人。约克对自己的能力太过自信，大大低估了王后的能量。

王后向全国发表抗议声明，要求贵族和城镇起兵勤王，她的声明在南部地区未激起反响，但兰开斯特大贵族积极响应，他们很多人未出席约克党召集的议会，对王位继承权未经多数贵族同意草率转移感到怨愤。王后麾下大贵族云集，萨默塞特公爵、埃克塞特公爵、德文伯爵、诺森伯兰伯爵、克里福德男爵、罗斯男爵等皆在军中，另有一部分与彭布罗克伯爵在威尔士招兵买马。北上的约克军中，贵族仅有约克公爵、他的儿子拉特兰伯爵和盟友索尔兹伯里伯爵。

内维尔家族此时大致以长支和幼支为界线，一分为二站到两个阵营。第一代威斯特摩兰伯爵与首任妻子玛格丽特·斯塔福德所生的长子早逝，但生前留下三个儿子，与祖父同名的长孙拉尔夫·内维尔继位为第二代威斯特摩兰伯爵，15世纪60年代他的心智失常，由三弟托马斯·内维尔爵士监护；二弟约翰·内维尔男爵接到索尔兹伯里伯爵的召唤，行军至韦克斯菲尔德却突然加入王后阵营。索尔兹伯里的同母弟弟拉蒂默男爵乔治·内维尔患有间歇性精神病，一向以“白痴”绰号著称，他的土地由侄儿沃里克监护，拉蒂默与兄长和侄儿有嫌隙，这次也应召前往兰开斯特军中报到。

萨默塞特惊喜地发现约克军兵力远逊于己方，派兵围住桑德尔通往外界的交通要道，兰开斯特方面缺乏攻城大炮，遂决定引诱约克公爵到开阔地带作战，经常派人投送侮辱信件试图激怒他出城：“你，居然被一个女人（指还在苏格兰的王后）吓破胆，成天躲在城墙后面偷生。”约克的军事顾问大卫·霍尔爵士建议他避战，坚守在城堡中等待马奇伯爵率援军赶到。

至12月29日，城堡中供给已经不多，约克公爵派兵到城堡周边地区寻找食物，刺探情报，外出的小股部队遭到兰开斯特军袭击，不断发生小规模战斗。第二天，约克带着索尔兹伯里伯爵和拉特兰伯爵率主力出城，一路开拔至韦克斯菲尔德草地。对于约克为什么轻率地带兵出城众说不一，一说他认为此前在爱尔兰停留太久错过北安普敦之役，现在想一显身手来次突袭；一说他收到敌营特罗洛普爵士的诈降情报；另一说是他在城上观望到了约翰·内维尔男爵的人马，以为援军到来，急于去会合，这其实是萨默塞特的计谋。有一点可以肯定，约克的侦察工作非常糟糕，对兰开斯特军的数量和意图一无所知。

萨默塞特发现约克主力出城，大喜过望，立即命令威尔特伯爵和罗斯男爵率军攻打城堡，堵住约克公爵回军之路，另外两支兰开斯特军已在草地附近的森林埋伏，约克发现自己被包围为时已晚，被迫匆忙投入战斗。

约克公爵见大势不妙，叫来拉特兰伯爵的家庭教师罗伯特·阿普尔，托付他带着17岁的儿子想尽办法逃离战场。克里福德男爵紧追拉特兰不放，在韦克斯菲尔德桥把他拦住，克里福德询问他的身份，罗伯特·阿普尔说："请放过他，他是国王之子。"克里福德其实心知肚明，故意问："谁的儿子？"对方还没回答，他突然用匕首刺入拉特兰的胸膛，"他的父亲杀了我的父亲，约克家该死的血统见鬼去吧！"

双方兵力差距过大，约克军被蓄谋已久的兰开斯特军伏击，伤亡惨重，阵亡约2 500人，兰开斯特军只折兵200余人。战斗中约克公爵被敌兵从马上拽下来砍死，索尔兹伯里伯爵的幼子托马斯·内维尔爵士阵亡，索尔兹伯里成为俘虏，被押回庞蒂弗拉克特城堡，一群狂热的兰开斯特党徒将其团团围住，然后斩下他的首级。

兰开斯特军找到约克公爵尸体，砍下他的头颅，戴上一顶纸糊的王冠，克里福德男爵命人将首级钉在木桩上示众，兰开斯特党众嘲笑约克想当国王的春秋大梦："瞧，这是没有王国的国王。"

第五节
约克长子伦敦称王

约克公爵丧命韦克斯菲尔德的消息传遍全国，贵族中没几个人感到悲伤。远在苏格兰的王后眉开眼笑，战役大捷的喜讯令她备受鼓舞，新年刚过即越过边境返回英格兰，准备进军伦敦解救亨利六世，通往首都的大路已畅通无阻。

王后与苏格兰王太后玛丽达成协议，将贝里克郡移交苏格兰，爱德华王子与玛丽的女儿玛格丽特·斯图亚特定亲，苏格兰则提供军队支持作战，但经费由兰开斯特承担。王后哪有那么多钱支付军队薪资，被迫同意继续“以战养战”策略，兰开斯特军南下途中的掳掠虽然解决了给养问题，却使中部地区民众寒心。从约克郡贝弗利一路往南的格兰瑟姆、斯坦福德、彼得帕勒、亨廷顿等多个市镇惨遭劫掠，连教堂和修道院也不能幸免。苏格兰雇佣兵尤为热衷劫掠，反正在“敌国”犯罪，毫无道德负担。这加剧了南部地区的恐慌，无意中坐实了约克党以前编造的“王后勾结敌国”和“北方人受委托来洗劫南部人民”的流言。

约克党趁此机会加强宣传攻势：一旦王后的军队获胜，房屋将被霸占，土地将被毁坏，市民将被杀害，妇女会被强奸。宣传效果从《帕斯顿信札》中可窥一斑：“每个人都希望上帝帮助我们的领主（指约克党贵族），北方人抢劫和偷窃司空见惯，他们被委派洗劫我国南部，让人们失去家财与生计。”

沃里克伯爵和马奇伯爵皆因父亲死亡自动承袭家族爵位和土地。沃里克正在伦敦紧张筹备迎战事宜，议会全票通过批准贷款1 300多英镑给他作为军费。马奇在西部领地监控威尔士彭布罗克伯爵，闻听噩耗悲痛不已，发誓要为父亲和弟弟报仇，他作为约克长子名正言顺成为家族之首，将统领约克党继续奋战。

马奇伯爵比他父亲更具统帅能力，在西部重整约克党力量成就斐然，虽然仍缺乏大贵族支持，但手下杰出人才云集，威尔士豪强威廉·赫伯特爵士重归阵营，奥德利男爵、菲茨沃尔特男爵约翰·拉德克利夫、威尔顿的格雷男爵雷金纳德·格雷都投到麾下效力，他身边还有最好的朋友威廉·黑斯廷斯爵士，约克老家臣沃尔特·德弗鲁尽心辅助，他们协助马奇在西部和南部各郡募集起一支颇具规模的军队。兰开斯特军正在南下，马奇感到伦敦的沃里克处境危险，军队在鲁德洛集结完毕后朝着首都开拔，打算与沃里克会合迎击兰开斯特军。

率军穿越格洛斯特郡时马奇伯爵接到情报，威尔特伯爵已在威尔士西南部登陆，带着一群布列塔尼、法兰西、爱尔兰雇佣兵，与国王继父欧文·都铎、彭布罗克伯爵合兵一处，正朝北开拔去跟王后军队会师。约克家大公子豪放果敢，与父亲过度谨慎的性格截然相反，他突然做出一个冒险决定，勒令掉转马头行军，准备先去拦截威尔士北上的兰开斯特军。马奇的决策也不无道理，如果兰开斯特两军成功会合，那么约克军总兵力就处于下风，但掉头去威尔士拦截北上敌军，沃里克就得独自承担对付兰开斯特南下军主力的风险。

1461年2月1日，马奇伯爵率1万人进驻小村庄莫蒂默十字——坐落于赫里福德郡与威尔士接壤的边境中部，因房屋不经意分布成十字而得名。这个村庄曾隶属于莫蒂默家族，离约克家的威格莫尔城堡不远。马奇坐镇中军，沃尔特·德弗鲁指挥右翼作为前锋，左翼与后卫由威廉·赫伯特指挥。兰开斯特军8 000余人开拔到莫蒂默十字发现被拦截，随即排开阵势，彭布罗克伯爵指挥中军，威尔特伯爵和詹姆斯·巴特勒指挥左翼，欧文·都铎指挥右翼。

双方布好阵后曾对峙几小时，中午兰开斯特军先发起进攻，威尔特伯爵指挥攻击约克军右翼，彭布罗克伯爵攻打马奇的中军，欧文·都铎对阵约克军左翼。据说战斗颇为血腥，但细节和伤亡情况的资料匮乏。马奇骁勇无比，率先击败彭布罗克的中军，兰开斯特军随即全线崩溃，彭布罗克和威尔特先后率残部逃离战场。约克家19岁长子首次独立指挥战斗即大获全胜，莫蒂默十字大捷使他成为约克军公认的最优秀统帅，此战胜利一定程度上补偿了韦克斯菲尔德之败。

彭布罗克伯爵的父亲、国王的继父成为约克军俘虏，马奇伯爵不欲用他换取赎金，只想告知世人要为父亲报仇，欧文·都铎在市集上被枭首示众。沃里克通知马奇，军队休整好后仍需赶来会师，他自己2月12日先进抵圣奥尔本斯，扎营在附近的巴纳德荒原。沃里克带着亨利六世随军同行，筹备战事的工作都以国王的名义进行。

这一次约克军的贵族阵容可谓空前，与沃里克同行的有他二弟埃克塞特主教乔治·内维尔、妹夫阿伦德尔伯爵威廉·菲兹阿伦、诺福克公爵、鲍彻子爵、福肯贝格男爵、威廉·本维尔男爵，另有一位新晋贵族——沃里克最年长的弟弟约翰·内维尔，自北安普敦战役后已被约克党政府册封为蒙塔古男爵，不过这些贵族中仅沃里克和福肯贝格有丰富军事经验。

约克军中还有一位身份特殊的贵族萨福克伯爵约翰·德·拉·波尔，他就是1450年被谋杀的宫廷党领袖萨福克公爵之子，父亲死时他还是8岁大的孩子。小萨福克原本与玛格丽特·博福特结了童婚，但因父亲死亡家族衰败，亨利六世通过教宗解除婚姻。1458年约克公爵秉承和解原则，将二女儿伊丽莎白嫁给16岁刚成年的小萨福克，他因为同意这桩婚姻遭到王后惩罚，其公爵衔被降级为伯爵。政治多么值得玩味！萨福克伯爵的父亲原本是约克的死敌，他自己则成为约克党贵族，在玫瑰战争中追随内兄马奇伯爵左右，与约克参加兰开斯特阵营的另一位女婿埃克塞特公爵形成鲜明对比。

2月16日，王后的军队进抵赫里福德郡邓斯塔布尔，距圣奥尔本斯约20公里，他们遇到一队从莫蒂默十字逃亡出来的溃军，得知那边战败的消息。兰开斯特军依例洗劫邓斯塔布尔，他们一路南下的恶劣军纪无意中帮了约克党的忙，很多城镇改变立场，就连中部的兰开斯特重镇考文垂都不再欢迎王后军队，参加王后军队的南方人屈指可数。

沃里克提前派人进入圣奥尔本斯，在街头布置路障，配备弓箭手，他手下还有500余勃艮第雇佣兵带来了风琴炮——成排小铁管固定于炮架上，可以射出弹雨。约克军分成两部分，蒙塔古男爵率领一半人驻扎于巴纳德荒野作为左翼，沃里克则带着另一半人作为中军扎营在圣奥尔本斯镇后方。

约克军的侦察没有做到位，战斗打响前沃里克都不知道王后军队已抵达邓斯塔布尔，他原本预计对方会进驻维鲁拉米恩镇，早就派人沿途撒下三角钉。沃里克的家族总管亨利·洛夫莱斯爵士是一位经验丰富的老兵，统帅比较精锐的肯特郡士兵，洛夫莱斯在韦克斯菲尔德战役被俘，王后饶他一命，里弗斯男爵劝说洛夫莱斯归顺，将他放回当卧底，据说王后许诺，他若帮助王军获胜，将获得4 000英镑和肯特伯爵头衔。王后可能提前获得洛夫莱斯的警告，突然改变路线进驻邓斯塔布尔，避过一段可能人仰马翻的险路。

第二次圣奥尔本斯战役，双方参战人数史料记载不一，最高记录数字是兰开斯特军多达8万，骑兵就有3万，该数字显然过于夸大，兰开斯特军1.5万、约克军1万较为接近真实情况。

敌军进攻时间和方向都出乎沃里克的预料，战斗在2月17日拂晓突然打响，兰开斯特军先遣队进入市镇开启首波攻击，被街道上的约克军箭雨击退，遂召开临时军事会议改变进攻策略。第一次圣奥尔本斯的奇迹再次被反过来复制，只不过主角不是沃里克，而是经验丰富的加莱军官特罗洛普，他率前锋找到隐秘的小路冲进圣彼得街，侧翼突击约克军弓箭手，成功将他们驱逐出城，约克军弓箭兵们朝着蒙塔古男爵驻扎的巴纳德荒野方向逃窜，兰开斯特军占领城镇后稍作休整，进攻背对他们的蒙塔古营地。

天空飘着雪花，潮湿的空气把火药打湿，约克军的火枪、大炮费劲扭转方向后多数已变成哑巴。蒙塔古所部多数为新征募的菜鸟，洛夫莱斯的肯特郡老兵充当营地警卫，他带队撤离战场导致蒙塔古陷入苦战。两个约克军营地现已被分割，他们之间的道路上布满障碍，通行和沟通皆不便利，沃里克知道蒙塔古处于险境，率兵前往救援但为时已晚，四处溃散的逃兵加剧沃里克部的恐慌，引发更多士兵逃窜。沃里克撤出荒野，坚持到黄昏，他一度还想稳住阵线后组织进攻，但最终决定带着4 000残部一路西逃，寻找表弟马奇伯爵。

当代历史学者认为，所谓洛夫莱斯叛变导致失败可能是约克党编造的故事，为掩盖沃里克的指挥失当将他当作替罪羊，因为沃里克是神一样存在的人物，光辉形象不容玷污。

不过战斗仍然激烈，约克军折兵4 000余人，兰开斯特军付出2 000多人的损失获得胜利。兰开斯特军在一棵橡树下发现亨利六世，国王身边站立着威廉·本维尔男爵和托马斯·克里爵士，沃里克委派他们护卫国王。欣赏着约克军溃败的景象，亨利六世脸上洋溢着幸福笑容，兰开斯特士兵随即逮捕本维尔男爵，护送国王到克里福德男爵大帐。一家人分离大半年重新团聚，亨利六世不住地感谢上帝，热情拥抱和亲吻妻儿，又是一出王后统帅大军成功解救国王的精彩大戏。

在充满着胜利喜悦气氛的兰开斯特营地，王后想培养一个比丈夫铁石心肠的接班人，指导8岁的爱德华王子册封劳苦功高的特罗洛普为骑士，支使王子下令处决本维尔男爵和克里爵士，尽管国王此前承诺会保证他们安全。本维尔与克里之死颇为冤枉，他们从未参加战斗，只是执行保护国王的任务，可在王后眼中，未与约克党人作战就是罪该万死的叛徒。王后未处决俘虏的蒙塔古男爵，准备用他交换沃里克手中的萨默塞特的弟弟。

兰开斯特军虽然获得胜利却处境不容乐观，缺乏粮饷是摆在眼前的急迫问题，这样的军队连王后也难以约束军纪。他们不仅抢劫圣奥尔本斯镇，盛情款待国王与王后的修道院也被掳掠，劫犯们连一只汤勺、一个餐盘都不放过。国王出面发表声明，也要求王后下令至少别伤害修道院，但无济于事，劫掠者们大言不惭地说这是得到允许的行为，以代替服役报酬。心地善良的亨利六世恐惧于军纪败坏，认为损害了自己声誉，坚决反对继续朝伦敦推进。

伦敦防务空虚，听到沃里克战败的消息人心惶恐，在这个支持约克党的重镇，兰开斯特军近期的暴行更让市民心惊胆战，无人不担心遭到洗劫，商铺纷纷关张停业，家家户户在路口设置路障。孀居的约克公爵夫人住在伦敦巴纳德城堡，为安全起见，把两个幼子12岁的乔治和9岁的理查德送到勃艮第宫廷避祸，她自己留在伦敦日夜祈祷长子马奇伯爵尽快到来。

不对抗王军又能避免战祸保全城市，这是伦敦市长最理想的盘算，他一面召集民兵部署城防，一面写信给国王和王后，声明对王室忠诚，但要求亨利六世夫妇保证伦敦城不会遭受洗劫。伦敦派出白金汉公爵夫人、前贝德福德公爵夫人（现里弗斯男爵夫人）组成的贵妇团前去协商，王后同意不进驻伦敦但要求供给钱粮，市议会勉强同意条件。食物运输车队出发前，市民们听说沃里克和马奇的军队正朝伦敦挺进，留守的文洛克爵士率人抢夺了货运马车。王后的另一个条件是，让伦敦宣布约克党贵族是叛国贼，被市民拒绝了。

因自己的要求被藐视，王后继续放纵军队在赫里福德郡奸淫掳掠，她把军队分成两部分，让主力撤回邓斯塔布尔，另派一支小规模精锐推进到伦敦近郊巴内特，但被愤怒的市民驱逐。王后犹豫再三最终下令全军北撤，一支缺乏粮饷且军纪败坏的军队，进入伦敦后会干出什么事来，国王夫妇心里没底。亨利六世坚持不肯前进，王后不再勉强，她亦不希望彻底开罪伦敦。有史家认为王后关键时刻的犹豫铸成大错，如果她一鼓作气占领伦敦，历史可能会被改写。约克党掌控第一大都作为根据地，后果不堪设想。

一路西奔至牛津郡奇平诺顿，沃里克找到正在向伦敦进军的马奇伯爵。马奇首先对未能及时赶去会师向表兄致以歉意，说自己现在缺乏军费，穷得叮当响，所率人马多为自带钱粮参加作战，因为人们听说兰开斯特军的劫掠暴行，保卫家园的热情高过对薪资的诉求。沃里克大加赞赏，未抱怨表弟，双方合军一处朝伦敦进发。王后撤离创造了大好机会，2月27日约克军抵达伦敦，马奇将大军驻扎在外，与沃里克带卫队入城，伦敦打开大门欢迎"救世主"，市民涌上街头狂欢。

马奇伯爵行事不似父亲优柔寡断，他不打算再玩"清君侧"的游戏，也不满足于争取摄政或继承权，而是决定直接登基为王取代亨利六世。马奇也没有其他选择，现在国王已落入王后之手，双方和解绝无可能，约克党之前执掌朝政是利用亨利六世的名号，目前已丧失合法性基础，继续与兰开斯特对抗，身份将只是一群"反贼"，实难取得法律和道德优势，唯一的办法就是赶紧"名正言顺"。

为试探民意，3月1日约克党在圣约翰广场召开军民大集会，埃克塞特主教发表一番情绪激昂的演讲，指责亨利六世是篡位者，无权为王，然后向大家隆重推荐自己表弟马奇伯爵，说他是约克家长子，首先拥有作为合法君主无可置疑的正当权利，赞美他集诸种美德于一身，国家需要这样的君主结束乱世。埃克塞特主教发表完演说后询问群众："是否拥戴约克家爱德华·金雀花为王？"人群报以海啸般的阵阵欢呼："天佑吾王爱德华！天佑吾王爱德华！"数小时内主教迅速起草好劝进表，晚上送到巴纳德城堡，马奇正在那里与母亲小聚。

接下来的两天舆论声势继续强化，关于马奇伯爵称王的文件传遍全城。议会还在会期，虽然贵族出席人数不多，但伦敦已是约克党的天下，马奇称王的议案顺利通过。3月3日，坎特伯雷大主教、索尔兹伯里主教、埃克塞特主教、诺福克公爵、菲茨沃尔特男爵等约克党大教士与贵族齐聚巴纳德城堡，集体表态支持约克家长子登基称王。

3月4日，登基大典在圣保罗教堂举行，传令官宣布约克家爱德华·金雀花获得英格兰、法兰西、威尔士王位；爱德华表达了对上帝的谢意，随后仪仗队在前面开路，约克党领主护送爱德华穿过夹道欢呼的人群抵达威斯敏斯特宫。坎特伯雷大主教和埃克塞特主教宣读登基文件，爱德华宣誓遵守王国法律，实施公正统治，随后戴上土地冠（不同于王冠但相当于王冠），手握权杖缓缓走向王座。登基典礼结束，群臣簇拥爱德华前往西敏寺，出席赞美诗演唱式，膜拜忏悔者爱德华圣龛，贵族们单膝跪下向爱德华宣誓忠诚，一切仪式结束后爱德华乘船回巴纳德城堡。

19岁的约克家长子，第四代约克公爵、第七代马奇伯爵成为国王——约克王廷的开国君主爱德华四世，是玫瑰战争中最重大的事件，英格兰自此出现一国双王的局面。在伦敦拥戴马奇称王的大教士和贵族仅占全英总数的十分之一，权力基础薄弱，亨利六世一家以及兰开斯特大军仍在北方。爱德华四世实质上只拥有小半壁江山，所幸都是英格兰最富庶地区，新王朝诞生但旧王朝还未终结，他捍卫王座的征程只踏出了第一步。

第六节
雪原鏖兵——陶顿大决战

1461年3月29日，约克长子爱德华称王第24天，北方约克郡陶顿村，雪花飞舞，暴风袭面，那一天长达近10小时的漫长厮杀可能是发生在英格兰土地上最血腥的一次战斗，将永载史册。

爱德华四世没有举行加冕典礼，他发誓未将亨利六世夫妇彻底击败，绝不正式戴上王冠。登基之后，他向全英格兰发表宣言，要求33个郡支持自己称王，提供帮助平息内乱，同时声明将宽恕那些及时悔悟的兰开斯特追随者，仅“黑名单”上不共戴天的仇敌除外。这是孤立王后的政治策略。

先是儿子的继承权被剥夺，现在约克家长子又废黜亨利六世取而代之，红王后的愤怒可想而知，除了拼死一战别无退路。此时兰开斯特军已撤回约克郡，她准备募集更多军队，号召所有忠于亨利六世的封臣们率军奔赴北方集结，并决定从苏格兰王太后那里再借一支部队，将兰开斯特军扩充至3万人左右。

爱德华四世同样深知，必须尽快粉碎兰开斯特在北方的力量，断绝观望者们的念想才能巩固还未坐热的王座。一场红白玫瑰两大家族的生死大决战在即。约克党大领主紧急分赴各地征募军队，沃里克伯爵去往中部各郡，诺福克公爵回自己家乡东盎格利亚，伦敦市再次雪中送炭，贷款4 000英镑给新王充当军费。

3月11日，福肯贝格男爵率领先遣军向约克郡进发。13日爱德华四世离开伦敦，沿着赫里福德郡、剑桥郡缓慢向北开拔，一路与各地援军会合，中南部各郡的确响应了爱德华四世号召，纷纷派兵前来支援，连兰开斯特最忠诚的重镇考文垂都送来100名战士。各路约克军在剑桥郡会合，唯独诺福克公爵因路远未及时赶到，爱德华四世决定先行北上。3月27日抵达庞蒂弗拉克特城堡时，军队规模已达2.5万。

前锋萨福克公爵进抵亚耳河旁的村庄布里费里奇，但河的北岸已被兰开斯特前锋克里福德男爵占据，桥梁也被拆毁。萨福克下令用木板搭桥渡河，遭到对岸箭雨袭击，不少约克军士兵中箭掉进冰冷刺骨的水中。爱德华四世命令沃里克前去增援萨福克。趁着天色渐黑，兰开斯特军后撤之机，沃里克派人加速抢建木板桥，先头部队总算渡河扎营，准备第二天等待主力过桥。孰料，克里福德和内维尔男爵率领小股部队第二天黎明前偷袭沃里克营地，约克军菲茨沃尔特男爵混战中死亡，沃里克胳膊中箭后领着余部仓皇过桥逃回南岸，木板桥再次被兰开斯特军捣毁。

出师不利导致约克军营士气有点低落，很多人把这视为“先兆”，生怕给接下来的大战带来厄运。机灵的沃里克索性当着将士们的面把自己的马杀死，大声宣誓，自己将徒步作战，宁愿跟士兵们一道战死沙场，也决不骑马逃跑，营地里响起阵阵喝彩声，士气顿时大振。

萨默塞特和埃克塞特公爵率领主力驻扎在北岸的陶顿村，但他们行事谨慎，仅让克里福德男爵守卫河岸，未主动渡河来袭。到中午，爱德华四世下令无论如何当天必须解决守卫河岸的敌军，让部队安全渡河。福肯贝格男爵率领一队骑兵向上游急行军几公里，从卡斯尔福德镇附近的浅滩快速趟过亚耳河，闪电般直插兰开斯特军河岸守军营地。由于侦察兵未能探知情况，克里福德被突袭后激战不支率队撤退，经过萨克斯顿村时被一箭射中咽喉身亡。爱德华四世虽未亲自手刃克里福德，也算给弟弟拉特兰伯爵报了仇，这场战斗称为“弗雷桥战役”。

兰开斯特守护河岸的前锋被歼，约克军悉数渡过亚耳河，扎营在萨克斯顿村，爱德华四世一度收到亨利六世派人送来的和谈建议，但约克国王坚定回绝了兰开斯特国王。

3月29日清晨，天空中大雪飘舞，约克军迎着割脸的寒风向陶顿村推进，接近敌营时发现兰开斯特军早已严阵以待，排成将近一公里的长蛇阵形，诺森伯兰伯爵、威尔特伯爵、白金汉公爵、埃克塞特公爵、德文伯爵、第三代舒兹伯利伯爵……各家领主的旗帜迎风飘扬，另有数名男爵和60名骑士参战，他们都在等待“自封的英格兰国王”——鲁昂的爱德华前来受死。两军之间隔着一条狭窄沟壑，流淌着称为“公鸡涧”的小溪。

第一代白金汉公爵在北安普敦战死，长子汉弗莱·斯塔福德在第一次圣奥尔本斯战役中负伤落下病根，1458年先于父亲而死，汉弗莱的儿子亨利·斯塔福德继位为第二代白金汉公爵，但现在还不满6岁，这次代替家族出阵的是第一代白金汉公爵的次子亨利·斯塔福德爵士，即玛格丽特·博福特的第三任丈夫。

相比起来，约克军这边的贵族阵营略微寒碜，兵力也比对方少几千人。约克军照例分成三部，福肯贝格男爵指挥前锋，沃里克指挥中军，爱德华四世指挥后卫。兰开斯特军的具体部署不详，大概分成三线，智勇双全的安德鲁·特罗洛普爵士和诺森伯兰伯爵指挥前锋，戴克男爵指挥中军，后卫由埃克塞特和萨默塞特两位公爵指挥，亨利六世夫妇则待在约克市等候战况。

上午9点左右，双方以弓箭对射拉开序幕，老天爷开了个玩笑，风向突然转变，约克军阵地从逆风变成顺风。福肯贝格男爵经验老到，令长弓兵赶紧往前推进数步，站到敌军箭矢落下的地方继续射出箭雨，因为风向缘故，双方的射程此长彼消，兰开斯特军很多士兵中箭倒地。萨默塞特也是久经战阵的将领，发现继续互射己方吃亏，下令全军冲锋，以优势兵力压过去近身肉搏。

陶顿雪原之战关系到王冠最终归属，兰开斯特家族和约克家族皆无退路，各自心中充满把对方生吞活剥的恨意，此战之血腥程度为英格兰史上空前。

沃里克遵守诺言徒步作战，爱德华四世也下马与士兵们共同拼杀，高大的身影左冲右突，挥舞着长剑四处劈砍，兰开斯特阵中没有一位战将的威猛可与之匹敌。不过兰开斯特军数量优势很快体现出来，约克军渐处于下风，无论从哪个角度看，约克军好像都在撤退，其实阵线没有崩盘，而是边打边退。对多数从南方来的约克军士兵而言这也是保卫家园的血战，作战十分英勇。数小时肉搏，尸体堆积过多，双方局部战场总是被迫暂时终止战斗，把各自伤亡的士兵拖回去，新的部队补上去继续厮杀。

战斗进行到下午两点，约克军几乎已退到接近早晨出发的地点，特罗洛普率先撕破约克军左翼。兰开斯特军在约克军左翼不远处的森林中埋伏了一支部队，导致约克军局部处于绝对劣势。爱德华四世差点被逼退出战场，因为后备部队耗尽，约克军无法补充人员。压垮骆驼还差一根稻草，如果诺森伯兰伯爵率队及时冲上来增援，可能导致约克军阵线崩溃。爱德华四世无愧威名，重新集结好人马，身先士卒再次冲上来顶住阵脚，他的勇猛极大提升了士气，双方又形成胶着搏杀状态，但约克军陷入苦战，继续打下去将有溃败危险。

正在生死关头，诺福克公爵从东盎格利亚征召的数千部队终于抵达战场，他勒令马上投入战斗，先支援爱德华四世这一翼。这支狂呼乱叫的生力军突然加入，令情势瞬间逆转，变成兰开斯特军边打边退。血腥厮杀数小时后，战场又逐渐拉回双方开战的地方，兰开斯特军后备耗尽，阵线崩溃，士兵开始四散逃窜。

看见对方开始溃乱，爱德华四世激动地对追杀逃军的约克士兵高喊："放过那些普通人，放过普通人，杀死领主，杀死领主。"这种情况在英格兰史上罕见，每个贵族俘虏都代表着一笔不菲的赎金收入，现在钱财已经不重要，歼灭敌人领主才是首要目的。

萨默塞特率右翼退回到公鸡涧，很多兰开斯特战士在约克军的冲击下不是被砍翻后滚进沟壑，就是失足滑落进去，由于身着沉重铠甲，慌乱中没法翻过公鸡涧逃命，要么被约克军士兵走上前来轻松砍死，要么被自己人尸体压在下面闷死。朝着塔德喀斯德市镇方向逃跑的兰开斯特军，很多人则跌落河中溺死，开战前他们为断绝约克军败逃时退路，将桥梁拆毁，结果现在作茧自缚。

爱德华四世指挥军队在陶顿战役中奋勇厮杀，没有他的指挥约克军不会胜利。作者：John Quartley，Charles Oliver Murray

陶顿大决战是玫瑰战争中最关键也最惨烈一役，约克军大获全胜却也付出沉重代价，双方动员约6万人参战，死亡人数的记载纷乱不一，最高数字为3.6万。但现代史学家认为，阵亡约1.6万，负伤者3万～4万，可能较接近事实。雪地与河水染成红色，附近的沟壑填满尸体，河上浮尸无数。诺森伯兰伯爵、戴克男爵、内维尔男爵、韦尔斯男爵、特罗洛普爵士皆战死沙场，42个兰开斯特骑士被约克军处决，萨默塞特、埃克塞特、罗斯男爵率残部逃回约克市。

北方大诸侯珀西家族损失最为惨重，第三代诺森伯兰伯爵的父亲阵亡在第一次圣奥尔本斯战役，他最年长的弟弟埃格蒙特男爵托马斯·珀西死于北安普敦之役，这一次伯爵本人殒命陶顿雪原，二弟拉尔夫·珀西和伯爵的儿子小亨利·珀西成为俘虏，三弟理查德·珀西战死。

亨利六世夫妇获知战败消息，赶紧命人打包行李，装载马车，匆忙离开约克市往北奔逃，打算去苏格兰避难。红王后临走前狠狠发誓，终有一日她会报仇雪耻。

第二天一大早，爱德华四世率军进入约克市，临近城门时看到上面悬挂着父亲、弟弟和舅舅的首级，顿时脸色大变，命人将三位亲人的头颅取下妥善安放。约克军在城中抓获躲藏起来的德文伯爵，随后砍了他的脑袋，德文与另外数个兰开斯特爵士的头颅被悬于城门。

陶顿战役基本标志着兰开斯特王朝被推翻，白玫瑰国王用刀剑证实了自己的能力。爱德华四世虽然复仇心切，但战斗结束后也得尽量摆出大度姿态，从政治上说需要赢得更多领主，尤其北方领主的拥戴，国家才能稳定，所以他仍然愿意宽恕那些“归顺”的兰开斯特贵族。诺森伯兰伯爵和克里福德男爵被俘的儿子、拉尔夫·珀西爵士以及白金汉家的亨利·斯塔福德均获得宽恕。兰开斯特贵族里弗斯男爵理查德·伍德维尔与约克党敌对多年，现在终于改变立场，带着长子安东尼·伍德维尔来到约克国王身前表示臣服，爱德华四世原谅他们父子，同意恩怨从此一笔勾销。

4月5日在约克城过完复活节，伦敦商人们再向国王奉上1 300英镑津贴。爱德华四世继续率军北上追击亨利六世夫妇，沿途扫荡兰开斯特残部，顺便巡游北方各地以示安抚，一路进入边境达拉谟郡并从那里抵达北方要塞纽卡斯尔。亨利六世夫妇早就仓皇逃离纽卡斯尔去往诺森伯兰郡的阿尼克城堡（珀西家族最著名的主城堡），他们路上常被约克党的支持者袭扰，所幸身边还有千余人马护驾，随后从阿尼克进入苏格兰。

爱德华四世如果抓住亨利六世夫妇，他的人生将省却大量麻烦，断绝无穷后患。历代国王很少往北跑这么远，久寻不着对方身影，爱德华四世也不便远离纽卡斯尔继续深入，遂决定折返。不过他还是颇有收获，达拉谟郡采邑主教劳伦斯·布思以前是红王后不遗余力提拔起来的心腹，现在深感兰开斯特大势已去，表示归顺新王朝，并成为爱德华四世的忏悔牧师。5月1日，爱德华四世在纽卡斯尔亲自监斩路上抓到的威尔特伯爵，然后启程南下返回伦敦。

陶顿大捷之后，爱德华四世立即向伦敦报喜，并给母亲写去家信，老约克公爵夫人欣喜若狂，召唤众多亲戚朋友云集巴纳德城堡听她宣读儿子的来信。伦敦城沉浸在喜悦之中，等待王者归来举行加冕礼！

第七节
新王加冕与北方战争

1461年6月26日，一群男子穿着蓝色袍子，肩搭白色丝巾，神父们在前面领路，队伍缓缓穿越街道抵达威斯敏斯特宫，这群男子将在那里守夜，第二天黎明时分迎来人生最辉煌时刻——国王亲自册封他们为骑士。

同一天，伦敦市长和议员们簇拥着爱德华四世从兰贝斯区朝伦敦塔进发，身后跟随400名宫廷侍从、杰出市民代表。街道两旁的人群爆发出欢呼声，在他们心中这是神一般的国王，曾把伦敦从北方“野蛮人”的魔爪中解放出来。国王也将在伦敦塔守夜，第二天对追随自己南征北战的朋友们大加赏赐，册封28名“巴斯骑士”，当中包括他的两位弟弟乔治·金雀花、理查德·金雀花，陶顿大捷后他们已返回英格兰。第三天伦敦将举行加冕大典，约克国王将正式戴上王冠。

中世纪最隆重的骑士册封仪式曾发展出一套烦琐的流程，受封者先行沐浴，象征着心灵洁净，出浴后在床上等到身体自然风干，穿上特制的袍子由人引导至指定的宫殿或教堂守夜，第二天黎明参加册封典礼。最隆重的全套流程其实并不常用，从亨利四世时代开始，严格限定在新王登基、册封威尔士亲王和公爵、王室婚典等场合才使用，在如此庄严和烦琐流程下册封的骑士称为“巴斯骑士”，意即“沐浴骑士”。有趣的是，爱德华四世推翻了他口中“非法的”兰开斯特王朝，却全盘照搬兰开斯特演化出来的礼仪。

6月28日，爱德华四世发表宣言，承诺将建设一个好政府，给大家带来公正与和平，惩治刑事罪犯，提振英格兰萎靡不振的商业和贸易。伦敦商人们已多年未如今天这般心情舒畅，有一位商人写道：“我简直无法表达我有多么爱他，似乎他就是神啊。”

人们突然发现28日是《圣经》故事里记载的希律王屠杀婴儿的圣婴殉道日，通常被视作不吉祥的日子，国王只得29日重返西敏寺履行仪式，30日赴圣保罗大教堂参加奢华盛大的庆典，每到一处，国王都受到人们热情欢迎，仿佛当年大捷归来的亨利五世重现。相较身材瘦小、穿着朴素的亨利六世，伦敦妇人们在街头看到身着华服的高大英俊国王，发出惊心尖叫不足为奇，如果当时可以投票选择国王，妇女之友的爱德华四世必然压倒性胜出。

伦敦的欢乐气氛不代表天下太平，约克国王的开局其实危机四伏。缺乏大多数贵族的热情拥戴是约克王廷的先天缺陷，全国仍有很多地方处于混乱状态，朝廷政令无法有效执行。兰开斯特遭受灾难性重创，但在北方根基深厚，支持者还在酝酿反抗，苏格兰和法兰西随时可能充当红王后的强大外援，威尔士贾斯珀·都铎以彭布罗克城堡为据点仍在顽固抵抗。东北方的诺森伯兰郡是兰开斯特残余力量的根据地，沃克沃思城堡、阿尼克城堡、本堡、邓斯坦堡等12座军事要塞还在亨利六世夫妇手中。

新王加冕的这个月，北方的小规模战事亦如火如荼，所以爱德华四世南下之后令沃里克伯爵与弟弟蒙塔古男爵仍留守北方，逐个拔除兰开斯特堡垒。6月初，红王后带着小股部队越过边境包围坎布里亚郡的卡莱尔，被蒙塔古男爵击退，但兰开斯特军将卡莱尔郊区付之一炬，同月亨利六世亲率一支部队深入达拉谟郡试图站稳脚跟，亦无功而返。

如何处置流亡的亨利六世夫妇，苏格兰玛丽王太后这次有点犯难，勃艮第公爵菲利普三世是玛丽的舅舅，玛丽以前支持兰开斯特王朝与维护勃艮第利益并行不悖，现在约克王朝已确立，与勃艮第关系友好，菲利普已向外甥女施过压力。所幸苏格兰朝廷分成两派，王太后领导少壮派贵族，圣安德鲁大主教（苏格兰的凯尔特教会之首，其地位相当于英格兰的坎特伯雷大主教）詹姆斯·肯尼迪领导老年派贵族，老年派支持兰开斯特，况且玛丽王太后也不能把流亡的王室家庭拒之门外，亨利六世夫妇暂时获得庇护。

为报答苏格兰伸出“友谊”之手，当年4月25日，红王后以亨利六世名义把控制在兰开斯特手中的贝里克郡移交给苏格兰，她的这些举措在中立者或反对者看来，已经不是与约克家族为敌，而是与英格兰为敌，实际上她会走得更远，为复辟江山不惜代价。避难苏格兰绝非长久之计，随着约克朝廷外交围堵政策的推行，苏格兰获得企盼已久的贝里克郡，也不愿过多卷入英格兰内战，宫廷里的态度日益淡漠。

红王后心急如焚，知道复辟事业不宜久拖，决定张罗更大规模的计划，把目光投向英格兰的传统老对手，派遣萨默塞特、汉格福特男爵出使法兰西，她请求法王赞助兵马和舰船，借款5 000英镑，同时委托老朋友皮埃尔·布雷泽帮助筹备军队、筹集2万英镑军费，协助占领英吉利海峡中的海峡群岛，作为登陆英格兰的桥头堡。布雷泽对此计划颇为吃惊，他曾说："如果王后的朋友们知道她这个计划，肯定会联合她的敌人一起杀了她。"法王查理七世默许了布雷泽的行动，因为他不愿看到约克王廷跟勃艮第走得太近，根据历史经验，法王认为这是不祥之兆。5月份，布雷泽率领一队人马在海峡群岛的泽西岛登陆。

约克王廷面临北、西、南三面威胁，首尾难顾，来自法兰西的干涉最为致命，若三面夹击成真，后果不堪设想。接下来事态的发展却阴差阳错，祸福相伴，运气对于政治也是不可忽视的重要因素。

7月22日，法王查理七世驾崩，王太子路易继位，是为路易十一世，这一消息对红王后是个沉重的打击。路易十一略为驼背，鹰钩鼻，目光如炬，走路一蹦一跳，丝毫没有骑士的气质，他人如其形，有"狡诈者"的绰号，长期与父亲不和，讨厌自己母亲的家族。年轻时路易发动叛乱，父亲原谅了他，但鉴于他无休止地策划"阴谋"，查理七世忍无可忍派人去抓捕王太子，他逃到父亲的老对头勃艮第公爵的宫廷里避难，父亲逝世后，路易迅速离开勃艮第赴巴黎夺得王位。

几个偶然因素凑到一起给约克王廷带来了好运。刚登基为王，权力未稳，路易十一不想惹麻烦。勃艮第目前是法兰西最强大的公国，控制着低地国家与英格兰的羊毛贸易，与约克王廷交好，新国王需要顾虑庇护他多年的勃艮第公爵的想法。早年反叛父亲，路易一十恰好与布雷泽结下梁子，所以他下令取消法军远征英格兰计划，还一度扣押红王后的使节。这并不说明路易十一是约克党支持者或是和平爱好者，他的决策主要基于利益权衡。可能还有另一因素，不是路易十一喜欢爱德华四世，而是当下更仇恨自己父亲，上台后必须先反其道而行，所以他对红王后的事业兴趣淡漠。权力巩固之后，作为法兰西君主，路易十一必然回归历代先王的“削藩”路线，吞并勃艮第是早晚之事。

爱德华四世从间谍处获知红王后派人在法兰西活动，决定加快平息国内动乱的步伐。捍卫王座的主战场在北方，其次是威尔士。约克王廷授予沃里克北境西疆守护、北境东疆守护之职，经过整个夏季的苦战，沃里克与其弟蒙塔古男爵拿下珀西家族的主城堡阿尼克城堡，至10月份，本堡、邓斯坦堡、沃克沃思城堡陆续被攻拔。爱德华四世充分信任新归顺的拉尔夫·珀西爵士，委任他担当诺森伯兰郡沿海要塞邓斯坦堡总管。

约克国王7月份出巡南方各郡，从苏塞克斯、汉普郡、威尔特郡一直巡游到格洛斯特郡，沿路安抚人心，恢复法律秩序，亲自召开审判会处决兰开斯特余党。他原本打算御驾亲征威尔士，但后来取消计划，改为委派约克党干将威廉·赫伯特歼灭顽抗的彭布罗克伯爵和埃克塞特公爵，爱德华四世充分下放威尔士军政特权给赫伯特，授予其卡迪根城堡、卡马森城堡等多处要塞的总管之职。赫伯特不辜负约克国王重托，将威尔士的兰开斯特残军逐步剪除，9月30日攻下彭布罗克城堡，贾斯珀·都铎亡命法兰西。10月份，只有克莱塞能城堡、登比城堡还在兰开斯特手中，第二年初也将被攻占。北威尔士临海高耸于山上的哈莱克城堡因地势太过险峻，可从海上获得补给，围困对其无效，此后数年成为英格兰的兰开斯特孤岛，直到60年代末才将其占领。

攻占彭布罗克城堡，藏身其间的博福特·玛格丽特与她4岁的儿子亦被俘获，赫伯特花费1 000英镑购买到亨利·都铎的监护权，赫伯特打算等孩子们长大些，将自己女儿毛德·赫伯特嫁给亨利·都铎；他同时也获得诺森伯兰伯爵家族继承人小亨利·珀西的监护权。购买大贵族家未成年继承人监护权是笔划算的生意，对方家族的产业在孩子成年前可归自己打理。当然，两大死对头家族的孩子交予心腹赫伯特监护，爱德华四世也能睡个安稳觉。

11月份爱德华四世召开约克王廷建立以来第一次议会，通过《剥夺法案》实施清洗，包括亨利六世夫妇在内，萨默塞特公爵、埃克塞特公爵、诺森伯兰伯爵、里奇蒙伯爵、彭布罗克伯爵、博蒙特子爵、克里福德男爵、罗斯男爵、汉格福特男爵等150位“死硬派”兰开斯特贵族、骑士、乡绅、士绅被宣布犯下“叛国罪”，剥夺他们的爵位或财产，有些人即使早就过世也不能躲过处罚。约克王廷把亨利六世的爱德华王子故意称呼为“她的儿子”，而不说是他们夫妇的孩子，意在强化兰开斯特小王子的“非法性”。

这是新王的复仇，其实也是土地和财富的重新洗牌，爱德华四世通过剥夺，政治上能震慑反对者，经济上可切断他们造反的物质基础，最关键的是能腾出爵位和土地犒赏约克党功臣。

约克党贵族不是数量稀少吗，可通过册封来增加。国王的两位弟弟获得王兄慷慨封赏，乔治获封克拉伦斯公爵，理查德获封格洛斯特公爵；约克党老牌支持者亨利·鲍彻子爵晋封为埃塞克斯伯爵；战功显赫的福肯贝格男爵晋级为肯特伯爵；国王的妹夫萨福克伯爵得到更大的犒赏，两年后恢复了家族的公爵头衔。

以联姻或册封等方式，骑士、乡绅、士绅出身的多名约克党功臣成功跻身贵族行列。沃尔特·德弗鲁爵士与第七代查理的弗雷斯女男爵结婚，以妻之名获男爵头衔；国王的好友威廉·黑斯廷斯、沃里克从加莱带来的得力副官约翰·文洛克皆晋升为男爵，文洛克还担任王家仆役长，掌管肯尼斯沃斯王家庄园。威廉·赫伯特受赏相当丰厚，在拥有诸多威尔士的军政要职的同时晋级为男爵，爱德华四世寄望他代替贾斯珀·都铎在威尔士的地位，将彭布罗克伯爵领交予赫伯特监管。

红王后的苏格兰流亡生涯度日如年，为了复辟大业已卖光珠宝首饰，经济陷入窘境。她与苏格兰王太后玛丽的关系日益冷淡，玛丽迫于舅舅勃艮第公爵的压力，已取消两个家庭的儿女婚姻。第二年开春，萨默塞特从法兰西返回苏格兰，红王后的赴法特使迄今为止没给她带来任何利好消息，只知道法王目前口风有所松动，但未见到一钱一兵实质性支持，红王后打算亲赴巴黎面见路易十一。萨默塞特在法兰西宫廷大肆吹嘘自己在兰开斯特阵营的崇高地位，向路易十一炫耀他与红王后之间如何“互相爱慕”，令红王后相当不悦，两人多次发生龃龉。

接获间谍传来萨默塞特返回苏格兰的消息，约克王廷甚为警惕，视之为可能发生入侵的信号。为断绝兰开斯特的北方后援，爱德华四世加强对玛丽王太后外交施压，甚至采纳沃里克的建议，向玛丽求婚。玛丽比约克国王年长8岁，她的名声常年为绯闻所困，传说萨默塞特也是其情人之一，不过考虑到保卫江山，爱德华四世顾不得许多。来自苏格兰内部的压力过大，玛丽对求婚建议未予理睬，但她已考虑驱逐兰开斯特流亡者。

兰开斯特最忠诚的大贵族第十二代牛津伯爵侥幸“潜伏”于国内，自北安普敦战役后患上疾病，躲过几场惨烈战役，爱德华四世因此宽恕了他并免除他11月出席议会的义务。牛津继续称病似乎是一种应对约克王廷的低姿态策略，他一直与红王后暗中联络，准备等待兰开斯特北方起事，约克国王前去平叛时，他以支援和护驾为由加入队伍，途中寻机袭杀爱德华四世。结果他的信使被捕后供出计划，1462年2月牛津被逮捕，由伍斯特伯爵约翰·蒂普托夫宣布他犯下“叛国罪”，他与长子奥布里·德·维尔皆丢掉脑袋，但爱德华四世允许他的次子约翰·德·维尔继承家业，是为第十三代牛津伯爵。

红王后1462年4月不得不亲赴法兰西，途经布列塔尼宫廷受到热情款待，公爵弗朗西斯二世慷慨赠与1.2万克朗，她与贾斯珀·都铎会合后，回家与父母亲团聚。别离多年，安茹的玛格丽特已从堂堂王后沦为流亡妇女，一家人不胜唏嘘。“那不勒斯国王”雷纳近年忙于阿拉贡战争，手头相当拮据，但他还是借款8 000弗洛林给女儿，这些奉献已达他的能力极限，当然雷纳夫妇还能协助女儿晋见路易十一。

5月份沃里克曾经率兵突入苏格兰，占据对方一座城堡，兵逼玛丽王太后，沃里克与玛丽会晤后，双方缔结了一份短期和约。事态越来越急迫，红王后终于在巴黎的宫廷见到路易十一，她拜倒在法王脚下，情绪激动地请求对方帮助她丈夫恢复王位，场景令在场者为之震惊，可“狡诈者”反应冷淡，他事后对廷臣说，帮她可以，得等着开条件。

经过父母亲斡旋，红王后获多次晋见法王的机会。二次会面时路易十一不再客气，同意赞助金钱，但要求将加莱献给法兰西。红王后不敢答应，她说，如此一来等于逼使她变成英格兰人的公敌，严重损害复辟大业。路易十一表示理解，但认为她别无选择。法王后来提升了价码，不仅赞助经费，还提供2 000雇佣兵，每年提供一笔年金作为献出加莱港的报酬。红王后真的别无选择，6月底她终于咬牙答应条件，与法王签署条约。路易十一履行诺言提供船队、兵马和经费，将关进大牢的布雷泽放出来领军入侵英格兰，红王后一行则到诺曼底筹备年底的登陆。

10月19日，红王后2 000人马从哈夫勒尔港出发，驶向英格兰北方诺森伯兰郡，在泰恩–威尔郡的泰恩茅斯港，红王后船队遭到约克守军炮轰，海上风暴也使他们折损一些船只，待到风平浪静，他们选择在阿尼克附近登陆。听闻谣传沃里克带着几万大军奔这里而来，雇佣军抛下红王后、王子和布雷泽一窝蜂逃到船上。一场虚惊之后，船队重新集合在本堡登陆，拉尔夫·珀西驻守的邓斯坦堡倒戈，诺森伯兰郡各要塞纷纷叛变回归兰开斯特阵营。红王后稍作安顿后进入贝里克郡，与亨利六世、萨默塞特、埃克塞特以及顾问约翰·莫顿会合，把儿子安置在那里后，大家一同返回英格兰。

兰开斯特登陆的消息传至伦敦，沃里克充当先锋提前北上，爱德华四世在南方募兵和筹集钱粮，他被迫征收重税并向伦敦市贷款。11月4日，爱德华四世准备完毕率军向北开拔，此次与他同行的贵族有31人，阵容堪称空前，心生观望的贵族现有不少已经决定效忠约克王廷。

红王后密令国内余党带兵到本堡集合，结果前来加入者出人意料的少，或许支持者听说她只有区区2 000雇佣军，根本不敢响应。兰开斯特军在诺森伯兰郡和达拉谟郡抢劫几所小修道院补充军费，当约克国王率军抵达时，被洗劫的教士们围在他身边哭诉，希望得到补偿。双方兵力存在差距，平叛和反攻演变成猫捉老鼠的游戏，约克国王将前往哪个要塞，红王后就飞快逃跑到另一个地方。爱德华四世抵达北方不久患上麻疹，攻克城堡的任务仍然交给沃里克兄弟俩。沃里克为减少军队损失，采取围而不打的策略，直到城堡守军粮草断绝开门投降。

兰开斯特第一王公萨默塞特近期屡遭红王后训斥，尤其是布雷泽加入团队后深受女主人宠信，难免使他对地位下降心生失落感，遂萌生与约克王廷和解之意。沃里克及时开出条件诱降，向萨默塞特承诺，只要投降，恩怨一笔勾销，可以恢复他家族的爵位与领地。萨默塞特同意交出他指挥的邓斯坦堡和本堡，但条件是拉尔夫·珀西仍继续留任总管，沃里克一口应允。圣诞节刚过，萨默塞特亲手奉上邓斯坦堡和本堡钥匙，率自己余部协助约克军围困阿尼克城堡，阿尼克撑到1463年1月6日开城献降。

萨默塞特投降使红王后的反攻像闹剧一样以稀里糊涂的方式流产，给约克王廷省却大量麻烦。亨利六世夫妇率领法、苏两国雇佣军匆忙北撤回苏格兰。约克军占领阿尼克城堡，为期近两年的北方战争暂告一段落，爱德华四世满心喜悦带着归降的萨默塞特班师回朝。

第八节

诸王的地缘角力

萨默塞特归降，约克王廷如获至宝。博福特家族长期是兰开斯特顶梁之柱，红王后最死硬的追随者，爱德华四世认为萨默塞特的倒戈有标志性意义，为赢得他的友谊倾尽全力。

1463年3月召开议会，爱德华四世授意撤销对萨默塞特的处罚措施，恢复其家族爵位和地产，慷慨赋予200英镑年金，并赠送大量现金以缓解他当下之急用。爱德华四世邀请他一同旅游一起饮宴，举办以他名义召集的比武大会，甚至外出狩猎时与这位家族死敌同床共寝以示亲密。很多约克党人对萨默塞特并不信任，为此捏着一把汗，如果他要谋刺爱德华四世，机会实在随处可寻。当然，约克国王会慷慨赠送萨默塞特友情和物质，但绝没傻到会赋予他实权的地步。

正当约克国王沉醉在与萨默塞特的友情中时，

北方又出事了。1463年春季，红王后一家与布雷泽带着小股军队又越过边境进入英格兰，镇守本堡和邓斯特堡的拉尔夫·珀西爵士再度开城迎降，足见让他留任埋下无穷隐患。在他的带动下，阿尼克城堡等多个刚归顺的要塞又倒向兰开斯特。红王后把本堡当作司令部，不过当地平民对她的到来已缺乏热情。苏格兰摄政御前会议在圣安德鲁大主教的影响下决定冒险，12岁的小国王詹姆斯三世初试锋芒，6月底亲率一支规模略大的部队协助围困诺汉城堡，这是诺森伯兰郡还在约克王廷手中的少数要塞之一。

英格兰、苏格兰、法兰西、勃艮第的地缘政治角逐微妙影响着约克家族和兰开斯特家族之间的博弈，反过来，任何一方内部政治力量的消长也受外部其他各方影响，只要一方的举措导致关系失衡，就容易引发战乱，每一方都会想办法寻找牵制敌对者的棋子，他们不断合纵连横。玫瑰战争并非单纯的英格兰内战，它也是地缘政治斗争。

道格拉斯伯爵，苏格兰南方实力最雄厚的诸侯，其家族职责类似英格兰北方的珀西家族和内维尔家族，肩负镇守南疆之重责。家族主支通常称为“黑道格拉斯家族”，也叫“黑伯爵”；家族另一大旁支称为“红道格拉斯家族”，即“红伯爵”。苏格兰长期以来既没形成类似法兰西由王权主导的中央集权制，也没有演化出类似英格兰独特的“封建制下统一的王权加议会制”，内部政治博弈比英格兰更加血雨腥风。历代黑伯爵鲜有善终者，因卷入宫廷斗争不是战死就是被谋杀，当然多位国王的下场也好不到哪去。用那个时代的标准来看，英格兰已算欧洲法治的典范，政治斗争中的文明楷模。

苏格兰詹姆斯一世幼年时躲避宫廷血斗前往法兰西，他在海上被英军捕获，在英格兰宫廷长大的詹姆斯成人后娶了博福特家的女儿，方才回国加冕为王。在英格兰的成长经历促使詹姆斯一世试图模仿英式政体改制，削弱跋扈贵族，设立议会，结果他本人在1437年被谋杀，宫廷中的处决和谋杀又持续数年。其子詹姆斯二世6岁继位，10岁那年就亲眼见证宫廷血案——“黑色晚宴”，第六代黑伯爵兄弟应召前往爱丁堡赴宴时被政敌设计残酷斩杀。[①]

第九代黑伯爵詹姆斯·道格拉斯1455年卷入反叛詹姆斯二世的战争，红道格拉斯家族的第四代安格斯伯爵乔治·道格拉斯站在国王一边对黑伯爵开战，阿金霍姆战役中黑道格拉斯家族惨败，黑伯爵两位弟弟丧命，他自己流亡英格兰，家族爵位被剥夺，地产落入红伯爵手中。

兰开斯特总是获得苏格兰的庇护或纵容，没完没了进犯北方发起叛乱，成为约克王廷心腹大患。不胜其烦的爱德华四世打算以其人之道还治其身，干脆给黑伯爵充当靠山，用代理人介入北方邻国政治，制定了一个颇具野心的宏大计划，试图征服苏格兰并将其肢解。

苏格兰西部高地海域历史上曾有过一个“群岛王国”，由赫布里底群岛、克莱德群岛构成，多个世纪处于不连续的独立或半独立状态，曾名义上臣服过挪威、爱尔兰、苏格兰的国王或地方领主。至15世纪初苏格兰已能有效控制这个地区，本土大领主麦克唐纳家族倍感受到束缚，对苏格兰满腹怨气。

1462年黑伯爵受爱德华四世之托，说服群岛王国领主罗斯伯爵约翰·麦克唐纳，三方签订《威斯敏斯特盟约》。条约规定，若爱

① 《冰与火之歌》中“血色婚礼”的素材来源。

德华四世征服苏格兰，麦克唐纳独立拥有群岛王国，黑伯爵占据福斯河以南的低地苏格兰，他们共同尊英王为首。幸亏英格兰的持续动乱阻止了这个三角联盟的协议被有效贯彻，否则对苏格兰斯图亚特王室将是毁灭性的打击。[①]

蒙塔古男爵1463年5月底获任北境东疆守护，先行北上抵挡入侵，在纽卡斯尔击退来犯之敌，几艘从法兰西满载补给支援红王后的战船也被捕获。听说苏格兰也派兵入境，沃里克伯爵感到事态紧急，随后也从伦敦带兵北上。沃里克与蒙塔古在约克大主教和北方家臣的协助下，成功解除诺汉城堡之围，苏格兰军队不敢打硬仗，一溜烟跑回国，似乎这次出征就给小国王练手玩耍似的。

红王后与布雷泽带着小王子朝着本堡狼狈逃窜，打算去跟被安置在那里的亨利六世会合。苏格兰此次决策形同儿戏，南方边境顿时出现毫无防务的奇景，沃里克和蒙塔古索性越境到苏格兰一侧大肆烧杀掳掠以示惩戒，顺便补充即将耗光的粮草，与此同时，黑伯爵也率人从西北边境杀入苏格兰疯狂劫掠。

红王后逃往本堡的过程惊心动魄，形同一部历险小说。为躲避约克追兵，红王后等人抛弃马匹抄小道逃命，慌乱之中她带着儿子跟布雷泽走散，居然遭遇人生第二次抢劫，半道突然冲出一伙强盗，抢夺她随身饰品，对她拳打脚踢，百般羞辱，领头的家伙叫“黑杰克”，用剑顶住红王后的咽喉，声称要割烂她的身体。毕竟是见过大阵仗的王后，她没有被吓得瘫软，关键时刻突然哭喊道：“我是国王的妻子，你们的王后，你们要杀我但不要毁坏我的身体，死

① 今天群岛王国的领主是英国查尔斯王子。

后留个全尸，为什么要用我的血脏了你们的手，如此暴行将会让这个时代的所有人都憎恶你们。”黑杰克听了这番话反倒被镇住了，山野长大的强盗头子挠破脑袋也不敢幻想这辈子能打劫到王后，何况将之杀害。无法克服心理和道德恐惧，黑杰克反而跪在红王后面前恳请宽恕，承诺保证她的安全，护送母子俩穿越秘径，抵达森林深处一个洞穴藏身。

两天后布雷泽与家臣巴维尔寻至此处才打听到红王后母子下落，他们告别黑杰克后继续赶路。去往本堡的方向有大量约克军，他们决定改道前往卡莱尔，从那里进入苏格兰西南部的柯尔库布里。一位名叫库克的约克王廷间谍发现红王后的行踪，准备将他们四人绑架回英格兰请赏。库克重金雇用几个帮手，夜间先悄悄突袭在外围看护的布雷泽和巴维尔，把他们打翻后绑起来扔进一条小船，失去保护的红王后母子束手就擒，也被押送到船上。

库克兴许首次搞绑票，业务不精通，他不敢捆绑红王后，犯下大错。船在海边停留一夜后启航，黎明时分红王后借着微弱光线认出旁边被捆着的布雷泽，悄悄给他解开绳索，布雷泽是久经沙场的老战士，跳起来打翻库克夺过船桨。在海上漂荡了几小时后，他们在柯尔库布里一处荒滩靠岸，步行到一个小村庄里乞讨食宿。

距离爱丁堡尚有160多公里路程，布雷泽派巴维尔先去向王太后玛丽求援，答复却令他们大失所望，玛丽说愿意以私人身份接见红王后，除了能协助她回到诺森伯兰郡跟亨利六世聚首，其他的爱莫能助。红王后来到爱丁堡，约克军入境劫掠使苏格兰宫廷惊魂未定，对她冷淡至极。绝望之下他们只得越境返回本堡，穷困潦倒的红王后甚至向一位苏格兰弓箭兵借了些钱买食物吃。

原本这年约克王廷有大举北伐苏格兰的企图，欲一举根绝北境之患。黑斯廷斯男爵曾告诉勃艮第公爵的下属简·拉努瓦，苏格兰将会为它支持兰开斯特永远悔恨。议会慷慨批拨3.7万英镑税款作为军费，爱德华四世承诺他将御驾亲征，8月份下达总动员令，要求9月中旬军队在纽卡斯尔集结。结果约克国王9月抵达约克郡后一直磨蹭到1464年1月都未有军事行动，动员起来的舰船停泊在北方港口，水手们成天饮酒度日。议会与南部民间大为不满，“欺骗纳税人金钱”的抨击之声四起。

巨额税款的获取确实带点“欺骗”意味，但为约克王廷解了燃眉之急，蒙塔古男爵平叛要用钱，加莱守军等着发薪水。不过爱德华四世“磨蹭”的主因在于6月份路易十一态度突然转变，事情有了外交解决的可能性。路易十一根据当时的形势断定兰开斯特复辟是一项无望的事业，他的当务之急是索回1435年割让给勃艮第的索姆河城镇，但又担忧英、勃联合起来对付自己，决定两头讨好，倡议三方6月24日起派代表在法兰西北部沿海的圣奥梅尔举行和谈会。

爱德华四世对外交解决寄予厚望并非“惧战”，其实这才是不战而屈人之兵的上策。征服苏格兰只是迫不得已的冒险计划，事实证明北方反复平叛劳民伤财，长此以往会拖垮财政；即便敌人不能得逞，就连根基稳固的南部也将动荡，因为频繁征税易引发民众抱怨。唯有用外交手段断绝红王后外援才能根除隐患，所以爱德华四世动身北上之前就在多佛港给英方代表团团长埃克塞特主教面授机宜，只不过他做了两手准备，如果谈判破裂才考虑武力。

红王后得到三方准备和谈的情报非常惊慌，外援是她的唯一希望，若英、勃、法缔结和约，她的事业真就彻底无望了。早在6

月初败逃之前，她就派人去勃艮第试图劝阻菲利普公爵参与和谈，公爵赠送她1 000克朗，未作任何政治表态，无非害怕她破坏和谈，用钱暂时安抚一下。

亨利六世夫妇在本堡的生活相当艰难，钱财早已告罄，红王后现在的穿着与饮食已近似于农妇，连她的老朋友布雷泽也为此付出1.2万英镑代价，即便约克军不来攻打本堡，困守此处连衣食都难以维系。8月初，红王后母子、布雷泽、埃克塞特公爵、约翰·莫顿率200随从启航，准备亲往勃艮第宫廷面见公爵菲利普。她与亨利六世道别时承诺："请放心，我肯定会带着一支强大的军队归来。"在场没一个人预料到，他们夫妇这次分离将是"永别"。

勃艮第宫廷的富丽奢华在欧洲首屈一指，囊中羞涩的兰开斯特难民队伍与这里的氛围形成强烈反差。不过欧洲贵族都尊崇一些基本的处事原则，如"贵族要善待贵族"，"对有王冠者要心存敬意"，哪怕对方是落难者。菲利普公爵发挥贵族精神，仍然热情款待落魄的红王后，对她的遭遇表示遗憾，愿意资助1.2万克朗，护送她到父亲身边。说起来菲利普公爵与兰开斯特家族关系更为亲近，首先他与亨利五世曾是联合反对奥尔良党的传统老盟友，公爵夫人是葡萄牙的伊莎贝拉，伊莎贝拉的母亲是兰开斯特的菲莉帕——兰开斯特始祖冈特的约翰之长女，嫁给了葡萄牙若昂一世。可菲利普公爵对复辟兰开斯特毫无兴趣，他不愿得罪自己的约克朋友，"我现在要优先考虑勃艮第的利益"，一再请红王后体谅他的难处。

红王后身边缺乏相近地位的贵族闺蜜，贴心的菲利普公爵派自己妹妹波旁公爵夫人前去陪伴，红王后找到倾诉对象开始大倒苦水，她对公爵夫人说，自己这一生经历的艰险与磨难，恐怕当世任何一本书中都找不到案例，对方听后果然感叹不已。菲利普公爵的继承人，唯一合法的独子，绰号“勇敢者查理”的夏洛莱伯爵热情邀请红王后前去作客，他们成为好朋友。夏洛莱比父亲更同情兰开斯特，红王后多少有些欣慰。

“那不勒斯国王”雷纳劝说女儿勿再返回苏格兰冒生命危险，将洛林一处小城堡送给她定居，每年拨付6 000克朗作为生活费，红王后在那里建立了一个“流亡小朝廷”。她没有放弃自己的目标，多次前往巴黎拜会路易十一，均遭对方冷淡拒绝；红王后四处拜亲访友，只要有一丝机会她都不愿错过，包括试图说服神圣罗马帝国皇帝腓特烈三世支持自己的事业。

英、勃、法、苏四方关系相当微妙。法王实力最强大，侵吞勃艮第蓄谋已久，但达成目标的前提是英格兰保持中立，不与勃艮第联合抗拒。约克王廷欲彻底平息兰开斯特骚乱需要争取法王的不干涉承诺，那么作为法兰西传统盟友的苏格兰就不敢轻举妄动，失去外援的红王后根本不足挂齿；勃艮第感受到法王威胁时不会轻易就范，肯定会努力保持与英格兰的友谊，至于英格兰是谁执政，他们并不关心。现在还未谈出结果，谁都不想率先打破平衡。

1463年10月，法兰西与英格兰签署为期一年的和约，两位国王承诺和约期间不资助对方的敌人。令法王高兴的是，勃艮第同意将索姆河城镇归还法王，路易十一乐得向英王表示，有可能考虑放弃对苏格兰传统的庇护关系。苏格兰听到消息后坐不住了，准备与爱德华四世谈判。这年末，苏格兰王太后玛丽和一向同情兰开斯持的安格斯伯爵先后逝世，肯尼迪大主教老迈不堪，已无力再谋划大计，地缘政治朝着有利于约克王廷的方向发展。12月份，肯尼迪大主教的特使前来约克郡会晤爱德华四世，双方缔结临时和约，沃里克建议爱德华四世，不妨尝试缔结一个长达15年的和平协定，这个谈判一直持续到第二年10月。

妻子离开不久，留在本堡的亨利六世返回苏格兰，他感觉离边境越远才有安全感。他发现苏格兰宫廷所有人都对他兴趣寥寥，就像被人彻底遗弃的难民，当然他自己也没表现出妻子那般对复辟事业的热情。迫于生计，亨利六世只得向肯尼迪大主教求助，对方可怜这位无人搭理的国王，把他安置到阴冷的圣安德鲁城堡。“我只能略尽绵薄之力，给您奉上一些食物和生活用品。”大主教给亨利六世的信中如此写道。

1463年末，红王后流亡故乡，爱德华四世外交上节节胜利，萨默塞特却又按捺不住寂寞活跃起来。他因背叛兰开斯特为曾经的死硬同党所不耻，虽然爱德华四世厚待他，但其他约克党人不屑与之为伍，中部和南部平民又对他恨之入骨，萨默塞特曾经遭到暴力袭击，差点送了命。约克国王考虑到萨默塞特的安全，将他安置到北威尔士居住，同时也采取另一手防范措施，把他手下200人的家臣武装送到纽卡斯尔充当驻军。

日子这么过下去，虽然衣食不愁，但家族荣光不可能重现，亦无望进入权力中枢，萨默塞特叛心复萌，从威尔士潜行至北方企图联络家臣们起事，夺取纽卡斯尔。爱德华四世收到情报，立即勒令强化纽卡斯尔驻军，将萨默塞特的家臣们监控起来，临时换上可靠的斯克洛普男爵担任城堡校尉。萨默塞特见事情败露，改道前往本堡投奔那里的兰开斯特余党，半路在小旅店被人认出，他躲过追捕乘舟逃到洛林寻找旧主请求宽恕。正一筹莫展的红王后看到老朋友回归阵营相当开心，原谅了跪在身前乞求宽恕的萨默塞特。

1464年开春，外忧皆被消除，国内又开始动荡不安。借助上一年对“骗税”的抱怨气氛，兰开斯特动员国内残存资源，做最后一次挣扎。威尔士、肯特郡、斯塔福德郡、康沃尔郡、剑桥郡、柴郡、格洛斯特郡、兰开郡、约克郡、诺森伯兰郡……从南到北都爆发小规模骚乱，萨默塞特和贾斯珀·都铎不遗余力派人四处煽风点火。不过仅有威尔士、柴郡、兰开郡、诺森伯兰郡、约克郡的某些骚乱带有政治意味，其他地方更类似于群体性治安事件。爱德华四世不得不推迟议会召开，决定先巩固南方基本盘，调兵遣将分头前往镇压，处决大量领头分子，4月左右即将南部事态平息。贾斯珀·都铎从布列塔尼公爵那里借到几艘船，打算登陆威尔士亲自指挥起兵，半道听说各地叛乱已被扑灭只得悻悻而返。

北方的叛乱比较棘手，红王后流亡故乡又筹集到一些经费，萨默塞特、罗斯男爵、汉格福特男爵、拉尔夫·珀西爵士3月在北疆的起事略有声势。他们将亨利六世从苏格兰迎回本堡，扯起他的旗帜招兵买马，甚至深入约克王廷控制的区域，占据斯凯顿城堡，袭击布韦尔城堡和赫克瑟姆。汉弗莱·内维尔爵士，第二代威斯特摩兰伯爵的三弟托马斯·内维尔之子，沃里克的半血亲堂侄，曾经获得过爱德华四世宽恕，听说北方的起事如火如荼，他再次跑到本堡向亨利六世发誓效忠。

蒙塔古男爵奉命护送苏格兰代表团至约克郡谈判，萨默塞特安排8个弓箭手在纽卡斯尔附近的林子中刺杀未遂。4月25日蒙塔古率6 000余人行至诺森伯兰郡黑爵里荒原，发现对方主力部队后发起进攻。萨默塞特所部与其他兰开斯特军被割开，另一侧的罗斯男爵和汉格福特男爵见势不妙临阵脱逃，2 000多人一哄而散，萨默塞特独力难支亦仓皇逃跑。近一半敌军突然溜之大吉，仅存拉尔夫·珀西所部，这倒让蒙塔古有点意外，他重新整顿好阵形向残余兰开斯特军进攻。拉尔夫·珀西和他的家臣们可能厌倦了反复的叛降，这次没有选择逃跑，居然孤军血战到底，终因寡不敌众被击败。拉尔夫·珀西爵士之死使兰开斯特事业损失惨重，很多追随者与其说是响应亨利六世夫妇号召，不如说是看重北方大领主珀西家的面子。

萨默塞特没有死心，两周后重新聚拢逃散的军队，扎营在赫克瑟姆郊外一个大水塘与森林之间，将亨利六世安置在不远处的布韦尔城堡。蒙塔古男爵完成护送使团的任务后回到纽卡斯尔，获知萨默塞特动向，马不停蹄奔赴赫克瑟姆，与对方接近后驻扎在旁边的山腰上俯瞰敌营。5月15日赫克瑟姆之役，罗斯男爵和汉格福德男爵两个成事不足的家伙故伎重演，见情况稍有不妙立即后撤，未坚守自己的阵脚，蒙塔古轻松将兰开斯特军打得七零八落。萨默塞特、罗斯、汉格福特全被俘虏，三位贵族两天后被押送到纽卡斯尔斩首示众。

赫克瑟姆战败的消息传到布韦尔城堡，亨利六世早已练就快速跑路技能，扔下王冠、宝剑和随身物品狼狈出逃，苏格兰没有接获他入境的报告，约克军未寻觅到他的身影，兰开斯特国王突然间不知所踪！

爱德华四世为弥补去年对议会的“亏欠”，平息“骗税”抱怨，发誓将北方沦陷的城堡全部收回。沃里克北上带来数轮威力无穷的巨型炮，那些顽抗的兰开斯特城堡在轰隆声中一个个被克复，坚守到最后的本堡，墙砖被炸得四处乱飞，6月底汉弗莱·内维尔开城投降。肯特郡乡绅威廉·塔尔博伊斯随身携带2 000英镑的兰开斯特军费，躲藏于一个小煤窑中被约克军抓获，蒙塔古毫不犹豫砍了他的脑袋，正好将金钱犒赏士兵，约克军欢天喜地。时至7月中旬，沃里克和蒙塔古搜捕到20余位兰开斯特的叛乱领头者并处以死刑，相较爱德华四世，沃里克兄弟俩杀贵族和乡绅绝无半点怜悯之心。

本堡的投降标志着长达3年的北方战争终于结束，目前除北威尔士的哈莱克城堡，爱德华四世已能有效统治英格兰全境，是名副其实的一国之君了。约克国王功成名就，恰值22岁风华正茂的年龄，现在所缺的就是一位王后，沃里克正紧锣密鼓帮他筹划迎娶一位高贵的新娘。

第五章

红白玫瑰合体

THE
WARS
OF THE
ROSES

第一节 

白王后，英格兰最美的女人

伊丽莎白·伍德维尔，一位美艳的中产骑士家庭主妇，带着两个孩子在沃里克郡阿斯特利庄园过着宁静的生活。每当丈夫赴伦敦、考文垂等都市办差时，她会委托当家的买些漂亮的布料、衣服、首饰、器皿回来；她要与管家商讨庄园的经营事宜，监督仆佣们工作，与佃户们磋商租约，打理好家庭的面包和啤酒作坊。无论丈夫是否在家，她要关照孩子们的生活与教育，做点缝纫、刺绣等手工，张罗家族中的迎来送往事务，天气好的时候会跟家人到野外游猎。这是那个时代中上层社会多数家庭主妇日复一日的生活，伊丽莎白自不例外。

伊丽莎白从来没想过自己的生活还会有戏剧性变化，然而玫瑰战争打破了她宁静的小世界，家庭与个人命运都遭遇惊天之变。15世纪英格兰中上阶层有三桩非常传奇的情爱事件，第一桩的主角是亨利五世的凯瑟琳王后，第二桩的主角是伊丽莎白的母亲，第三桩的主角则是伊丽莎白本人；不同之处在于，前两桩爱情传奇是最尊贵的女人下嫁卑微的丈夫，第三桩正好相反，卑微的女人嫁给最尊贵的男人。

说起伊丽莎白家世，父亲理查德·伍德维尔虽然被册封为里弗斯男爵，早已跻身贵族行列，官至五港联盟守护，血统却谈不上尊贵。伍德维尔家族起源自肯特郡首府梅德斯通的乡绅，后来迁徙到北安普敦郡的格拉夫顿生活。14世纪中后期很多乡绅通过为贵族服役，给朝廷效劳而崛起，获封骑士跻入中产社会顶部，甚至通过战功晋级为贵族。理查德·伍德维尔的父亲为亨利五世的弟弟——权倾朝野的法兰西摄政贝德福德公爵当管家，担任过郡长、伦敦塔总管、郡议员等公职，曾追随主公赴法兰西服役。

理查德·伍德维尔成年后继承父业，追随贝德福德公爵奔赴法兰西，担任公爵的侍从，公爵去世后他留在法兰西打拼事业，先后为第一代萨福克公爵、第二代萨默塞特公爵、第二代舒兹伯利伯爵、第三代约克公爵效劳，因军功获封为骑士。

贝德福德公爵夫人勃艮第的安妮1432年1月去世，公爵第二年4月续娶卢森堡的杰奎塔为妻，杰奎塔的父亲彼得来自卢森堡统治家族的旁支，因继承父母的家业，被称为“圣波尔伯爵”和“康韦尔萨诺与布里耶纳伯爵”。这是一桩不般配的政治婚姻，贝德福德年老体弱，比杰奎塔大26岁，成日忙于政务，夫妻间哪有感情可言。1435年9月贝德福德逝世，他们没有留下一儿半女，杰奎塔20岁即守寡。

作为贝德福德公爵的贴身家臣，理查德·伍德维尔与杰奎塔有较多相处时间，他承担起照料公爵夫人的责任。时年30岁的理查德·伍德维尔相貌英俊，才艺出众，谈吐幽默风趣，给予公爵遗孀无微不至的关怀。孤独的杰奎塔被他的魅力征服，干柴与烈火一触即燃，两人迅速坠入爱河。可是他们的身份和血统太过悬殊，杰奎塔是卢森堡大贵族的女儿，又曾是英格兰“第二夫人”，属于王室家族成员，比其他贵族的身份还要显赫，理查德·伍德维尔是乡绅之子，目前仅是个骑士。

门当户对是中世纪根深蒂固的婚姻观念，而且婚姻要为政治与经济服务，这是每个家庭都必须优先考虑的问题。“爱情”只是神话故事，年龄相貌可以不般配，但身份与血统过于悬殊的婚姻常为人们所鄙视，大贵族女性下嫁平民男子，简直令人匪夷所思。有意思的是，当时英格兰的“第一夫人”和“第二夫人”守寡以后，至于她们未来的另一半如何考量不得而知，但她们自己都坚决选择了“爱情”，兴许物质对她们来说从来不是稀缺品。

按照规矩，杰奎塔作为王室家庭成员，她的婚姻关涉巨大的政治和经济利益，朝廷曾为此支付数额庞大的聘礼，再婚必须征得国王许可，并且双方身份的般配度不能令王室蒙羞。杰奎塔与理查德·伍德维尔深知诉诸朝廷绝不可能获得批准，他们索性违反规定秘密结婚。杰奎塔怀孕后，秘密结婚的事已经瞒不住，他们夫妇于1437年上书亨利六世，请求国王给予宽恕并处以罚金。幸亏国王的母亲也做过同样的事儿，亨利六世见怪不怪，最终判处他们交付1 000英镑罚款了事，这一年他们的第一个孩子出世，取名为伊丽莎白·伍德维尔。

欧文·都铎、理查德·伍德维尔以平民男子身份分别娶到前王后和前公爵夫人，在当时属于惊世骇俗之艳遇。尽管有千载难逢的机遇因素，从他们的励志案例却不难体会，英格兰乡绅、自由农、商人只要条件许可，不惜代价竞相培养子弟的文化和才艺是多么重要，恰当的时候完全可以改变家族命运。

伴随着浓浓爱情的婚姻可能助长了生育能力，伍德维尔夫妇一口气至少生下13个孩子，仅有一个夭折。伊丽莎白生长到少女时代，家庭经济状况相当富有，杰奎塔以贝德福德公爵遗孀身份，每年可分享亡夫在英格兰和法兰西三分之一的地产岁入和年金收入，所以伊丽莎白从小接受了良好的教育，属于那个年代文化水平很高的极少数女性，气质更显优雅。

不过杰奎塔的收入并非永久性来源，按规矩，只要她逝世，这些收入就得移交王室。百年战争末期英格兰在法领地不断丢失，亨利六世的财政危机日益严重。杰奎塔一家的地产和年金收入锐减，有时候甚至不能按时发放。理查德·伍德维尔继续在法兰西服役，开销不断增加，家庭经济开始走下坡路。他们也提前做了些盘算，比如攒钱购置庄园，向国王申诉放弃年金以赎回一些作为贝德福德遗孀可分享的地产，变为永久产权，但似乎改善经济的努力效果不彰，夫妇俩仅有八处零星分布在各地的庄园。

安茹的玛格丽特嫁到英格兰，她叔叔曼恩伯爵娶了杰奎塔的妹妹为妻，因有这层亲戚关系，红王后当年嫁过来时杰奎塔夫妇被选进赴法迎亲队。1448年，朝廷可能考虑到理查德·伍德维尔的骑士身份与王室亲属、公爵遗孀继夫严重不相称，将他晋级成贵族，册封为里弗斯男爵。当然，理查德·伍德维尔多年在法兰西服役，忠心耿耿效力于宫廷党，亨利六世夫妇亦有想帮扶亲戚以壮声势方面的考量。里弗斯这个爵位的名称颇为怪异，已无法考证其来历，有史家认为来自诺曼王朝第一次授封的德文伯爵“雷德弗斯”家族（库特尼家族是金雀花王朝第二次授封的德文伯爵）。理查德·伍德维尔有意借此拔高家族身份。两年以后，里弗斯男爵加入嘉德骑士团，1459年被委任为五港联盟守护。

伊丽莎白的父系的家世不显赫，但母亲家族的血统相当高贵，她从小就常听母亲讲述家族传说：在那低地国家河流交错、森林茂密的阿登地区，童话般的城堡宫殿里生活着杰奎塔的祖先——阿登伯爵西格弗里德，他是卢森堡第一位统治者。伯爵与女河神梅洛丝娜（欧洲民间传说中的半人鱼精灵）结为夫妇，两个人婚前有一个约定，婚后每周必须给梅洛丝娜一天的绝对隐私时间，任何人不得前来探访和偷窥。伯爵忍不住好奇心，在一个禁忌日偷看妻子洗澡，发现对方原来是条美人鱼，不由得惊叹一声，惊吓了梅洛丝娜。伯爵违反夫妻间的约定，梅洛丝娜一气之下遁入河中从此离家而去。

西格弗里德伯爵确为卢森堡第一代统治者，他肯定不会跟半人鱼精灵结婚生子，不过这传说给卢森堡统治家族的起源蒙上一层神话色彩。母亲是卢森堡大贵族与女河神后裔，有利于增强家族自豪感，可当敌人需要寻找把柄时，这也可能成为攻讦的口实，从基督教角度考量，也可以把梅洛丝娜解释成“女河巫”。这个家族传说为玫瑰战争末期的一场祸事埋下伏笔，但这是后话。

中上层家庭通常有交换子女生活的习惯，以便子女们从小学习礼仪和社交。伊丽莎白年幼之时，父母可能把她送到莱斯特郡第六代格莱比的弗雷斯女男爵（与查理的弗雷斯男爵是两个爵位）家生活过，莱斯特郡与北安普敦郡相邻，两家的子女方便交流。弗雷斯女男爵嫁给身份比自己低微得多的爱德华·格雷爵士，两个家庭的情况有点类似，处境相同的人更容易相处融洽。女男爵有个名叫约翰·格雷的长子，她可能老早就为儿子相中了美丽优雅的伊丽莎白。

由于缺乏准确记录，估计在1450年，约翰·格雷娶伊丽莎白为妻。他们生育了两个儿子：托马斯·格雷、理查德·格雷，一家人生活在沃里克郡阿斯特利庄园，家境在中产阶层里不算太富裕，不过生活颇为幸福美满。进入15世纪60年代，伊丽莎白的平静生活被战争逐渐毁灭，坏消息纷至沓来。

里弗斯男爵担任五港联盟守护期间进驻三明治港，受亨利六世夫妇委托筹备舰船，增援试图夺取加莱的萨默塞特，没想到沃里克伯爵派兵登陆突袭，将里弗斯夫妇与长子安东尼·伍德维尔尽皆虏获。沃里克、索尔兹伯里伯爵与当时的马奇伯爵都粗暴责骂里弗斯父子，说他们头脑坏死，不辨忠奸，“你不过是个乡绅的儿子，就靠着婚姻关系被国王提拔为贵族”，其实这种辱骂毫无道理，里弗斯受亨利六世拔擢，为兰开斯特效力是天经地义的事情。那会儿约克党与兰开斯特党还没有完全撕破脸皮大杀戮，里弗斯父子除了遭到言语羞辱，身体未受伤害，北安普敦战役约克党获胜后将他们释放。

伊丽莎白的小家庭1461年也被卷入玫瑰战争，新晋级为骑士的约翰·格雷响应红王后号召前往助阵，在第二次圣奥尔本斯之役战死沙场，遗下24岁寡妇和两个儿子。陶顿战役结束后伊丽莎白的父亲和弟弟皆被俘虏，他们正式改变立场归顺约克国王，不仅留得性命还获得宽恕，保住了家族财产和爵位。

家族大祸躲过了，但伊丽莎白个人的处境并未改善，美丽的寡妇面临生计没有着落的悲观前景。老公公爱德华·格雷爵士1457年病逝之前，弗雷斯女男爵已经划拨三处庄园出租，将每年66英镑收入作为长子夫妇一家的生活来源。王朝更替已成定局，弗雷斯女男爵同样需要考虑自己的家族利益，她1462年上半年改嫁给约克王廷头面人物之一，新晋封的埃塞克斯伯爵亨利·鲍彻的第四子约翰·鲍彻爵士。女男爵在长子阵亡后改变心意，也可能受现任丈夫的挑唆，准备收回以前划拨出去的三处庄园，不打算留给守寡的儿媳。里弗斯男爵相当愤怒，他曾经为了女儿的婚姻向亲家公爱德华·格雷全额支付过133英镑的嫁妆，当时关系亲密没有索要收据，结果现在女男爵不仅矢口否认，居然声称还欠她88英镑，向伍德维尔家讨债，两家争执不下打起官司。

陶顿战役后心情沮丧的伊丽莎白搬回克拉夫顿与家人同住，在母亲的策划与建议下，伊丽莎白迎来人生转机，她结识了爱德华四世，但他们什么时候什么地点以什么方式相识等细节迄今充满谜团。爱德华四世赴北方平息叛乱前的六七月份，曾花费一些时间巡游南部和中部，在斯塔福德郡召集周边原属兰开斯特的贵族、骑士、乡绅开会，对愿意归顺者表达宽恕之意，商讨和解事宜，伍德维尔家族当在受邀之列。

约克国王与美艳寡妇的相爱过程，不妨看看流传最广的传奇版本：

“爱德华四世带着侍卫在森林中游猎，伊丽莎白打听到国王必经路线，手牵两个孩子站在一颗橡树下等待。国王路过时被她拦住，她请求国王宽恕其家族曾为兰开斯特效力，申诉自己遭遇的不幸，希望国王能主持公道，并邀请国王去父母的庄园作客。她本来容貌美丽，气质优雅，遭遇家庭不幸后神情中略带哀伤，几丝凌乱的散发在脸庞上随风微摆，更显销魂迷人，虽然提出请求，态度却不卑不亢，爱德华四世瞬间被眼前的美妇人迷得神魂颠倒。

“他们认识后，国王约她出来私会，迫不及待向她求欢，伊丽莎白坚决不从。风流倜傥的爱德华四世阅女无数，第一次碰到这种情况，他起初以为对方只是半推半就，快要被欲火焚化的国王愣了一会儿继续强吻伊丽莎白，拉扯她的衣裙。伊丽莎白突然猛力推开国王，拔出对方匕首顶住自己咽喉，‘我不会当陛下的情妇，除非是我的合法丈夫，否则任何人绝不能触碰我的身体，陛下若要强逼，我只能一死了之’。伊丽莎白神情非常严厉，不像开玩笑，的确吓住了爱德华四世，他这次真的目瞪口呆，哭笑不得，兴致被败坏一空，赶忙劝阻对方放下匕首，有话好好商量，容他考虑一下。”

伊丽莎白的策略可能出于母亲授意，这招“欲擒故纵”非常高明，她与国王交往时总保持礼貌的冰冷态度，她越拒绝越冷峻，捕获过无数女性的爱德华四世越癫狂，陷入对她的苦恋中无法自拔，更加刺激起约克国王的征服欲望。

传统版本爱情故事的细节难考真伪，但绝非无中生有。与伍德维尔家族和解之后，约克国王骑马经过格拉夫顿的里弗斯男爵庄园，受到主人热情邀请前去参访，他在客厅里看到一位冷艳的金发美人，顿时被对方的气质与眼神迷倒。此后他多次找借口前来庄园拜访，无非就是想会见梦中情人，伊丽莎白也恳请国王为她的地产纠纷主持公道。这是爱德华四世与伊丽莎白相识相爱比较符合常理的另一种可能。

伊丽莎白向国王提出“非丈夫不能触碰身体”的条件，是毋庸置疑的事实。年轻英俊的国王并不知晓，他作为情场高手却正身陷一场被设计的爱情游戏中。

爱德华四世一生热爱“四美”——美女、美酒、美食、美服，与过着苦行僧生活，朴素得像农夫的亨利六世截然相反，后者对这些人生诱惑毫无兴趣。约克王廷在缺乏多数贵族支持的情况下纯凭武力缔造，正因如此它从诞生起就颇具平民色彩。爱德华四世本人性格豪爽开朗，他大力拔擢平民充实朝廷，经常邀请伦敦市长和议员一起喝酒游乐，跟他们像朋友般相处，在前代国王中实不多见。他对美色的嗜好排在首位，追逐女性同样秉承“平民主义”原则，不在乎对方已婚还是未婚，也不在意对方身份是贵族还是平民，只要是美女就行。

从平民到贵族都要考虑婚姻的政治和经济因素，身为一国之君当以王朝大业为先，政治联姻当然是首选方案，因此君主反而最匮乏婚姻自由。贵族们普遍从婚姻中获取利益，从情妇那里寻找欢娱或爱情，对此爱德华四世自然明白。他知道自己不能跟伊丽莎白生活在一起，这桩婚事对约克王廷利益毫无增进，另外，英格兰从没有国王娶平民为妻之先例。

痛苦的两难选择摆在爱德华四世面前，他最理想的状态当然是伊丽莎白像以前见过的女人们一样，仅满足于虚荣或物质，愿意默默充当情妇投怀送抱。可他这次碰到的女人确是他见过的最有魅力的女性，对方又绝不满足于只跟他上床，而是想寻求结婚。但是两人的血统和身份实在悬殊，若要成婚，爱德华四世必须考虑如下问题：对方父系是乡绅出身，刚晋升为贵族没几年，女方本人是骑士留下的寡妇，属于平民身份，比自己大5岁，还带着两个“拖油瓶”；另外，对方的娘家和夫家都是曾经的兰开斯特支持者，只不过看见风水转变刚投效过来，如何向那些出生入死的忠诚约克党人交代。

伊丽莎白显然对能否钓到爱德华四世没有把握，国王忙于3年的北方平叛战争，无暇顾及她解决地产纠纷的诉求。她向国王最宠信的侍臣黑斯廷斯男爵求助，希望能帮助她打赢地产官司，拿回自己和儿子应有的财产。按惯例，作为交易条件，黑斯廷斯今后可从地产中获得抽成，两家子女进行婚姻交换，缔结庇护关系。1464年4月13日，两方就此交易签署协议，伊丽莎白应该是人生中首次品尝到权力与金钱游戏的酸甜。

结果大出意料，协议半个多月后自动作废，伊丽莎白不想废约，黑斯廷斯也不敢履行，因为爱德华四世突然向她求婚了。求婚消息令伍德维尔家非常震惊，早知如此他们何苦求助于他人。情欲最终战胜理智，爱德华四世经过考量，决定将自己关涉江山社稷的婚姻赐予一位骑士家的寡妇，但他提议，因为事关重大，先秘密结婚，给予他时日摆平各方关系再择期公布。

1464年4月爱德华四世带领侍从到格拉夫顿附近游猎，在5月1日左右，他找机会甩掉身边侍臣，离开营地独自骑马到伍德维尔家的庄园。杰奎塔把国王和伊丽莎白领到一处荒废多年的小猎屋，她已经把那里布置成温馨的婚房。简单的婚礼仪式完毕后，爱德华四世如愿以偿，将魂牵梦绕的美妇揽入怀中，这场婚礼的见证人除了杰奎塔仅有一名牧师。幸福地圆房之后国王返回营地，侍臣们见国王失踪已久大为恐慌，爱德华四世安抚他们说，无须担心，只是追逐猎物不小心跑得太远了。

秘密完婚不代表伊丽莎白的计划百分百成功，国王完全有能力毁除婚约或矢口否认，除非这个事情由国王自己对外公布，全家人仍然提心吊胆等待。1464年10月，爱德华四世顶着巨大压力公开这桩婚事，“白王后”的身份得以曝光，伍德维尔家族心中一块巨石落地。消息传出，震惊朝野，轰动西欧，一时间成为奇谈。1465年5月圣灵降临节，爱德华四世为伊丽莎白举行加冕礼，给她正式戴上后冠，王后的父母也要行君臣之礼跪在女儿面前致敬，但他们内心充满喜悦。

新王后加冕礼刚过不久，另一天大好消息接踵而至，7月18日，国王夫妇在坎特伯雷接获教士的报告，废王亨利六世已被抓捕，爱德华四世大喜过望，下令到大教堂举行感恩仪式。

可怜的亨利六世在北方乡间流浪一年多，身边仅有乡绅出身的忠诚侍从理查德·腾斯托尔陪伴，腾斯托尔带着主上在忠于兰开斯特的家庭之间过着寄人篱下的生活。6月份，亨利六世寄居约克郡和兰开郡交界处的理查德·坦普斯特家，坦普斯特以庇护旧主为荣，不幸的是他亲戚窥探到神秘客人原来是废王，向外揭发此事。约克党的詹姆斯·哈林顿爵士带人抓住亨利六世，腾斯托尔经过激烈搏斗寡不敌众，逃往哈莱克城堡。哈林顿抓捕亨利六世有功，朝廷剥夺腾斯托尔的庄园转归其名下。

亨利六世被押送至伦敦游街示众，他流浪期间再度精神失常，爱德华四世认为处决一位如同行尸走肉的废王毫无意义，为展现仁君风度，将亨利六世送往伦敦塔软禁，几个乡绅和约曼农（即自由农）监管他的生活。

爱德华四世冒着风险缔结于王室毫无益处的婚事，而且前代从无先例，人们百思不得其解。西欧那么多高贵王公之女不是任他挑选吗，她们谁不想当英格兰王后？也许当代历史学家查理·罗斯的评价更为准确——“鲁莽的年轻人为爱情冲动！”伊丽莎白战胜所有竞争者脱颖而出，全凭她的美貌和魅力，当然也离不开她们母女的策划。赞颂新王后者称她是“英格兰最美的女人”，不过爱德华四世将要为“冲动的爱情”付出巨大代价。

第二节
约克王廷的裂痕

沃里克伯爵有点困惑，为何做事从不拖泥带水的表弟总是对自己的婚事支支吾吾。1464年9月大御前会议上，沃里克再次郑重敦促爱德华四世赶紧做个决断，他为国王张罗了一位高贵新娘——萨伏伊的波娜，为此事已经奔忙一年。

自圣奥梅尔和约签署，法王路易十一不断向约克王廷释放善意，着力拉近与沃里克的关系，对他大力奉迎，建议考虑英法长期结盟关系。法王的小算盘很清楚，约克王廷江山已稳，如果能跟爱德华四世联姻，未来对勃艮第动手时，英王就不便插手。沃里克经不住法王的蜜糖攻势，同样认为两国王室联姻有利于巩固圣奥梅尔和约的外交成果，彻底断绝红王后洛林小朝廷的希望。

路易十一的女儿年纪太小，加上鉴于历史教训，法王不应轻易许配女儿给英王，他主张将自己王后的妹妹，萨伏伊公爵（居于意大利西北角与法兰西接壤地区）之女波娜嫁给爱德华四世。王室仆役长文洛克男爵1464年夏季作为英王特使赴法兰西宫廷拜访，路易十一甚至承诺重金酬谢，希望他大力促成联姻之事。

提到“军人国王”，人们会联想到爱德华三世和亨利五世，其实爱德华四世19岁已是优秀的军队统帅，一生经历的战阵不比亨利五世少，无非多为内部战争，没有亨利五世征法功绩那么炫目。约克国王心中仍存有缔结英勃联盟征讨法兰西，再创辉煌的梦想，打心底里说，他更倾向与勃艮第结盟。不管与法兰西还是勃艮第结盟，总有某个方面利于约克王廷，可是“为爱情冲动”的爱德华四世对两家的联姻游说，始终持搪塞态度。

沃里克数月来一再催逼，爱德华四世知道无法继续隐瞒，在大御前会议上尴尬坦承已于4个月前秘密结婚。重磅炸弹般的消息令在场所有人惊掉下巴，沃里克更是目瞪口呆，最令他愤慨的是感到自己被表弟“欺骗”。他与法王商讨联姻事宜，忙得不可开交，爱德华四世始终知情，却一直对自己隐瞒真相，没想到一切努力都是白费，作为约克王廷首功之臣让人如此耍弄，徒留笑柄。

从政治角度考量，爱德华四世身为君主对婚姻的决定确实比较鲁莽，但也符合他胆大妄为的豪侠性格，父亲死后他一生除了对冷峻的母亲约克公爵夫人有所忌惮，通常秉承不怕天塌地陷、我行我素的行事作风。不过对沃里克隐瞒真相确有难言之隐，并非刻意欺骗，他知道提前征询意见肯定遭遇阻拦。

哪怕爱德华四世有天纵之才，没有沃里克为首的内维尔氏支持，约克家族问鼎王座几无可能。沃里克的魅力与才能国内外公认，实际上西欧各国皆以为英格兰是他和爱德华四世“共治”，甚至认为沃里克占据主导地位。沃里克“造王者”的绰号广为流传，爱德华四世承认他的功劳，对内维尔家族心存感激，给予他们丰厚赏赐。

约克王廷建立以来，沃里克获得几十处被剥夺爵位的兰开斯特贵族地产，百余所庄园遍及21个郡，如果在地图上从伦敦拉条直线到北方边境，沿途皆有沃里克的产业，而这也只是他领地的一部分。沃里克身兼多个要职：五港同盟守护、加莱镇守、兰开斯特公爵领管家、北境西疆守护、多佛城堡在内的十几处城堡总管。他每年的地产和职务收入超过6 000英镑，稳坐英格兰贵族首富交椅，朝中的权力与影响仅次于国王，拥有一人之下万人之上的尊荣地位。

沃里克的叔叔福肯贝格男爵荣升肯特伯爵，兰开斯特被剥夺爵位贵族的60多所庄园转归他名下。沃里克长弟蒙塔古男爵在1464年北方平叛结束后收到丰厚回报，国王把诺森伯兰伯爵头衔转封给蒙塔古，他将珀西家族大部分地产收入囊中。沃里克的二弟埃克塞特主教乔治·内维尔继续担任大法官，1465年9月，爱德华四世为表示对沃里克的歉意，任命乔治接掌出缺的约克大主教之职，宗教地位仅次于坎特伯雷大主教。

时至1465年底，内维尔家族有28个贵族、7个主教、10个修道院长、59个骑士，乡绅和士绅不计其数。头号人物沃里克出行时随身带600侍从，浩荡的队伍高举着绣有族徽的旗帜，排场不亚于各国君主。为庆祝乔治·内维尔担任大主教，内维尔家族在约克郡北部的卡伍德城堡举办数天大型欢宴，仅族人和仆役就达2 500人，宾主共吃掉4 000只野鸭、2 000只鸡、4 000只鸽子和龙虾、400只天鹅、204只孔雀、1 000头羊、500头鹿、204头牛犊、2 000头猪，喝掉300桶啤酒和100桶葡萄酒，而这仅是菜单的一部分。

爱德华四世自然不愿开罪实力强大且劳苦功高的表兄，沃里克对国王的秘婚虽然满心不悦，双方关系留下嫌隙，但表弟致歉后他很快把“自尊”吞咽下肚。1465年9月29日米迦勒节，沃里克与克拉伦斯公爵乔治共同护送新王后到雷丁教堂，在集会上向领主和民众介绍第一夫人，带领众人向她屈膝表示敬意。1466年2月约克国王与王后的第一枚爱情结晶降世——约克的伊丽莎白，沃里克充当了约克家长公主的教父。

外交政策严重分歧和伍德维尔家族崛起，令爱德华四世与沃里克君臣之间的裂痕越来越大。在沃里克眼中，伍德维尔家族不过是群低贱的暴发户，通过裙带关系获得不相称的地位。沃里克并不满足甘居人下的角色，他最理想的权力结构是国王表弟听从自己的指挥施政，而爱德华四世富有主见，绝不肯受人摆布。一个功高震主的强势权臣与一个性格强硬的国王，打江山时尚可同甘共苦，坐天下后鲜有相处和谐的案例。

一场关系地缘政治和家族兴衰的国内外政治婚姻大博弈，首先使英格兰宫廷暗潮涌动。这场角逐战，利益盘根错节，形势错综复杂，在这个过程中，造王者对自己在权力中枢的地位边缘化万分恐慌。

爱德华四世不遗余力扶植势单力薄的王后家族。从兰开斯特党人那里剥夺的地产几乎被约克党功臣瓜分殆尽，能封赏给王后亲属的土地所剩不多，好在王后有一堆弟弟妹妹，爱德华四世自己没有选择政治婚姻，却善于通过政治联姻提升伍德维尔家族的地位。

王后长妹安妮·伍德维尔嫁给埃塞克斯伯爵的继承人威廉·鲍彻子爵；长弟安东尼·伍德维尔娶第八代斯格尔女男爵为妻，以妻之名承袭爵位成为贵族；二妹玛丽·伍德维尔嫁给威尔士豪强威廉·赫伯特的继承人；三妹杰奎塔·伍德维尔嫁给第八代史坚杰男爵；六妹玛格丽特·伍德维尔与第十六代阿伦德尔伯爵威廉·菲茨阿兰的继承人结婚。

王后二弟约翰·伍德维尔与第二代诺福克公爵夫人凯瑟琳·内维尔的结合，公认为“最恶心”的联姻。从辈分和年龄上说，爱德华四世20岁的小舅子娶自己65岁的姨妈，变成了自己的姨父，而凯瑟琳同时也是沃里克的姑姑，民间流言说她的真实年龄比公布的还大10岁。公爵夫人已经送走了三任丈夫，她的第三个丈夫博蒙特子爵为兰开斯特战死在北安普敦，她唯一的儿子第三代诺福克公爵支援约克党打赢陶顿战役后同年底逝世，很明显这桩极不般配的婚姻是冲着财富而去的，那个年代的编年史家称之为“恶魔的联姻”。

1465年，王后最小的妹妹凯瑟琳·伍德维尔才7岁，嫁给10岁的第二代白金汉公爵亨利·斯塔福德——他是第一代白金汉的长孙，父亲在第一次圣奥尔本斯战役中负伤，于1458年病逝。匆忙促成这桩童婚，可见国王扶植王后家族之心切。小公爵虽然年纪尚幼但心高气傲，根本瞧不起低贱的伍德维尔家族，只是被迫服从王命，婚礼上从未露出半丝笑容，之后他一生都与妻子家族作对。

贵族政治婚姻市场的优质资源几乎被王后家族垄断，招致其他贵族嫉恨，人们私下嚼舌时嘲笑他们“贪婪”“无耻”“堕落”。伍德维尔家族谈不上高尚，但所作所为也没比其他贵族过分，白王后还算谨守本分，过着低调的生活，无非出身低微，突然获得不相称的地位。然而在等级和血统观念浓厚的时代，伍德维尔家族带有“原罪”。

1465年法兰西局势发生变化，路易十一登基4年后继续推行中央集权去封建化进程，长期割据的大诸侯波旁公爵、贝里公爵、布列塔尼公爵等组建“公共利益联盟”抵制法王，勃艮第菲利普公爵已将政务交给儿子夏洛莱伯爵代理，夏洛莱积极支持联盟抗衡路易十一。7月份联盟与路易十一的王家军队爆发蒙特雷战役，法王把红王后最得力的朋友布雷泽从她身边抽调去领导王军右翼，一代名将布雷泽于此役阵亡。

蒙特雷战役虽未分出胜负，但路易十一用外交手段分化了联盟。因有实力最强大的勃艮第公国参与，局面错综复杂，法兰西的集权化进程暂时受阻，路易十一立志要先吞并勃艮第。夏洛莱伯爵的想法比其父亲更加激进，菲利普公爵还承认法王是自己的最高领主，夏洛莱则试图脱离法兰西，缔造完全独立的勃艮第王国，他与法王的冲突愈演愈烈。面对几大诸侯联盟，法王实力仍然占优，可勃艮第背后还有个跟它关系亲密的英格兰，如果英王插手势必打破平衡，路易十一打算与英格兰缔结盟约，最起码使其置身事外。

虽然爱德华四世倾向与勃艮第结盟，但有两方面顾虑：一方面夏洛莱伯爵同情兰开斯特，与红王后关系亲密，对英格兰态度还比较冷淡；另一方面爱德华四世考虑到国内政局初稳，不敢刺激热情伸出橄榄枝的法王，必须克制自己的反法情绪。在勃艮第态度不明朗的情况下，1466年4月，为安抚沃里克情绪，爱德华四世勉强同意跟路易十一再续两年和约。

1466年初，夏洛莱伯爵的态度出现转变，他看到约克王廷日趋稳定，自己跟法王的冲突日增，得知路易十一正对英格兰大力公关，有点着急；另外，夏洛莱的第二任妻子头年8月去世，他对“英勃同盟”开始上心起来，希望能娶爱德华四世的妹妹约克的玛格丽特。

法兰西、勃艮第竞相对英格兰展开新一轮结盟公关战，磋商的内容涵盖政治、经贸、军事、婚姻。既然英王已结婚，联姻谈判就围绕着爱德华四世的兄弟姐妹们展开。1466年3月，爱德华四世还未看出沃里克的真实心思，仍委派他和文洛克男爵前往勃艮第谈判，关于联姻，爱德华四世提议，希望长弟克拉伦斯公爵乔治与夏洛莱伯爵女儿勃艮第的玛丽结婚。沃里克率团与勃艮第谈判，完全可以预料到不会达成任何结果，他打心底就反对与勃艮第结盟，关于乔治与玛丽的婚事，勃艮第和沃里克各有自己的小算盘。

沃里克富甲全英，炙手可热，唯一的遗憾是没有儿子，仅有两个女儿伊莎贝拉·内维尔和安妮·内维尔，谁娶到这两位英格兰最值钱的新娘相当于捡到金山。沃里克也想在婚姻市场上寻觅优秀女婿壮大家族势力，他筹划已久，准备把长女嫁给克拉伦斯公爵乔治。

勃艮第当时潜藏着未来的继承人危机，老公爵菲利普一生功业显赫，但也有男性后人稀疏之缺憾，仅有一个合法儿子夏洛莱伯爵，夏洛莱伯爵也只有一个独女玛丽，玛丽出生时其祖父心灰意冷到没有兴趣出席庆典。若夏洛莱不继续娶妻生出儿子，玛丽未来就是勃艮第女公爵，任何人与她联姻后便可以妻之名成为勃艮第公爵，掌控欧洲最富庶公国。当时已有诸多王公对刚满10岁的玛丽“垂涎三尺”，纷纷提出联姻请求，但她的祖父和父亲都不愿轻易将玛丽许配予人。

机敏的爱德华四世多少察觉到沃里克从中作梗，将外交协商拆分成两条线进行，对勃艮第的谈判转交给内弟斯格尔男爵安东尼·伍德维尔，勃艮第方面负责接洽的是菲利普公爵的私生子安东尼，两个安东尼打得火热之后进展神速，10月份已初步达成结盟意向。红王后打听到爱德华四世与沃里克产生外交分歧，放下自尊，通过哈莱克城堡向沃里克送去密信，结果信使被赫伯特男爵抓获押送伦敦。面对质疑，沃里克矢口否认与这个女人有任何来往，他说的是实话，但令国王产生猜疑。1467年6月初勃艮第安东尼回访英格兰，担心沃里克破坏谈判气氛，爱德华四世提前将他支走，打发他与文洛克率团访问法兰西。

法兰西宫廷以最隆重的礼仪款待英使团，沃里克获赠价值400多英镑的金杯，文洛克得到12个银杯。法王的出价比勃艮第诱人，声称结盟之后英商的货物在法兰西境内免收通行费，提议自己的二女儿琼嫁给爱德华四世的幼弟格洛斯特公爵理查德，爱德华四世的妹妹约克的玛格丽特嫁给自己王后的哥哥萨伏伊的菲利普。法王得意地公开宣布，一定会让法兰西与勃艮第合并，希望英法结盟共同完成这一伟业，承诺赠送荷兰、泽兰、布拉邦特等地区作为女儿琼的嫁妆。

不愧“狡诈者”绰号，路易十一纯粹慷他人之慨，把并不拥有的领地赠送别人，那些地区目前属于勃艮第；他的联姻提议还巧妙照顾到“好朋友”，将沃里克相中的克拉伦斯公爵排除在通婚目标之外。高规格礼遇让沃里克对推动英法结盟“志在必得”，他将更加卖力地向法王证明自己在英格兰的影响力。

勃艮第私生子来访受到盛情款待，约克大主教因此大闹情绪，借口生病拒不出席议会履行大法官职责，国王请求他哪怕露个面只待一会儿也被拒绝。如此拂逆君主面子令爱德华四世勃然大怒，6月8日清晨国王亲自登门罢官，策马直奔约克大主教官邸，站在门口要求对方交出大印，随后令巴斯和韦尔斯主教罗伯特·斯蒂尔灵顿接任大法官职务。6月15日勃艮第菲利普公爵在布鲁塞尔逝世，消息传来导致这次谈判紧急中止，其私生子安东尼匆忙返回欧陆。

沃里克结束与法王谈判归国，却发现情况大变。随同回访的法王特使所获接待与勃艮第私生子判若云泥，沃里克数次向国王进言与法兰西结盟均遭漫不经心冷遇，气得浑身发抖，遂迁怒于坚定支持国王与勃艮第结盟的伍德维尔氏，认为他们从中使坏。弟弟约克大主教被免官使沃里克气愤难平，但国丈的地位火箭般上升尤令他备感受辱，1466年初里弗斯男爵已升格为伯爵并担任财务大臣，1467年8月再获赐最荣耀的英格兰元帅之职。

爱德华四世坚拒沃里克女儿与克拉伦斯公爵的联姻请求，不愿沃里克继续扩充权势。造王者接连丢失面子，心中百般不悦，索性待在北方领地消极抗议，拒绝宫廷召唤，不参加会议与活动。约克大主教试图缓和国王与沃里克的关系，表面上双方都客套地表示互相理解，实则对关系修复于事无补。

1468年5月，爱德华四世委托新任大法官通知议会，他将跟卡斯蒂利亚、阿拉贡、丹麦、苏格兰、神圣罗马帝国结盟，尤其强调跟勃艮第和布列塔尼的特殊盟友关系，唯独把法兰西排除在外，这一切都在沃里克的强烈反对下推行。约克的玛格丽特与新任勃艮第查理公爵之婚事年初已商订，婚礼却被迫延迟至夏季才举行。新娘的高祖父与新郎的外高祖父是爱德华三世，近亲通婚需要教宗的宽赦书，英勃双方一直在罗马活动此事，原本没有多大障碍，但法王曾派出特使到教廷百般阻挠。根据英勃联姻议定的条件，爱德华四世支付给查理公爵20万克朗嫁妆，其中5万需在婚礼日支付，这笔巨款不敢找议会批拨，英方只有寄望于向银行家借钱，但法王向欧洲各银行施压，力阻他们向英王贷款。经过一番周折，直到6月份才将联姻所需金钱和文书办妥，斯格尔男爵护送新娘前去勃艮第完婚。

路易十一听说“两大敌人”终于走到一起，派遣特使出访英格兰，力劝英王勿铸大错，再次提出英法缔结盟约的建议，警告若英格兰介入法兰西对勃艮第事务，一切后果自负。沃里克坐不住了，多次向国王进言却得到“无须讨论”的冰冷答复，他感觉被蹭一脸灰，气急败坏地向伦敦工匠宣传说，英勃结盟将严重损害他们的利益，工匠们听信煽动发起骚乱，袭击勃艮第藩属佛兰德斯的商人，幸好伦敦市政府及时采取措施平息，避免了一场屠杀。

英王不给面子，法王马上还以颜色。路易十一想起被他冷落已久的红王后，通知她将支持兰开斯特反攻英格兰，红王后始终不放弃目标就是坚信这一天终会到来。7月初，在法王赞助下贾斯珀·都铎登陆威尔士，他以哈莱克城堡为据点，四处发起突袭，煽动叛乱。红王后大为振奋，前往巴黎请求路易十一继续送去更多支援，但没想到，约克王廷反应迅速，赫伯特男爵奉王令动员8 000军队急奔北威尔士，8月14日，兰开斯特最后的要塞哈莱克城堡投降，战事很快结束。贾斯珀领着残兵去一度占领的登比城堡，焚毁城镇，赫伯特军尾随而至，他被迫解散部队，伪装成农夫摸到海边后乘船逃往布列塔尼。

赫伯特的卓越战功再次赢得慷慨奖励，爱德华四世将彭布罗克伯爵的爵位和领地尽数赐予赫伯特，他成为第八次授封的第一代彭布罗克伯爵，从爵士到男爵再到伯爵，只用一代人在几年时间完成，实为罕见的阶层上升案例。

伍德维尔氏鸡犬升天令沃里克恶心难忍，王后家族人员众多，却没有一个人的才干入沃里克的法眼。赫伯特则大为不同，老牌约克党人，威尔士实力强大的领主，久历战阵的优秀将领，以性格粗暴闻名，财富扩张的欲望和能力不亚于沃里克；赫伯特已与王后家族联姻，手中还有两张王牌——监护着珀西和都铎两个家族的未成年继承人，随时可以把女儿嫁给他们，然后申诉恢复他们的领地，扩充家族势力。此前沃里克与赫伯特争夺被剥夺爵位的萨默塞特在威尔士的几处地产，赫伯特因有王后的支持而获胜。沃里克绝不敢轻视这位威尔士豪强。

出离愤怒的沃里克感到在朝廷中已被“敌人包围”，认为自己看走眼扶错人，一意孤行的鲁莽表弟根本不适合当君主。政治上连番失意，硬生生把“造王者”逼成“造反者”。沃里克与路易十一保持着暗中通信往来，1469年初，他跟法王达成秘密协议，决定推翻“无可救药”的爱德华四世，阻止“昏君”带领国家走向“癫狂”。英格兰又将燃起战火。

第三节
造王者反叛

1468年末和1469年初，英格兰的空气中再次充满火药味，爱德华四世的外交政策造成约克王廷重大危机，外战和内战都处于一触即发之势。

为化解敌人联合的危机，路易十一几面开弓，支持贾斯珀登陆发动骚乱，吸引英王注意力；说服正忙于大婚的勃艮第公爵查理将双边和约延期至1468年8月1日，然后派兵进攻敌方最薄弱的环节布列塔尼。爱德华四世与勃艮第使节仍在协商盟约最后的细节，未能及时提供援助。等到9月份兰开斯特骚乱平息，爱德华四世对法王背后使坏一肚子怒火，敦促议会批拨6.8万英镑军费，准备支援布列塔尼朋友，大有跟法兰西全面开战之架势。芒特伊男爵爱德华·布朗特的3 000弓箭兵、斯格尔男爵的3 000步兵和1 000水手奉令完成集结。

普遍仇恨法兰西的英格兰人听到此消息大为兴

奋，他们仿佛看到亨利五世再生，似乎一幅美丽的征法图景即将重现。可惜爱德华四世编织的那个反法包围圈弱不禁风，白折腾一番之后不了了之。布列塔尼未获及时救援，顶不住法军的威势，被迫与路易十一签署条约，退出联盟；勃艮第公爵也在10月份跟路易十一达成协议，如果英格兰入侵法兰西，它将不提供协助。听说红王后正在哈夫勒尔港部署入侵登陆，爱德华四世改变计划，命令舰队在英吉利海峡巡逻，结果没有遭遇敌军却碰到一场大风暴，只得退缩到怀特岛休整。

从9月到11月，声势浩大的征法计划未看到敌人一兵一卒，以耗费1.8万英镑草草收场。只要法兰西不发生真正的分裂和内战，以英格兰的实力，征法只是一个梦想，爱德华四世再冲动也不至于无视常识。路易十一略施外交与军事手腕，轻松化解一次危机，现在真正惹大麻烦上身的是英格兰国王。

民间对征收巨额税款却一事无成怨言四起，尤其是北方地区的沃里克伯爵支持者们大呼“上当受骗”，掀起人们对苛捐杂税的不满。爱德华四世发现自己的外交失误闯了祸，12月份赠送表哥沃里克几处领地和职务，试图缓和关系，但为时已晚。

贾斯珀入侵失败后，兰开斯特叛乱带来的恐慌情绪笼罩着约克王廷，红王后也派出大量间谍四处活动。国丈里弗斯伯爵作为英格兰元帅，肩负着国家安全重任，由他主导的抓捕间谍和谋叛者活动持续半年之久，很多人因此锒铛入狱，即便不掉脑袋也脱层皮，伍德维尔家族在这个过程中权力不断扩充，遭到更多人嫉恨。

亨利·库特尼和托马斯·汉格福德，分别是被剥夺爵位的德文伯爵、汉格福德男爵两个家族的继承人，间谍招供他们与红王后秘密勾结，两人皆被处决，德文伯爵的爵位和领地被国王授予自己的心腹汉弗莱·斯塔福德爵士。第十三代牛津伯爵约翰·德·维尔是涉嫌叛乱的地位最高的贵族，因证据不充分，他积极发誓忠于爱德华四世，被关押数月后获释。牛津伯爵约翰·德·维尔不久前与沃里克最小的妹妹玛格丽特·内维尔结婚，姐夫从中活动可能救了他一命。

公报私仇造成的冤假错案也有几桩。伦敦前任市长、大富商托马斯·库克，是兰开斯特极力拉拢的对象，红王后曾找他借钱被拒绝，他万万想不到自己因另一次“拒绝”在这次整肃中栽跟头。库克家中有一副非常精美的名贵挂毯，王后的母亲杰奎塔曾出价800英镑购买，他“不识好歹”地拒绝了。里弗斯伯爵以被捕间谍提到红王后找库克借钱为由，派人将库克抄家并把他关入大牢，可在庭审之际间谍说库克拒绝了红王后的要求。里弗斯控诉库克“叛国罪”不成但仍扣上“知情不报”的罪名，库克命是保住了却被判处8 000英镑罚金。根据一项古老的特权，王后可从这笔巨额罚金中每1 000英镑抽取66英镑收入。库克出狱后一气之下投奔了兰开斯特。

谋反案件有真有假，有的弄真成假，也有的弄假成真，真正的最大反叛者沃里克却安然无恙。只有造王者的谋叛才能撼动约克王廷。

无论实力多么强大，要推翻国王并非易事，需要提前谋划。1469年开春，沃里克携带妻儿前往加莱履行他的镇守职责，表面假装与爱德华四世和解，暗地里已开始周密布局。沃里克重施娴熟故技大造舆论声势，命令家臣们在北方煽动对朝政的不满，同时利用间谍四处散布谣言，说爱德华四世根本不是约克公爵的儿子，而是公爵夫人在加莱跟一个叫克莱伯恩的弓箭兵野合的产物。既然爱德华四世是个“杂种”，那么他的国王身份当然就不具有合法性，路易十一也派出间谍遥相呼应，协助谣言传布于欧陆。

克拉伦斯公爵乔治对兄长的嫉恨与日俱增。爱德华四世待这位兄弟原本不薄，封赏给他的土地和职务收入每年超过4 000英镑，委任他担任为期7年的爱尔兰总督。乔治仅在体格相貌上与兄长相似，其他方面截然相反，他有强烈的权力欲，但才能平庸，缺乏主见，脾气暴躁，嫉妒心强却自视甚高。乔治认为兄长阻挠自己与沃里克女儿联姻是破坏自己的锦绣前程，沃里克则趁机对他大力拉拢，不断煽风点火。乔治的抱怨日甚一日，决定与沃里克共谋反叛。他们首先准备违抗王令私下联姻，但这桩婚事属于近亲和串辈通婚，必须从教宗那里获得宽赦书，沃里克已经安排密使前往罗马教廷活动。

嗅觉灵敏者都闻到国内政治气氛异常，北方4月份差不多同时爆发两场叛乱。约克郡南部一位号称“雷兹达尔的罗宾”的人率先登场，他的真名叫约翰·科尔尼斯，是沃里克的远亲和忠实追随者。他们把矛头对准朝中“奸臣”伍德维尔氏，抗议国王欺骗纳税人的钱财装入私囊。约克郡北部，领导第二场叛乱的人自称“霍尔德内斯的罗宾”，他的具体身份不详，可能是珀西的旧家臣罗伯特·希尔亚德，这场叛乱与前一场没有关联，纯属借机发力，他们的口号是“驱逐约翰·内维尔，恢复珀西家族继承人的合法权利”。

第一场叛乱还在聚集人马时，沃里克的长弟，当下的诺森伯兰伯爵约翰·内维尔召集人马迅速将其驱散，雷兹达尔的罗宾逃跑；第二场叛乱直接威胁到约翰·内维尔的利益，他毫不含糊转身北上将之扑灭，逮捕据称是“霍尔德内斯的罗宾”的家伙，并亲自监斩这位领头者，实际上抓错了人。

沃里克曾劝说长弟共同举事，他警告说，赫伯特如果把女儿许配给珀西家的继承人，国王早晚可能恢复珀西家的诺森伯兰封地。但约翰·内维尔无动于衷，他对自己现在获得的地位与财富颇为满足，仍然保持忠诚。爱德华四世眼看北方两场叛乱迅即平息，对约翰·内维尔的忠诚度大为放心，认为可以高枕无忧了，6月初带着弟弟格洛斯特公爵巡游东部。

约翰·科尔尼斯第一次叛乱被平息其实是假象，因有沃里克撑腰且蓄谋已久，趁着约翰·内维尔还在约克郡北部，6月初重新聚集人马起事，他们快速向南穿插，沿途招纳同党，准备到伦敦一带与沃里克会合。国王还在东部悠然巡游，18日消息抵达他驻跸的诺福克郡时，叛军已越过林肯郡。与此同时沃里克登陆英格兰，公开号召自己家臣和支持者拿起武器来“平息北方叛乱”，其实他想借此名义帮叛军聚集更多人，麻痹国王和约克党的贵族。爱德华四世最初还寄望沃里克和乔治前来协助，浪费了本就不多的宝贵时间，到7月初才有所警觉，立即通告全国除非得到国王授权，不得响应任何人的武装召集令。

据一位教堂司库目击，叛军多达6万之众，当然这是严重夸大的数字，可无论如何形势非常严峻。爱德华四世发出勤王号令，决定亲征平叛，但事发太过突然，国王手头无充足兵力，军费也没有着落，彭布罗克伯爵赫伯特和新晋封的德文伯爵接到通知后已仓促开拔，但短时间内难以抵达。因约翰·科尔尼斯的首次叛乱轻松被驱散，爱德华四世有点大意，在诺福克郡召集了1 200余名士兵即出发，当他带兵来到剑桥郡内瓦克时，发现敌军是自己三倍多，赶紧撤回诺丁汉郡，重新在东部地区募集兵马，写信给考文垂市长请求紧急拨款。

两次征收巨额税款无所作为，国王的威信受损，东部应召前来勤王者寥寥，爱德华四世只得放弃主动出战的打算，老老实实等待赫伯特的援军；所幸叛军不敢攻击国王，只在远处徘徊等待沃里克。伍德维尔氏是叛军攻讦的主要目标，考虑到他们的安全，爱德华四世将他们遣走，里弗斯男爵带着次子约翰·伍德维尔去威尔士赫伯特的城堡，斯格尔男爵前往诺福克。

婚姻宽赦书已拿到手，沃里克召唤克拉伦斯公爵、约克大主教、第十三代牛津伯爵前往三明治港会合，7月4日一起渡海前往加莱。克拉伦斯渡海前曾逗留坎特伯雷，老约克公爵夫人力劝儿子不要反叛兄长，但他已经听不进去。7月11日，约克大主教在加莱主持克拉伦斯与伊莎贝拉·内维尔的婚礼，因为处于特殊时期，仅简单庆祝完事。

第二天，沃里克和约克大主教发表宣言，矛头没有对准国王本人，还是人们熟悉的那些老论调：指责“良治缺失、司法不公、朝政腐败、税收沉重”，要求“清除朝廷中的奸臣”——当然指伍德维尔氏和彭布罗克伯爵，呼吁应该重用那些血统尊贵的贵族，这当然暗指沃里克和克拉伦斯等人。他们拐弯抹角地警告，若王国不能实现良治，爱德华二世、理查德二世、亨利六世就是前车之鉴。

因肯特与加莱隔海相望，沃里克当年清剿海盗，保护英格兰商船，在此处人气颇旺，肯特成为他在南部谋叛的最重要基地。7月16日沃里克再度回国指挥叛乱，他们一行迅速登陆肯特郡，与策应的人马在坎特伯雷会合后直奔伦敦。伦敦市长可能不知道沃里克已经叛变，听信他“北上支援国王”的谎言，同意他借道伦敦北上。沃里克到来时，伦敦市民涌上街头向他欢呼。听说沃里克军北上，约翰·科尔尼斯知道爱德华四世回伦敦的路已被切断，率领北方来的叛军南下与沃里克会师。

彭布罗克与德文两位伯爵也正向北开拔去找爱德华四世。7月25日晚，两个人为兵舍安排问题大吵一架，最后决定分开扎营，彭布罗克军驻扎在北安普敦艾吉柯特荒原，德文伯爵与大部分弓箭兵扎营在几公里远的地方。夜深时彭布罗克接探马报告，不远处发现约翰·科尔尼斯北方叛军，其实两边原本都不知道对方在哪，而是各自去找友军会师，纯属无意中遭遇。

第二天一早约翰·科尔尼斯发起进攻，北方叛军数量处于优势，幸而彭布罗克伯爵的威尔士军训练有素，孤军迎战数倍敌人居然没有吃亏。彭布罗克的弟弟理查德·赫伯特爵士挥舞战斧欢快地穿插敌营砍杀两次，毫发未损而归。杀至中午，双方有片刻休整，彭布罗克见敌军势众，将本阵往后挪了一段距离，等待德文伯爵的弓箭兵加入再继续迎敌。德文伯爵闻讯赶来参战，路上见不远处出现一队穿着沃里克家号衣的军队，这是沃里克的前锋部队，他误以为沃里克全军已赶到，带着自己人马仓皇撤离战场。

彭布罗克伯爵可能想阻止“野蛮的北方人”，未因德文军的逃跑而撤退，但陷入孤军苦战的境地，终因寡不敌众被击败。威尔士军据说遗尸2 000具，北方叛军也付出沉重伤亡代价。战斗结束后，沃里克与克拉伦斯公爵赶到北安普敦，沃里克一点不脸红地斥责被俘的彭布罗克兄弟俩为“叛贼”，下令将他们拉出去斩首。

最强大的支柱殒命，国王对沃里克已无反抗能力，约翰·科尔尼斯领导的叛军获胜后安心返回北方。爱德华四世29日仍然毫不知情，离开诺丁汉前往北安普敦准备与彭布罗克伯爵会合，行至半道方传来艾吉柯特惨败的消息，顿时军心大乱，身边的部队一哄而散，国王变成光杆司令，仅有格洛斯特公爵和黑斯廷斯男爵及少数侍从陪伴身旁，他们逃到肯尼尔沃斯附近避难。

约克大主教奉命搜捕国王，不久即发现“大猎物”藏身之处。大主教带人闯进屋子时爱德华四世正在睡觉，他礼貌地要求国王穿好衣服立即跟他走。国王回说身体太过疲倦，需要休息，大主教再次郑重建议："您必须跟我去见我的兄长沃里克，不能拒绝我的要求。"见对方语气严肃，态度坚决，爱德华四世温顺地服从了命令。8月2日，爱德华四世被带到考文垂与沃里克、克拉伦斯公爵见面，他假装什么都没发生，亲切地跟表哥和弟弟打招呼，绝口不提他们叛乱之事，那俩人反而倍显尴尬。

接下来一个多月，沃里克成为英格兰实质上的统治者，国王先后被软禁于沃里克城堡和约克郡的米德汉姆要塞。爱德华四世是个乐天派，很快调适好心情，愉快地扮演傀儡角色；沃里克以他的名义发布令状，他温顺地签字，叫做什么就做什么，吃得好睡得香，还时不时说点打趣的玩笑调节气氛。旁观者甚为不解，国王看起来似乎比获胜的沃里克还开心。

嫉恨驱使沃里克展开报复，8月中旬，里弗斯伯爵和次子约翰·伍德维尔在威尔士蒙茅斯郡的切普斯托落网，德文伯爵避难于萨默塞特郡亦被逮捕，三人都未经审判便被沃里克下令处决。王后老早就带着孩子们逃进伦敦塔避难，沃里克派人把王后的母亲杰奎塔从家中带走，囚禁于沃里克城堡。爱德华四世的婚姻抉择令人不可思议，沃里克索性做出不合理的解释，指控杰奎塔使用"黑魔法"迷惑国王与伊丽莎白结婚，反正她不是常说自己是"女河巫（神）"的传人吗。中世纪的人们相信巫术可以诅咒他人生病或死亡，也能控制别人的意识，一旦被控诉使用巫术且证据确凿，无论地位多么尊崇的妇女都难逃一劫。

对待大贵族女性，沃里克不敢贸然处决，他买通两个"证人"，伪造使用巫术的"偶像"作为证据，打算通过审判制裁杰奎塔。杰奎塔向伦敦市长求援，希望看在自己当年曾协助阻止红王后军队洗劫伦敦的功绩上提供帮助。国王和克拉伦斯公爵以及御前会议中的贵族都为杰奎塔求情，证人不敢在法庭上宣誓，杰奎塔总算幸免于难。

艾吉柯特战役后，国王对沃里克百般顺从，不仅不指责他叛乱，而且任由他胡闹亦不置一词，这种情况沃里克始料不及，反倒不知该如何是好。处决涂过圣油的国王，他没这个胆量，也找不到合适的罪名，虽然民间有人为征税颇有怨言，但爱德华四世仍是受欢迎的青年君主，久经沙场的优秀统帅。沃里克获胜主要得益于他密谋已久未被发现，打了国王一个措手不及。沃里克反叛爱德华四世，不同于约克挑战兰开斯特，约克家族有王位继承权，沃里克不具备这个血统条件，虽然有女婿拉克拉伦斯公爵入伙，但前提是成功废黜国王才能上位。废黜国王需要得到上下两院的支持才具合法性，沃里克经过私下试探，发现响应者寥寥，即便是他北方的家臣，也是冲着“清除奸臣、恢复良治”的旗帜参与起事，而非“推翻国王”或“改朝换代”。沃里克公报私仇随意处决数位约克党大贵族，让其他贵族们警惕，担心他权力进一步扩充会损害自己的利益。

时局的发展日益超出沃里克控制，造王者令自己陷于尴尬境地。“国不可一日无君”是那个时代人们根深蒂固的观念，英格兰两位国王，前废王关押在伦敦塔，现国王被沃里克软禁，消息传开，不具备合法性的沃里克政府很快丧失权威，消停数年的家族私战重新开启，社会治安开始恶化。面对乱象，就连内维尔家族的很多贵族和骑士也谴责沃里克走得太远，把国家搞乱了，众意又开始倒向国王。

北方蛰伏的兰开斯特党感到机会来临，在英苏边境地区发动叛乱，隐遁几年的汉弗莱·内维尔爵士再度露面高举亨利六世旗帜，各路叛军汇聚到他的旗下变成声势浩大的洪流。原定9月中旬在约克郡召开的议会被迫取消，沃里克北上平息叛乱，发出军队召集令时发现自己的权威和力量不足以应付。百余名约克党贵族、骑士、乡绅表态，除非接到国王本人的军事召集令，否则不会前往；军官们也申诉，如果不能确证国王仍然健康和安全，他们拒绝服从命令。勃艮第查理公爵故意发表声明宣称，勃艮第将一如既往友善对待英格兰人民，前提是他们保持对爱德华四世的忠诚。

约克大主教见势不妙提议释放国王，借君主权威解决眼前危机。以爱德华四世的性格，他绝不会甘当傀儡，他是聪明人，知道沃里克架空自己的日子难以长久，所以保持乐观心态看表兄笑话。沃里克派人前来谈交换条件，国王顺水推舟同意和解，表示自己绝无反对内维尔氏的心思。9月12日，沃里克亲信护送国王进入约克城，那里举行了一场盛大欢迎仪式，爱德华四世诏告全国应支持平息北方叛乱，服从沃里克指挥。沃里克整顿好军队后向北开拔，月底即粉碎叛军，29日，汉弗莱·内维尔被押解回来由国王亲自监斩。

雄狮一旦出笼，就很难再关回去。爱德华四世抓住机会通知大贵族们前来护驾，格洛斯特公爵、白金汉公爵、阿伦德尔伯爵、诺森伯兰伯爵、埃塞克斯伯爵、黑斯廷斯男爵、芒乔伊男爵等应召聚集到国王身边，沃里克想反悔也来不及，这一次国王真的彻底自由了。

10月初，爱德华四世向沃里克简单打个招呼，说将返回伦敦，随后一群贵族和千余骑兵簇拥着国王风光无限地向首都开拔。约克大主教和牛津伯爵半道加入队伍，他们试图接近国王向其致意，爱德华四世令侍卫通知他们保持距离，不得接近，也不能进伦敦城，除非得到国王召唤。护驾队伍抵达首都，伦敦市民就像久失父母的孩子般兴奋，冲到街头向国王致以狂风暴雨式的欢呼。

第四节
“恶魔结盟”

造王者精心编织的反叛就像一场短暂的迷梦，不可思议地轻易破碎。爱德华四世经过此次磨难，政治上比以前更加成熟，他返回伦敦后谨慎重建朝廷权威，宣布赦免一切卷入反叛活动的人士，绝口不指责谋叛的领头者。

1469年12月沃里克和克拉伦斯公爵奉召从北方抵达伦敦，爱德华四世在威斯敏斯特宫组织盛会庆祝和解，国王始终对他们二人和颜悦色，充满友善，随后他们返回北方过冬。明眼人看得出来，他俩违抗君令私下联姻，杀害国王的岳父、内弟和心腹重臣，审判国王的岳母，软禁君主，国王怎会真的无动于衷。这两个人其实已彻底失信，爱德华四世完全是在演戏，一方面对他们永保甜蜜笑容和亲切言语，另一方面已开始布局削弱其影响力。

年仅17岁的格洛斯特公爵理查德以惊人的速度

崛起，爱德华四世对幼弟在危难中的忠诚深为赞赏，大力擢升他在朝廷中的地位，并且让他填补赫伯特死后威尔士的权力真空。从1469年10月起，里弗斯和彭布罗克两位伯爵曾拥有或还未得到的职务都逐渐归于格洛斯特名下，如英格兰元帅、威尔士亲王领总管、南北威尔士首席法官，同时获赐多座城堡与庄园。

沃里克篡权期间任命的御前会议大臣逐个遭罢免，造王者的翅膀还在，只是被剪得更短了。克拉伦斯诉求王位的念头也竹篮打水一场空，翁婿俩发现自己在朝廷中的地位比以前更加边缘化，开始精心密谋新叛乱，这次他们以坚决罢黜爱德华四世、将克拉伦斯推上王位为目标。

中部地区林肯郡豪强韦尔斯男爵与托马斯·伯夫爵士有家族纠纷，韦尔斯男爵曾是兰开斯特党同情者，1470年2月，他在两位内弟和儿子罗伯特·韦尔斯爵士的帮助下起兵攻打伯夫家的庄园，将财物劫掠一空。因为托马斯·伯夫是国王的马政官，内廷显要人物，韦尔斯家族寻找沃里克和克拉伦斯作为靠山，沃里克正四处招纳附庸，寻机反叛，双方一拍即合。

2月底爱德华四世传召韦尔斯男爵及其内弟前往伦敦，韦尔斯不知吉凶但又不敢违抗王令，战战兢兢前往，没想到国王提议和解，表达对他们的宽恕，希望维护地方的法律与秩序。韦尔斯心中一块巨石落地，但他在林肯郡的族人暂时不知已获宽赦的消息。沃里克翁婿俩逮住这个机会，挑唆韦尔斯的儿子，说他父亲即将被处死，劝他赶紧起兵救父，头脑简单的罗伯特·韦尔斯果然中计，自封为“林肯郡平民大统领”筹划起事。

爱德华四世欲阻止家族私战，恢复社会治安，提升王室权威，的确打算在3月初领导一次从南至北的武装巡游。国王将亲临各地调解纠纷，出席庭审，惩治凶暴之徒，并已向南部12个郡发出募兵令。沃里克利用此事在林肯郡和约克郡大造谣言，说国王将血洗这些地方，严惩头年参与叛乱人士，造谣传单贴满当地教堂大门。约翰·科尔尼斯等北方家臣接获沃里克命令，趁人心恐慌之际以“阻止王军洗劫地方”的名义发动人马起事。为给罗伯特·韦尔斯组织叛乱争取时间，克拉伦斯公爵特意赶赴伦敦拖住国王，爱德华四世听说弟弟前来拜会，与他在母亲的巴纳德城堡叙旧，原定3月4日出发，推迟到6日才起身。克拉伦斯告别兄长时说将去西部探望妻子，其实是与沃里克会合。

沃里克翁婿俩如此设计叛乱流程：国王出游途中将听到林肯郡和约克郡叛乱消息，他们以帮助平叛为由在沃里克郡募集军队，用罗伯特·韦尔斯的叛军把王军引诱到莱斯特，当国王正面应对叛军陷于苦战时，他们以支援国王为名从王军背后发起突袭，形成钳击之势。

爱德华四世出发后第二天得知叛乱消息，他命令将韦尔斯男爵带到军中，叫他写信通知自己儿子，如果不向王军投降，自己将被处决。与此同时，沃里克和克拉伦斯与国王保持联络，承诺他们正在召集军队，很快会前来协助，爱德华四世未怀疑他们二人，写信感谢他们的忠诚。与去年处置叛乱不同，这次爱德华四世没有坐等，决定终止向北进发，做好侦察工作，先解决林肯郡叛军。3月11日，侦察兵回报，林肯郡叛军改变方向朝莱斯特进军，同一天沃里克与克拉伦斯报告国王，他们将在莱斯特与王军合会，这明显是个陷阱，爱德华四世可能多少起了疑心。

韦尔斯男爵的那封信无意中破坏了沃里克的计划，冲动的罗伯特·韦尔斯接信后没有打算投降，但也未按约定前往莱斯特与沃里克会合，他救父心切，突然改变方向返回林肯郡。12日，爱德华四世在林肯郡斯坦福德与召集来的大部队会师，接报说叛军在8公里外的拉特兰郡艾宾汉姆一处原野，他果断决定马上进击，不准备等待沃里克“援军”，进攻前将韦尔斯男爵与其内弟阵前紧急处斩。

王军靠近时，听见对方声嘶力竭大喊“沃里克、沃里克、克拉伦斯、克拉伦斯……”很多叛军穿着沃里克与克拉伦斯家的号衣。王军数量占优，训练有素，带来了大炮，一顿炮击之后发起冲锋，林肯郡叛军以步兵为主，多为听信谣言临时聚集的乌合之众，被大炮炸得魂飞魄散。此役非常短暂，15分钟即分出胜负，战场遍地是溃逃叛军丢弃的外套，所以被戏称为“弃衫原野之战”。

弃衫原野胜利很快稳定中部和东部局势，出于各种目的蠢动之徒皆偃旗息鼓，国王沿途武装巡游与辟谣很大程度抑制了动荡，参加叛乱的人数不多。罗伯特·韦尔斯爵士被俘，他的口供和身上携带的信件使真相大白，沃里克与克拉伦斯是真正的幕后黑手。爱德华四世给他俩写信通报胜利消息，假装不提他们主使叛乱的事，勒令他们解散军队，前来拜见国王。

沃里克被突如其来的挫折搞懵了，他手头部队数量不足，惧于爱德华四世的军事能力，不敢贸然行动，但他知道谋叛已败露，应召前去会晤无疑自投罗网。他们试探性要求国王公开承诺保证安全，不追究责任，爱德华四世愤怒拒绝。沃里克与克拉伦斯只得硬着头皮干下去，继续朝着沃里克控制的德比郡切斯特菲尔德前进，试图沿路聚集更多盟友。

爱德华四世正式通令全国，无君主授权任何贵族不得发布募兵令，随后带兵追击沃里克，但未找到敌军踪迹。国王担心沃里克流窜到他北方老巢的约克郡发动叛乱，决定先发制人，3月19日王军一路北上至约克郡南部的唐卡斯特。罗伯特·韦尔斯在这里被公开处决，国王发表声明，劝告人们勿信谣言，任何叛乱者无论与沃里克有无关系，只要停止反叛活动将获得宽赦，这招立竿见影。

听说盟友第三代舒兹伯利伯爵领兵前来会合，沃里克一度鼓起勇气想与王军作战，但舒兹伯利弄清状况后，顺水推舟率队投奔国王；就连艾吉柯特战役中沃里克出色的骑兵指挥官威廉·帕尔①也倒戈投效国王，自此成为爱德华四世的得力侍臣，沃里克只得打消作战念头。

3月22日王军抵达约克市，“雷兹达尔的罗宾”（约翰·科尔尼斯）、“霍尔德内斯的罗宾”（罗伯特·希尔亚德）也率队来归，爱德华四世说话算话，真的宽赦了他们。国王向沃里克和克拉伦斯发出最后通牒，如果他们在28日之前投降，将不会被视为“叛国贼”。造王者不肯就范，数天后爱德华四世向全国下发通缉令，悬赏1 000英镑抓捕他们。

国王3月底做出了一个既英明又留下重大隐患的决策——恢复曾经的死敌珀西家族的诺森伯兰爵位与领地。现任诺森伯兰伯爵约翰·内维尔作为北境最强大诸侯，虽未卷入沃里克反叛但似乎对援助国王缺乏热情，站在他个人的角度不难理解，一方是君主，一方是兄长，对哪边过于积极都违背情理。爱德华四世认识到，北境原本两大家族互相制衡，现在内维尔氏一家独大，若不削弱其在北方的势力，今后这里将持续成为动乱策源地。尽管约翰·内维尔保持着忠诚，只要兄长叛乱时他有所迟疑即对国王不利，万一他变节后果更不堪设想。

24岁的珀西家族继承人亨利·珀西曾由赫伯特监护，1469年已

---

① 威廉·帕尔的孙女凯瑟琳·帕尔是未来都铎王朝亨利八世的第六任王后。

向爱德华四世宣誓效忠，诉求恢复家业，现如愿以偿成为第四代诺森伯兰伯爵，几年后迎娶赫伯特的长女毛德为妻，他的夫人原本曾许配给亨利·都铎。爱德华四世也不想失去约翰·内维尔的忠诚，剥夺他的诺森伯兰爵位和领地后，晋封他为蒙塔古侯爵作为补偿，同时加封他的长子为贝德福德公爵并将长公主伊丽莎白许配之。领地减少导致收入略有100英镑下降，加上对国王的“疑心”不悦，蒙塔古侯爵未对这些“补偿”感到满足，他私下抱怨“国王给了我个喜鹊窝”。

沃里克行军至兰开郡曼彻斯特，劝说妹夫托马斯·斯坦利男爵共同起兵造反，机会主义大师斯坦利从不站在脸上明显刻着“失败”二字的一方。最终认识到在国内已无能力反抗国王，沃里克承认谋叛失败，带着一群忠诚的家兵，与妻儿女婿跌跌撞撞南逃至德文郡达特茅斯港，4月11日弄到船只后流亡加莱。

爱德华四世汲取过去沃里克以爱尔兰和加莱作为反攻基地的教训，命令伍斯特伯爵接任爱尔兰总督之职，委派第二代里弗斯男爵安东尼·伍德维尔负责海上警戒，通知加莱副将文洛克男爵不准收留沃里克。沃里克最早的计划是逃到南安普敦出海，那里有他的舰队，还有他强大的旗舰。伍斯特先下手为强，将所有舰船扣留，处决了沃里克舰队的几十名士绅，把他们的尸体剥光衣服后钉在木桩上，伍斯特因此获得“英格兰屠夫”的绰号。但爱德华四世很快通令镇压叛乱的约克党贵族们采用宽恕政策。

沃里克幻想加莱守军定会敞开大门欢迎自己，4月16日他驶抵加莱时正好国王的命令几小时前抵达，他不仅吃了闭门羹还遭到一顿炮击，大骂文洛克男爵忘恩负义。其实文洛克忠诚于沃里克，只不过爱德华四世任命的司令官杜拉斯男爵（流亡加莱的加斯科尼人）与另一部分忠于国王的守军已将文洛克的人马监控起来。勃艮第查理公爵及时宣布，若加莱有叛乱，他将协助镇压，对加莱的亲沃里克派起到威慑作用。

沃里克船队在附近水域停留4天，正好赶上大女儿伊莎贝拉临产，船上条件恶劣，更无助产士，唯沃里克夫人有过生育经验可帮点小忙。沃里克情急之下送信给文洛克，请他怜悯可怜的产妇，提供协助，结果仅收到对方派人秘密送来的两桶葡萄酒。伊莎贝拉经受痛苦折磨诞下一名死婴，并险些因此送命，造王者全家情绪低落至谷底。今昔对比，令人唏嘘！

听说国王的宫廷司库约翰·霍华德爵士率海军前来抓捕，4月20日沃里克船队离开加莱海域，继续干起“海盗”老本行，在英吉利海峡洗劫一队佛兰德斯商船获取补给和财物，随后驶往哈夫勒尔港向法王申请政治避难。勃艮第公爵得知附庸佛兰德斯商船被劫掠愤怒不已，号称要组织海军歼灭沃里克，并向法王提出抗议，指责沃里克破坏圣奥梅尔条约。

鉴于沃里克一贯的亲法态度，法王自然愿意庇护这位可资利用的老朋友，6月8日特意为他举办一场欢迎宴会。路易十一有个大胆构想——撮合沃里克与红王后结盟，共同复辟兰开斯特王朝。目前看来，无论是沃里克还是红王后，都没有能力单独推翻爱德华四世；沃里克具备才能并有一定实力，红王后一家拥有法统与血统，双方联手方能优势互补，才有成功的希望。

法王撮合死敌间结盟是项艰巨的任务，在沃里克眼中，红王后是他的杀父仇人，多年的兰开斯特敌营“女魔头”，直至流亡法兰西，他都没想过与红王后联手。红王后掐指一算，沃里克是毁灭兰开斯特的凶残敌首，自己不知多少心腹贵族死于他的刀下，恨不能将之生吞活剥，她以前写信给沃里克是企图挑唆约克王廷内讧，而非寻求和解。彼此看到对方都嫌恶心，若要结盟，两个人都有难以克服的心理障碍。最初听到法王的建议时，他们皆感到胸闷气短。

沃里克渴望推翻爱德华四世，恢复自己昔日荣光，红王后急于颠覆约克王廷，复辟兰开斯特，他们都焦虑地期待外援。路易十一看准这点，运用高超的政治手腕诱逼两位死敌靠近，他对双方说，目前大家有共同的敌人，若不结盟则取胜无望，唯有沃里克与红王后联手，法兰西才会提供援助，否则一切免谈。面对法王诱人的条件，经过痛苦的心理挣扎和激烈地讨价还价，沃里克和红王后终于松口，同意“强强联手”，时人讥嘲为“恶魔结盟”。

7月28日，法王安排双方到安茹的昂热市会谈，高傲的两位死敌10年来首次晤面。沃里克跪在红王后面前请求宽恕，耐心倾听对方数落长达半个小时。红王后说起来还真是一把鼻涕一把泪，丈夫丢失王位、兰开斯特亲贵们死亡、炮制绯闻和谣言诋毁自己名誉，哪一桩沃里克都是元凶首恶！红王后发泄完怨愤，最终表示宽恕沃里克，双方达成和解，路易十一又领进前来投奔的牛津伯爵，会晤总算在尴尬的欢乐气氛中收场。

接下来数天三个阵营敲定结盟的主要条款：沃里克的幼女安妮嫁给红王后的儿子以巩固联盟关系；亨利六世不适合亲掌国政成为三方共识，复辟成功后由沃里克担任摄政或护国公，若亨利六世先去世，沃里克成为王子的监护人；路易十一提供兵马、船只、军费，事成后英格兰与法兰西结成盟友共同反对勃艮第。

联姻是路易十一提议的条件，红王后最初激烈反对，不过“狡诈者”自有其深远考量，这是给各怀心事的双方一个保障。沃里克忧虑事成之后兰开斯特过河拆桥，红王后亦担心沃里克“借壳谋事”，某种意义上沃里克的女儿也是放在红王后身边的人质。安妮·内维尔嫁给兰开斯特的爱德华王子是不幸的，她有一个强势且从内心厌恶她的婆婆，时年16岁的小王子性情暴戾，不招人喜欢。据见过他的意大利使节记载，小王子张口闭口就是“发动战争”与“砍人头”，母亲的教育扭曲了他的性格。

安妮·内维尔与爱德华王子举行订婚仪式后标志着结盟顺利完成，沃里克7月30日在昂热教堂宣誓效忠亨利六世夫妇与爱德华王子。接下来就是付诸行动，按照约定沃里克是复辟行动总指挥，他联络国内同党做好起事准备，红王后也通知余党们接应，待沃里克成功后红王后才带着儿子返回英格兰。牛津伯爵和贾斯珀·都铎奔赴诺曼底沿海筹备登陆，路易十一如约提供60艘船和2 000余名精锐士兵。

结盟喜庆气氛下唯有克拉伦斯倍感失落，他发现自己背叛兄长折腾一番，如今沦落到与家族死敌为伍的地步，居然要为兰开斯特复辟服务，自己的王位诉求也彻底落空，但岳父沃里克优先考虑个人利益，顾不上他的想法。筹备登陆期间，有位神秘女士自称克拉伦斯公爵夫人的朋友，通过加莱的文洛克引荐前来拜访，克拉伦斯秘晤来客后才得知，对方是爱德华四世派来的女间谍。这位女士转告克拉伦斯，若愿意脱离沃里克阵营，王兄既往不咎，恢复他以前在朝廷中的地位，克拉伦斯谨慎表态“看时机”。

勃艮第查理公爵比他大舅哥更加着急，把间谍获得的情报频繁发给爱德华四世，敦促英格兰进入高度戒备状态，防范可能到来的入侵。爱德华四世有所警觉但并不上心，也许前两次轻松瓦解沃里克叛乱使他过于自信，低估了入侵的危险性，认为如果反应太过敏感反而助长沃里克气焰。爱尔兰和加莱已控制在手中，英勃联合舰队巡逻监控海峡，五港联盟守护阿伦德尔伯爵负责海岸防务，诺森伯兰伯爵和蒙塔古侯爵已得令警戒北方，国王认为这些举措足够应对，依然正常游猎和饮宴。

英勃联合舰队的海上巡逻阻滞了沃里克启航，7月底因为汉萨同盟海军攻击英格兰海岸，英方舰船一度撤回去防守，幸亏勃艮第舰队封锁住塞纳河入海口地区，令沃里克仍然动弹不得。伦敦离南部海岸太近，登陆之后王军便于南下驰援，沃里克早就谋划好先把爱德华四世的注意力吸引到北方。

爱丽丝·内维尔，沃里克最年长的妹妹，居住在约克郡北部，嫁给第五代菲茨休男爵，人们公认她的性格与胆识最像兄长，也强过自己丈夫。[①]爱丽丝按照沃里克的安排，命令丈夫在8月初发动叛乱，将国王的注意力转移到北方，与此同时，沃里克的家臣理查德·索克尔德也在诺森伯兰郡扯起叛旗。

爱德华四世果然中计，当然也毫无选择，他发现新复封的珀西家族诺森伯兰伯爵才能平庸，不能独当一面应对乱局，蒙塔古侯爵似乎也反应迟缓，决定御驾亲征。其实蒙塔古已经与沃里克秘密勾结，同意充当内应，自然会对北方的叛乱放水。菲茨休男爵压根就没想过与王军交战，等到8月中旬国王抵达约克郡，目的已达成，菲茨休立即解散军队，迅速逃跑到苏格兰。爱德华四世未急于南归，停留在约克郡稳定局势。

《帕斯顿信札》也指出，国王北上是不明智的。其实爱德华四世的决策不算失误，快速北上平叛，再防范南来的沃里克，可避免两线作战。结果人算不如天算，9月初一阵飓风横扫英吉利海峡，英勃联合舰队被吹散，风平浪静后舰队还未完成重新集结。沃里克立

① 爱丽丝的次女伊丽莎白·菲茨休是威廉·帕尔的妻子。

马下令登船启航，反攻大军13日顺利在达特茅斯和普利茅斯港靠岸。沃里克高举兰开斯特旗帜，迅速向内陆挺进，抵达埃克塞特后以亨利六世名义发表宣言，呼吁一切英格兰“爱国者”拿起武器推翻暴政，废黜“篡位者”爱德华四世，恢复亨利六世一家的正当权利。

搬出亨利六世法统，有路易十一作为强大外援，沃里克的实力如虎添翼。兰开斯特余党中无论观望者还是蠢动者，抑或是对现状不满者，皆受鼓舞，力量被激发出来。贾斯珀·都铎赴威尔士征募支持者，沃里克率主力一路向北进抵考文垂，舒兹伯利伯爵、斯坦利男爵纷纷带兵前来加入，声势颇为浩大，号称3万余众。

爱德华四世远在约克郡，消息传来才发现事态的严重性超出预判，手头兵力不足以应对沃克里叛乱。国王向领主们发出募兵令，通知到诺丁汉集结，但为时过晚，中部和南部已被沃里克武力控制，对国王忠诚的领主们星散各地，不可能快速集结，近在身边的格洛斯特公爵、里弗斯伯爵、黑斯廷斯男爵也无法赶回领地组织军队。唯一可指望的是蒙塔古侯爵，他发来消息说正带兵6 000前来勤王途中，国王打算与之会师后南下考文垂进击沃里克。9月30日行至唐卡斯特，王军大部分士兵已逃散，仅剩2 000多兵力，爱德华四世突然获得情报，蒙塔古已经叛变，即将来抓捕国王。

形势急转直下，两支内维尔氏的优势大军对国王形成钳击之势，爱德华四世既无作战获胜的可能，也无转战国内的腾挪空间，他最终痛苦地做出流亡国外的决定。当晚，夜色掩护下国王率领800侍卫冒险穿插至诺福克郡的金林斯港，在那里正好碰到三艘即将回航的大商船。里弗斯伯爵凭着老关系与商船交涉成功，两天后的大清早，约克国王率领大家登船朝着勃艮第公爵管辖的荷兰地区驶去。

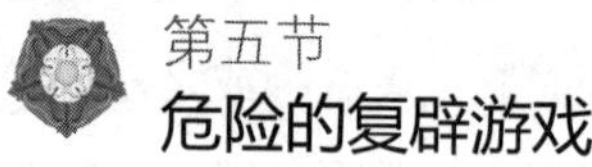

第五节 危险的复辟游戏

半年前沃里克伯爵狼狈流亡法兰西，如今他突然辉煌回归，爱德华四世则近乎一无所有逃离自己王国，风水轮转的速度令人瞠目结舌！驶往荷兰途中船队遭遇汉萨同盟舰队追击，险些被对方捕获，国王甚至没有钱支付路费，只得脱下身上的名贵袍子赠送给船长。

抵达荷兰后，流亡队伍得到勃艮第公爵的荷兰总督路易·格鲁休斯热情款待。路易总督曾作为公爵特使多次访英，与爱德华四世颇有私谊，他将难民们安置在自己的海牙官邸。查理公爵听说沃里克入侵成功，连番叹息不止，一度以为爱德华四世已被杀死，他仅寄望约克国王能保住加莱港，结果他的使节报告，文洛克得知对岸捷报后已率部哗变，夺得加莱控制权，换上了沃里克家的号衣，但文洛克表示自己无意与勃艮第为敌，只想拥戴亨利六世为王。

9月底追随沃里克北上的肯特郡暴徒在伦敦发起骚乱，洗劫佛兰德斯、荷兰工匠，令伦敦市议员们恐慌。国王已经流亡，伦敦市长惧于沃里克威势，同意兰开斯特军入城，尽管其内心十分勉强。10月3日沃里克部下杰弗里·盖特爵士的小股部队占领伦敦塔，亨利六世的老朋友温彻斯特主教威廉·韦恩弗利特亲自前去释放旧主，给他穿上得体衣服，恭迎进塔里的王家公寓。伦敦仍处于骚乱中，因生怕亨利六世这宝贝有何闪失导致功亏一篑，10月5日约克大主教先行进城，率大队武装赶来护卫。

沃里克在克拉伦斯公爵、舒兹伯利伯爵、斯坦利男爵陪伴下于10月6日正式入城，他们来到亨利六世身边下跪致敬，簇拥着他前往圣保罗大教堂。沃里克命人给亨利六世穿上蓝色天鹅绒礼袍，戴上王冠，将他重新推上王座。不过亨利六世目光呆滞，神情茫然，置于王座上不像一位国王，更像一袋羊毛。为激励人心、鼓舞士气，复位仪式与街头游行安排在13日，造王者亲自陪伴亨利六世左右穿越街道。沃里克的亲信们再度官复原位，约克大主教夺回大法官之职。

约克王廷瞬间瓦解，显要党人四处寻找避难所躲风头，怀有9个月身孕的王后突然失去所有朋友，处于孤立无援境地，她在兰开斯特军进城前带着孩子们逃进西敏寺。按照中世纪的规矩，只要教堂同意提供保护，通常都得尊重其对难民的庇护权，世俗政府不得干涉。幸亏教士们慷慨救助，王后与孩子们饭食无忧，但这里的生活条件与宫廷不可同日而语，她了解外界的唯一渠道是通过教士们传递零星消息。王后度日如年，她不知道自己会在避难所里待多久，丈夫兴许永远回不来了。令王后欣慰的是，一个月后她在阴冷潮湿的教堂避难所诞下嫡长子，她给婴儿取名为爱德华以纪念其父亲。善良的亨利六世听说白王后临产，派一名贵族夫人前去做帮手，令人提供充足肉食保证他们一家的营养。

11月底召开的议会记录后来多被删除，细节难以察考，但大致可知沃里克等人以法案形式巩固了复辟成果：承认亨利六世为合法国王，罢黜爱德华四世及其子嗣的王位资格，剥夺追随爱德华四世流亡的贵族的爵位和财产。若说沃里克上一次架空爱德华四世只是捡了个烫手山芋，这次协助亨利六世复辟则抱回一个大火球。一群同床异梦者因临时目标暂时联合，凝聚力难以长久维系，成功后利益分配的难题急迫摆在眼前。

多数铁杆兰开斯特贵族死于战争，少数流亡国外，他们的财产早被约克党人剥夺，这些约克党贵族已然形成新崛起的利益集团。沃里克调整朝廷权力结构，惩治死硬派约克党贵族，恢复几位兰开斯特复归贵族的爵位不算难题，但他手头无多少地产可以赏赐给新“盟友”，也缺乏资源拉拢中立派，即便是帮助他的蒙塔古侯爵也未获得太多实质奖励；若对多数约克党贵族、骑士实施大剥夺，可以得到很多地产，但将会引爆内战，所以他只敢采取折中策略。约克党的德文伯爵获封后不久就死在艾吉柯特战役，正好把爵位和地产归还给库特尼家族，第十三代德文伯爵仅存的儿子约翰·库特尼幸运地复位为第十五代德文伯爵。

重要的约克党贵族对沃里克普遍态度漠然，格洛斯特公爵、里弗斯伯爵、黑斯廷斯男爵追随爱德华四世流亡，他们与彭布罗克伯爵赫伯特家族一样仇视沃里克；坎特伯雷大主教托马斯·鲍彻、诺福克公爵、萨福克公爵、埃塞克斯伯爵、威尔特伯爵[①]、杜德利男

---

① 1470年1月册封，第一代白金汉公爵的幼子约翰·斯塔福德，北方战争期间协助约克王廷平叛。

爵、蒙特乔伊男爵、丁汉姆男爵，视沃里克为叛徒，消极抵抗其政府。诺森伯兰伯爵担忧沃里克得势后剥夺他的地产给蒙塔古侯爵，谨慎保持着暧昧姿态。大部分男爵近年在剧烈动荡的政局中皆态度冷淡，不会是沃里克的热情支持者。

复辟政府总要找个人祭旗，“英格兰屠夫”伍斯特伯爵约翰·蒂普托夫特名声欠佳，成了沃里克树威的唯一牺牲者。倒霉的伍斯特在亨廷顿郡森林中一颗树上被逮捕，为了让牛津伯爵报当年的父兄之仇，10月中旬由牛津宣布伍斯特的“叛国罪”，对其下达斩首令。

虽然斯坦利男爵参与复辟，但连上帝都不知道这位投机大师是谁的人，兰开斯特贵族对昔日死敌沃里克不会真心信任。仅有牛津伯爵和贾斯珀·都铎较好相处，沃里克主要联合他们二人并依靠克拉伦斯、蒙塔古、博尔顿的斯克洛普男爵这个小集团实施统治，政府基础相当薄弱。埃克塞特和萨默塞特[①]两位不省油的兰开斯特死硬贵族，虽然爵位早被剥夺但目前自封为公爵，反对红王后与沃里克结盟，幸亏他们滞留在勃艮第还未返国。

克拉伦斯的幻灭感日益增强，若约克王廷存在，他还有相当靠前的王位继承资格，若兰开斯特复辟，他将永无机会。岳父给予多个象征性职务安抚却无法满足他的胃口，他是沃里克未能察觉的最大隐患。

白王后诞下继承人使沃里克相当紧张，担忧这可能鼓舞爱德华四世和约克党人冒险，他向逗留在法兰西宫廷的红王后母子发出邀请，希望她们尽快回国强化政府合法性。红王后未急于返回有她的考量，若不能确证沃里克“可信任”，英格兰局势安全稳定，她不

① 第三代萨默塞特的弟弟埃德蒙·博福特。

会贸然携继承人返国。另外，安妮·内维尔的外高祖父和兰开斯特爱德华王子的高祖父同为冈特的约翰，教宗迟迟未批发宽赦书，路易十一等得不耐烦，派人从东正教耶路撒冷牧首那里弄到同类文件，12月30日才办完婚礼。据本笃会林肯郡修士的《克罗兰德编年史》记载，红王后打算将来回英格兰取消盟约，为替换沃里克提前做了准备，严禁爱德华王子与安妮圆房，可怜的姑娘婚后保持着处女之身。此说真实性存疑，有可能出于美化安妮后来的第二次婚姻之目的，不过安妮与爱德华王子的确未生下一男半女。

复辟成功后的整个冬季，英格兰出奇地安静，没有爆发骚乱。

流亡荷兰的爱德华四世，政治前景看起来相当暗淡，只有疯子才认为他还能重返英格兰。他的事业有无希望取决于两个条件：沃里克政府内部是否团结，自己能否争取到以妹夫勃艮第公爵为首的外援。具备这两个条件也未必成功，但若采取行动，这两个条件缺一不可；第一个条件容易期待也可以创造，第二个条件则可遇不可求。

生米煮成熟饭后，勃艮第公爵很快转向务实路线，百般讨好沃里克政府，多次宣布自己对英格兰充满热爱，是英格兰女婿，身体里也流淌着兰开斯特血液。爱德华四世流亡到自己辖区两个月，查理公爵把他晾一边，从未与之会晤，严禁自己的封臣们向内兄私下提供军援。并非查理公爵喜新厌旧，只是勃艮第形势又进入险峻时刻，他现在必须优先考虑自身利益，若资助爱德华四世复位，等于给路易十一发动战争提供借口，而且会遭到法王联手沃里克两面夹击。只要沃里克政府对勃艮第保持“不敌对”，查理公爵兴许会永远遗忘他流亡的大舅哥。

路易十一缺乏耐心却坑苦了沃里克，他认为兰开斯特复辟大功告成，处理勃艮第事务已无须担心英格兰因素，马上禁止与勃艮第进行贸易，遣使敦促沃里克履约共同夹击。法王继续强调，事成之后赠送荷兰与泽兰两个地区的承诺不会变。在巴黎的兰开斯特爱德华王子与路易十一签订协议，承诺共同战斗，决不单独与勃艮第议和，直到对方被征服。一切部署完毕，12月3日法勃和约到期，路易十一迫不及待扯下遮遮掩掩的面纱，公开发表讲话，得意地声称正筹备对勃艮第的战争。

1471年1月4日法王正式向勃艮第宣战，沃里克曾向他夸口会派出大军前去协同作战，并且只要可能将率兵亲往，实际上他只不过命令加莱守军在近处参与了一些小规模战斗，草草应付了事。沃里克当时年收入可能过万英镑，但复辟事业耗费他大量钱财，成事以来还贴钱维持政府运作，腰包日益干瘪。沃里克委托自己堂弟“福肯贝格的私生子”继续在海上劫掠外国船只敛财，葡萄牙、勃艮第、布列塔尼、汉萨同盟深受其害，与沃里克舰队常发生冲突。

红王后母子返国需庞大的海陆护卫，排场也不能寒酸，原定沃里克年初亲赴诺曼底接驾，随着法勃开战，他的麻烦接踵而至，分身之术，也缺乏足够的钱财渡海，只得取消计划。勃艮第是英格兰最重要的商贸伙伴，沃里克的外交政策严重损害商团利益，他们满腔愤怒，抗议卷入法勃战争；议会仅愿意批准与法兰西缔结10年期和约，而非军事盟约。正当沃里克处理外交事务焦头烂额之际，埃克塞特和萨默塞特返回英格兰，四处发表演讲反对与法结盟。

路易十一和沃里克的敌意迫使查理公爵重新审视大舅哥的价值，一个亲勃艮第的英格兰王廷才符合自己的利益。从1470年12月到第二年2月，查理两次秘晤被冷落已久的爱德华四世，愿意提供2万英镑和4艘战舰帮助他反攻英格兰。欧陆的英格兰商人们也提供了一笔贷款，里弗斯伯爵用这些钱筹措到12艘船。爱德华四世向汉萨同盟伸出橄榄枝，许诺成事之后改善双边关系，恢复他们的贸易特许权。厌恶沃里克海上劫掠的汉萨同盟欣然答应提供14艘船，并在登陆后继续服役15天。利用三方资源，爱德华四世拥有了一支登陆小舰队。

1471年2月份多数日子，英吉利海峡像患上癫痫一样抽搐不止，法兰西舰队在哈夫勒尔港拟护送红王后渡海，几次出港都被迫回航。迷信的人们视之为不祥之兆，有人说这是约克党男巫正在召唤狂风暴雨，有人说这是上帝的启示。

荷兰法拉盛港，3月2日风浪略有平静，爱德华四世力排众议下令渡海，他不能等待，若丧失这次机会，他将可能永远流亡国外。正常人无不认为这是一次凶多吉少的冒险，流亡的800侍卫，最近逃出国前来投奔的400余约克党人，佛兰德斯的300余雇佣兵，共计1 500多人，这点力量若能夺回王国，真有点异想天开！不过，爱德华四世天生是个冒险家，他已向国内的克拉伦斯公爵、诺森伯兰伯爵、诺福克公爵等人发去通知，要求他们做好策应登陆的准备。

尽管登陆筹备是秘密进行的，沃里克还是收到风声，早已采取布防措施。福肯贝格私生子负责海上警戒；克拉伦斯驻扎布里斯托尔看守西部；蒙塔古侯爵进驻庞蒂弗拉克特城堡坐镇北方，顺便严密监控态度含糊的诺森伯兰伯爵；贾斯珀·都铎镇守老地盘威尔士；牛津伯爵布防于东部；沃里克还软禁了数名他认为会叛变的约克党贵族。

布列塔尼公爵弗朗西斯二世憎恶沃里克打劫自己领地的商船，站到爱德华四世一边。布列塔尼舰队近期正跟沃里克的舰队频发冲突，吸引了对方注意力，恰好法兰西舰队正趴在港口内避风，阴差阳错的因素帮助爱德华四世躲过拦截顺利渡海。冒险小队伍经过9个日夜的逆风艰苦航行，在东部诺福克郡靠岸。侦察兵上岸刺探消息后回报，诺福克公爵已被沃里克软禁，无法前来接应，牛津伯爵布防严密，此处相当危险。

舰队继续向北行驶，14日抵达约克郡南部的亨伯河口附近。72年前博林布鲁克的亨利正是从这里登陆反攻英格兰，建立了兰开斯特王朝。爱德华四世没有亨利四世那么好的运气，船队在附近海域被大风吹散，他的旗舰单独在河口的拉汶伯斯靠岸。爱德华四世毫不畏惧，在黑斯廷斯男爵陪伴下带着少数侍卫登陆，寻找村庄过夜，派骑兵四处打探离散船队消息。幸运的是，各船人马在附近多个口岸登陆，两天内陆续赶来会合，大家继续朝内地挺进。

选择北方登陆其实非常危险，约克王廷在北方的根基浅薄，这里是兰开斯特传统地盘，也是内维尔和珀西两大家族的势力范围。名叫约翰·韦斯特代尔的教士和乡绅马丁·德·拉·塞聚集大量民兵围堵爱德华四世，声称他们忠于最近复辟的兰开斯特。爱德华四世机敏地转换调子，发誓说他不是来夺取王位的，而是以亨利六世封臣“爱德华王子”的名义前来索回家族的约克公爵领，讨回自己的正当权利，并向众人展示帽子上的“鸵鸟羽毛”徽章，从黑太子开始，威尔士亲王都以鸵鸟羽毛作为王储纹章。幸运的是，珀西家的封臣，曾领导北方叛乱的“霍尔德内斯的罗宾”罗伯特·希尔亚德与民兵领袖是密友，站出来劝说他们勿阻拦爱德华四世。

类似的把戏亨利四世当年反攻时也用过，平民们政治头脑没那么复杂，甚至可能不知道历史上曾发生过类似情节。这个虚假又留有余地的誓言居然收到奇效，民兵领袖们让开道路，原本拒绝爱德华四世入城的约克市也打开城门。虽然没有人加入反攻队伍，但约克郡沿途城镇相信这个假誓言，逐个敞开大门，允许通行，这种怪事儿沃里克挠破脑袋也预想不到。

蒙塔古侯爵已召集军队严密监控诺森伯兰伯爵亨利·珀西，所以诺森伯兰未敢有任何接应举动，但正因为他什么都没做，反而帮了大忙。北方实力最强的蒙塔古被牵制住不敢分心，致使反攻部队未受阻击顺利通过约克郡一路南下，沃里克错失最好的拦截时机。爱德华四世知道在军队达到一定规模前应避免决战，因为一仗败北就全盘皆输。

经过韦克斯菲尔德自己家族的桑德尔城堡，爱德华四世的队伍规模都未增加，直至抵达唐卡斯特和诺丁汉，杜德利男爵、威廉·帕尔、詹姆斯·哈林顿陆续率队加入，兵力扩充到2 000余人；斯坦利家族仍按老惯例，斯坦利男爵按兵不动，他弟弟威廉·斯坦利爵士率队前来会合。逐渐进入约克党人占优的南部地界，爱德华四世不再继续伪装“爱德华王子”，开始使用王家仪仗，以国王口气发表讲话，这个策略是正确的，以国王身份统领王军作战，气势上先压倒对方。约克国王率军前行时，沿途民众看见他骑在马上谈笑风生，英姿飒爽，莫不连声赞叹。

沃里克一方的犹豫、胆怯、分裂致使良机频频错失，牛津伯爵已得令前来拦截，陪同的还有埃克塞特公爵、博蒙特子爵。爱德华四世的兵力仍处劣势，但他已准备交战。而牛津伯爵在谋士们的建议下感觉没有十足胜利把握，很快撤回军队，决定与沃里克会合后再作打算。3月25日爱德华四世穿越特伦特河进抵莱斯特，黑斯廷斯男爵的家臣威廉·诺里斯组织3 000人前来加入。

沃里克接获爱德华四世成功登陆并顺利南下的消息，连忙离开伦敦募集军队，向所有盟友发出支援号召，兰开斯特贵族反应冷淡，他们更关心去南部沿海迎接红王后母子。沃里克率6 000军队进抵内陆防御最坚固的考文垂，本来打算支援牛津伯爵与爱德华四世作战，听说牛津已撤退，只好回师防守等对方来会师，同时急令蒙塔古南下支援。克拉伦斯回复岳父沃里克，请他宽心，已召集4 000军队正在前来的途中，沃里克只得耐心等待三路援军抵达。尽管沃里克政府的根基如此虚弱，若四路军队成功会师，将有近2万兵力，爱德华四世哪怕再英勇神武也绝无胜算。

3月29日爱德华四世率军进抵考文垂，给坚守不出的沃里克开出三个条件：议和、投降、野战；鉴于约克国王指挥战役从未输过，沃里克军力虽略处优势但心中没有十足把握，既不敢应战，也不予任何回应。

克拉伦斯的立场对双方的胜负有致命影响，爱德华四世为确保这个顽劣弟弟回归阵营，近期已全家总动员，母亲、兄弟姐妹、姐夫妹夫、三姑六婆一齐施压，向他阐述损害家族利益最终将毁灭自己的道理。另一关键问题是随着红王后母子即将回国，克拉伦斯感觉连沃里克都可能前途未卜，自己作为约克家族叛徒孤零零地处于敌营难有辉煌前程。克拉伦斯私下承诺充当内应，但功利主义和顽劣天性使其仍旧犹疑，率军行抵牛津郡班伯里镇时突然停步，要求兄长和弟弟亲自来见面才肯正式加入，他需要当面谈妥条件得到和解承诺以获取安全感，同时也考验兄长是否真心宽恕自己。

爱德华四世分兵一部阻击牛津伯爵与沃里克会师，暂时将之吓退，然后与格洛斯特公爵4月3日率军南下班伯里会见克拉伦斯。三兄弟重新聚首，和解场面甚为感人，克拉伦斯跪地请求宽恕，格洛斯特倾诉兄弟之情，爱德华四世好言安抚，房间里回荡着暖人的亲情话语，观者莫不为之动容。

白玫瑰家族“约克三子”再次兄弟同心，合兵9 000迅速北上再围考文垂。克拉伦斯试图说服沃里克投降，但岳父听闻女婿叛变早已气得肝肠寸断，拒绝与之对话。沃里克就没想过，一个人为私利可以背叛兄长，为什么就不能出卖岳父呢！爱德华四世对继续坚守不战的沃里克极尽嘲讽，甚至多次邀约他出城单挑。爱德华四世知道沃里克不会应战，这样做无非是为了羞辱他。谁会跟身长1米9的勇武国王决斗呢？沃里克当然也不愚蠢，对任何挑衅置之不理。

考文垂的防御极为坚固，攻城战代价太大不能轻易打，但久围也不是办法，蒙塔古南下的军队即将抵达，牛津伯爵早晚要过来支援沃里克，爱德华四世决定撤围，先行进入伦敦。伦敦市长约翰·斯托克顿同时接到爱德华四世和沃里克的信件，勒令他不得给对方提供帮助，要求支援自己，两边旗鼓相当，谁都开罪不起，伦敦市长被惊吓得卧病在床。

约克大主教和萨默塞特负责保护亨利六世，防守伦敦，萨默塞特却擅自离城前往南方港口迎接红王后，兰开斯特在城中的力量均随他南下，亨利六世被甩给约克大主教。大主教孤立无援，情急之下想出一策，为激发市民们协助抗拒约克军入城的热情，他让亨利六世穿上礼服、头戴王冠出街游行。大主教牵扶着亨利六世走在街上，兰开斯特国王神情茫然，浑身颤颤巍巍结果适得其反，反而促使伦敦决定欢迎约克国王入城，大主教只有选择投降。

4月12日，爱德华四世进入首都，伦敦和南部的约克党人重新活跃起来，纷纷走出监狱和避难所，还有人率领武装赶赴伦敦拜见国王。爱德华四世首先去圣保罗大教堂举行宗教仪式，由坎特伯雷大主教主持祈祷，感谢王者重归。在大教堂的主教寓所里，兰开斯特与约克两位国王历史性晤面，他们的手握在一起。憨傻仁厚的亨利六世热情拥抱对方，突然令人惊讶地说："我的约克堂弟啊，欢迎回来，知道在你手中我就安全了。"随后，亨利六世温顺地重新回到伦敦塔！

第六节
沐浴血火，胜者为王

“感谢上帝啊，这是神赐给我的礼物”，威斯敏斯特宫正上演破镜重圆的感人一幕，夫妻热情拥吻后，爱德华四世将5个月大的婴儿轻轻揽入怀中，不住地轻吻儿子，白王后与其他孩子们站在身旁，眼中噙满泪水。

只有疯子才相信，爱德华四世被驱逐半年后居然上演复位的奇迹，他是英格兰唯一一位被武力驱逐出境，随后率兵侵入自己王国二次登上王座的国王。家人团聚的缠绵亲情固然温暖，却不能沉浸过久，爱德华四世回到伦敦并不意味着万事大吉。约克军离开考文垂后，沃里克的三支军队已经会师，正朝首都开拔，约克国王还要为捍卫王座经受最后的血火考验，败则覆灭，胜则为王！

爱德华四世成功登陆，英格兰政局再次出现变数，路易十一的勃勃兴致大受挫折。1471年4月11日法王暂时与勃艮第签署为期3个月的和约，各方都在静观英格兰最后的权力角逐结果。

4月13日晚，约克军与兰开斯特军在伦敦附近的小镇巴内特的旷野中接近，天色伸手不见五指，距离不远却互相看不到对方，只听见沃里克阵中嘈杂的拖放大炮的声音。为安全起见，沃里克下令一通炮击，结果因目标太近，炮弹都落在约克军后方，爱德华四世叫大家保持安静，勿发出火光，不要暴露位置。

第二天凌晨3点，两边都唤醒军队布阵待命，天空中弥漫着浓浓大雾，能见度很低。兰开斯特军总数约1.5万，牛津伯爵指挥右翼作为前锋，蒙塔古侯爵指挥中军，埃克塞特指挥左翼及后卫，沃里克担任总指挥，率最忠心的家臣武装作为预备队压阵，机动作战。约克军总计1万余人，爱德华四世亲统中军和预备队，黑斯廷斯男爵指挥左翼，年仅18岁的格洛斯特公爵指挥右翼。

双方以步兵为主，兰开斯特军，准确地说是打着兰开斯特旗帜、以沃里克集团为主的军队，人数与炮火皆占优势，约克军仅有300多火枪手。

据说两军交手前，蒙塔古颇为沮丧，满脸忧伤，毕竟多年来与眼前这位约克国王、自己的表弟并肩作战，为他南征北讨，协助他摘取王冠，现在居然在曾经的死敌兰开斯特的旗帜下，将与他来一场生死搏杀，不免心生悲凉。

战斗于凌晨4点左右打响，沃里克命令枪炮朝着浓雾中齐射，爱德华四世热爱肉搏战，下令约克军快速往前推进发起攻击，双方贴身杀将起来。兰开斯特军人数上处于优势，沃里克是老练的指挥官，牛津伯爵是优秀将领，埃克塞特也久经沙场，约克军只有爱德华四世军事经验丰富，几乎在每一翼，兰开斯特军都取得优势。初期只有埃克塞特对阵格洛斯特处于下风，差一点崩盘，沃里克提供生力军支援后稳住阵脚，陷入胶着厮杀状态。

牛津伯爵最先突破约克军左翼黑斯廷斯部，他老早安排一支部队隐藏在半里地外的敌军身后，正当战斗激烈时快速穿插进来实施后侧突袭，黑斯廷斯部经不住前后夹击瞬间崩溃。牛津的500余骑兵擅自脱队追杀好几里地，顺便在巴内特小小劫掠一番，伯爵本人只得亲自追出去号令脱队骑兵返回战场。约克军其他两翼也边战边退，沃里克松了口气，感觉胜利在望。处于劣势的约克军毫无疑问已经没有胜算，一些往伦敦逃窜的黑斯廷斯士兵沿路声称“败了，败了！”

有时重大历史进程常由令人啼笑皆非的偶然因素主导，但人们却热衷于寻找胜败中的必然性原因，当天的浓浓大雾和沃里克开了个大玩笑。

白玫瑰是约克家族的族徽，爱德华四世个人常用绽放太阳光芒的“烈焰白玫瑰”或“烈日”纹章，牛津伯爵的家族纹章是一颗光辉四射的“白五星”，称为“牛津之星”，光线灰暗时两家的纹章晃眼一看颇为相似。

牛津追回脱队的骑兵，率部返回战场时各阵位置已有所变动，能见度低也许导致不能准确定位，蒙塔古阵地在浓雾中隐约看见一队人马朝自己冲过来，误把对方号衣和旗帜上的“白五星”看成“烈焰白玫瑰”，有人大喊“敌军伏兵来袭”，慌乱中蒙塔古赶紧下令放箭。牛津被本阵突如其来的攻击搞懵，他亦惊呼“蒙塔古叛变，蒙古塔叛变”，勒令部属还击。近身后即便互相辨识清楚，因遭到攻击都误会对方叛变，大家都没机会澄清误解，两只兰开斯特军在后方阵地打成一团，伤亡惨重。牛津认为既然主力都叛变了，此仗必败无疑，混战一阵后迅即率部逃离战场。

沃里克的胜利就好像美味佳肴快落进胃里，突然又被呕出来。兰开斯特军被“有人叛变”的消息惊吓，看见后方阵地互相厮杀顿时军心大乱，恐慌情绪导致很多士兵开始溃逃，前线和后方阵脚纷纷崩塌。沃里克跑回后方阵地也控制不住乱局，他很快接到两个令人绝望的消息，埃克塞特死于约克军利斧之下，蒙塔古被牛津伯爵的人从身后砍死。

敌军突然间大混乱令约克军士气大振，爱德华四世趁势率全军凶猛反攻。沃里克一度集结自己最忠勇的家兵聚拢到身边顽强搏杀，奈何围上来的约克军越来越多，他见败局已定，跃上马背逃离战场。爱德华四世急派人到前方传令：“不要杀沃里克，留他一命”，但已经来不及了，沃里克的马在林子中被绊倒，他身着沉重盔甲根本跑不动，追上来的约克士兵没听到国王命令，将沃里克乱剑剁死。

约克军可能损失1 000兵力，贵族只有萨耶男爵、康沃尔男爵阵亡，主要统帅无一损失；兰开斯特军阵亡2 000余人，牛津伯爵与博蒙特子爵一路潜逃至苏格兰，后流亡法兰西。埃克塞特其实未被杀死，负伤躺在战场上无法动弹侥幸捡了条命，被送到伦敦塔关押，第二年爱德华四世劝姐姐跟这位死硬兰开斯特姐夫离婚。

非常凑巧，巴内特战役当天晚上，红王后母子在文洛克男爵、私人顾问莫顿、沃里克夫人陪同下于南部多塞特郡威茅斯港登陆，法军舰队完成护送任务随即返航。红王后与贾斯珀·都铎、萨默塞特、德文伯爵接上头后才获悉巴内特战役消息，她差点精神崩溃，哀叹自己命运如此之悲苦，但她听从萨默塞特的建议，做出不返回法兰西的错误抉择。大家经过合计，认为局势还未到无可挽回的境地，决定先派贾斯珀急返威尔士募兵，红王后等人与手头部队向西北方行军，沿途招募兰开斯特党众，随后从布里斯托尔或格洛斯特郡穿越塞文河与贾斯珀会师，届时若力量足够则与约克军战，若兵力不足就行军到兰开斯特和沃里克支持者众多的北方再作打算。

兰开斯特的计划相当冒险，但对约克王廷造成严重威胁。近期的战斗令约克党人身心俱疲，爱德华四世已解散军队返回伦敦。北方的沃里克残党还在谋叛，福肯贝格的私生子领导海上武装虎视眈眈。红王后的计划若成功，仅威尔士方面就必有血战。爱德华四世不知对方计划的详情，4月16日得知登陆消息，仅认为需尽快抓捕红王后。他重新向15个郡发布募兵令，主要依靠心腹侍臣黑斯廷斯男爵协助，征召到3 000步兵，23日亲自统兵从温莎堡出发截击，双方展开一场惊心动魄的猫捉老鼠游戏。

为了迷惑约克国王，兰开斯特故意派小队人马虚张声势往东行走，制造将会北上进击伦敦的假象，主力朝西部方向秘密挺进。爱德华四世动身前早派出侦察兵密切监控，最初的确被对方误导，行军途中接到两边都有敌人活动的情报，才识破对方声东击西之计，判断敌主力的真实目的是西渡塞文河。情况万分紧急，如果红王后顺利抵达威尔士与贾斯珀会师，手头兵力是否能应对且不说，其他地方的谋反者必受鼓舞，局势将会恶化。意外情况导致粮食没带足，爱德华四世命令减少食物配给量和餐数，勒紧肚皮开足马力朝西急行军。

兰开斯特专捡偏僻地带行军，所以比约克军更加艰辛。红王后不愧以“坚毅顽强”著称，她与侍女们跟着军队跌跌撞撞穿树林、过草地、越溪谷，争分夺秒赶路，沿途向兰开斯特党众发送信息，队伍的确逐渐得到扩充。5月1日他们来到布里斯托尔，受到当地热情款待，获赠武器和钱粮，不过征募到的军队数量远不达预期，令人大失所望。

5月3日早上兰开斯特军抵达毗邻威尔士、位于塞文河边的格洛斯特市（格洛斯特郡首府）。当地市长理查德·贝切姆爵士接到国王命令，组织民兵拒绝她入城。兰开斯特军力超过理查德·贝切姆，因为目标在于行军并被对方的虚张声势唬住，未敢采用武力。当时如果他们果断从城外渡河就可能顺利进入威尔士，但担心此处渡河不安全，又被迫向北行军到15公里外的图克斯伯里镇郊野。理查德·贝切姆派人尾随在后方骚扰，致使兰开斯特损失少许辎重和士兵。

精疲力竭外加天气炎热使不少人中暑，兰开斯特军打算在旷野中休整一晚后第二天早晨渡河，不幸的是同天下午约克军已经急行军至十几公里外的切尔滕纳姆。爱德华四世听说对方未渡河，同意饥渴难耐的部属们停顿下来就餐，傍晚推进到离图克斯伯里几公里外的地方扎营。第二天黎明时分，兰开斯特军突然发现约克军出现在图克斯伯里郊野，知道已经错失渡河机会，被迫布阵应战。

兰开斯特军人数为5 000 ~ 6 000，萨默塞特指挥右翼和前锋，德文伯爵指挥左翼和后卫，爱德华王子统帅中军，文洛克男爵护驾，兰开斯特王子初次上战场，情绪异常激昂。约克军沿途获增援，兵力在3 500 ~ 5 000，这次又是约克三兄弟齐上阵，爱德华四世指挥中军，格洛斯特指挥左翼，黑斯廷斯男爵指军右翼；由于对克拉伦斯并不充分信任，国王把他留在身边效力。约克军多为久经战阵的老兵，作战经验与军事装备上有优势。

此前因理查德·贝切姆的骚扰丢失不少枪炮，双方以枪炮互轰拉开序幕时，兰开斯特军的还击明显乏力。萨默塞特与格洛斯特两部最先交手，前者布阵在有地形优势的小山冈上，但中了格洛斯特的诈逃之计，以为对方溃散，率部从山冈上冲下来追击。萨默塞特右侧有片小树林，爱德华四世早派出300余枪兵藏身于林子中，当格洛斯特回身与萨默塞特陷入肉搏战时，300枪兵从后侧突袭，萨默塞特呼唤文洛克和爱德华王子帮忙但未获回应。兰开斯特军右翼先行崩溃，萨默塞特气急败坏逃回本阵，责怪文洛克男爵未能提供支援，辱骂他是叛徒，亲手斩杀了这位71岁的老将①。格洛斯特获胜后趁势掩杀过去参加攻击兰开斯特中军。

接下来是一场血腥屠杀，兰开斯特士兵四处溃散，有的跳入河中溺亡，有的逃进修道院寻求庇护，仍遭约克军破门而入砍死，圣洁之地溅满鲜血。估计有2 000余兰开斯特士兵丧命图克斯伯里，发生战斗的地方被称为“血草地”，该名字一直保留到今天。爱德华四世事后为此致歉，同时辩护说，图克斯伯里修道院从未获得合法的庇护权，抓捕叛乱者是国王的合法权利。

兰开斯特爱德华王子之死充满谜团，约克王廷官方说他阵亡于战场，后世另有编年史家暗示并非如此。一种说法是，小王子被抓获，爱德华四世客气地问他为何要与自己作战，他毫无惧色地说：“我来恢复我父亲的合法遗产，他的王位被人篡夺”，爱德华四世勃然大怒，猛击他脸部，克拉伦斯、格洛斯特、黑斯廷斯三人拔剑将小王子刺死，当然这个说法的真实性存疑。

5月6日，御马监诺福克公爵、英格兰元帅格洛斯特公爵对萨默塞特、德文伯爵等11名为首的兰开斯特贵族、骑士进行“审判”，宣布他们犯下“叛国罪”予以处决，参加过战斗的平民一律获得赦

① 关于文洛克之死，另有史料认为他是阵亡于战场。

免。兰开斯特多年来最忠心的谋臣，红王后的私人顾问约翰·莫顿转变立场，正式归顺爱德华四世，他此后终生效忠于这位国王并与之保持亲密关系。

约克国王赢得捍卫王座的最后一战，保持了战斗不败纪录，不过麻烦远没有终结，北方动乱还在持续，贾斯珀仍然盘踞威尔士，福肯贝格的私生子率领数百加莱守军和水手在林肯郡登陆，纠集数千不满现状的工匠、农夫，拎着棍棒和树杈围困伦敦，号称要营救亨利六世。

英格兰长期没完没了的战乱已在西欧“臭名昭著”。1471年5月5日，米兰驻法使节斯福尔萨·贝提尼给米兰公爵写信汇报时局动态，介绍爱德华四世与沃里克之战，他在信件末尾哀叹：“我希望英格兰和它的人民全都沉到大海里去，他们太缺乏稳定，每次写信提及这个国家对我来说形同折磨，无人听说过还有跟它一样糟糕的地方。”

开战前红王后与安妮·内维尔及其他夫人们前往附近的格普谢尔庄园等候，战败消息一度使她晕厥，因为牵挂儿子的下落，强大母爱战胜恐惧，她决定转移但不愿远走高飞。5月7日，威廉·斯坦利爵士在一间小修道院搜捕到红王后。从斯坦利口中听到儿子死亡消息的瞬间，她未来得及发出哭声已失去知觉瘫软在地。被护送到考文垂面见约克国王时，红王后已无所顾忌，撕心裂肺嚎哭，歇斯底里咒骂，用词之恶毒令普通人只敢掩耳转身。多位侍臣建言处决红王后，爱德华四世被骂到恼羞成怒，的确认真考虑过这个问题，但中世纪骑士观念终使他决定忍下这口气，表示不跟一个丧子的妇人计较。

伦敦不停发信催促国王尽快回师驱逐围城的福肯贝格私生子，

爱德华四世根据经验认为伦敦安全无碍，北方动乱更具威胁，所以不急于返回首都而是前往考文垂休整部队，打算征召新的兵马准备北上。北方反叛分子本来受红王后母子登陆的鼓舞而起事，图克斯伯里之战和红王后被俘的消息很快传遍全国，敌营受到震慑，友党获得安抚。诺森伯兰伯爵坚定了拥戴约克国王的决心，他5月14日发来报告宣示忠诚，说已将北方局势平定，顽固反叛分子遭到处决，各处叛军已解散，其余叛乱分子乞求国王宽恕，爱德华四世遂打消北征计划。

唯有福肯贝格私生子的乌合之众似乎不受战败消息影响，仍不屈不挠试图进入伦敦。尽管他打着亨利六世的旗帜，但林肯郡、萨里郡、埃塞克斯郡追随他叛乱的农夫、工匠其实不同于北方反叛者，他们没有明显的党派政治诉求，很多人穿着自己妻子的工作服参加闹事，以示抗议伦敦商家低价收购自己的产品，声称只想要一个让自己的工作物有所值的“好政府”。

玫瑰战争期间，除非担忧遭到劫掠，包括伦敦在内的城镇，极少有哪个会认真抵抗声称只是路过的庞大军队。福肯贝格私生子通知伦敦市长，他仅想迎走亨利六世，然后借道去找约克国王寻仇，绝不会劫掠。伦敦市长知道国王已两次大捷，也不相信这些穿着奇装异服的家伙真会文明有礼，遂关闭城门，征召民兵坚拒叛军入城。防守伦敦塔的里弗斯伯爵、埃塞克斯伯爵和杜德利男爵领兵4 000余人与伦敦民兵多次协作将其击溃。5月15日格洛斯特率领先遣队进抵伦敦郊外，叛军被“国王亲统3万大军将至”的消息吓得士气全无，顿作鸟兽散。福肯贝格私生子领着几百加莱士兵南逃，那些加莱士兵渡海返回基地，他则留在三明治，认识到沃里克事业已经彻底失败，月底交出舰队向格洛斯特投降，乞求国王宽恕。

5月21日，爱德华四世在全城热烈欢迎的气氛中风光返回伦敦，跟随在队伍中的还有满面愁容的红王后。人群向约克国王喝彩，对红王后爆发出阵阵嘲笑声，甚至有人朝着她的马车扔泥块。沐浴血火，胜者为王，败者为囚！红王后被送进伦敦塔监押，他们夫妻却不能聚首，那天晚上，失去儿子的红王后还永远失去了丈夫。

尽管亨利六世人畜无害，善良仁厚，时常处于疯傻状态，但鉴于所有叛乱都高举他的旗帜，爱德华四世经过反思，认为若这位兰开斯特废王还在世，动乱可能永不休止，即使反叛不成气候也终将损耗约克王廷的财政和权威，他做出一个决定——秘密处死亨利六世。当晚11点左右，格洛斯特亲赴伦敦塔监督完成处决任务，那位与世无争的可怜老头永别人世。约克王廷为亨利六世举办隆重葬礼，声称他“陷入过度绝望与悲痛而辞世”。当然，有点政治头脑的人不会相信这套荒唐说法，国内外的观察者们皆指斥格洛斯特“谋杀”亨利六世，不过将罪责都加诸他头上有欠公允，这并非他的个人行为。

全国时局稳定后，只有贾斯珀·都铎仍在威尔士顽抗，爱德华四世命令当地的封臣们围剿贾斯珀。起初打击力度不大，贾斯珀多次逃过追击，盘踞彭布罗克城堡，甚至把领导围堵的约克党罗杰·沃恩爵士捕杀。但大局已定，一隅之力不足以抵抗全国，威尔士动乱无非是癣疥之患。8月份，赫伯特家族第二代彭布罗克伯爵（威廉·赫伯特之子，与父同名）奉王令召集大军准备一举清除贾斯珀，当他们逼近彭布罗克城堡时，贾斯珀见反抗无望，领着侄儿亨利·都铎出海流亡法兰西。

假如红王后更早返回英格兰与沃里克合作，假如巴内特战役当天没有浓雾，假如福肯贝格私生子的进攻提早展开，假如红王后成功渡河与贾斯珀会合……英格兰的历史都可能改写，但这些假设性推演已不重要。总之运气站在约克国王这边，他流亡半年后攻入自己王国，击败一切对手，重新建立更强大政权，创造了历史奇迹。

这一年，随着亨利六世及其儿子的死亡，兰开斯特王室直系宣告灭绝。第四代萨默塞特的弟弟，被废除爵位的多塞特侯爵约翰·博福特追随兄长返国，也在图克斯伯里战役中殒命，兰开斯特旁支博福特系男性亦绝嗣。最忠诚的红玫瑰贵族、骑士、乡绅几乎死亡殆尽！

第七节
白玫瑰盛世与家事

英法关系史上最滑稽的一幕发生在1475年8月，法兰西西北部城市亚眠，桌子被放置成两排，从城门一直延伸到各条街道，桌上堆满美酒佳肴，这不是为了迎接客人，而是款待侵略法兰西的英军。大约有三四天时间，英军的一切吃喝娱乐全部免费，账单都记在路易十一身上。法王为此送来300马车好酒，很多英军士兵酩酊大醉后融化在法兰西女人们温热的怀抱里，曾有英格兰编年史家为此羞愧不已。

本来这是爱德华四世挑起的第三次英法战争，最后变成一场酒肉盛宴，他试图重现爱德华三世和亨利五世征法辉煌的梦想碎了一地。这位约克国王战斗从未败北，却也因此留下人生唯一遗憾——没有建立起令世人称羡的外对军功。

英格兰贵族和中产普遍有征法情结，人们崇拜军功卓越的国王。出生于鲁昂的爱德华四世认为，诺曼底和加斯科涅丢失导致兰开斯特王座动摇，所以他未放弃征法梦想，同时也想对路易十一报一箭之私仇。国王的廷臣中有人建议，对法开战是解决多年来无业暴徒祸害城乡的最佳办法。外交结盟部署完毕，从议会获得战争经费后，爱德华四世效法亨利五世，找全国富人们逐个“谈心”，说服他们捐款资助战争。经过数月筹备，1475年6月国王率20余名贵族和1.2万装备精良的军队远征法兰西。勃艮第查理公爵承诺在兰斯为英王举行加冕礼。

形势不同于60年前，法兰西未爆发内战，王权比以前更加强大，英明君主在位，拥有精良的中央常备军。英军登陆加莱后未发现法兰西有什么民众起事，布列塔尼公爵不敢如约行动，勃艮第查理公爵承诺前来支援的大军毫无踪影，只领着几十名护卫前来会晤爱德华四世。卢森堡地区的圣波尔伯爵在法王与勃艮第公爵之间首鼠两端，严禁英军进入属下任何城镇。

勃艮第查理公爵绰号血勇者，跟他父亲相较更缺少娴熟的政治手腕，为了将勃艮第升格为王国和扩充领地四处参与战争。路易十一也跟自己父亲一样花费大量精力对付勃艮第，四处挑唆和资助各路势力与之为敌。1475年6月，查理公爵与神圣罗马帝国刚打完一场漫长又失败的“诺伊斯围城战”，只留下一堆空头支票给爱德华四世，根本无力提供帮助。英军在法兰西陷入尴尬境地。

路易十一想避免一场本国国土上的无谓恶战，致信爱德华四世，对以前支持兰开斯特表示抱歉，说寒冷季节将至，英军作战与后勤都面临困难，愿意提供优厚条件让英格兰撤军，只要不讨论割地和王位诉求问题。据法方资料记载，法王贿赂爱德华四世身边的重要廷臣黑斯廷斯男爵、约翰·莫顿主教等人，要求他们说服英王撤军，为了让他们安心收下钱财不要收据。

英军在亚眠胡吃海喝过后，双方于附近的小村庄皮基尼签订长达9年的和约，法王赔偿7.5万克朗，今后每年拨付给英王5万克朗津贴，直至双方有一位过世，法兰西王太子与爱德华四世的长公主约克的伊丽莎白缔结婚约，法王以1万英镑的价格赎回红王后。

通过敲诈法王获得巨额补贴比冒险开战更为划算，尽管国王的弟弟格洛斯特公爵反法态度坚决，对英法和约满腔愤怒，认为给兄弟俩的“征法梦想”蒙羞，爱德华四世还是选择满载金钱而归的务实政策。路易十一亦为兵不血刃驱逐英军颇感自豪，他对臣属说：“跟我父亲相较，我不费一兵一卒，只用酒和肉就让英格兰人滚出法兰西。”

获释离开英格兰时，红王后已万念俱灰，宣布永远放弃自己的“事业和权利”。依靠法王赠与的少许年金，她倒是过了几年安宁而贫穷的生活，1482年8月，这位斗争一生最终一无所有的好强贵妇病逝，安葬在昂热大教堂。

据说勃艮第查理公爵听到英法签约的消息，气得把袜带都咬碎了。非常不幸，查理是最后一位独立的勃艮第公爵，1477年1月他与法王支持的瑞士人作战，阵亡于“南锡战役”。路易十一宣布勃艮第绝嗣，收回领地和爵位，庞大的勃艮第公国自此分裂，一部分地区“自治”，另一部分地区被法王吞并，查理的独女玛丽继位为女公爵，同年底嫁给奥地利大公马克西米利安①，剩余的领地转移到丈夫的哈布斯堡家族。

尽管没有建立起媲美亨利五世的对外军功，但除了不够善良仁

---

① 神圣罗马帝国皇帝腓特烈三世之子，后来的帝国皇帝马克西米利安一世。

厚与清心寡欲外，无论从哪方面衡量，爱德华四世作为国王都比亨利六世更为优秀。他对待部属和亲友慷慨坦诚但不失主见，热爱玩乐也勤于政务，喜欢奢华生活但绝不允许危及王室财政，经常宽恕反叛者而从不记仇，乐于表达仁慈却不懦弱，情妇众多但不准他们干涉政治。令人吃惊的是，他能清楚记得全国各郡贵族、骑士、乡绅、士绅们的名字和家世背景。

经历多年腥风血雨考验，爱德华四世已是成熟的君主。他第二次执政之后的英格兰，大致可用“国泰民安，风调雨顺”来形容。国家逐渐恢复和平与繁荣，可算是几十年来难得的“小盛世”。

1467年的议会上爱德华四世曾说：“我今后将依靠自己过活，除非遭遇紧急情况，我不再向我的臣民征税。”这是英格兰国王史上首次主动向大家做出类似承诺。约克王廷建立的头11年，爱德华四世为捍卫王座疲于应付内乱与外患，1461—1470年仍然通过议会征得9.3万英镑税款。当初承诺的“良治政府”未有时间兑现，多少损害了国王的权威和受欢迎度，他第二次返国执政之初平民的反应已不似早年热烈，几年之后才恢复昔日的人气。

爱德华四世深知国人讨厌收税，频繁征税不仅会削弱王室权威，而且会加深国王对议会的依赖，欲重振王权，必须改善王室财政。在王领比前代国王们更小且收入更少的情况下，爱德华四世做出“国王靠自己过活”的承诺也基于一些底气，理查德二世时代国王获得永远征收关税和羊毛补助金的特权，这笔收入通常超过王领岁入，尽管如此仍需要国王善于理财。爱德华四世努力提振贸易，将年关税收入恢复至平均3.5万英镑的水平；王室岁入平均保持在6万~7万英镑，加上法王的补贴，1478年最高峰时英王岁入达到8.6万英镑，首次出现收支平衡。尽管收入不多但严格开源节流，所以爱德华四世执政生涯中总共只召开过六次议会。

伦敦的市长和议员通常都是成功的商团领袖，国王非常善于讨好他们，首先清除海盗保持海上治安，其次坚决禁止宫廷出现欠债不还现象。1481年向伦敦市举债3 300余英镑急用，第二年到期立马偿付，人们对国王的信用大为赞赏。国王不但常邀请市长和议员们游乐，打猎归来还会派人给他们的夫人送去野味。伦敦商团领袖们乐意为国王精心打理入股的生意，爱德华四世的有些“私房收入”无法从公开的账目中查考。

通过御前会议、王座法庭、王室总管大臣、治安官等机构和职位强化王权，爱德华四世更多地任用具备军事、法律、财务特长的平民，较少使用大贵族。国王频繁陪同王座法官巡游全国，这是200多年来仅见的现象，因有君主出席，法官的权威获得保障，陪审团咆哮公堂，豪强贵族干预司法等现象得以遏制。

爱德华四世的治理风格深受法学家约翰·福蒂斯丘爵士影响，他曾是忠诚的兰开斯特党人，担任过王座首席法官，图克斯伯里战役中被俘后归顺约克王廷，国王将他提拔到御前会议工作。福蒂斯丘认为，若君主财力微弱则社会容易动乱，国家难以繁盛，臣民不会富裕，需要确保王领不被分散，并要防止贵族们通过联姻等方式不断扩大领地，这样君主才能摆脱大地产主们的胁迫。爱德华四世恢复了法律和秩序，但很难说他强化了君权。福蒂斯丘虽然推崇加强君权，但他同时认为英格兰与法兰西不同，只是有限君主制，国王需要依靠法律和“（议会）共识”来统治，不能也无法成为凌驾于法律之上的专制君主。同一时代，法兰西国王的岁入已达80万英镑，中央集权君主专制的进程不断推进，英法两国君主制走上不同的演化道路。

“他为我们做的超过以前的国王们，曾经满目疮痍的王国里所有人都开始受益，我们又能享受自己的财富，生活在正义之下，上帝知道，这样的时光我们丢失已久。”约翰·福蒂斯丘曾这样夸赞爱德华四世，不过最死硬的兰开斯特派人士肯定不同意他的看法。

国内已无挑战者，残存的几位兰开斯特死忠贵族也形不成什么威胁。贾斯珀·都铎带着侄儿亨利·都铎流亡在外，没有任何动静。牛津伯爵与博蒙特子爵一度干起海盗营生，1473年曾登陆康沃尔郡南部名叫“圣迈克尔山”的小岛，他们占岛为王数月后被包围逮捕，国王将他们关押在加莱的哈姆斯要塞。被囚禁的国王前姐夫埃克塞特公爵请求参与对法远征，回航途中传来他“淹死”的消息，无论法王还是勃艮第公爵都相信他是被爱德华四世下令扔到海里的。

约克王廷的家事比兰开斯特更精彩纷呈，耗费了国王大量时间和精力。尽管格洛斯特和克拉伦斯两位公爵已跻身屈指可数的巨富贵族行列，但这两个弟弟为权力和财富明争暗斗，让国王十分头疼，不管格洛斯特得到什么奖赏，自青春期即患上“嫉妒病”的克拉伦斯都要闹腾，要求得到同样的补偿。

1472年初，在未获得教宗宽赦书的情况下，格洛斯特与安妮·内维尔结婚，他们从小一起长大，青梅竹马，但这桩婚事绝对不似外界想象的那么“罗曼蒂克”。沃里克死后留下大笔遗产，克拉伦斯试图以妻之名全部独占，如果格洛斯特迎娶安妮·内维尔，那么他同样可以妻之名分一杯羹，对于孤苦的安妮来说，也只有这位权高位重的表舅可帮自己挣回部分权利。克拉伦斯为防止格洛斯特找到安妮，曾将她四处藏匿，但格洛斯特最终救走表外甥女，让她成为自己的新娘。

格洛斯特获得约克郡北部的里奇蒙伯爵领时克拉伦斯就颇有微

词，两位弟弟为争抢沃里克遗产又闹得乌烟瘴气，迫使国王亲自出面干预。爱德华四世仲裁兄弟纠纷需要公正，但打心底里说，他倾向于格洛斯特夫妇有继承沃里克产业的权利，毕竟这位弟弟一直忠心耿耿，克拉伦斯则常对王兄的调解傲慢不从。国王软硬兼施，最终通过议会法案确定：格洛斯特获得沃里克的北方产业，把掌礼大臣职务转让给克拉伦斯；克拉伦斯则分得南方家产并获得德文伯爵领作为补偿，同时兼领沃里克与索尔兹伯里两个伯爵衔。

更大的麻烦出现在1476年12月，克拉伦斯的妻子怀孕时病逝，他变得狂躁不安，指责几位仆佣毒害公爵夫人，制造不公正审判将他们谋害，其中有位受害者是王后家的远亲。克拉伦斯先向国王申请，他想跟勃艮第玛丽女公爵结婚，这同时也是玛丽女公爵继母、爱德华四世妹妹的提议；继而提出要跟苏格兰詹姆斯三世的妹妹通婚。两个提议均遭爱德华四世否决，国王不希望这位性情反复无常的弟弟通过联姻扩充实力，以免制造麻烦。兄弟俩关系日益紧张，克拉伦斯陷入更加狂暴的情绪中，散布谣言说爱德华四世是私生子，与王后的婚姻也不合法，拒绝在宫廷中饮食，声称担心兄长要毒害自己。

爱德华四世逮捕克拉伦斯的心腹家臣托马斯·巴内特，指控他使用巫术试图咒死国王和威尔士亲王。托马斯·巴内特1477年5月被判死刑。国王的本意是敲山震虎，让克拉伦斯有所收敛，没想到他变本加厉。趁着国王在温莎堡，头脑简单的克拉伦斯冲进御前会议大喊托马斯·巴内特是无辜的，公然宣称亨利六世当年拥有君主的正当权利，指控爱德华四世是非法国王。这次可真捅了大娄子，愤怒的爱德华四世只能把他逮捕，如果克拉伦斯在监禁期间有所悔改，其实可以继续享受荣华富贵的生活，但他毫无妥协的意思。

国王向议会提交剥夺克拉伦斯爵位和财产的议案，控诉他勾结法王，企图作乱，犯下严重叛国罪，提议处以死刑。虽然允许克拉伦斯自我辩护，但根本无人同情这位癫狂王公，两院都赞同对他的指控。白金汉公爵不尊重王后家族遭国王冷落多年，因为克拉伦斯案，他在1478年2月得以咸鱼翻身，被委任为王家总管大臣，负责宣布克拉伦斯死刑并处理善后事宜。死刑宣判后约10天，国王顾念兄弟情分一直未下令执行，克拉伦斯若乞求宽恕还能留得性命，但这家伙仍然拒绝妥协，2月18日他终于在伦敦塔被处死。根据民间传说，克拉伦斯嗜酒如命，他要求死在酒里，爱德华四世满足他的愿望，让这位浪荡王公被倒插进葡萄酒桶溺死。

克拉伦斯的叛乱证据虽不充分，但他的言行也足以构成死罪，当然王后家族、格洛斯特、黑斯廷斯多少有点推波助澜。考虑到自己百年之后他可能造成的威胁，爱德华四世为了儿子也只能忍痛将狂躁无脑的兄弟处决。

处死克拉伦斯之前，汲取以前太过倚重王后家族遭嫉恨的教训，国王对伍德维尔家族的封赏不多，仅王后与前夫所生的长子托马斯·格雷得到飞升，图克斯伯里战役后他被册封为亨廷顿伯爵，参与征法之前晋封为多塞特侯爵。克拉伦斯死后伍德维尔家族再次飞升，成为宫廷最强势力量。托马斯·格雷首先受益，他获得克拉伦斯唯一儿子爱德华（第十七代沃里克伯爵）的监护权，多处克拉伦斯的地产也暂时交予他监管。托马斯·格雷与黑斯廷斯同为爱德华四世身边侍臣，国王常把玩腻的情妇送给他们处理（分享），当然也算帮国王收拾情感摊子，但他俩常为女人和权力争风吃醋，相处并不融洽。

兰开斯特最爱打主意的威尔士，自威廉·赫伯特死后缺乏忠诚的强势贵族来治理，国王重用王室宗亲力量镇守该地，把赫伯特家族改封为亨廷顿伯爵，其家族的彭布里克爵位转赐王太子爱德华。王太子以威尔士亲王、康沃尔公爵、马奇伯爵、彭布罗克伯爵身份坐镇当地，国王为他首创“威尔士御前会议”，相当于一个西部小朝廷，驻扎在毗邻威尔士的莫蒂默家族的传统领地鲁德洛城堡。王后最信任自己弟弟里弗斯伯爵，指认他作为监护人辅佐威尔士亲王。王后与前夫所生的次子理查德·格雷15世纪70年代末也开始步入政治舞台，加封为骑士后获赐西部多处地产，陆续担任赫里福德郡治安官、切斯特城堡和沃林福德城堡总管等职，辅佐自己的同母弟弟威尔士亲王。

王后与国王所生的次子理查德·金雀花，尽管已有约克公爵的爵衔，父母仍继续为他谋取可观产业。第三代诺福克公爵1461年病逝后，其独子继位为第四代诺福克，于1476年去世。1478年二王子才5岁，就被安排与第四代诺福克公爵的独女、6岁的安妮·莫布雷结了“娃娃婚”①，这样二王子可以妻之名继承岳父家业。

依照惯例，若安妮·莫布雷未与二王子生下继承人就去世，至少妻家的产业将还给莫布雷家族中血缘关系最近的男性，关系次近的男性也能得到些补偿。因两个孩子尚年幼，未来的事难以预料，为确保二王子吃定诺福克家的财产，国王与王后施压议会通过违规议案，若发生前述情况，将仍由二王子获得莫布雷家的产业和爵位。小约克公爵甚至将莫布雷家族的诺丁汉伯爵、萨里伯爵等爵衔也一并收入囊中。

说来凑巧，安妮·莫布雷还真就在1480年夭折，那个违规法案

① 安妮的母亲是英雄老塔尔波特与第二任妻子的女儿。

侵害了家族近亲伯克利男爵和霍华德男爵的权益，他们依惯例至少有权各获得几十处庄园；国王安抚伯克利，免除他拖欠朝廷的一笔数万英镑债务，换来他不再吭气儿，但霍华德未得到任何补偿。王后坚持要由二王子继承莫布雷家的爵位和产业，并在1483年1月又推出法案确保，霍华德为此满腹牢骚。

为强化约克王廷在北方的统治根基，国王将镇守北疆的重任赋予格洛斯特，让忠诚且才能出众的王弟替代内维尔和珀西家族力量，以其为首设立“北方御前会议”大力放权，爱德华四世末期他的权势已近似于“北境之王”。1482年，苏格兰詹姆斯三世的弟弟、南境守护阿尔巴尼公爵与兄长闹翻后流亡国外，在阿尔巴尼的协助下，国王命令格洛斯特率军攻入苏格兰，重新收复当年红王后割让的贝里克郡。

国政安排妥当，财政宽裕，惹麻烦的弟弟克拉伦斯死掉，爱德华四世过上一生中最难得的愉快时光，可以更好地享受生活。他崇尚勃艮第式奢华的宫廷生活，除了保持着对“四美”的喜爱，尤其嗜好收藏手抄本精装图书，不惜为此花费巨资。

爱德华四世的情妇中为世人知道名字的有两位——伊丽莎白·露西和著名交际花伊丽莎白·肖恩，前者据说给国王生下一堆私生子女，后者常被误称为简·肖恩，她俩与国王其他众多情妇不同，长期与国王保持着亲密关系，一直到国王逝世。肖恩同时也是托马斯·格雷和黑斯廷斯的情妇，据说君臣三人对肖恩都是“真爱”。肖恩不仅美丽而且似乎人格魅力不凡，颇有侠妓风范，她没有利用与国王的亲密关系谋取私利，也未像其他情妇一样索取丰厚赠送，无怪乎三个男人为之倾倒。

第八节

伦敦塔中的王子

1482年，爱德华四世度过人生中最后一个圣诞节，他早被美酒佳肴填塞成重达270斤的大胖子，失去年轻时的英俊外貌，不过他的穿着依然时尚华丽，身边围着五个漂亮公主。国王的肥胖一点不影响旺盛的性欲，除了应付情妇，1480年已经43岁的王后仍在孜孜不倦地怀孕。

可能患上中风或疟疾，进入1483年3月爱德华四世的健康状况急转直下。兴许头一年12月底法王与奥地利大公马克西米安签署“阿拉斯条约”让他备感忧虑，导致病情恶化。马克西米安自与勃艮第玛丽女公爵结婚，便为捍卫妻子的领地与法王冲突不断，斗争数年后双方达成妥协：大公把女儿许配给法兰西王太子，他认为自己后裔有了法兰西王位继承权，就把勃艮第剩余的大部分领地作为嫁妆归还给法王。虽然最终法兰西王太子也没娶大公的女儿，但那些领地仍然被法王牢牢控制。

过度肥胖使爱德华四世身体的抵抗力下降，患上心脏或呼吸方面的疾病。1483年4月9日约克国王英年病逝，离41岁生日还差19天。国王的豪华葬礼配得上他一生对时尚的追求，15位骑士和乡绅抬棺，棺木上方的华盖配有金丝和蓝丝的帝国流苏，侧面插着四面神圣的旗帜——圣三位一体旗、圣母旗、圣乔治旗、圣爱德华旗，霍华德男爵举着爱德华四世的烈焰白玫瑰旗走在棺木前面，棺木后面是庞大的贵族和平民送葬队伍，隆重的葬礼总共花费1 500英镑。

爱德华四世若晚走4年，等王太子长到16岁，约克王廷将躲过劫难，再平稳传位两三代，成为根基深厚的王朝，不幸的是，他的驾崩重新掀起腥风血雨的权力斗争。权力之争历朝皆有，爱德华四世生前最后几年自不例外，由于君主的个性相当强势，他能把矛盾弹压或化解，从未公开撕裂，这是他与亨利六世最显著之不同。国王一逝世，关于权力安排的博弈立即紧张展开，有三股比较显著的政治力量参与角逐。

以王后为核心、里弗斯伯爵为领头人物的伍德维尔家族，通过联姻构筑起庞大关系网，王后手中有太子威尔士亲王、约克公爵两张王牌，顶着王家光环是他们最大的优势。伍德维尔家族最大的劣势是缺乏才能出众的顶梁人物，而且由于出身低微，遭到贵族圈子厌恶，没有血统高贵的大贵族朋友，那些凭国王面子缔结的关系网并不紧密，两位小王子又尚未成年。

黑斯廷斯男爵与爱德华四世的关系亦君臣亦密友，作为宫务大臣相当于国王的公务与生活秘书长，长期打理内廷事务，在宫中影响力甚大。获得国王赐予的大量中部地产，黑斯廷斯俨然成为当地豪强，巴内特战役中他的家臣能组织3 000兵力前来参战，其实力可见一斑。黑斯廷斯与伍德维尔家族关系紧张。王后认为黑斯廷斯长期充当国王的“皮条客”带坏丈夫，心中颇为厌恶，王后的长子多塞特侯爵托马斯·格雷与黑斯廷斯争风吃醋，长期不睦，宫中两大力量互相猜忌。

“北境之王”格洛斯特公爵血统高贵，能力出众，名声卓越，他长期远离伦敦，刻意避开宫中任何派系政治，深居简出于自己城堡，他的劣势是实力主要限于北方，在宫廷和南部缺乏影响力。格洛斯特以道德和宗教捍卫者自居，对王后长子多塞特侯爵的浪荡行为深恶痛绝，与伍德维尔家族保持着冰冷的关系。

三股力量和睦，则白玫瑰能维持兴盛，可他们各怀心事，其中两方联合即可消灭另一方。爱德华四世直到病逝前都神志清醒，他的遗嘱中是否安排格洛斯特作为护国公是长期存有争议的疑案，这个时期的历史事件充满种种谜团。一种依据常识推测的说法是，威尔士亲王尚未成年，国王肯定会托孤于他最信任的弟弟格洛斯特，但这部分遗嘱附录被王后和多塞特销毁，只有他们有条件实施这个企图。民间也普遍认为，格洛斯特会出任护国公辅佐小国王到成年。当然这只是揣测，但无论如何，伍德维尔氏不愿看到小国王受控于家族之外的任何人，尤其是与他们关系冷淡的格洛斯特。

根据惯例，爱德华四世去世，在鲁德洛的王储威尔士亲王自动成为新国王，即爱德华五世，举行加冕礼涂上圣油就算完成登基全过程。黑斯廷斯忠于爱德华四世及其儿子，但与王后家族的矛盾使他充满危机感。御前会议展开激烈辩论，黑斯廷斯提议等待格洛斯特到后再行加冕。他与格洛斯特早年曾有“战友之谊”，双方关系谈不上紧密但未有利益冲突，所以寄望于通过与格洛斯特结盟，压制伍德维尔家族，保障自己的安全。御前会议在王后的推动下拒绝了黑斯廷斯的提议，通知里弗斯尽快护送爱德华五世前来伦敦，5月4日举行加冕礼。

御前会议的决定和多塞特辩论中的轻佻发言加剧了黑斯廷斯的恐惧感，若爱德华五世进抵伦敦完成加冕，小国王毫无疑问最信任母亲和抚育自己长大的舅舅，伍德维尔家族将能左右朝廷。黑斯廷斯担忧自己的前程毁灭，甚至感觉王后和多塞特可能以国王名义将他逮捕入狱；而且他受当时观念的影响，打内心认为，伍德维尔家族获得的地位与他们低微的血统不相称。

王后和多塞特关键时刻体现出缺乏政治头脑，对同时“排斥”两大股政治力量的风险性估计过低，而且完全不具备相应的威慑实力；若对黑斯廷斯好言安抚，施以和解政策消除他的忧虑，则以后的恐怖故事都不会发生。虽然新王未成年，但只要顺利完成加冕涂上圣油，诏告全国之后，在宗教和法统的庇护下很难再被撼动。伍德维尔家族顶着王权的光环将占据压倒性优势，排斥政敌可从长计议，当下他们却表现得过于傲慢和急切。

黑斯廷斯倍感孤立，无力与“王后+新王+御前会议”的组合进行博弈，只得打出暗含威胁的底牌，向王后提出请求，里弗斯伯爵护送国王来伦敦的卫队不得超过2 000人，否则他将逃跑到加莱。他提出这个数字基于以下考量：若王后和多塞特危及自身安全，自己能召集起来自卫的兵力最多有3 000。爱德华四世二次执政之初，不满意里弗斯担任加莱镇守的无所作为，将其免职后以黑斯廷斯替代。加莱守军仍是英格兰精锐的唯一“准常备军”，考虑到这些因素，王后不愿加冕前节外生枝，同意了黑斯廷斯的要求。

大约在4月中旬格洛斯特获得国王驾崩的消息，他公开宣布忠诚于自己侄子，向王后伸出橄榄枝，可能也想确保自己能顺利当上护国公。黑斯廷斯的请求得到王后同意，但其恐惧感丝毫未减弱，一直暗地向格洛斯特通风报信，敦促他尽快南下，拖延新王加冕典礼，以免伍德维尔家族控制朝廷。

格洛斯特此时需要在南部寻找有实力的同党，他有另外的盘算，黑斯廷斯虽然频频向他示好，但他不完全信任这位“盟友”，52岁的黑斯廷斯长期混迹于宫廷，政治阅历丰富，在中部地区实力强大，不易受自己掌控。时年28岁、头脑简单的白金汉公爵是英格兰最富裕的大贵族之一，他对妻子的伍德维尔家族充满鄙视，无疑成为格洛斯特的最佳选择。两位公爵找到交集后一拍即合，迅速结成盟友。

4月29日，格洛斯特与白金汉相约在北安普敦会合，试图拦截爱德华五世，他们还是慢了一步，里弗斯伯爵和理查德·格雷爵士护送小国王已经开拔过去，抵达距离伦敦还有24公里的史丹尼·斯特拉特福德，计划貌似落空了。

里弗斯是个性格敦厚的合格战士，当年曾与来访的勃艮第私生子进行过精彩比武并赢得美誉，但他仅是个战士，缺乏统帅之才，没有政治头脑。里弗斯听说两位公爵抵达身后的北安普敦，可能幼稚地这样考虑：自己率队护送小国王进伦敦加冕，没什么值得害怕的；对方是两位著名的大王公，应该去打个招呼，增进友谊，格洛斯特还是小国王的叔叔，更没什么值得担忧的。如此敏感时刻，两个公爵突然率领家兵现身附近非常诡异，里弗斯却没起半点疑心，居然把小国王安置在客栈，与理查德·格雷回身拜访格洛斯特与白金汉。

里弗斯与理查德·格雷在北安普敦受到两位公爵的热情宴请，度过了一个愉快的夜晚，第二天早上醒来却发现已被逮捕。如果里弗斯有点政治头脑，不返回北安普敦，快马加鞭把小国王安全送进伦敦城，历史将是另一个走向。格洛斯特赶到史丹尼·斯特拉特福德，以王叔身份接管小国王的护卫。里弗斯的人不知发生何事，更不会有人怀疑王叔护送侄儿有何不妥，卫队乖乖服从了命令。小国王询问舅舅和哥哥到哪儿去了，格洛斯特含糊其辞地搪塞。

王后听说儿子被拦截的消息，意识到大事不妙，她没有号召支持者起兵勤王，因为大家听说爱德华五世在自己名声卓越的叔叔手里，没谁会觉得有什么不妥，无人会响应号召。王后的第一反应是要保护其余子女，当晚带着孩子们再度躲进西敏寺避难。只有王后的弟弟王家舰队司令爱德华·伍德维尔率船驶入海峡，时刻准备抗争。

5月4日，格洛斯特护送小国王进入伦敦，将他安置在伦敦塔的王家公寓，其实相当于软禁，对外则声称已经将误导国王走向迷途的奸臣逮捕。御前会议对任命格洛斯特担任护国公分歧不大，但以坎特伯雷大主教鲍彻、约克大主教罗瑟拉姆（前大主教乔治·内维尔已于1476年逝世）、伊利主教约翰·莫顿等人为首，坚持应该举行加冕礼，最多可推迟至6月24日。

爱德华五世的王位继承合法合情合理，毫无半点争议，格洛斯特有苦难言，他将数名御前会议大臣罢免，换上自己人，仍无法阻挠加冕礼。三名德高望重的主教忠于爱德华四世，坚持己见，他们的言论颇有分量，其他贵族、乡绅就算不喜欢伍德维尔氏，也认为主教们的意见十分中肯，何况格洛斯特担任护国公的目的已达到，无充分理由阻止加冕。若爱德华五世如期举行加冕，格洛斯特等人的计划就泡汤了，伍德维尔氏回归朝廷是迟早的事。

格洛斯特通知约克郡的家臣，声称王后及其家族准备毁灭他和白金汉等高贵的王室血亲，要求他们发兵南下支援。很明显他已决定以北方武装为后盾发动政变。6月13日御前会议正商讨新王加冕事宜时发生惊人一幕，格洛斯特突然生气地猛击桌子，指着黑斯廷斯大喊“叛国贼、叛国贼”，一队卫兵冲进来抓捕黑斯廷斯，黑斯廷斯的侍卫与之发生打斗，室内一片混乱。黑斯廷斯最终被擒获，这位陪侍先王几十年的宫廷权贵被押到外面迅速斩首。三位大主教和其他几名御前会议成员身上挂彩，但他们未被杀害，仅遭到监禁。

黑斯廷斯突然遇害令人震惊，对其中原由的解释因为缺乏坚实资料众说纷纭，以下说法似乎最符合事件发展的逻辑：黑斯廷斯感到格洛斯特未坦诚把自己当盟友，而是与白金汉结盟，重用带来的北方家臣，颇有悔意；他发现格洛斯特野心超出自己预期，并不仅仅满足当上护国公压制伍德维尔氏，而想剥夺爱德华五世的继位权，黑斯廷斯可能又考虑与王后结盟。但无论如何，他肯定成了格洛斯特实现野心的绊脚石才会惨遭毒手。格洛斯特标榜宗教虔诚，砍三位碍事主教的脑袋他没那个胆魄，干脆杀掉黑斯廷斯以震慑其他反对者。

霍华德男爵总算逮到报仇的机会，转而投靠护国公。6月16日格洛斯特派他带兵包围西敏寺，要求王后将另一位王子小约克公爵交给坎特伯雷大主教。80岁的大主教对这次行动给予配合，但他本人对其目的不甚了解。霍华德诡称，新国王加冕，他的弟弟却躲在避难所里不合乎体统，在伦敦塔的小国王也需要有个伴儿，如果王后不答应要求，他们可能武力解决。大主教担心发生流血事件，苦口婆心说服王后，王后忍痛把儿子送出西敏寺。担心未来可能被一网打尽，多塞特侯爵随后寻机逃出西敏寺。

6月22日，圣保罗大教堂的布道会上，刚投靠格洛斯特的剑桥神学博士、伦敦市长爱德华·肖的弟弟拉尔夫·肖受命发表一番无耻演说，宣称爱德华四世曾与埃莉诺·巴特勒女士订过婚，他与伊丽莎白·伍德维尔的结合属重婚，因此非法婚姻生下的儿子无权继承王位。拉尔夫·肖同时暗示，其实爱德华四世与克拉伦斯并不是第三代约克公爵的儿子，因为只有格洛斯特在发色、相貌和身高上与父亲最为相似。

拉尔夫·肖的说辞来自见风使舵的巴斯和韦尔斯主教罗伯特·斯蒂灵顿的建议，他们为讨好新主人不惜编造荒唐理由，不过是拾克拉伦斯早年的牙慧，同时把法王和沃里克编造过的谣言添油加醋发挥。之所以把克拉伦斯也编排进去，是因为在王位继承序列里，即便爱德华四世及其儿子都无权继位，也轮不到格洛斯特，克拉伦斯还留下一个独子——小沃里克伯爵。当然，如此布道肯定得到格洛斯特或白金汉的首肯，听众们惊得目瞪口呆，甚至有人发出嘘声。拉尔夫·肖因为这次布道身败名裂，承受不住坊间非议和道德压力，第二年羞愤而死。

事已至此，格洛斯特之心路人皆知，不会再有什么新王加冕礼。爱德华四世泉下有知肯定痛心疾首，无论如何想不到，最终篡夺儿子王位的居然是这位一向忠心耿耿的弟弟。权力是亲情的最冷酷杀手，格洛斯特为了篡位敢下血本，把两位兄长说成私生子，等于给父亲戴上绿帽，暗示母亲不守妇道，老约克公爵夫人塞西莉听闻此事气得破口大骂。

早在5月中旬，爱德华·伍德维尔的下属被利诱分化，向格洛斯特交出舰队，王家舰队司令流亡欧陆，伍德维尔家族唯一的抵抗力量瓦解。6月25日，白金汉召集格洛斯特同党开会，他称赞拉尔夫·肖的演说具有不可驳倒的雄辩性，大家共同草拟劝进表送到巴纳德城堡，请求格洛斯特登基称王，格洛斯特假装推辞再三后“勉为其难”同意了请求。同日，关押在北方庞蒂弗拉克特城堡的里弗斯和约翰·格雷均被砍下脑袋。第二天，格洛斯特在同党簇拥下来到威斯敏斯特宫登上王座，接受众人宣誓效忠。

重要威胁皆已清除，北方家臣和诺森伯兰伯爵已应召带兵进入伦敦护驾，安全似乎有了充分保障。7月6日，在重兵层层保护下，格洛斯特正式举行盛大加冕仪式，他就是英格兰历史上争议长达500年的著名国王——理查德三世。长期以来诺森伯兰与格洛斯特的关系并不和睦，因佃户和地产纠纷多次发生争执，爱德华四世生前曾亲自出面调解，目前看来诺森伯兰还是选择站到强者一边，但双方谈不上互相信任。老约克公爵夫人塞西莉未出席加冕礼，她无法原谅儿子玷污自己的声誉。

藏身于西敏寺避难所的王后与女儿们可以听到加冕典礼的钟声，今昔情景对照，她们的心境该是多么失落。亨利六世相较爱德华五世尚属幸运，幼年登基有忠心的王叔和叔祖辅佐，父辈留下的大贵族根基使他在内忧外患中仍能维持39年，他母亲是法兰西公主，还有一层高贵的母系血统庇护，爱德华五世的母亲却是英格兰首位平民王后，他缺少具有实力又可依赖的长辈。

夺取王位实力固然重要，自诺曼征服以来爱德华四世是首个纯靠刀剑打下江山的国王，但他的王位诉求主张至少从约克家族的角度审视没有法统问题，理查德三世则不具备继位资格，甚至都未为征服付出心血，而是通过宫廷政变非法摘取兄长的果实，只能说是篡位。新君的统治基础相当薄弱，主要支柱是北方家臣和朋友，同时笼络与王后家族有嫌隙的少数贵族结成利益联盟。

协助篡位者依例获得慷慨封赏，北方朋友洛弗尔子爵取代里弗斯伯爵和黑斯廷斯男爵的职务，诺森伯兰伯爵和斯坦利男爵仍留在御前会议，格洛斯特的北方家臣占满朝廷和各郡要职。新盟友白金汉擢升为英格兰元帅，重新获得几处失去多年的先祖地产；霍华德男爵晋封为诺福克公爵，他的儿子得到萨里伯爵头衔；伯克利男爵晋封为诺丁汉伯爵。他们三位基本上瓜分了二王子从莫布雷家族获得的爵位和产业。

理查德三世的宗教和道德主张严苛得近乎虚伪，他痛斥伍德维尔家族贪婪无耻，讨厌多塞特言行浪荡，可他当年侵吞岳母产业，勒逼第十三代牛津伯爵的老母亲交出财产同样不择手段，他并不清心寡欲，也有情妇和私生子女。这次他与同党表演篡位大戏，处决无辜贵族，瓜分地产，使人们都淡忘了对王后家族“贪婪无耻”的指责。

监禁在伦敦塔里的两位小王子与亲人隔离，孤立无援，自此杳无音讯，不仅未再露面于公共场合，而且从世间永远消失。两位可怜王子的命运逐渐为人们关注，坊间越来越同情王后与子女们的遭遇。另外，新朝廷中把南方民众视为“野蛮人”的北方人大量引入南方政治，引起他们的反感，南方开始烦躁不安。戴上王冠就戴上不安，何况这王冠取之不正。理查德三世担忧有人与前王后互通声气策划骚乱，派重兵监视西敏寺，试图把她与外界隔绝，但奇特的是里外消息传递始终畅通无阻。

第九节
博福特夫人与亨利·都铎

玛格丽特·博福特夫人，一位命运坎坷、身形瘦小的贵族妇女。1483年秋季，密切关注着时局的她似乎嗅到开始变味的政治空气，忍辱负重蛰伏多年后，决定抓住这次机会改变自己和儿子的命运。

原本出生在显赫的兰开斯特旁支博福特家族，父亲是第一代萨默塞特公爵约翰·博福特，不幸的是玛格丽特成长于正被党派之争和玫瑰战争撕裂的时代；父亲因抑郁而自杀，堂叔和三位堂兄弟死于内战。幼儿时期玛格丽特嫁给亨利六世宠臣第一代萨福克公爵之子，萨福克惨死之后，1455年底，她奉半血亲堂兄亨利六世之命，改嫁给比自己大一轮的国王同母异父弟弟里奇蒙伯爵埃德蒙·都铎。这段政治婚姻同样好景不长，埃德蒙·都铎病逝，留下13岁的小寡妇和遗腹子，玛格丽特给她一生唯一的孩子取名亨利·都铎。可以看出，她从未抱怨给自己安排政治婚姻的堂兄亨利六世。

玛格丽特的第三任丈夫是第一代白金汉公爵的次子亨利·斯塔福德，这同样是一次政治目的明显的结合。亨利·斯塔福德在巴内特战役阵亡，恰值投机主义大师托马斯·斯坦利男爵的妻子埃莉诺·内维尔过世，玛格丽特与斯坦利缔结人生第四次更纯粹的政治婚姻。斯坦利男爵参与沃里克复辟兰开斯特的叛乱，在两方生死角逐的最后关头却保持观望，爱德华四世二次执政后宽恕了斯坦利，并委任他担任王室总管大臣。格洛斯特公爵袭击御前会议逮捕黑斯廷斯，斯坦利在混乱的打斗现场负伤并被下狱，不过他很快获释，官复原职。加冕礼上斯坦利为理查德三世手持权杖，他的夫人玛格丽特则执新王后安妮·内维尔裙裾紧随其后，夫妻俩再度成为宫廷中的红人。

1461年赫伯特攻陷彭布罗克城堡，捕获玛格丽特母子，购买到4岁大的亨利·都铎的监护权与婚姻权，玛格丽特母子自此长期骨肉分离。艾吉柯特战役中赫伯特被斩首，亨利·都铎失去监护人，母亲一度想讨回儿子的抚养权但未成功，赫伯特的遗孀安妮·德弗鲁夫人继续担起养育亨利·都铎的责任，把他带到赫里福德郡自己亲戚家生活。兰开斯特短暂复辟期间，贾斯珀·都铎到赫里福德郡索回侄儿，亨利·都铎重返家族怀抱。1471年8月，盘踞威尔士顽抗无果的贾斯珀带着侄儿出海流亡，准备到法兰西寻求路易十一庇护，但一场风暴把他们吹到了布列塔尼。以“老奸巨猾”著称的布列塔尼公爵弗朗西斯二世热情收留叔侄俩，曾利用这两个重要人质成功“敲诈”到英格兰的援助，1472年爱德华四世派里弗斯伯爵率1 000弓箭兵协助布列塔尼抗拒法军。

亨利·都铎父亲的爵位早被剥夺，不过他一直自称里奇蒙伯爵。都铎家族与博福特家族一样都是最忠贞不二的铁杆兰开斯特党人，他流亡海外对爱德华四世来说如芒刺在背。在约克王廷数次要求下，弗朗西斯二世1476年才很不情愿地把亨利·都铎交给英王使节。在圣马洛港将要启程时，公爵突然改变心意，派出一队武装截留亨利·都铎，他认为手中握有如此尊贵的英格兰“客人”，兴许哪天会用得着。

家族与个人不幸磨炼了博福特夫人的意志，她性格坚韧，以宗教虔诚著称，确信自己是上帝选中的人，神的恩典迟早降临。自从跟儿子分离后，博福特夫人除了每日祈祷亨利·都铎平安，别无他法。1483年秋，她感到机会来临，如果能推翻根基不稳的僭主，26岁的儿子兴许能结束流亡生活，归国谋得一份好前程。与其说上帝赐恩，还不如说理查德三世撕裂原本稳定的约克王廷，让博福特夫人和亨利·都铎有机可乘。

理查德三世严密防范忠于先王的约翰·莫顿主教，把他交给盟友白金汉公爵监管，但没想到约翰·莫顿趁此便利，作为中间人将博福特夫人、前王后伊丽莎白、白金汉串联起来共谋举事，密使在几个家族和海峡两岸来回穿梭。

进入1483年9月，两位小王子惨遭谋害的流言开始出现，剥夺合法小国王的王位已属荒唐，谋杀血统高贵的未成年王公，在中世纪的道德观念里更为人所不齿，何况他们是深受爱戴的国王之子。理查德三世虽然靠铁腕手段暂时镇住局势，但此事摧毁了他的声誉，合法性本就欠缺的朝廷危机四伏。根据传统说法，理查德三世派人闷死了两位王子。后世有人为理查德三世辩解，说他杀害两位王子，很有可能是政敌造谣。进入20世纪有少数作家和民间人士为他翻案，甚至指称小王子很可能被白金汉公爵或博福特夫人谋害。

这段故事成为文艺作品取之不竭的素材源泉。

虽然“塔中王子”是千古谜案，但理查德三世监禁王子，篡夺侄儿的合法王位是毋庸置疑的事实。两位王子作为最重要囚犯，没有国王的命令，任何人很难接近，理查德三世具有谋害他们的最大动机和最佳条件。当流言遍布民间为政敌所利用时，他从未采取任何辟谣举措，比如让两位侄儿公开亮相以安抚人心，总之活未见人死不见尸，他的缄默反而助推流言传播，人们更加深信不疑。若两位王子真被他人所害，理查德三世正好抓住机会追查真凶，为自己洗清罪责，可这样的事从未发生。无论如何，他对两位小王子的“人间蒸发”负有不可推卸的首责。

白金汉力推理查德三世登上王座立下首功，篡位者许诺的官职和地产已经兑现，他为何这么快又心生反意？因缺乏一手材料，这件事令人费解，但不外乎有两大因素推动：两位小王子遇害对白金汉震撼颇大，超出他支持理查德三世的良知底线，当然他是否真有这样的底线值得存疑；白金汉血统亦很尊贵，他祖母是爱德华三世幼子伍德斯托克的托马斯的女儿。莫顿主教为人忠诚，识见过人，他一心想报先王知遇之恩，兴许洞察白金汉对权欲的渴求，利用其尊贵血统来说服他谋叛，以在新王朝获得独尊地位作为诱饵。莫顿可能添油加醋述说理查德三世的“狠毒”与“不义”，警告白金汉提防同样的下场。

博福特夫人曾是现任白金汉的婶子，她利用这层亲缘关系，与莫顿主教一起让白金汉回想起自己的祖父、父亲、叔叔皆为兰开斯特战死的悲壮家事。对白金汉来说，与兰开斯特最忠诚的博福特和都铎家族合作，并无多大思想障碍。前王后急于复仇，博福特夫人要为家族和儿子翻身，白金汉想干一番伟业，怀着不同动机，瞄准同一敌人，几股八竿子打不着甚至互相敌视的力量聚到一起。

9月的南方异常躁动，埃塞克斯、苏塞克斯、汉普、多塞特、德文、萨默塞特、威尔特各郡都出现同情小王子，反对理查德三世的舆论和骚动，现状鼓舞了白金汉等人的行动。三方最初的计划是推翻理查德三世，解救爱德华五世，但随着小王子遇害的流言越传越广，博福特夫人与白金汉虽不敢绝对确信，但可能准备了另一个大胆的方案——推举亨利·都铎为王。

兰开斯特主支已灭绝，第四代萨默塞特公爵死亡，作为旁支的博福特家族男系断绝，博福特夫人在兰开斯特系的继承序列中排到前列，但她要获得继承权有不少障碍。博福特家族来自第一代兰开斯特公爵冈特的约翰与情妇凯瑟琳·斯文福德的后裔。幸好冈特的约翰后来与斯文福德正式结婚，其子女的合法化得到国王同意，不然的话，博福特系子孙将永远是私生子女，甚至可能与贵族阶层无缘。他们合法化的代价是不能继承王位，亨利四世时期还专门出台法条强化这一规定。

博福特夫人诉求王位的障碍在具备实力的情况下并非不可解决，然而她的身材过于矮小瘦弱，人们接受女王都十分困难，更无可能推举一个“袖珍女王”，最好的办法是亨利·都铎以母系血统的名义诉求王位。亨利·都铎的祖父来自威尔士本土望族，放在整个王国的中上层社会审视算不上尊贵，不过他祖母是法兰西公主、亨利五世王后，父亲为亨利六世的同母异父弟弟，加上母系血统，他的门第也属显赫，但王位主张权仅来自有法律障碍的博福特家族，显得相当薄弱。

若两位小王子死亡，爱德华四世已无男性后人，他的长女在约克直系的继承序列中占据首要位置。长公主伊丽莎白继承了母亲的美貌，1483年已出落成17岁的成熟美女，虽然当时英格兰人不太认可女性当国王，可她的血统带来的优先继承权是不能忽视的重要资本。亨利·都铎如果能与约克长公主通婚，无疑会大为增强他诉求王位的合法性，不仅可获得忠于爱德华四世的约克党人支持，而且这桩婚姻可促使兰开斯特和约克两大派和解，奠定稳定的政权基础。据说白金汉大力支持亨利·都铎夺取王位，建议他迎娶约克长公主。

博福特夫人的私人医生李维斯·卡利恩秘访西敏寺避难所，将两位王子遇害的消息告诉他们的母亲。前王后听到噩耗晕厥过去，醒来后在房间里绕着圈子发出凄厉的哭喊声，她撕扯头发，捶打胸部，不停呼唤儿子的名字，痛责自己“罪该万死”，轻信别人的承诺将孩子交出去。博福特夫人的使节劝说她把长女嫁给亨利·都铎，以缔结更巩固的联盟，困于避难所的前王后孤立无援，陷入绝境，为了复仇，她别无选择。

三方约定10月18日起兵举事，伍德维尔家的男子们活跃起来，爱德华·伍德维尔爵士已在对岸加入亨利·都铎的阵营，多塞特侯爵和前王后另一位弟弟索尔兹伯里主教莱昂内尔·伍德维尔都走出藏身地点，准备于萨里郡吉尔福特和伯克郡纽布里起事。白金汉作为谋反集团核心力量将在自己长期生活的中南威尔士布雷克首先举兵，大家再如约群起策应。莫顿主教已悄悄被释放回伊利教区，前去联络支持者。博福特夫人的家臣雷金纳德·布莱负责筹集人马，休·康威前往布列塔尼给亨利·都铎送去金钱和情报，通知他准备登陆。

博福特夫人张罗起事时，丈夫斯坦利男爵正追随理查德三世外出巡察。10月11日，理查德三世在林肯郡通过间谍已知晓谋叛消息，提前做好了准备，立即下令北方心腹家臣们征召军队到莱斯特集结。为瓦解谋反者，他发表声明，宣布普通参与者只要退出叛乱将获得宽恕，同时悬赏通缉主谋：抓捕白金汉奖赏1 000英镑，抓捕多塞特侯爵和索尔兹伯里主教获赏600多英镑，抓捕谋叛的骑士获赏300余英镑。

事情提前败露，谋反者的起事就显得仓促，白金汉的很多家臣不愿应召前来参加无望的事业，他只得10月18日带着部分家兵如约从布雷克启程，朝着赫里福德郡挺进，准备南下与登陆的亨利·都铎会师。天公不作美，连续数日的暴雨使塞文河水漫出河岸，冲毁不少道路和桥梁，白金汉的人马无法顺利渡河。理查德三世已布好包围圈，等待叛军入网，白金汉平时就缺乏人格魅力，跟随他来的家臣亦显勉强，遭此挫折，军中士气低落，部队开始逃散。

瞬间变成光杆司令的白金汉伪装成工匠逃跑到什罗普郡，躲在一个老家臣的农舍里，对方为了可观的奖金出卖了他，11月2日他被押送到索尔兹伯里处斩。随后理查德三世南下坐镇埃克塞特震慑各地骚乱，其他地方的举事者听说主力白金汉失败，纷纷偃旗息鼓，一场密谋已久的起事居然以如此戏剧性的结局草草收场。

理查德三世和路易十一都曾派人向弗朗西斯二世讨要亨利·都铎，公爵顶住两边压力继续庇护这位宝贵的客人。当年8月30日法王路易十一逝世，他的儿子继位为查理八世。由于新国王才13岁，法兰西忙于丧事和政权安排，与布列塔尼之间的关系暂时和缓，弗朗西斯二世才能挤出资源大力支持亨利·都铎，赞助他15条船与5 000雇佣兵入侵英格兰。

亨利·都铎仍不知道英格兰的起事已失败，他的入侵船队同样深受恶劣的海上气候影响，10月31日才从布列塔尼启航。大部分舰船被飓风吹散后纷纷返航，亨利·都铎仅率两艘船于11月初驶近德文郡普利茅斯港，谨慎派出小艇登岸打探消息，听说白金汉已被处死，判断举事无望，悻悻返回布列塔尼。

当代有史家认为，白金汉所谓支持亨利·都铎诉求王位，建议他迎娶约克家长公主，是后来亨利·都铎附会之辞，其实白金汉本人想趁理查德三世声誉受损、合法性动摇之际夺取王位，与亨利·都铎结盟无非图多个盟友增强力量而已。白金汉的真实意图难以察考，这次举事他从未打出主张亨利·都铎为王的口号，三方都没有散发过这样的宣传文本，很有可能他们都还不确信爱德华五世是否死亡。而且当时打出为先王合法继承者奋战的旗号，明显比推举其他贵族为王更具吸引力与合法性。

1483年圣诞前夕，亨利·都铎在布列塔尼首府雷恩的大教堂发表著名的“平安夜演说”，声称自己是合法的英格兰国王，一旦夺取王位将与约克长公主伊丽莎白结婚。500余追随者向亨利·都铎宣誓效忠，他们少数是原来的兰开斯特余党，很多是从国内逃出来的约克党人，忠于爱德华四世及其儿子，其中也包括伍德维尔家族的残余力量。

亨利·都铎的宣言传入英格兰，突然多出一个有力的王位争夺者，令理查德三世紧张不安，他也开始从法律和军政方面强化防范措施。1484年1月，理查德三世召开执政生涯中唯一一次议会，约100名参与谋反者被宣布为叛国贼，剥夺权利与财产。受操控的议会通过充满谎言和污蔑的《王室权利法案》，确认伊丽莎白·伍德维尔与她母亲使用巫术获得与爱德华四世的婚姻，暗示老约克公爵只有理查德三世这个合法子嗣。

博福特夫人作为女性，理查德三世不便把她从严治罪，她的丈夫斯坦利男爵及其弟弟没有参与反叛，反而皆获重用。斯坦利男爵接替了白金汉公爵的英格兰元帅职务，他弟弟威廉·斯坦利则担任北威尔士大法官和卡那封城堡总管。当然，国王这样做也是为了拉拢这一西北地区的豪强。看在斯坦利的面子上，理查德三世宽恕了他的妻子，但剥夺里奇蒙伯爵夫人头衔，对她从娘家继承的地产实施监护，但部分收入转交给斯坦利，并命令斯坦利将其软禁，严格监控她的一举一动，不准再发生谋叛事件。

虽然前王后只不过是困于避难所的孤弱女子，但理查德三世意识到如果不与她“和解”，就无法减轻伍德维尔家族的恨意，敌人们还会以避难所为中心策划叛乱；亨利·都铎也会因此有空子可钻，趁机组建联盟，把忠于爱德华四世的约克党骑士、乡绅团结到自己周围，与前王后和解，则能削弱王位挑战者的合法性。

3月1日理查德三世发表和解宣言，承诺保证前王后及其女儿们的安全，将会善待她们并分配给她们地产，为她们寻觅合适的婚姻，要求前王后带着孩子们离开避难所。

前王后最终同意“和解”要求，不久后她也走出避难所过上正常生活。她因此受到很多编年史家诟病，认为她忘记杀害兄弟和儿子的深仇大恨，把女儿们交到“恶魔”手中，简直蠢不可及。其实她真的别无选择，当年理查德三世才31岁，还有个儿子“米德汉姆的爱德华”，白金汉叛乱又被轻松瓦解，前王后无法预测理查德三世能活多久，是否会被推翻；她至少需要为女儿们的前途着想，总不能带着她们在避难所过一辈子。理查德三世为解决隐患不惜手段，把亨利·都铎宣称要娶的女孩（王牌）置于掌控之下，并暗示如果前王后不答应要求，他可能武力解决。

好像上天真有报应似的，1484年4月初，理查德三世唯一的继承人、年仅11岁的儿子“米德汉姆的爱德华”患上肺结核病死，他虽然还有个私生子“格洛斯特的约翰”，但没有继承王位资格。一个合法性备受质疑的国王丧失继承人，是雪上加霜的事件，加剧了理查德三世的恐慌。

理查德三世采用文商武吓两手——派遣使节威逼利诱，命令舰队在海上骚扰，向布列塔尼施压，希望索回亨利·都铎。6月份，弗朗西斯二世重病在床，布列塔尼事务实际上由财相皮埃尔·朗杜瓦斯控制。法兰西新君登基10个月，摄政御前会议在权力安排妥当之后恢复传统的“削藩”政策，与布列塔尼的关系再度紧张。理查德三世的使节借此机会与皮埃尔·朗杜瓦斯达成协议，当然皮埃尔也可能收受了巨额贿赂。英格兰同意借1 000弓箭兵帮助布列塔尼抵御法兰西侵袭，布列塔尼则将亨利·都铎遣返回英格兰。

莫顿主教正流亡在佛兰德斯，准备前去投奔亨利·都铎，他通过线人获得内情，立即派人飞报亨利·都铎。据说亨利·都铎前脚逃往法兰西安茹地区，皮埃尔派来抓捕他的人后脚就赶到，这被他的支持者们视为“天佑英格兰”的“神迹”。贾斯珀·都铎随后将其余流亡者也顺利带离布列塔尼。亨利·都铎得到法兰西朝廷正式庇护，当年10月左右他还有意外收获，加莱哈姆斯城堡的校尉詹姆斯·布朗特、资深军官约翰·福蒂斯丘私放牛津伯爵出狱，并宣布效忠亨利·都铎，大家一齐前来投奔。

12月7日，亨利·都铎再次发表强硬宣言，痛责理查德三世“残忍地谋杀亲人、屠戮人民，犯下基督教王国里闻所未闻的暴行”，号召人们起来推翻“暴君”。但仅仅摆出宣战姿态，对反攻英格兰并无多少帮助，能否启动军事计划还需要等待两个条件：理查德三世继续“倒霉”，法兰西王廷愿意提供资助。

终篇曲

亚瑟王“圣裔”战“魔王”

THE
WARS
OF THE
ROSES

> “这个时代是属于伟大的不列颠尼亚之王亚瑟的，他的统治疆域包括佛兰德斯、法兰西、挪威和丹麦，他受伤后前往阿瓦隆岛治疗，在那里逝去，但老不列颠人相信，亚瑟王还活着。”
>
> ——《英格兰编年史》
> 约翰·卡普格雷夫
> （15世纪中期）

中世纪最后500年的不列颠岛，流传着一个起源自威尔士的古老传说：总有一天，不列颠人的“天命之子”将会重返世间，像亚瑟王那样打着“红龙旗”驰骋沙场，领导不列颠人驱逐异族，最终实现不列颠人统治不列颠。

一切可增强王位诉求合法性的资源，亨利·都铎皆如饥似渴收入囊中，包括利用神话故事。他的父系与英格兰王室实在扯不上关系，所以他将亚瑟王传说与自己的威尔士血统关联，暗示自己是远古不列颠之王的圣裔，试图在当地争取更多支持者。1485年通过收买吟游诗人四处传诵，派遣间谍广泛传播，兴许有部分威尔士人相信，这个古老预言即将实现。

神话只能给夺取王位涂抹点“天命”色彩，现实政治博弈主要依靠实力。显然幸运之神更眷顾亨利·都铎，他终于等到最后两个条件成熟：法兰西准备支持他入侵英格兰，理查德三世用自身经历完美诠释何为“倒霉”。

布列塔尼同样面临继承人危机，弗朗西斯二世没有儿子，只有一个女儿安妮·莫特蒙特，如果他去世，安妮必然成为女公爵。爱德华四世在世时已给儿女们安排了多桩政治婚姻，其中威尔士亲王将与布塔列尼的安妮结婚，若威尔士亲王顺利继位并迎娶安妮，布列塔尼又将成为英王的领地。可惜爱德华四世死后政局发生剧变，几桩联姻均已作废。弗朗西斯二世曾想把女儿许配给亨利·都铎，也就是说亨利·都铎未来混得再差也能捞个布列塔尼公爵，但迎娶约克长公主夺取英格兰王位更具诱惑力，他放弃了前一桩联姻。

若亨利·都铎被弗朗西斯二世掌控，法兰西不可能支持他的事业，现在他逃出布列塔尼后情况大有不同，而且法兰西朝廷决定谋划查理八世迎娶安妮·莫特蒙特，未来可以通过婚姻不战而统一布列塔尼公国。理查德三世一向以反法态度坚定著称，法兰西若资助亨利·都铎成功夺取王位，统一布列塔尼则少了英格兰的阻扰，还能清除掉一个反法的英格兰国王，可以说一石二鸟，与亨利·都铎各取所需。亨利·都铎本来可早点启动计划，但对于支持他登陆到底给予多大帮助，法兰西摄政御前会议分成两派讨论不休，他只有耐心等待决断。

理查德三世则像上帝的“弃儿”，刚失去继承人，新一轮危机和流言又汹涌袭来。

1484年威斯敏斯特宫圣诞节欢宴上，28岁的王后安妮·内维尔美丽端庄，勉强维持着和蔼可亲的姿态，约克长公主伊丽莎白与四个妹妹被安排在王后安妮身边，得到王后宠爱，但王后掩饰不住丧子之痛的沉重打击，脸上挂着哀伤神情，显出一副病容。王后安妮的生活并不幸福，她体弱多病，已不能生育孩子，丈夫老早就移情别恋，继承人危机摆在眼前，人们猜测理查德三世希望与她离婚，重新娶个年轻妻子生下子嗣。

米德汉姆的爱德华病死，约克长公主的地位更为凸显，虽然理查德三世通过法案把爱德华四世的子女们定义为私生子，但民间和反对派并不这样认为。圣诞节晚会上，约克长公主穿着与王后安妮非常相似的裙子，大家注意到理查德三世的眼神中充满对青春美貌的侄女的爱慕之意。自此一个流言开始传播，说理查德三世准备迎娶侄女为自己生下继承人，同时以此强化王位合法性，断绝亨利·都铎抢夺王冠的念想。其实这并非流言，理查德三世真有此打算，不过达成目标难于登天，叔叔娶侄女是乱伦婚姻，难以得到世人理解，从教宗那里获取宽赦书相当困难。有些北方家臣已经瓜分伍德维尔家族的地产，他们亦不乐见理查德三世娶约克长公主。

屋漏偏逢连夜雨，1485年3月16日安妮王后在悲痛中病逝，流言版本获得升级——“理查德三世为了顺利迎娶侄女生下继承人，不惜毒杀自己妻子”，事情的发生太过赶巧，人们深信不疑。这个流言对理查德三世权力基础的杀伤力更大，他多年来成功经营北方多依赖与安妮·内维尔的婚姻，大量北方家臣与其说忠于他，还不如说更忠于世镇北境的内维尔家族。不仅理查德三世身边的法学家们极力反对他迎娶侄女，连他最信赖的两位顾问拉特克利夫、凯茨比都建议他取消这个打算，因为这将助长流言传播，促使北方支持者离心。

约克长公主对“叔侄通婚”的真实态度如何，缺乏确凿证据，变成长期争执不下之谜。17世纪初的历史学者乔治·布克声称他看到过长公主写给诺福克公爵等人的一封信，说她自己渴望嫁给理查德三世。后来的学者对这个问题的观点分成几种：一是这封信是伪造的，纯属对长公主人格的污蔑，她怎么会如此没心没肺；二是长公主为了自己的荣华富贵，真可能有这种打算；三是她的确写过信，但主要目的是表达自己出嫁的意愿而非嫁给自己的叔叔；四是她年纪尚轻，无母亲授意不能擅自写这样的信，可能是前王后对理查德三世真实意图的试探。

不过作家们情愿相信约克长公主“没心没肺”，因为这是非常生动的宫斗文学素材，“无论是理查德三世还是亨利·都铎胜出，我都是王后”，文艺作品经常如此刻画她对此事的态度，甚至说她跟叔叔早有暧昧关系。①约克长公主性格阳光，心地纯善，道德高洁，历史学家们倾向认为她本人无此打算，王后安妮病逝后她被遣送出宫廷，安置在约克郡北方的谢里夫·哈顿城堡。理查德三世权衡利弊改变主意，试图与葡萄牙公主联姻。

3月份亨利·都铎在法兰西听到理查德三世要娶约克长公主的流言，感到沮丧和绝望，写信给打小认识的“难兄弟”诺森伯兰伯爵，希望能娶他夫人毛德·赫伯特的妹妹凯瑟琳·赫伯特；这桩婚姻虽然不能增强亨利·都铎王位诉求的合法性，兴许能为他赢得更多的威尔士赫伯特家族的支持者，不过信件如石沉大海，从未收到回音。

---

① 乔治·马丁的《冰与火之歌》中，以约克长公主作为史塔克家族珊莎的原型。

幸好理查德三世在谋士和法律顾问的敦促下，4月底在伦敦的医院骑士团大厅公开否认他会娶侄女为妻，数天后又致信约克郡多个城镇，向北方家臣们辩称“杀妻说”是敌人的诋毁。理查德三世的声明对挽回声誉似乎于事无补，虽然未发生什么大乱子，人们普遍反应冷淡，至少在中部和南部他已鲜有可用的忠诚之士。法兰西支持反叛的威胁迫在眉睫，他基本上只能依靠部分北方死党。

理查德三世竭尽所能收买人心，对叛逃的著名人物如莫顿主教等公开恕罪，大幅度削减王领佃户的地租，可是收效甚微。与此同时，他不断推出强化防御的举措，1485年4月，内维尔家族的另一位乔治·内维尔爵士奉令监控海峡；洛弗尔子爵到南开普敦防卫南部海岸；理查德三世委任私生子格洛斯特的约翰替代年老的丁汉姆男爵，担任加莱镇守，但象征意义超过实用价值，他的私生子当时还未成年。理查德三世将防卫中心放在中部地区，以诺丁汉城堡为中心，那里有坚固的防御工事，便于与北方家臣会合。

这些举措耗资巨大，很快使理查德三世陷入财政困境，他不敢召开议会征税，担心遭遇拒绝或引起骚乱，局面不可收拾；他采用发债券（打白条）的方式试图借款3万英镑，给全国的富人们写去情深意切的“爱心信”，希望他们认购，似乎未筹到几个钱。

法兰西朝廷最终决定共拨款4.3万里弗尔，派1 500名军队资助入侵行动。整个春夏之季亨利·都铎都在鲁昂筹备登陆事宜，但兵力远不足以夺取王位，只能施以恩惠和许诺，广泛联络国内有谋叛可能之人物，贾斯珀·都铎充分利用自己的威尔士人脉四处游说。

幸运的是，亨利·都铎争取到两位威尔士豪强的支持。里斯·阿普·托马斯的家族是威尔士兰开斯特党人，他的祖父阵亡于莫蒂默十字战役，他与父亲15世纪60年代中后期才结束流亡生涯归国转投约克王廷，得到爱德华四世器重。白金汉公爵谋反时里斯拒绝参加，理查德三世发放年金，任命他为南威尔士军务都尉，要求他宣誓忠诚并把儿子送到宫里充当人质。里斯同意宣誓，但恳请免除派送人质。威尔士的约翰·萨文杰爵士是斯坦利男爵的外甥，他与里斯都答应登陆以后起兵响应，第四代舒兹伯利伯爵的叔叔吉尔伯特·塔尔波特也允诺充当内应。

迟至8月1日，亨利·都铎终于率部在哈夫勒尔港登船，法兰西海军司令吉罗姆·德·卡萨诺瓦吉指挥舰队航行，绕过防范较严的英格兰南部地区，6天后在威尔士彭布罗克郡的米尔福德港成功登陆。一支举着“红龙旗”和“红玫瑰旗”的军队出现在威尔士西南部境内，他们的目标是首都，但没有朝着东面的伦敦方向急速开拔，而在威尔士穿插行军，这是为了到处传播预言，筹集更多兵马粮草，等待友军前来汇合。亨利·都铎派出信使沿途告知威尔士人：“亚瑟王后裔率军回来了，请加入我们吧！”

尽管理查德三世的王座风雨飘摇，亨利·都铎登陆也十足冒险，前来挑战的“杂牌军”中英格兰流亡者最多六七百人。理查德三世篡位前镇守北方，曾从苏格兰手中收复贝里克城堡，令詹姆斯三世蒙羞，他听说亨利·都铎将争夺英格兰王位，派遣1 000弓箭手前往法兰西都铎大本营集结。加上法王赞助的1 500雇佣兵，登陆部队总共3 000余人，想挑战王位仍属痴心妄想，接下来的祸福寄望于内应者们的态度。

登陆之初亨利·都铎大失所望，神话故事的作用似乎远不如预想的有效，他没有看到大队援军前来，他的“朋友”仍在观望和犹豫。亨利·都铎内心极度焦虑，派出使节不断催促他们如约起兵。此前的许诺似乎不足以坚定里斯的决心，亨利·都铎咬牙答应里斯的新要求，承诺如果成功将加封对方为整个威尔士军务总督。12日，里斯才率队来会合，亨利·都铎松了口气。几天之后，里斯联络的数位威尔士豪强纷纷率兵来投，吉尔伯特·塔尔波特也带人加入队伍，登陆部队扩充至6 000余人。

镇守威尔士的里斯和威廉·斯坦利明显违抗命令故意放水，否则亨利·都铎登陆后怎么可能在威尔士行军畅通无阻。8月11日在诺丁汉的理查德三世才感到事态严重，紧急下达募兵令，要求一周内到莱斯特集结。大部分贵族、骑士、乡绅们作壁上观，中部和南部反应最为淡漠，中部地区黑斯廷斯男爵的家臣们不投敌已属幸运。当然，理查德三世总有几个心腹，诺福克公爵及其儿子萨里伯爵、洛弗尔子爵、弗雷斯男爵、拉特克利夫和凯茨比两位爵士均随同出征。林肯伯爵约翰·德·拉·波尔（第二代萨福克公爵之长子），理查德三世最疼爱的外甥，被委任为王军副司令，理查德三世还指认他作为自己阵亡后的继承人。

头一年理查德三世对北方大贵族诺森伯兰伯爵着力笼络，将白金汉家族的部分土地赏赐予他，恢复珀西家族1403年反叛亨利四世后丢失的祖地；诺森伯兰对篡位国王始终既不反对也不热情，可他确实应召率领3 000人前来集结，但理查德三世对他仍心存疑虑。

最让两边提心吊胆的是斯坦利男爵兄弟，斯坦利提前获悉亨利·都铎即将登陆，随后称病归乡。对于亨利·都铎的继父斯坦利，理查德三世非常担心他会叛变，让他把长子留在宫廷充当人质。斯坦利兄弟俩起兵6 000开拔过来，但无人知道他们会帮哪边，他们既拒绝按理查德三世的命令到指定地点集结，也未直接加入亨利·都铎的队伍，面对两方信使的催逼皆含糊其辞。交战前焦急的亨利·都铎与斯坦利兄弟有两次秘晤，对方只说叫他安心打仗，不给予明确答复。斯坦利可能考虑到儿子在理查德三世手中，马上公开表态会给儿子带来杀身之祸，事态明朗之前公开站队也不符合斯坦利家族的行事风格。

听说亨利·都铎已进抵斯塔福德郡的林奇菲尔德，理查德三世决定不再等待，主动率军前往截击。8月22日清晨7时左右，两军在莱斯特郡博斯沃思原野相遇，一场再次改写英格兰历史的生死之战即将拉开序幕。

为表示对此战之重视，理查德三世戴着王冠御驾亲征，1.1万军队沿山脊从西往东布阵，阵地上飘扬着白玫瑰军旗以及理查德三世个人的白野猪旗。他与林肯伯爵统帅中军，诺福克公爵充当右翼和前锋，诺森伯兰伯爵担任后卫和左翼。

亨利·都铎的兵力最多6 000余人，位于敌军西南面，他本人以斯文著称，擅长理财和行政，从来没有军事经验。不过这个劣势可由牛津伯爵和贾斯珀·都铎弥补，这两位都是兰开斯特久经沙场的老战士。亨利·都铎接受前锋牛津伯爵的建议，鉴于敌军兵力有优势但分布过长，决定本军不采用传统方式布阵，而令所有军队集中成一团。

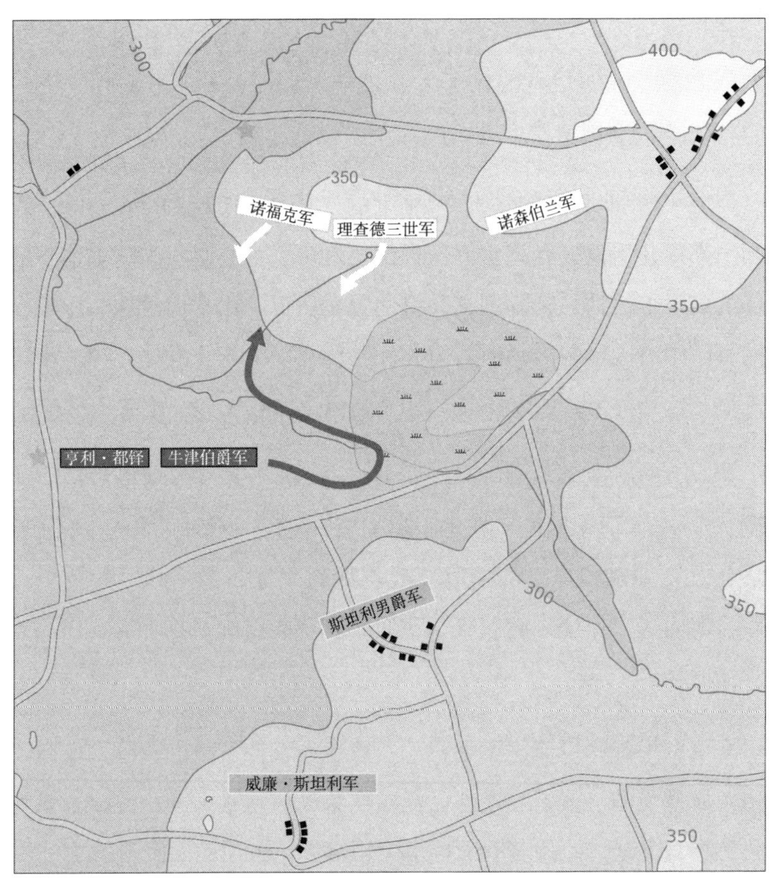

博斯沃思战场形势地图。作者：Jappalang

唯独斯坦利兄弟的6 000余人与交战双方皆保持距离，驻扎在他们的东南面，离亨利·都铎略近。斯坦利绝不愧对“三条腿”的家族纹章，两兄弟的部队没有聚在一起，而是巧妙地隔着一段距离。两边的信使继续催促斯坦利军赶快加入本阵，斯坦利男爵都拒绝了，他只回复继子“布好阵打好仗，其他别操心”，这让亨利·都铎惊诧又无奈。理查德三世则确信斯坦利已叛变，下令将他的儿子推出阵前斩首，这个命令没得到执行，接令的指挥官相信，开战之前杀死斯坦利的儿子无非是马上敦促他站队，而他手下的6 000人瞬间就能决定谁胜谁负。

先不算斯坦利的军队，两边的实力为1.1万对阵6 000，亨利·都铎几乎没有胜算，但理查德三世多了个心眼，为防范他不信任的诺森伯兰伯爵临阵倒戈，将他置于后卫。诺森伯兰从北方带来的军队中有大量骑兵，但兵力和兵种优势未能充分发挥，加上密集阵形对长条阵形，所以亨利·都铎不至于太吃亏。

双方开战前老早就进行过动员演说。理查德三世曾措辞激昂地说："一个闻所未闻的'威尔士懦夫'，率领一群囚徒和匪盗登陆英格兰，妄图觊觎高贵的王冠。我将御驾亲征，像个武士般英勇战斗，我向大家保证，胜利属于我们，若不能凯旋，我将为不朽的荣誉马革裹尸。"

亨利·都铎的演说更加冗长，数落理查德三世的罪行，列举英格兰所遭受的痛苦，陈述自己流亡之艰辛，激励大家，此战若败则死无葬身之地，此战若胜则可享荣华富贵，可谓面面俱到：

"我毫不怀疑，上帝会赐我胜利！他，背叛自己国王的不忠之臣；他，篡夺王位的不义之人；他，杀害至亲的嗜血魔鬼；他，玷污母亲名誉的无耻之徒；他，推行破坏法律与道德的暴政；他，英格兰贵族们的毁灭者……他与他的同伙砍光了你的森林，毁灭你的庄园，让你的妻儿无立锥之地……他不是真正的国王。大家为了正义和荣誉，勇敢地起来与恶魔战斗吧！"

博斯沃思战役沙盘推演图。作者：John Taylor

战斗8点左右打响，牛津部率先向诺福克部发起冲击，双方血腥厮杀一小时后，牛津部阵脚坚固，诺福克部少量士兵逃出战场。理查德三世派出部分中军士兵前往支援，又杀成胶着状态，他同时向后卫发出准备作战的信号。诺森伯兰没有行动，到底是他故意坐视，还是地形和阵形因素使他无法马上穿插过中军前往另一侧援助诺福克（以那个时代的训练水平似乎有点难度），难以确定，接下来发生的事情太突然，诺森伯兰也许来不及反应。

这是卫冕与夺冠之生死战，两方统帅都急如热锅上的蚂蚁。亨利·都铎带着护卫朝着东南方向移动，准备亲往斯坦利大营催促他参战。理查德三世在高处密切注视着敌阵，发现亨利·都铎的旗帜在阵地边缘移动，正脱离主阵将行至一片沼泽地。理查德三世决定孤注一掷，如果杀死对方统帅，敌军士气将迅速瓦解，既可尽快结束战斗，也能震慑惯于投机的斯坦利男爵，他率领精锐卫队朝着亨利·都铎雷霆般冲杀过去。

历史的改变常决于一瞬间，理查德三世突击至亨利·都铎身边，离对手最近时曾只有一把剑的距离，他劈死对方的掌旗手威廉·布兰登，将爱德华四世以前的另一名掌旗手约翰·切恩从马上打落，亨利·都铎的卫队反应过来，立即涌上前奋力护主。

斯坦利男爵看见理查德三世与他的骑士们脱离主阵，知道机会来临，终于下达作战令。两支斯坦利军一齐向白野猪旗的部队发起攻击，冲过来解救亨利·都铎。

敌人越围越多，理查德三世身边有军官大声劝他撤退，他回答："我要么胜利，要么像一个王者那样光荣战死。"英勇奋战了一会儿，他发现身边的人不是阵亡就是已突围逃跑，可能也有退却之意，但已经来不及，战马陷在沼泽地难以动弹之际，一个威尔士斧枪兵冲过来给他致命一击，头盔被砍飞出去，都铎军围上来一阵狂剁，理查德三世顿时丧命。统帅死亡和斯坦利军队参战使王军瞬间土崩瓦解。

后世文人和史家长期把理查德三世刻画成外貌猥琐、性格残暴的"驼背魔王"，他的"暴君"形象又被文学巨匠莎士比亚用生花妙笔定格数百年。2012年在莱斯特一座地下停车场发掘出理查德三世的尸骨，经专家鉴定，他患有脊柱侧弯，双肩不平，浑身有伤口十处，其中有八处在头部，后脑已被劈裂。

博斯沃思之役卫冕方损失惨重，诺福克公爵、弗雷斯男爵、拉特克利夫爵士阵亡，凯茨比爵士被处斩，萨里伯爵身负重伤被俘；洛弗尔子爵、林肯伯爵、诺森伯兰伯爵逃离战场后被逮捕下狱，他们后来都获得宽恕。

根据传统说法，战斗结束后斯坦利男爵的部下拾到王冠交给他，他在一颗山楂树下将王冠戴于亨利·都铎头上，斯坦利带头呼喊：“吾王亨利！吾王亨利……”随后雷鸣般的欢呼声响彻旷野。理查德三世被视为最后的金雀花君主，伴随他的殒灭，331年的金雀花终于凋零，一个新王朝——“都铎王朝”诞生在博斯沃思原野的战场。流亡海外14年，前途曾经一片渺茫的年轻人现在成为英格兰的亨利七世，一颗戴着王冠的山楂树成为他的国王纹章之一。

亨利七世胜利后的第一件事即派人前往约克郡谢里夫·哈顿城堡保护未婚妻，押送约克家唯一男嗣小沃里克伯爵到伦敦塔软禁。都铎国王27日进入伦敦，受到市民欢迎，他会见了市长与议员，到圣保罗大教堂向上帝致谢。

新君依例要封赏有功之臣，牛津伯爵恢复家族的爵位和产业，斯坦利男爵晋封德比伯爵，立下功劳的乡绅和士绅们获封骑士。兰开斯特头号忠臣，亨利七世的叔叔贾斯珀·都铎，这年已54岁仍未结婚，他为兰开斯特事业奔波半生，从未表示过妥协与气馁，现在终于熬到出头之日，他的彭布罗克伯爵头衔正式恢复，同时晋封为贝德福德公爵。贾斯珀·都铎同年底迎娶白金汉公爵遗孀，白王后的妹妹凯瑟琳·伍德维尔，利用政治联姻进一步巩固都铎家的地位。

都铎王朝表面以兰开斯特的血统和名义诉求王位，实质则是约克王廷的延续，本来兰开斯特贵族所剩无几，拥戴亨利七世的约克党贵族、骑士、乡绅们充斥朝廷，仍然备受重用。博斯沃思战役标志着玫瑰战争落下帷幕，却不意味着亨利七世可以高枕无忧，接下来数年他还将接受几场严峻考验。甚至有人认为1487年林肯伯爵联合爱尔兰副总督基尔代尔伯爵，推举假冒的“小沃里克伯爵”发起叛乱失败，才代表着玫瑰战争正式终结。

亨利七世主要通过武力夺取王位，却不能马背上治理江山，巩固政权还需政治手段。亨利七世的成功很大程度受益于理查德三世导致的约克王廷大分裂，他必须与约克长公主成婚，增强王位合法性，消解两大家族多年的恩怨。当然亨利七世故意推迟了婚期，以昭示自己是“上帝恩赐英格兰的国王”，王位并不依靠妻子获得。

亨利七世与约克的伊丽莎白完婚，红白玫瑰正式合二为一，红玫瑰镶嵌白玫瑰芯的图案成为王室纹章，人们称之为“都铎玫瑰”。1486年9月国王夫妇诞下两大家族的结晶，首个孩子特意取名为亚瑟，继续宣示都铎王权的神话来源。

其实另一部分约克党人的叛乱直到1497年才彻底结束，他们以假冒的爱德华四世二王子的名义举事，还得到过法兰西国王、苏格兰国王、神圣罗马帝国皇帝的支持。最不遗余力资助颠覆亨利七世的是爱德华四世的妹妹，勃艮第查理公爵的遗孀，但这些都只是斗争的余绪，属于都铎王朝捍卫王座的范畴。总体来说亨利七世非常幸运，一方面他用婚姻和政治手段笼络住了重要的约克党人；一方面当时周边国家并无强悍的君主能威胁都铎王朝；另一方面经历多年内乱的英格兰人已经厌倦了动荡，对外部入侵夺取王位缺乏兴趣。

亨利七世是颇富远见的君主，积极参与大航海时代的探险，他多次委派威尼斯公民约翰·卡波特穿梭大西洋寻找通往远东的海上财富之路。1508年卡波特的儿子抵达加拿大东北部哈德孙湾，当他们第二年顺利返航时国王已经驾崩，英格兰的大航海冒险暂告一段落，因为亨利七世的继承人对参与欧陆角逐更感兴趣。

登基后，亨利七世推行与法兰西斗而不战的外交政策，在民族主义与务实路线之间巧妙摇摆。一旦成为执政者，他的“亲法”立场自然改变，需要帮助布列塔尼抵抗法兰西的“统一”，维持欧陆“平衡”。1491年法王查理八世娶布列塔尼女公爵安妮为妻，法兰西吞并布列塔尼已成定局。议会慷慨资助亨利七世10万英镑，他第二年启动对法战争，开战不到一个月，他还是效法爱德华四世，选择获得金钱实惠，避免无谓的战争，与法兰西缔结和约。

1492年西欧发生重大政治变局，阿拉贡国王斐迪南二世通过与卡斯蒂利亚女王伊莎贝拉一世的婚姻缔造了统一的西班牙王国，同一年斐迪南委派哥伦布扬帆出海。亨利七世为儿女安排的两桩政治婚姻对英格兰影响深远，欧陆反法盟友的软弱促使亨利七世选择与西班牙结成反法同盟，虽然没有达到目的，但他为长子亚瑟迎娶到斐迪南和伊莎贝拉的女儿阿拉贡的凯瑟琳。1502年凯瑟琳嫁入都铎王室，亚瑟5个月后于16岁早逝，亨利七世说服凯瑟琳嫁给新的继承人二王子亨利。亨利七世的女儿玛格丽特则嫁给苏格兰詹姆斯四世，为1603年英苏两国合并为共主联邦以及斯图亚特王朝的建立埋下伏笔。

亨利七世一定程度上复苏了王权，人们常常评价都铎王朝是英格兰君主专制的黄金时代，其实他并没有创造出新的君主政体，只是延续了爱德华四世的方略，大力整顿财政，小心避免外战，提振贸易增加关税收入，通过御前会议机构强化王权，使王室财政不依赖于议会。亨利七世经过多年努力，最终让王室岁入达到年平均10万英镑，他执政的后半期，只通过议会征过一次税。

作为都铎王朝开国君主，亨利七世远不如他儿子亨利八世著名。亨利八世才思敏捷，个性鲜明，作风特异，行事狠辣，为了离婚宣布脱离罗马教廷，在西欧引起轩然大波，为了生下继承人先后迎娶六位王后，其中有一位被休掉，有两位被送上断头台。他是文学家和史学家写之不尽的国王。亨利八世时代王权貌似再度到达顶峰，有趣的是议会也在继续发展。亨利八世与王后凯瑟琳离婚导致他与罗马教廷决裂，给英格兰成为新教国家铺平道路；国王要利用议会作为与罗马教廷斗争的工具，使议会发挥了更多作用；国王因虚荣心使然频繁介入欧陆政治与战争，王室财政陷入困境，增加了国王对议会的依赖。

亨利八世逝世后，都铎王朝终于出现了自英格兰统一以来真正意义上的女王——玛丽一世与伊丽莎白一世，她们都是亨利八世的女儿，前者为阿拉贡的凯瑟琳之女，后者为安妮·博林之女。伊丽莎白一世为保持国家稳定终生未婚，人称“童贞女王”，她在位期间英格兰歼灭西班牙无敌舰队，开启伊丽莎白盛世，王权的荣光再次抵达巅峰。除了备受文史家青睐的著名国王与女王外，都铎时期其他领域涌现的杰出人物同样灿若群星，最为世界所熟悉的一位是写作《乌托邦》的托马斯·莫尔，另一位当数文学巨匠莎士比亚。

很多史学家通常以都铎王朝的建立作为英格兰进入近代社会的标志、英国近代史开端，认为它也是传统英格兰的顶峰，文化与经济进入繁荣期，民族国家成形，人口开始恢复，重商主义成为国策，圈地运动兴起，国教在宗教改革中诞生，这就是红白玫瑰合体缔造的承上启下的时代。

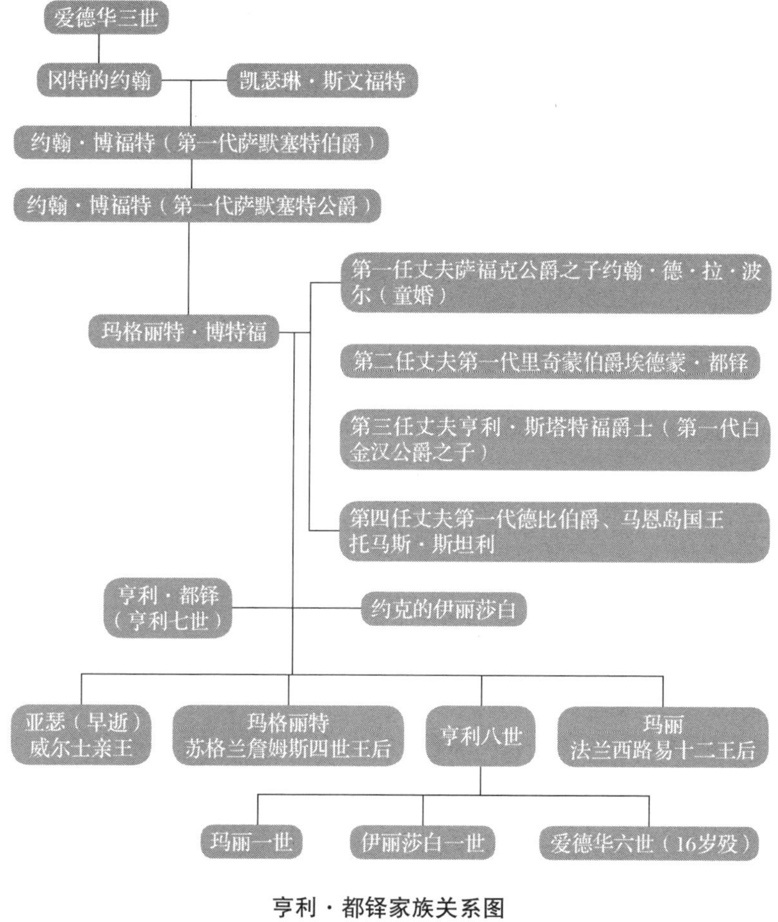

亨利·都铎家族关系图

主要参考书目

Alison Weir. lancaster and York.

Evans and Howell Thomas. Wales and the Wars of the Roses.

Mabel E. Christie. Henry Ⅵ.

Jacob Abbott. Margaret of Anjou.

Charles Ross. Edward Ⅳ.

Charles Ross. Richard Ⅲ.

Philip A. Haigh. The Military Campaigns of the Wars of the Roses.

John A. Wagner. Encyclopedia of the Wars of the Roses.

John A. Wagner. Encyclopedia of the Hundred Years War.

Anne Curry. Essential Histories: The Hundred Years' War 1337–1453.

Michael Hicks. Warwick the Kingmaker.

K.H.Vickers. HUMPHREY DUKE OF GLOUCESTER.

David Baldwin. ELIZABETH WOODVILLE: Mother of the Princes in the Tower.

John Gillingham. Wars of the Roses: Peace and Conflict in 15th Century England.

Anthony Goodman. The Wars of the Roses: Military activity and English society, 1452–97 Reprint Edition.

Christine Carpenter. The Wars of the Roses: Politics and the Constitution in England.

（英）肯尼斯·O·莫菲.牛津英国通史.

（美）克莱顿·罗伯茨，戴维·罗伯茨，道格拉斯·R·比松. 英国史.

（美）迈克尔·V·C·亚历山大.英国早期历史中的三次危机.

（英）奈特. 帕斯顿信札.

施诚. 中世纪英国财政史研究.

约翰·吉林厄姆，拉尔夫·A·格鲁菲斯.中世纪英国：征服与同化.

詹姆斯·W·汤普逊. 中世纪晚期欧洲经济社会史.

富勒. 西洋世界军事史.

图书在版编目（CIP）数据

血王冠：玫瑰战争/段宇宏著．—北京：中国人民大学出版社，2017.1
ISBN 978-7-300-23182-2

Ⅰ.①血… Ⅱ.①段… Ⅲ.①玫瑰战争-史料 Ⅳ.①K561.32

中国版本图书馆 CIP 数据核字（2016）第 183126 号

血王冠：玫瑰战争
段宇宏 著
Xuewangguan：Meigui Zhanzheng

出版发行	中国人民大学出版社		
社　　址	北京中关村大街 31 号	**邮政编码**	100080
电　　话	010-62511242（总编室）		010-62511770（质管部）
	010-82501766（邮购部）		010-82514148（门市部）
	010-62515195（发行公司）		010-62515275（盗版举报）
网　　址	http://www.crup.com.cn		
经　　销	新华书店		
印　　刷	北京联兴盛业印刷股份有限公司		
规　　格	148 mm×210 mm　32 开本	**版　　次**	2017 年 1 月第 1 版
印　　张	13.875 插页 6	**印　　次**	2023 年 3 月第 7 次印刷
字　　数	324 000	**定　　价**	88.50 元